教育部职业教育与成人教育司推荐教材
职业院校汽车运用与维修专业教学用书

汽车运用与维修专业技能型紧缺人才培养培训教材

U0649640

汽车发动机构造与维修

新编版

组织编写　全华科友

主　编　王　会　刘朝红

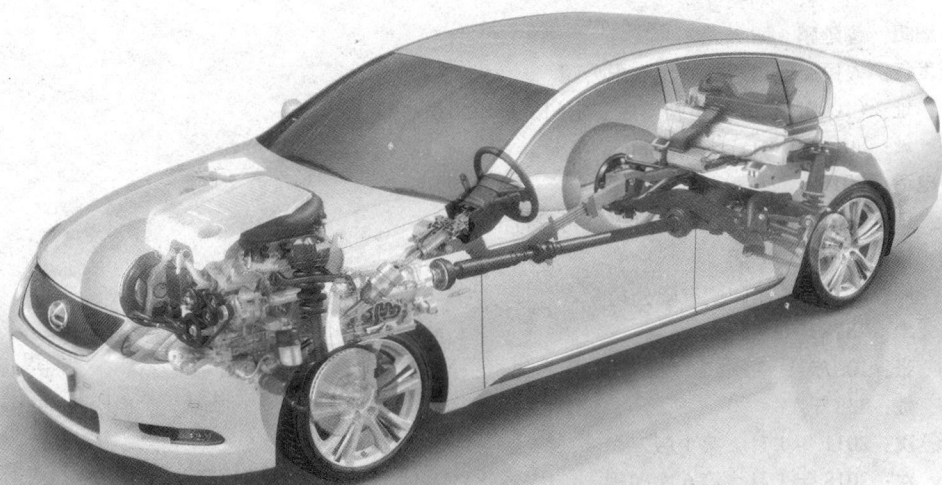

人民交通出版社
China Communications Press

内 容 提 要

本书是教育部职业教育与成人教育司推荐教材，前九个单元介绍了我国常见车型汽车发动机的基本理论知识，后七个单元介绍了发动机常规维修和维护项目的基本操作方法及技能，并在单元后配有实训考核和复习思考题。

本书适合全国职业院校汽车运用与维修专业的学生使用。

图书在版编目（CIP）数据

汽车发动机构造与维修：新编版 / 全华科友组织
编写 ；王会,刘朝红主编. -- 北京 ：人民交通出版社,
2011.1
　　ISBN 978-7-114-08846-9

Ⅰ．①汽… Ⅱ．①全… ②王… ③刘… Ⅲ．①汽车－
发动机－构造②汽车－发动机－车辆修理 Ⅳ．①U472.43

中国版本图书馆CIP数据核字 (2011) 第002493号

教育部职业教育与成人教育司推荐教材
职业院校汽车运用与维修专业教学用书

书　　　名：汽车发动机构造与维修（新编版）
著 作 者：全华科友
　　　　　　王　会　刘朝红
责任编辑：曹延鹏　谢 元
出版发行：人民交通出版社股份有限公司
地　　址：（100011）北京市朝阳区安定门外外馆斜街 3 号
网　　址：http://www.ccpress.com.cn
销售电话：(010) 59757973
总 经 销：人民交通出版社股份有限公司发行部
经　　销：各地新华书店
印　　刷：北京市密东印刷有限公司
开　　本：787×1092　1/16
印　　张：20.75
字　　数：438 千
版　　次：2011 年 1 月　第 1 版
印　　次：2018 年 1 月　第 6 次印刷
书　　号：ISBN 978-7-114- 08846- 9
定　　价：33.00 元
（有印刷、装订质量问题的图书由本社负责调换）

前　言

　　为深入贯彻《国务院关于大力推进职业教育改革与发展的决定》以及教育部等六部委《关于实施职业院校制造业和现代服务业技能型紧缺人才培养培训工程的通知》精神，全面实施《2003—2007年教育振兴行动计划》中提出的"职业教育与培训创新工程"，积极推进课程改革和教材建设，为职业教育教学和培训提供更加丰富、多样和实用的教材，更好地满足职业教育改革与发展的需要。本系列教材按照教育部颁布的《职业院校汽车运用与维修专业领域技能型紧缺人才培养培训指导方案》的要求组织编写，为教育部职业教育与成人教育司推荐教材，可供全国职业院校汽车运用与维修专业教学使用。

　　本系列教材符合国家对技能型紧缺人才培养培训工作的要求，注重以就业为导向，以能力为本位，面向市场、面向社会，为经济结构调整和科技进步服务的原则，体现了职业教育的特色，满足了高素质的中、初级汽车专业实用人才培养的需要。

　　本系列教材在组织编写过程中，认真总结了全国交通职业院校多年来的专业教学经验，注意吸收发达国家先进的职教理念和方法，形成了以下特色：

　　1．以《汽车电工与电子基础》、《汽车机械基础》、《汽车发动机构造与维修》、《汽车底盘构造与维修》、《汽车电气设备构造与维修》、《汽车维修质量检验》六门课程搭建专业基本能力平台，以若干专门化适应各地各校的实际需求；

　　2．打破了教材传统的章节体例，以专项能力培养为单元确定知识目标和能力目标，使培养过程实现"知行合一"；

　　3．在内容的选择上，注重汽车后市场职业岗位对人才的知识、能力要求，力求与相应的职业资格标准衔接，并较多地反映了新知识、新技术、新工艺、新方法、新材料的内容。

　　《汽车发动机构造与维修(新编版)》根据教育部《汽车运用与维修专业技能型紧缺人才培养培训指导教材大纲》编写而成。教材以台湾《汽车发动机构造与维修》教材及资料为基础，按照大陆习惯及国产主流车型发动机为主进行了改编，其中理论与实践篇幅各占一半。

　　本书中，发动机的基本理论知识讲解附有大量的图片进行说明，使读者一目了然，同时注重实践教学部分，筛选出当今汽车维修企业最常见的31个发动机维修和维护项目并做详细介绍，配有典型项目的技能测试表，包括项目名称、完成时间、工作技能、安全与态度等分项评分标准，可实现技能训练的标准考核，突出职业教育的特点。

本书由王会和刘朝红担任主编，杨梅、胡海玲担任副主编，参加编写的还有高吕和、侯勇、鲍晓东、郭凯、黄靖雄、赖瑞海、王坤、闫虎生、康惠明等。

由于水平有限，加之时间仓促，错误之处在所难免，希望广大读者批评指正，并表示衷心的感谢！

编委会

二〇一〇年十月

CONTENTS
▎▎目录

■■■ 单元 3 配气机构

单元 6 柴油机燃料供给系统

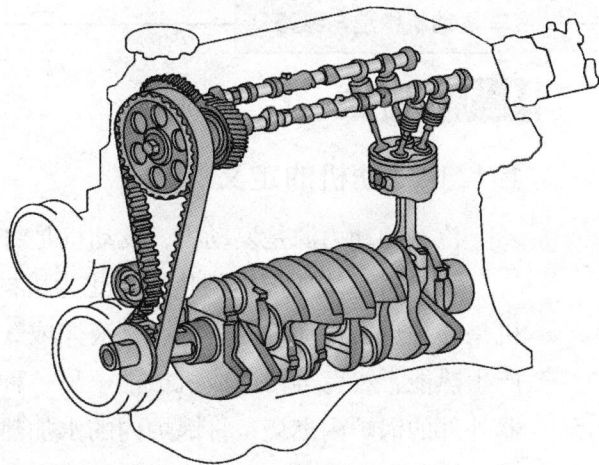

单元1

发动机的基本知识

知识目标:

1. 了解发动机的定义和类型;

2. 掌握往复活塞式发动机的工作原理、主要性能指标。

能力目标:

1. 掌握车用发动机的总体构造;

2. 掌握发动机的型号编制规则。

建议学时:

10 学时

1.1 概述

1.1.1 发动机的定义

汽车的动力源是发动机，发动机是将某一种形式的能量转化为机械能的机器。

将燃料燃烧所产生的热能转化为机械能的装置称为热力发动机（简称热机）。内燃机是一种热力发动机，其特点是液体或气体燃料与空气混合后直接输入机器内部燃烧而产生热能，然后再转变成机械能。另一种热机是外燃机，如蒸汽机，其特点是燃料在机器外部的锅炉内燃烧，将锅炉内的水加热而产生高温、高压水蒸气，然后输送至机器内部，使水蒸气所含的热能转变为机械能。

内燃机具有热效率高、体积小、质量轻、便于移动以及起动性能好等优点，因而广泛应用于飞机、舰船以及汽车、拖拉机、坦克等。但是，内燃机一般要求使用石油燃料，同时排出的废气中含有害气体成分较多。为解决能源短缺与大气污染的问题，目前，世界各国正致力于排气净化以及其他新能源发动机的研究工作。

1.1.2 发动机的类型

内燃机根据其将热能转化为机械能的主要构件的形式不同，可分为活塞式内燃机和燃气轮机两大类。前者又可按活塞运动方式分为往复活塞式和旋转活塞式两种。往复活塞式发动机为现代内燃机的主流。活塞在汽缸中做往复的直线运动，经连杆、曲轴等转变为旋转运动。各型汽车、船舶等运输用发动机及发电、工程机械、农业机械所用的发动机，大部分采用此种形式。往复活塞式发动机按照点火方式、工作循环、热力循环、凸轮轴的位置及凸轮轴数、汽缸排列、使用燃料、冷却方式等，又可分为很多不同的形式。如图1-1所示，为往复活塞式发动机的基本结构，由活塞、连杆、曲轴等组成；活塞顶面在汽缸中的最高点，称为上止点(Top Dead Center, TDC)；活塞顶面在汽缸中的最低点，称为下止点(Bottom Dead Center, BDC)。

一、按照点火方式分类

按照点火方式分为点燃式发动机（汽油发动机、液化石油气发动机、双燃料发动机）和压燃式发动机（柴油发动机、重油发动机）。

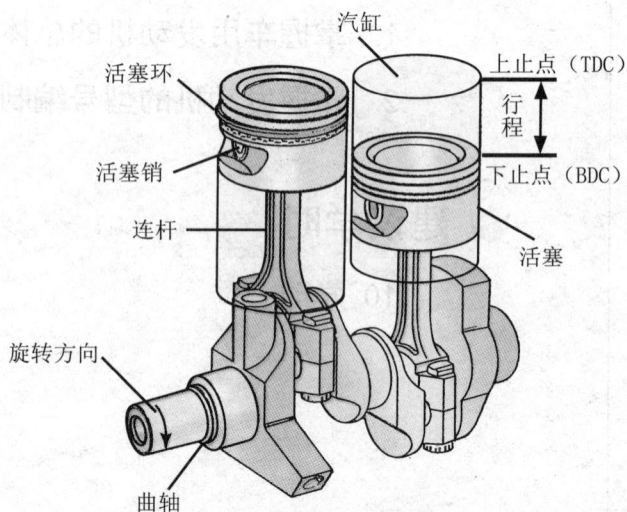

图1-1 往复活塞式发动机的基本结构

（1）火花点火发动机：使用高压电火花于压缩行程末期，点燃汽缸中混合气的发动机，如汽油发动机、LPG发动机（液化石油气发动机）、双燃料发动机等。

（2）压缩点火发动机：先将空气以极高压缩比在汽缸内压缩，压缩后汽缸内空气的压力及温度均很高，再将柴油或重油以极细的雾粒，喷入汽缸中，自行吸热着火燃烧的发动机，如柴油发动机、重油发动机等。

二、按照工作循环分类

按照工作循环分为四冲程发动机和二冲程发动机。

（1）发动机在任何时间内，要产生动力，必须经过一定的工作程序，且此程序须连续不断、周而复始，称为循环。循环必须包含下列四个基本步骤，如图1-2所示。

（2）所谓行程，是指上止点与下止点间的距离。

进气行程(Intake Stroke)的作用：即吸入适当比例的燃料与空气的混合气于汽缸中。

压缩行程(Compression Stroke)的作用：将吸入的混合气，加以压缩。

做功行程(Power Stroke)的作用：在汽缸内的混合气经过压缩后，点火燃烧，气体膨胀，推动活塞产生动力。

排气行程(Exhaust Stroke)的作用：使燃烧后的废气从汽缸内排出。

（3）四行程循环：活塞在汽缸中移动四个行程，即曲轴旋转720°，完成一次循环的工作程序。

（4）二行程循环：活塞在汽缸中移动两个行程，即曲轴旋转360°，完成一次循环的工作程序。

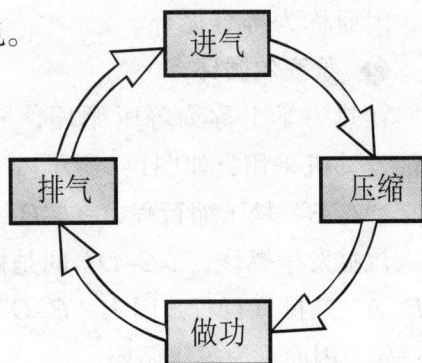

图1-2　发动机的循环

三、按照热力循环分类

按照热力循环分为奥托循环、狄塞尔循环和混合循环。

❶ 奥托循环

在热力学上称为等容循环，被现代汽油发动机广泛采用，如图1-3所示。

活塞自上止点下行，吸进混合气，此时汽缸内的压力接近大气压力。

从"A"点活塞上行，开始压缩行程，此时汽缸内的容积越来越小，而压力则越来越高。

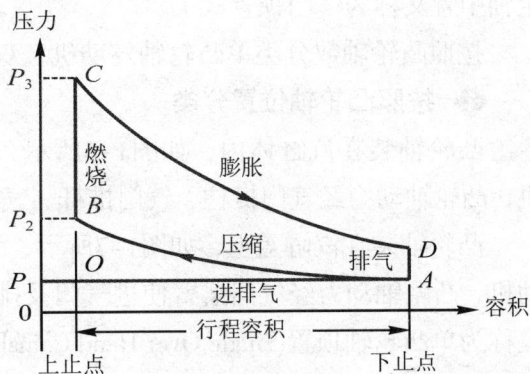

图1-3　奥托循环

活塞到"*B*"点时，混合气被火花点燃，此时混合气产生爆发似的燃烧，压力很快就到达"*C*"点，活塞被这压力推下，汽缸内压力随容积的逐渐增加而降至"*D*"点，此时为做功行程。

接着排气门打开，压力如线"*DA*"般很快降低，活塞经过下止点，再回向上止点，将燃烧后的气体排除，完成排气行程。

接着又开始下一个循环的进气行程，因为燃烧压力是在等容积的情况下变化，因而称为等容循环。

❷ 狄塞尔循环

在热力学上称为等压循环，早期的低速柴油发动机采用，如图1-4所示。

"*A–B*"是压缩行程，在"*B–C*"间柴油喷入汽缸发生燃烧，"*C–D*"间是做功行程，"*D–A*"是排气行程。因为"*B–C*"间压力保持一定，因而称为等压循环。

❸ 混合循环

又称为等容等压循环，现代柴油发动机采用，如图1-5所示。

柴油在点"*B*"时，开始喷入汽缸，到点"*C*"时喷射完毕，喷进汽缸里的柴油，一部分在"*B–B′*"的等容积情形下燃烧，另一部分则在"*B′–C*"的等压力下燃烧，等于混合了奥托循环及狄塞尔循环，所以称为混合循环。

图1-4　狄塞尔循环

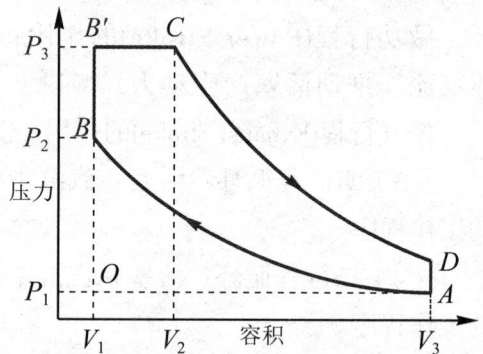

图1-5　混合循环

四、按照凸轮轴的位置及凸轮轴数分类

按照凸轮轴的位置分为凸轮轴装在汽缸盖上（凸轮轴顶置）和凸轮轴装在汽缸体内（凸轮轴中置又称为气门顶置式）。

按照凸轮轴数分类单凸轮轴发动机、双凸轮轴发动机、四凸轮轴发动机。

❶ 按照凸轮轴位置分类

凸轮轴装在汽缸体内，如图1-6所示，为气门顶置(Over Head Valve, OHV)式发动机，凸轮轴动力经气门挺柱、气门推杆、气门摇臂使进气门及排气门打开。

凸轮轴装在汽缸盖上，如图1-7所示，为凸轮轴顶置(Over Head Camshaft, OHC)式发动机，凸轮轴动力经气门摇臂使进气门及排气门打开。本发动机的凸轮轴只有一支，故也称为单凸轮轴顶置(Single Over Head Camshaft, SOHC)式发动机。

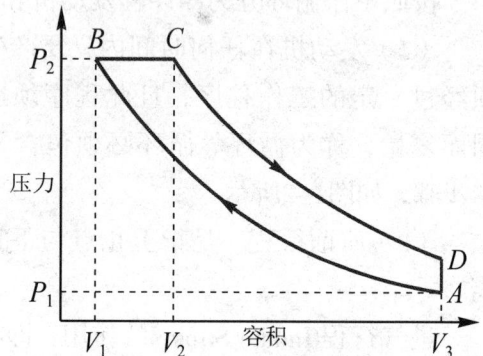

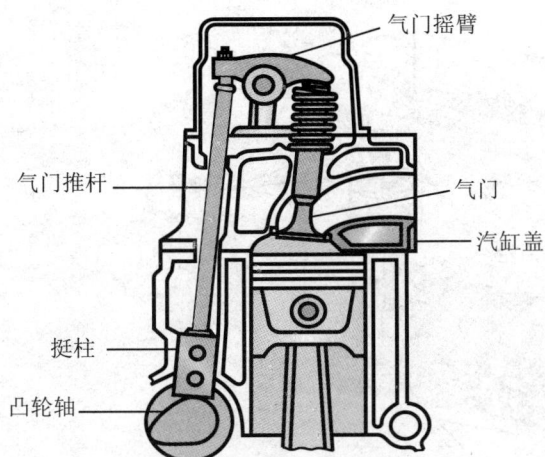

图1-6 凸轮轴装在汽缸体内

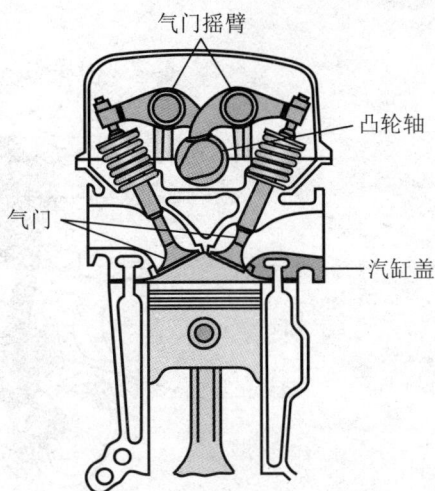

图1-7 凸轮轴装在汽缸盖上

❷ **按照凸轮轴数分类**

单凸轮轴发动机：气门顶置（OHV）发动机与单凸轮轴顶置（SOHC）发动机均属此类。

双凸轮轴发动机：有的称为双凸轮轴顶置（DOHC是Double or Dual OHC的缩写）发动机，有的也称为TWIN CAMSHAFT发动机，即汽缸盖上有两个凸轮轴，一个驱动进气门，另一个驱动排气门。

双凸轮轴的传动方式有两种，一种是正时皮带同时带动两支凸轮轴，如图1-8所示；另一种是正时皮带先带动一个凸轮轴，再由齿轮带动另一个凸轮轴，如图1-9所示。

四凸轮轴发动机：通常用于V型6缸以上发动机，如图1-10所示。

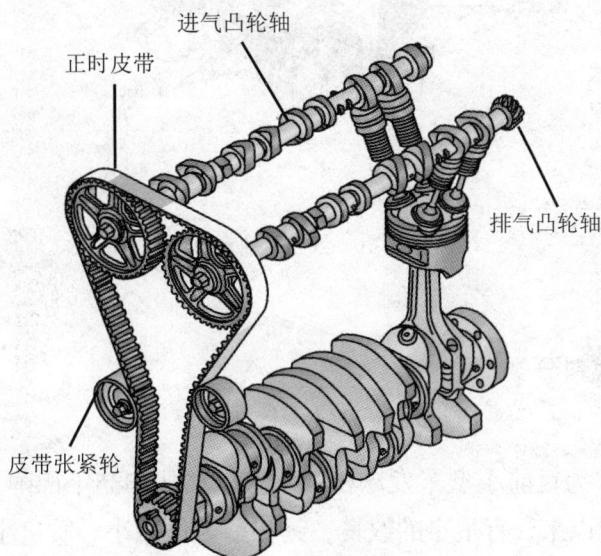

图1-8 双凸轮轴发动机（一）

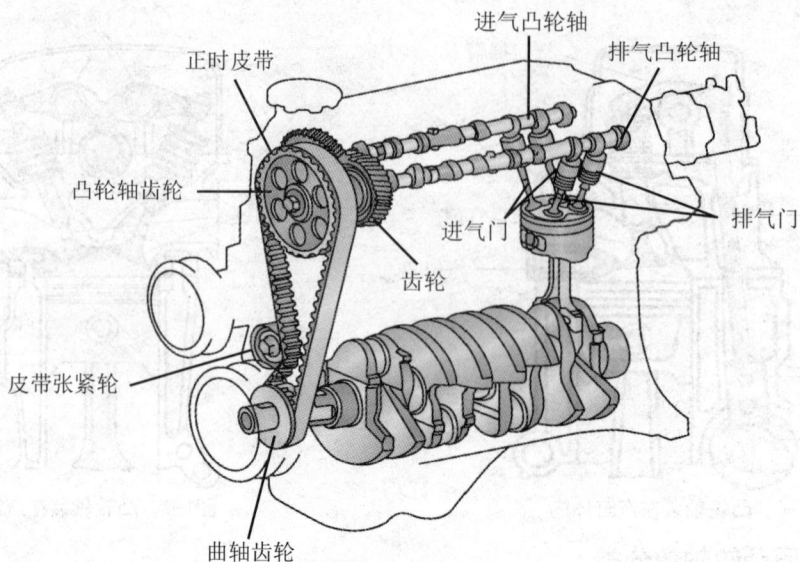

图1-9　双凸轮轴发动机（二）

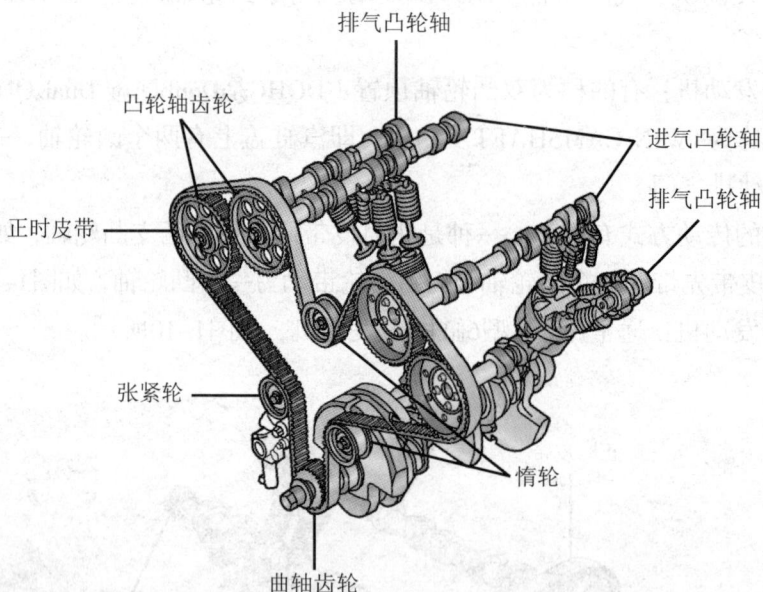

图1-10　四凸轮轴发动机

五、按照使用燃料分类

❶ 汽油发动机

以汽油为燃料，为目前小型车发动机的主流，自从1885年德国人戴姆勒发明汽油发动机后，一个多世纪以来，有很多的改良，其特征为体积小、质量小、转速高。

汽油发动机为点燃式发动机，汽油与空气先适当混合后，进入汽缸，或者是汽油直接喷入汽缸。依汽油进入汽缸的方法可分为以下几种。

化油器式发动机：利用化油器，使汽油与空气依一定比例混合成混合气后，进入汽缸的发动机，是旧型汽油发动机使用的方法，如图1-11所示。由于耗油多、功率低、污染大，故现代均已被汽油喷射式发动机所取代。

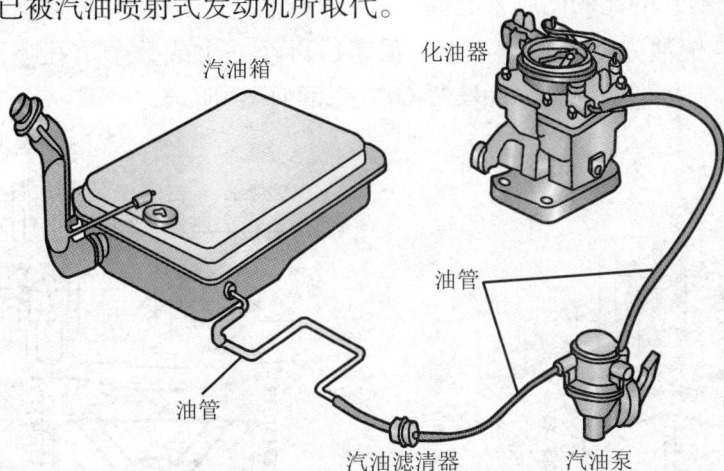

图1-11　化油器式发动机燃料供给系统

进气歧管喷油式发动机：使用汽油喷射器，将汽油喷入进气歧管中，与空气混合成混合气，再吸入汽缸，为现今高性能低污染汽油发动机所普遍采用，如图1-12所示。

汽缸内直接喷油式：使用汽油喷射器，在进气行程或压缩行程，将汽油直接喷入汽缸中，与空气混合成混合气的汽油发动机，为现今汽油发动机新一代的燃料供给系统，如图1-13所示。

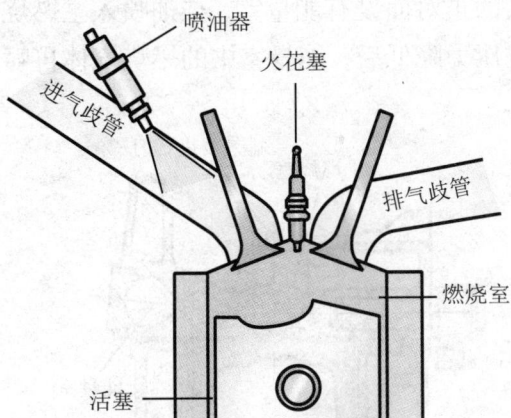

图1-12　进气歧管喷油式发动机

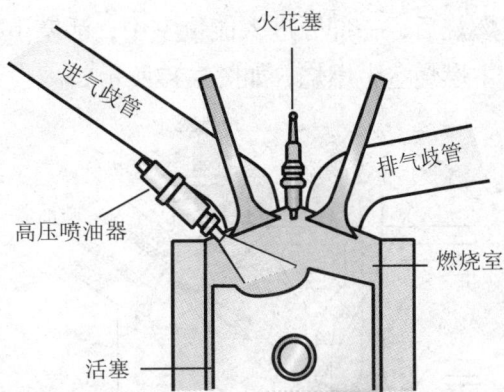

图1-13　汽缸内直接喷油式发动机

❷ 柴油发动机

以柴油为燃料，自从1898年德国人狄塞尔发明以来，为内燃机中热效率最高的发动机，使用柴油为燃料，富有经济性，现代大型载货汽车广泛使用。由于能源危机的影响，各汽车厂也致力于小型高速柴油发动机的开发，且已有极好的成效。

柴油发动机为压缩式发动机，按燃料的喷入方式及燃烧室的不同可分为以下四种。

直接喷射式：柴油以极高压力直接喷入单室的燃烧室中，如图1-14所示。柴油的喷射压力必须极高，且品质必须很好，以免影响发动机性能。目前的大、小型柴油发动机，采用直接喷射式的比例已越来越高。

预燃室式：柴油先喷入预燃室中，预燃后再经一个或数个窄孔喷入主燃烧室中燃烧。柴油喷射压力较低，且燃料选择范围广，如图1-15所示。

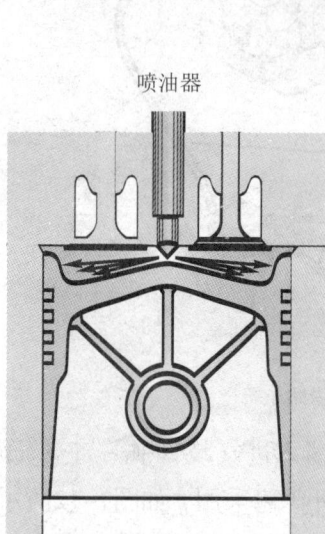

图1-14　直接喷射式

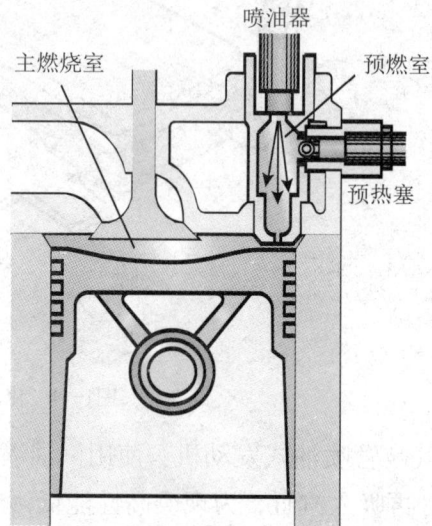

图1-15　预燃室式

涡流室式：柴油喷入球形的涡流室中燃烧后，再以高速经过相当宽的通道进入主燃烧室燃烧，燃烧气体产生快速的涡流，燃烧迅速，适合高转速柴油发动机使用，如图1-16所示。

能量室式：柴油喷头装在主燃烧室中，喷头的正对面设有能量室，柴油喷入主燃烧室燃烧后，一部分进入能量室中，活塞下行汽缸压力降低后，能量室中的燃烧气体再喷入主燃烧室中燃烧，如图1-17所示。

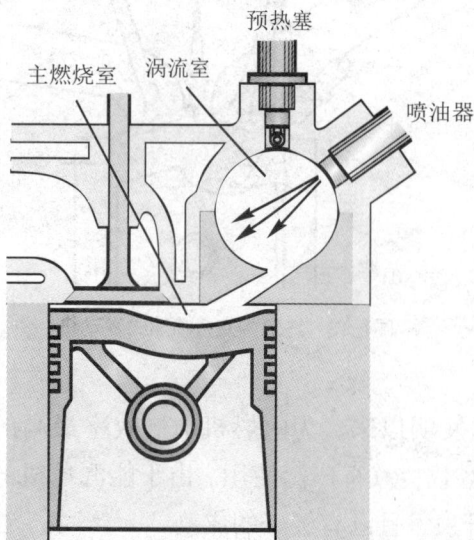

图1-16　涡流室式

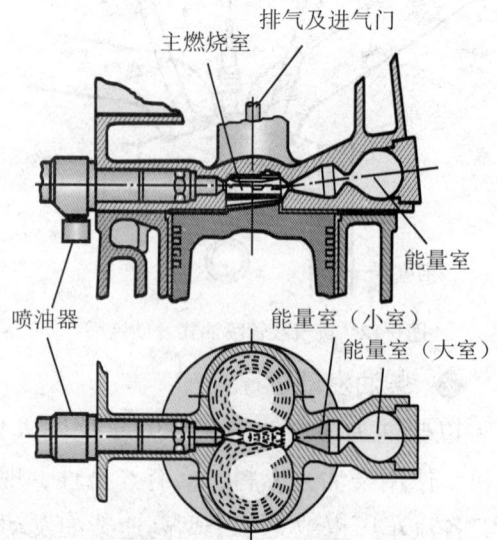

图1-17　能量室式

❸ 液化石油气发动机

以液化石油气(LPG)为燃料的发动机，除氧化氮外，其余污染气体排放量低，且CO_2的排放量比汽油发动机低，适合城区公共交通车辆采用。

❹ 双燃料发动机

一般具有两套燃料供应系统，一套供给天然气或液化石油气，另一套供给汽油或柴油，两套燃料供给系统按预定的配比向汽缸供给燃料，在缸内混合燃烧的汽车，如CNG柴油双燃料的汽车，或LPG柴油双燃料的汽车。此类车辆燃用CNG（或LPG）为主燃料，柴油起引燃作用。此类发动机可以在单纯燃烧柴油和CNG与柴油同时混烧两种工况间灵活切换。

六、按照汽缸的数目及排列分类

❶ 按照汽缸的数目分类

单汽缸发动机：

排气量较小，通常在500ml以下，广泛应用于摩托车、抽水机、割草机等。

多汽缸发动机：

多汽缸的汽油发动机有2、3、4、5、6、8、10、12缸等，通常排气量1 L以下的为2～4缸，1～3.5L的为4～6缸，3.5L以上的为8～12缸。

❷ 按照汽缸的排列方式分类

直列式发动机：为目前2.0L以下排气量发动机的主流，如图1-18所示。

V型发动机：为目前3.0L以上排气量发动机的主流，如图1-19所示。

辐射式发动机，如图1-20所示。

对置式发动机，如图1-21所示。

水平式发动机，如图1-22与图1-23所示。

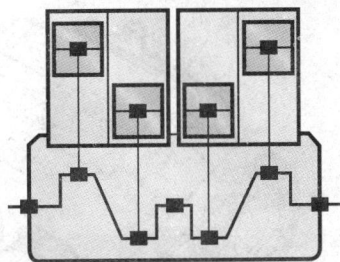

图1-18　直列式发动机

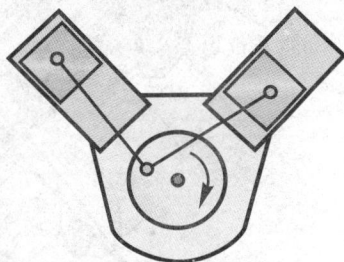

图1-19　V形发动机

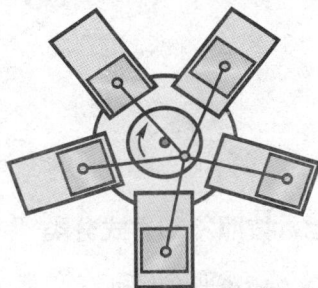

图1-20　辐射式发动机

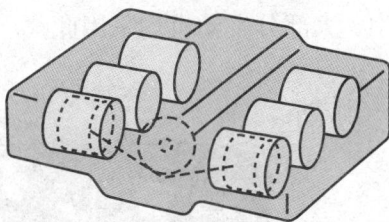

图1-21　对置式发动机

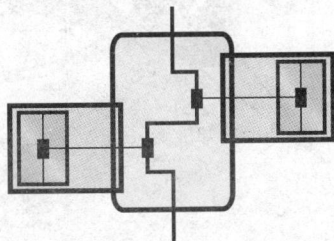

图1-22　水平式发动机

凸轮轴

分电器驱动齿轮

正时皮带

张紧轮

张紧轮

曲轴齿轮

正时皮带

凸轮轴

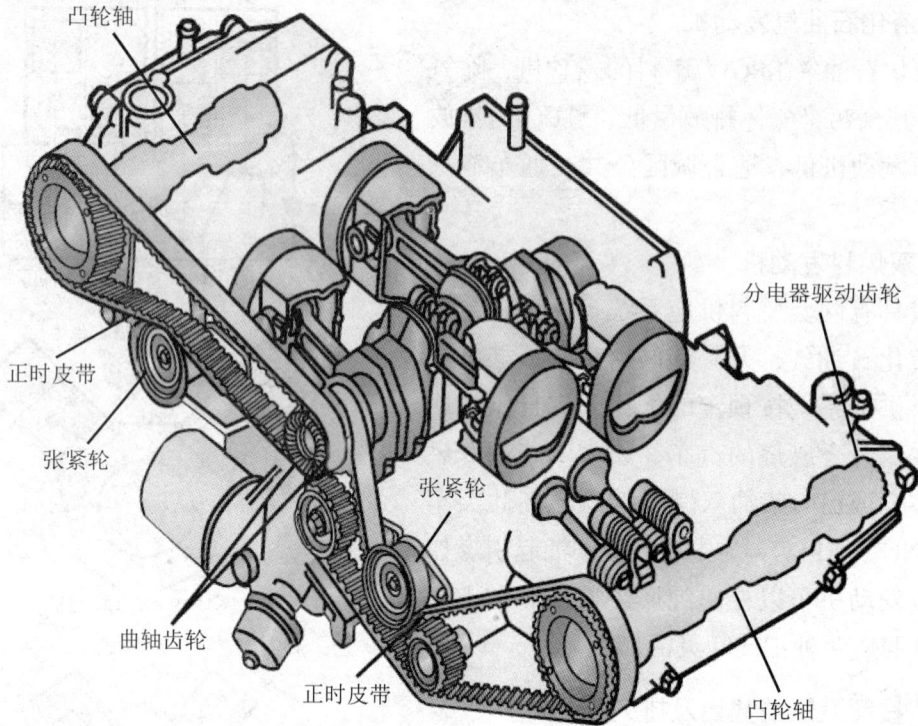

图1-23 四缸水平式发动机的结构

七、按照冷却方式分类

❶ 水冷式发动机

汽缸及气门周围有水套，使用水作为冷却液，利用水将热经水箱(Radiator)散发于空气中，大部分发动机均采用此式。如图 1-24所示。

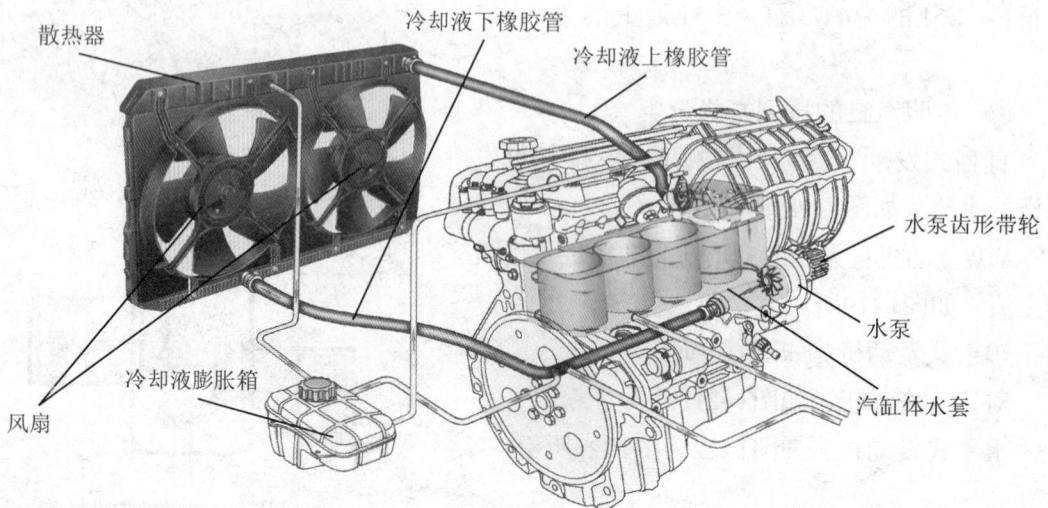

散热器

冷却液下橡胶管

冷却液上橡胶管

水泵齿形带轮

水泵

汽缸体水套

冷却液膨胀箱

风扇

图1-24 水冷发动机

❷ 风冷式发动机

在汽缸周围装置有很多散热片，以风扇、鼓风机或自然通风方式，使空气流过散热片四周，将发动机热量带走的冷却方式，一般小型发动机采用较多。如图1-25所示。

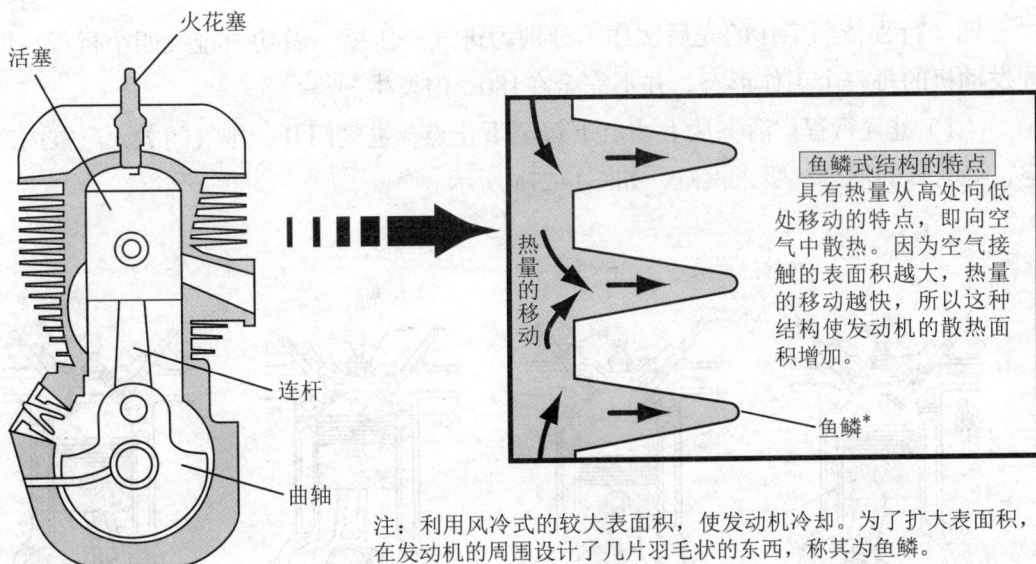

火花塞

活塞

连杆

曲轴

热量的移动

鱼鳞式结构的特点
具有热量从高处向低处移动的特点，即向空气中散热。因为空气接触的表面积越大，热量的移动越快，所以这种结构使发动机的散热面积增加。

鱼鳞*

注：利用风冷式的较大表面积，使发动机冷却。为了扩大表面积，在发动机的周围设计了几片羽毛状的东西，称其为鱼鳞。

图1-25　风冷发动机

1.1.3 往复活塞式发动机的基本结构

（1）活塞的上下往复运动，经连杆传给曲轴，变成旋转运动，如图1-26所示。

（2）活塞顶面在汽缸中的最高点，称为活塞位移的上止点(Top Dead Center, TDC)；活塞顶面在汽缸中的最低点，称为活塞位移的下止点(Bottom Dead Center, BDC)；上、下止点间的距离，称为活塞行程；全部汽缸上、下止点间的活塞位移容积，称为排气量；活塞在上止点时，其上方的容积，称为燃烧室容积。

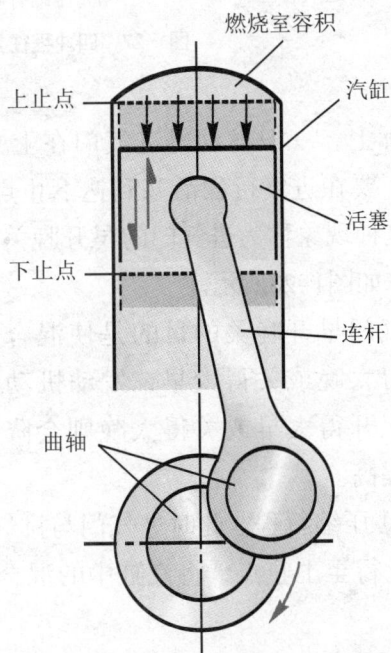

燃烧室容积

上止点

汽缸

活塞

下止点

连杆

曲轴

图1-26　往复活塞式发动机的基本结构

1.2 往复活塞式发动机的工作原理

1.2.1 四冲程汽油机工作原理

活塞在汽缸中上下运动四个行程，即曲轴旋转720°，完成一个工作循环的发动机，称为四冲程循环发动机。

四个行程依照工作的先后次序，分别为进气→压缩→做功→排气四个行程。但四冲程发动机的每一个工作形态，并不完全在180°内发生。

（1）进气行程。活塞从上止点下行至下止点，进气门开，排气门关，汽缸内产生真空，将新鲜的混合气吸入汽缸，如图1-27a)所示。

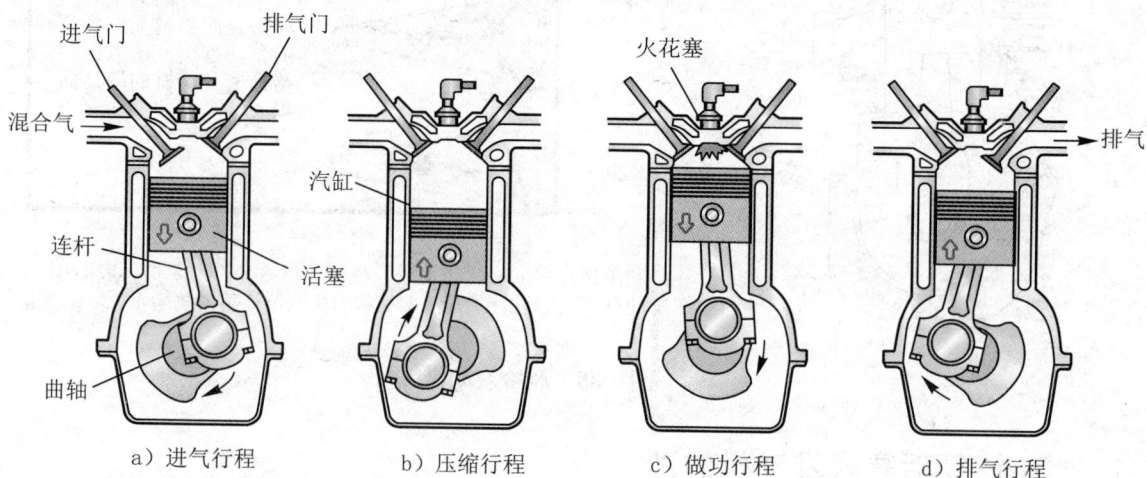

图1-27 四冲程往复活塞式发动机工作原理示意图

a）进气行程　　b）压缩行程　　c）做功行程　　d）排气行程

实际上，一般发动机进气门在上止点前5～25°时开始打开，要在进气行程活塞到达下止点后35～65°才完全关闭，这种现象称为进气门的早开晚关，或气门正时(Valve Timing)，如图1-28所示。

进气门早开晚关的目的是使混合气充分地进入汽缸中。开得太晚或关得太早，发动机动力与容积效率均会降低；但开得太早或关得太晚则会降低发动机性能，且耗油率提高。

（2）压缩行程。此时进气门与排气门均关闭，活塞从下止点上行至上止点，将汽缸中的混合气压缩，如图1-27 b)所示。

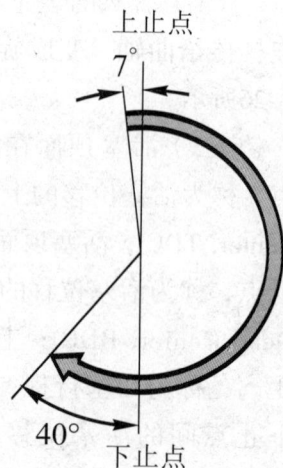

图1-28 进气门的早开晚关

压缩混合气的效果，是可燃混合气混合得更均匀，温度提高，燃烧迅速，以获得较大的动力。

因为进气门在下止点后才关闭，故实际的压缩作用，在进气门完全关闭之后才开始。

在压缩行程时，汽缸中混合气的最大压力，称为压缩压力。进入汽缸中的混合气越多，压缩压力也越高。

（3）做功行程此时进气门与排气门都关闭，混合气点火燃烧，爆发压力迅速增大，将活塞从上止点推往下止点，如图1-27 c)所示。火花塞(Spark Plug)在上止点前将混合气点燃，但真正有效的做功行程，是活塞从上止点刚下行时开始。做功行程时，汽缸中的最大压力，称为燃烧压力。燃烧时汽缸的最高温度可达2480℃左右。

（4）排气行程。活塞从下止点上行至上止点，进气门关闭，排气门打开，汽缸中已燃烧过的废气，经排气门与排气歧管等排至大气中，如图1-27 d)所示。

实际上，排气门必须在做功行程时，活塞到达下止点前35~65°时开始开启，要在活塞到达上止点后5~25°才完全关闭，这种现象称为排气门的早开晚关，或气门正时，如图1-29所示。

在上止点附近，排气门尚未关闭，而进气门已经打开的现象，称为气门重叠(Valve Overlap)开启时期，其度数为7°+15°=22°，可帮助排气和增加进气，但气门重叠角度太大时，会造成怠速不稳定。

排气门若太早关闭，则废气排不干净，发动机的容积效率降低，动力减小；但如太晚关闭，则新鲜混合气随废气排出，耗油率提高，并可能造成排气管的放炮现象。

图1-29 排气门的早开晚关

1.2.2 四冲程柴油机工作原理

四冲程柴油机（压燃式发动机）的每个工作循环也经历进气、压缩、做功、排气四个行程。但由于柴油机的燃料是柴油，其黏度比汽油大，而其自燃温度却较汽油低，故可燃混合气的形成及点火方式都与汽油机不同。

图1-30为四冲程柴油机示意图。柴油机在进气行程吸入的是纯空气，在压缩行程终了时，柴油机喷油泵将油压提高到10~15MPa以上，通过喷油器喷入汽缸，在很短时间内与压缩后的高温空气混合，形成可燃混合气。因此，这种发动机的可燃混合气是在汽缸内部形成的。

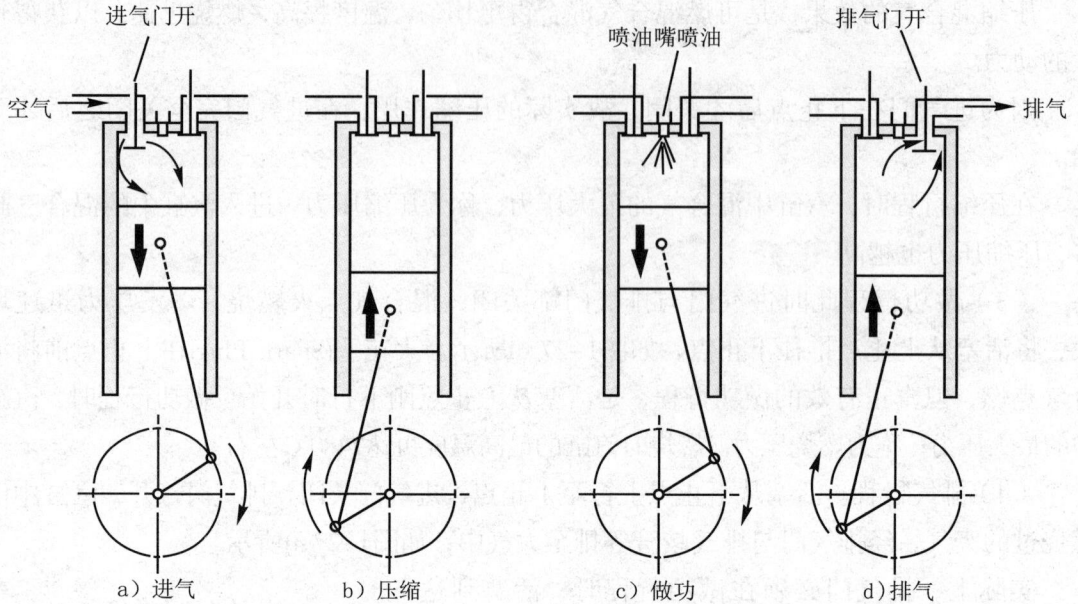

图1-30 四冲程柴油发动机工作循环

由于柴油机的压缩比高（一般为16～22），所以压缩终了时汽缸内的空气压力可达3.5～4.5MPa，同时温度高达750～1000K，大大超过柴油机的自燃温度。因此，柴油喷入汽缸后，在很短时间内与空气混合后便立即自行发火燃烧，汽缸内气压急剧上升到6～9MPa，温度也升到2000～2500K。在高压气体推动下，活塞向下运动并带动曲轴旋转而做功。废气同样经排气管排入大气中。

柴油机与汽油机比较，各有特点。汽油机具有转速高（目前汽油机最高转速达6000r/min，货车汽油机转速达4000r/min）、质量小、工作噪声小、起动容易、制造和维修费用低等特点，故在客车和轻型货车及越野车上得到广泛的应用；其不足之处是燃油消耗率高，燃油经济性差。柴油机因压缩比高，燃油消耗率平均比汽油机低20%～30%左右，且柴油价格较低，所以燃油经济性好。一般装载质量为5t以上的货车大都采用柴油机。柴油机的缺点是转速较汽油机低（一般转速在2500～3000r/min左右）、质量大、制造和维修费用高（因为喷油泵和喷油器加工精度要求高）。但目前柴油机的这些缺点正在逐渐得到克服，其应用范围正在向中、轻型货车扩展。国外有的轿车也采用柴油机，其最高转速可达5000r/min。

由此可见，四冲程发动机在一个工作循环的四个活塞行程中，只有一个行程是做功的，其余三个则是做功行程的辅助行程。因此，在单缸发动机内，曲轴每转两周中只有半周是由于膨胀气体的作用使曲轴旋转，其余一周半则依靠飞轮惯性维持转动。显然，做功行程时，曲轴的转速比其他三个行程内曲轴转速要高，所以曲轴转速是不均匀的，因而发动机运转就不平稳。为了解决这个问题，飞轮必须做成具有更大的转动惯量，而这样做将使整个发动机质量和尺寸增加。显然，单缸发动机工作振动大，采用多缸发动机可以弥补上述缺点。因此，现在汽车上基本不用单缸发动机，用得最多的是四缸、六缸、八缸发动机。

在多缸四冲程发动机的每一个汽缸内，所有的工作过程是相同的，并按上述次序进行，但所有汽缸的做功行程并不同时发生。例如，在四缸发动机内，曲轴每转半周便有一个汽缸在做功；在八缸发动机内，曲轴每转1/4周便有一个做功行程。汽缸数越多，发动机的工作越平稳。但发动机汽缸数增多，一般将使其结构复杂，尺寸及质量增加。

1.2.3 二冲程汽油机工作原理

（1）活塞移动两个行程，即曲轴转一圈(360°)，可完成进气、压缩、做功、排气四个工作过程，完成一次循环的发动机，称为二冲程循环发动机。

（2）因活塞只上下二次，必须完成进气、压缩、做功、排气等工作过程，故没有独立的进气及排气行程。

（3）二冲程汽车及机车用小型汽油发动机，因混合气须利用曲轴箱预压后进入汽缸中，故曲轴箱中不能装机油，曲轴、连杆及活塞等机件的润滑，须靠混在汽油中的机油来达成，润滑效果较差，故只适用于小型发动机。

（4）二冲程汽油发动机的工作原理，如图1-31所示。

进气过程分成两个阶段：活塞从下止点上行将扫气孔封闭时起，至活塞到达上止点时止，因活塞向上移动，曲轴箱容积增大，而产生真空，单向进气阀打开，混合气进入曲轴箱中，如图1-31 b)、c)所示。

活塞从上止点转而下行，单向阀关闭，曲轴箱容积变小，其内的混合气被曲轴压缩，到活塞使扫气孔开启时起，混合气从曲轴箱中，经扫气孔进入汽缸中，直至活塞到达下止点转而上行，再将扫气孔封闭为止，完成进气过程，如图1-31 f)、a)所示。

所谓扫气，是指在曲轴箱中被压缩而具有压力的混合气，经扫气孔进入汽缸中，帮助扫除废气，同时进行进气的过程。

压缩过程：从活塞由下止点上行将排气孔封闭后，至活塞到达上止点时止，与进气过程第一阶段的大部分同时发生，如图1-31 c)所示。

做功过程：活塞将到达上止点附近时，火花塞点火，可燃混合气燃烧，将活塞从上止点向下推动，直到活塞使排气孔打开为止，如图1-31 d)所示。

排气过程：从活塞下行使排气孔开启时起，至活塞经下止点转而上行，再将排气口封闭时止，可分成两个阶段。

排气孔已开而扫气孔未开期间，汽缸内的压力比大气压力高，废气从汽缸中自动排出，如图1-31 e)所示。

在扫气孔开启期间，新鲜混合气进入汽缸中，将废气清扫出汽缸，如图1-31 f)所示。

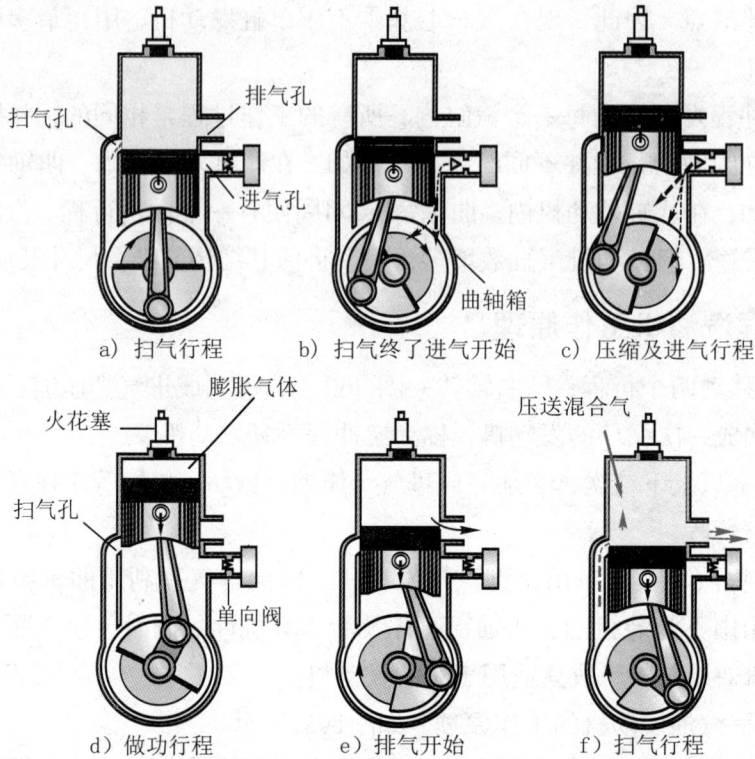

扫气孔　排气孔　进气孔　曲轴箱

a) 扫气行程　　b) 扫气终了进气开始　　c) 压缩及进气行程

膨胀气体　火花塞　扫气孔　单向阀　压送混合气

d) 做功行程　　e) 排气开始　　f) 扫气行程

图1-31　二冲程汽油发动机的工作原理

1.2.4 二冲程柴油机工作原理

二冲程柴油机的工作过程和二冲程汽油机的工作过程相似，所不同的是，进入柴油机汽缸的不是可燃混合气，而是纯空气。如图1-32所示为带有扫气泵的二冲程柴油机工作示意图。

空气由扫气泵提高压力以后，经过装在汽缸外部的空气室和汽缸壁（或汽缸套）上的许多小孔进入汽缸内，废气经由汽缸盖上的排气门排出。

在第一行程中，活塞自下止点向上止点移动。行程开始前不久，进气孔和排气门均已开启，利用自扫气泵流出的空气（压力为0.12～0.14MPa）使汽缸换气(图1-32a)。但活塞继续向上移动，进气孔被遮盖，排气门也被关闭，空气受到压缩（图1-32b）。当活塞接近上止点时，汽缸内的压力增到3MPa，温度升至850～1000K，燃油在高压（17～20MPa）下喷入汽缸内。这时燃油自行着火燃烧，使汽缸内压力增高（图1-32c）。

在第二行程中，活塞受燃烧气体的膨胀作用自上止点向下止点移动而做功。活塞下行2/3行程时排气门开启，排出废气（图1-32d）。此后，汽缸内压力降低，进气孔开启，进行换气。换气一直继续到活塞向上移动1/3行程的距离、进气孔完全被遮盖为止。

这种形式的发动机称为气门—窗孔直流扫气柴油机。与四冲程柴油机比较，二冲程柴油机的优缺点与上面讨论二冲程汽油机时所指出的优缺点基本相同，但由于二冲程柴油机用纯空气扫除废气，没有燃料损失，经济性较高。

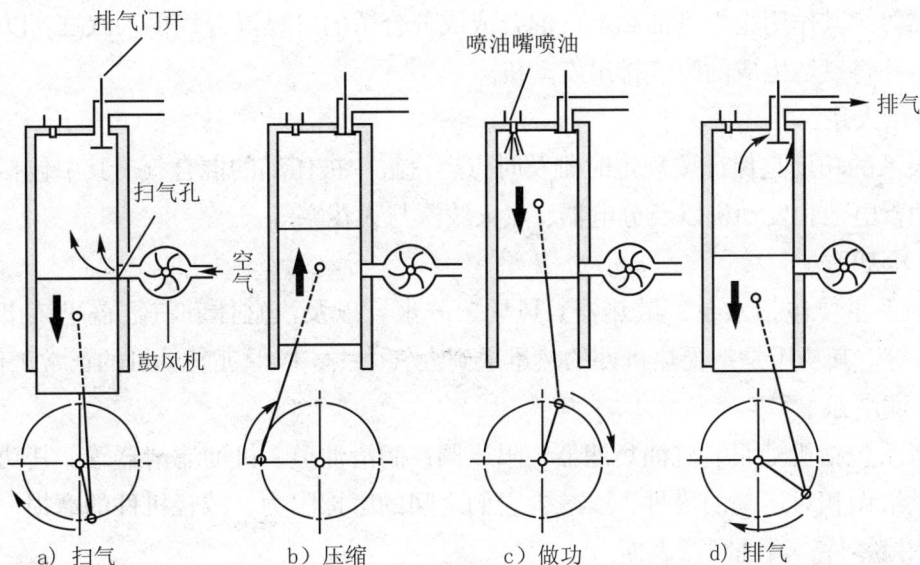

图1-32 二冲程柴油发动机的工作循环

1.3 发动机的总体构造

1.3.1 发动机的组成

　　发动机是一部由许多机构和系统组成的复杂机器。现代汽车发动机的结构形式很多，即使是同一类型的发动机，其具体构造也是多种多样的。汽油机通常由两大机构和五大系统组成，柴油机则由两大机构四大系统组成。

　　❶ 机体—曲柄连杆机构

　　（1）机体：发动机的机体组包括汽缸盖、汽缸体及油底壳。有的发动机将汽缸体分铸成上下两部分，上部称为汽缸体、下部称为曲轴箱。机体的作用是作为发动机缸各机构、各系统的装配基体，而且其本身的许多部分又分别是曲轴连杆机构、配气机构、供给系、冷却系和润滑系的组成部分。汽缸盖和汽缸体的内壁共同组成燃烧室的一部分，是承受高温、高压的机件。在进行结构分析时，常把机体组列入曲柄连杆机构。

　　（2）曲柄连杆机构：曲柄连杆机构包括活塞、连杆、带有飞轮的曲轴等。这是将活塞的直线往复运动变为曲轴的旋转运动并输出动力的机构。

　　❷ 配气机构

　　配气机构包括进气门、排气门、摇臂、气门间隙调节器、凸轮轴以及凸轮轴定时带轮（由曲轴定时带轮驱动）。其作用是使可燃混合气及时充入汽缸并及时从汽缸排出废气。

❸ 供给系

供给系包括汽油箱、汽油泵、汽油滤清器、空气滤清器、进气管、排气管、排气消声器等。其作用是把汽油和空气混合成成分合适的可燃混合气供入汽缸，以供燃烧，并将燃烧生成的废气排出发动机。

❹ 点火系

点火系的功用是保证按规定时刻及时点燃汽缸中被压缩的混合气。其中包括供给低压电流的蓄电池和发动机以及分电器、点火线圈与火花塞等。

❺ 冷却系

冷却系主要包括水泵、散热器、风扇、分水管以及汽缸体和汽缸盖里铸出的空腔（水套）等。其功用是把受热机件的热量散到大气中去，以保证发动机的正常工作。

❻ 润滑系

润滑系包括机油泵、机油集滤器、限压阀、润滑油道、机油滤清器等。其功用是将润滑油供给做相对运动的零件，以减少它们之间的摩擦阻力，减轻机件的磨损，并部分地冷却摩擦零件，清洗摩擦表面。

❼ 起动系

包括起动机及其附属装置，用以使静止的发动机起动并转入自行运转。

车用发动机一般都有上述两个机构和五个系统组成。

图1-33为桑塔纳AJR汽油发动机的外形图，其结构特点是凸轮轴安装在汽缸盖上方，有凸轮轴直接驱动气门，省去了摇臂，简化了配气机构的传动。这种布置形式最适用于高速发动机。

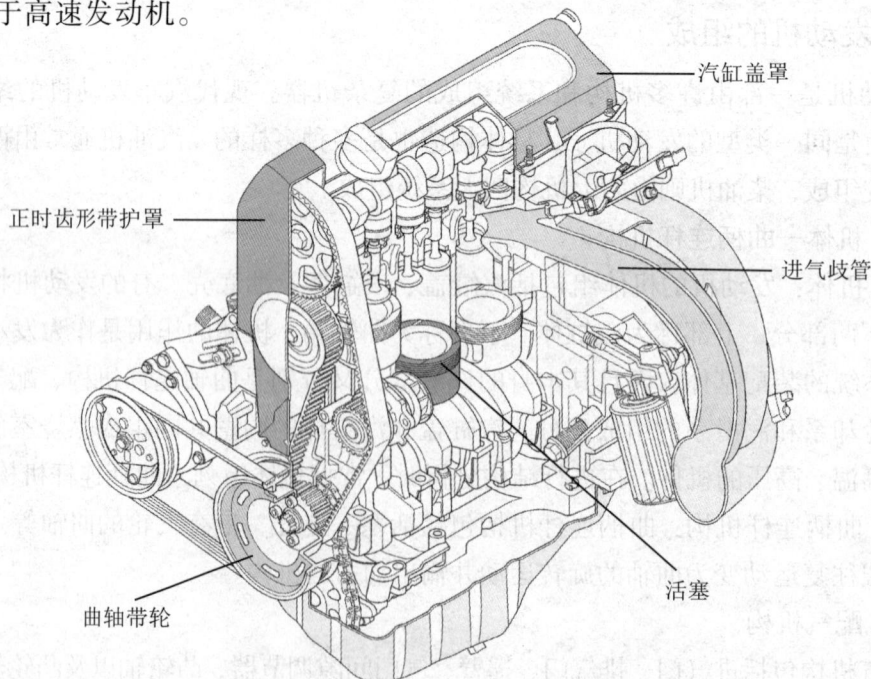

图1-33 桑塔纳AJR汽车发动机外形图

图1-34所示为依维柯柴油机发动机外形图。依维柯柴油机是一种轻型的高速、高性能的4缸直喷式W形燃烧自吸式水冷柴油机，采用了顶置凸轮轴及同步齿形带，降低了噪声，在最大功率时转速可高达4200r/min。

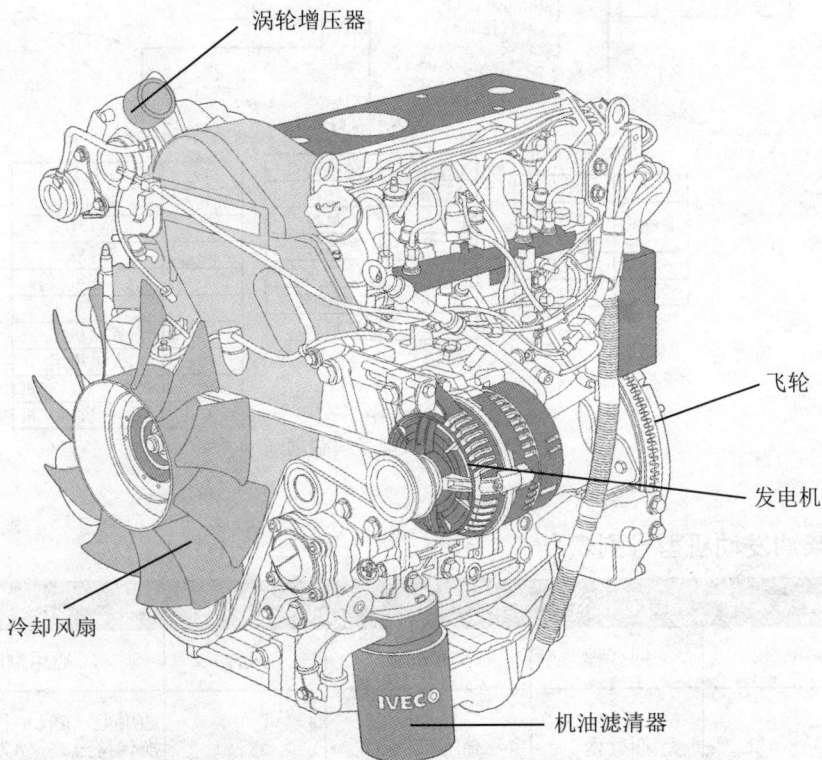

图1-34 依维柯柴油发动机外形图

1.3.2 发动机型号编制规则

根据（GB 725—82）规定，国产内燃机产品名称由所采用的燃料命名，其型号由阿拉伯数字和汉语拼音组成，分为以下四个部分：

首部：为制造厂根据需要自选相应字母表示的，经主管部或由部主管标准机构核准的产品系列符号或换代标志符号。

中部：由缸数符号、行程符号、汽缸排列形式符号和缸径符号组成。

后部：用字母表示结构特征和用途特征符号。

尾部：为区分符号，同系列产品因改进原因需要区分时，由制造厂选用适当符号表示。

内燃机产品型号的排列顺序及符号代表的意义规定，如图1-35所示。

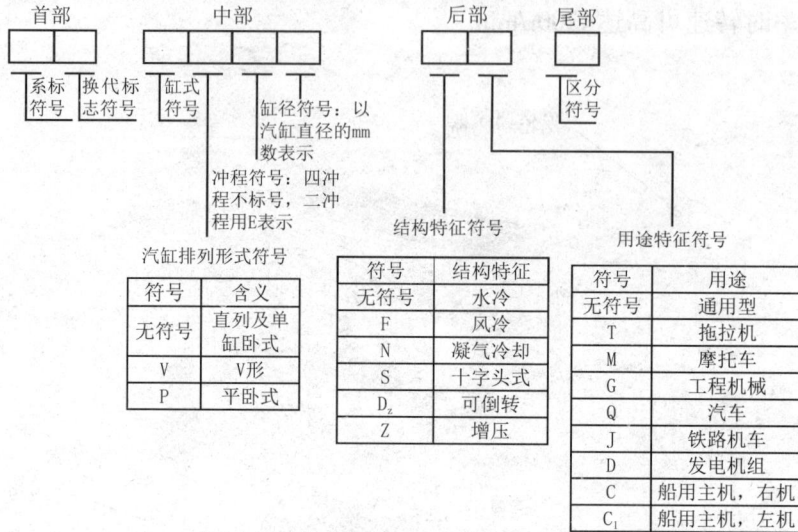

图1-35 内燃机型号编制规则

（1）柴油发动机型号列表

缸数	行程	缸径	结构特征	用途
165F——单缸、	四行程	缸径65mm	风冷	通用型
R175A——单缸	四行程	缸径75 mm	水冷	通用型（R表示175产品换代符号，型A为系列产品改进的区分符号）
R175ND——单缸	四行程	缸径75 mm	凝气冷却	发电机组用（R含义同上）
496 T——四缸	直列	缸径95 mm	水冷	拖拉机用

（2）汽油发动机型号列表

缸数	行程	缸径	结构特征	用途
462Q——表示四缸	四行程	缸径62mm	水冷	汽车用发动机
EQ6100Q-1——表示六缸	四行程	缸径100mm	水冷	EQ6100Q的第一种变形产品、汽车用发动机
6V100Q——表示六缸、V型	四行程	缸径100mm	水冷	汽车用发动机

1.4 发动机的主要性能指标

1.4.1 动力性指标

❶ 有效转矩

发动机通过飞轮对外输出的转矩称为有效转矩，以 T_e 表示，单位为N·m。有效转矩与外界施加于发动机曲轴上的阻力矩相平衡。

❷ 有效功率

发动机通过飞轮对外输出的功率称为有效功率。用 P_e 表示，单位为kW。它等于有效转矩与曲轴角速度的乘积。发动机的有效功率可以用台架试验方法测定，也可用测功器测定有效转矩和曲轴角速度，然后运用公式（1–1）计算发动机的有效功率（kW）

$$P_e = T_e \frac{2\pi n}{60} \times 10^{-3} = \frac{T_e n}{9550} \tag{1–1}$$

式中，T_e 为有效转矩（N·m）；n 为曲轴转速（r/min）。

发动机产品铭牌上标明的功率及相应转速，称为额定功率和额定转速。按照发动机可靠试验方法的规定，汽车发动机应能在额定工况下连续运行300~1000h。

1.4.2 经济性指标

发动机每发出1kW有效功率，在1h内所消耗的燃油质量（以g为单位），称为燃油消耗率，用 b_e 表示。很明显，燃油消耗率越低，经济性越好。

燃油消耗率[g/(kW·h)]按（1–2）式计算

$$b_e = \frac{B}{P_e} \times 10^3 \tag{1–2}$$

式中，B 为发动机在单位时间内的耗油量（kg/h），可由试验测定；P_e 为发动机的有效功率（kW）。

发动机的性能是随着许多因素而变化的，其变化规律称为发动机特性。

理论测试

一 填空题

1. 车用内燃机根据其燃料不同分为_____和_____。

2. 四冲程发动机每完成一个工作循环,曲轴旋转_____周,进、排气门各开启_____次,活塞在两止点间移动_____次。

3. 上、下止点间的距离称为_____。

4. 四冲程发动机每完成一个工作循环需要经过_____、_____、_____和_____四个行程。

5. 在内燃机工作的过程中,膨胀过程是主要过程,它将燃料的_____转变为_____。

6. 压缩终了时可燃混合气的压力和温度取决于_____。

7. 在进气行程中,进入汽油机汽缸的是_____,而进入柴油机汽缸的是_____;汽油机的点火方式是_____,而柴油机的点火方式是_____。

8. 汽油机由_____大机构_____大系统组成,柴油机由_____大机构_____大系统组成。

9. 发动机的动力性指标主要有_____和_____等;经济性指标主要有_____。

10. 发动机速度特性指发动机的功率、转矩和燃油消耗率三者随_____变化的规律。

二 选择题

1. 下列哪种发动机不是火花塞点火式发动机? ( )
   (A) 柴油发动机　(B) 液化石油气发动机　(C) 汽油发动机　(D) 双燃料发动机

2. 对热力循环的叙述哪项是错误的? ( )
   (A) 现代柴油发动机采用混合循环　　　　(B) 汽油发动机采用奥托循环
   (C) 奥托循环又称为等容积循环　　　　　(D) 混合循环又称为等压力循环

3. 凸轮轴装在汽缸体内的发动机,称为_____发动机。 ( )
   (A) OHC　(B) SOHC　(C) OHV　(D) DOHC

4. 柴油发动机只有一个燃烧室的为_____燃烧室。 ( )
   (A) 预燃室式　　　　　(B) 直接喷射式
   (C) 能量室式　　　　　(D) 涡流室式

5. 目前采用最多的汽油发动机型式为_____。 ( )
   (A) 直列式　　　　　(B) 水平式
   (C) V型　　　　　　(D) 对置式

6. 汽缸上止点与下止点间的距离，称为_____。 （　）

(A) 活塞位移容积　　　(B) 排气量

(C) 行程　　　　　　　(D) 燃烧室容积

7. 四冲程往复式发动机，活塞在汽缸中移动四个行程，曲轴是转_____。 （　）

(A) 180°　　　　　　　(B) 360°

(C) 540°　　　　　　　(D) 720°

8. 对二冲程往复活塞式发动机的叙述哪项是错误的？ （　）

(A) 活塞将扫气孔封闭时，压缩行程开始　　(B) 油底壳内无机油

(C) 进气必须分两个阶段才能完成　　　　　(D) 排气必须分两个阶段才能完成

9. 下列哪项不是二冲程发动机的特征？ （　）

(A) 发动机结构较简单　　　(B) 会排白烟

(C) 必须采用多缸发动机　　(D) 汽缸的热变形较大

三 判断题

1. 发动机循环的四个步骤是进气、压缩、做功及排气。 （　）

2. 活塞在汽缸中移动两个行程，即曲轴转一圈，可完成一次循环的发动机，称为四冲程循环发动机。 （　）

3. 凸轮轴装在汽缸盖上的发动机，称为OHV发动机。 （　）

4. SOHC发动机在汽缸盖上有一个凸轮轴。 （　）

5. 目前化油器式发动机已被汽油喷射式发动机所取代。 （　）

6. 以LPG为燃料，比以汽油为燃料的排放量低。 （　）

7. BDC称为上止点，是活塞顶面在汽缸中的最高点。 （　）

8. 活塞在下止点时，其上方的容积，称为燃烧室容积。 （　）

9. 四冲程往复活塞式发动机，其进气、压缩、做功与排气各行程都是刚好在曲轴转动180°内发生作用。 （　）

10. 活塞从下止点上行，等进气门关闭后，实际的压缩行程才开始。 （　）

11. 四冲程汽油发动机的配气机构比二冲程汽油发动机复杂。 （　）

四 简答题

1. 何谓循环？

2. 何谓四冲程循环发动机？

3. 何谓DOHC发动机？

4. 何谓双燃料发动机？

5. 何谓上止点与下止点？

6. 何谓排气量？

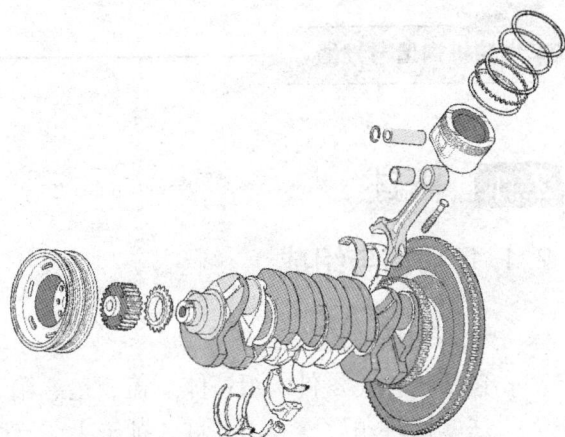

单元2

机体—曲柄连杆机构

🧊 **知识目标**:

1. 了解机体曲柄连杆机构中各部件的定义和种类;

2. 掌握机体曲柄连杆机构中各部件的功用。

🧊 **能力目标**:

1. 掌握机体曲柄连杆机构各部件的组成及相对位置;

2. 掌握机体曲柄连杆机构各部件的构造及结构特点。

🧊 **建议学时**:

10 学时

2.1 概述

2.1.1 功用与组成

一、组成

包括机体（零件）组：体、盖、垫、箱、壳——不动件

活塞连杆组：塞、销、杆、轴承 ⎫
曲轴飞轮组：曲轴、飞轮、轴承 ⎭ 运动件

二、功用

不动件：发动机骨架、安装各机构系统的基础

运动件：主要工作机构，实现能量、运动转换

2.1.2 工作条件及受力分析

一、工作条件

可概括为以下几种情况。

高温：瞬时2800K（汽）热负荷：零件易变形、配合关系破坏、热应力上升。

高压：瞬时5~10MPa，气体压力十~几十吨！

高速且变速：n上升使惯性力上升，且变化。惯性力是运动件质量数千倍！

化学腐蚀：氧化、SO_2、酸碱性物质等。

机构冲击、振动。

与燃烧有关的零件——热负荷影响为主。

曲连机构——机械负荷（气体压力、惯性力）影响为主。

二、受力及影响分析

受力分析如图2-1所示。

高温、高压、高速条件下，各构件的受力情况十分复杂。其中有：活塞顶部的气体压力、往复运动件惯性力、旋转运动件离心力、接触表面的摩擦力、温差引起的热应力等。

三、旋转惯性力的平衡

受力分析如图2-2所示。

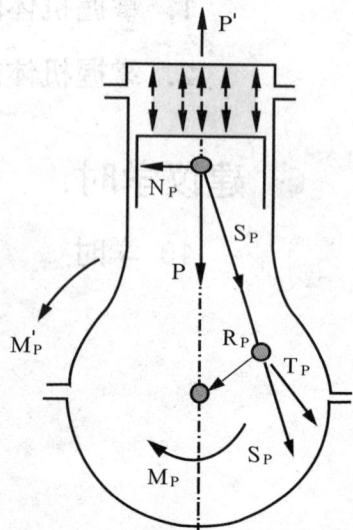

图2-1 曲柄连杆机构受力分析

为了保证工作可靠，减少磨损，在结构上必须采取相应的措施。

措施：加配重、合理安排做功顺序。

旋转惯性矩可平衡，往复惯性力不可以平衡！

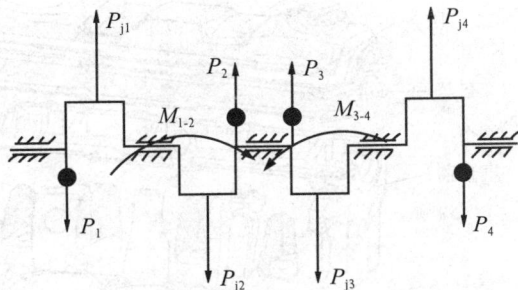

图2-2 离心惯性力的平衡

2.2 机体

（1）发动机的主要部分就是发动机本体，汽油与空气的混合气在燃烧室内燃烧，爆发的压力转化为旋转的动力，从飞轮输出。

（2）发动机本体的两大组件为汽缸盖与汽缸体，在两者的内部及外表装有许多零件，整体构成发动机本体。而大部分是装在发动机本体的外表，少部分则装在发动机本体的内部，所安装的各附属装置有燃料供给装置、进排气装置、润滑装置、冷却装置以及起动装置、充电装置与点火装置等，全体构成一台完整能正常运转的发动机。

（3）如图2-3所示，为丰田汽车公司所采用的一款水冷式、四冲程直列四缸、双顶置凸轮轴16气门的汽油喷射式发动机。在发动机本体方面的结构，从以往的化油器式发动机到现代的汽油喷射发动机，在基本结构上大致是相同的，当然很多零件的材质及设计是一直在进行改良及变更，例如燃料供给系统由化油器式进展到汽油喷射式，以及每个汽缸两个气门进展到目前最常见的每缸四个气门等。

图2-3 丰田8A发动机

2.2.1 汽缸盖

一、汽缸盖的安装位置

（1）汽缸盖装在汽缸体的上方，两者之间以汽缸垫保持密封，如图2-4所示。

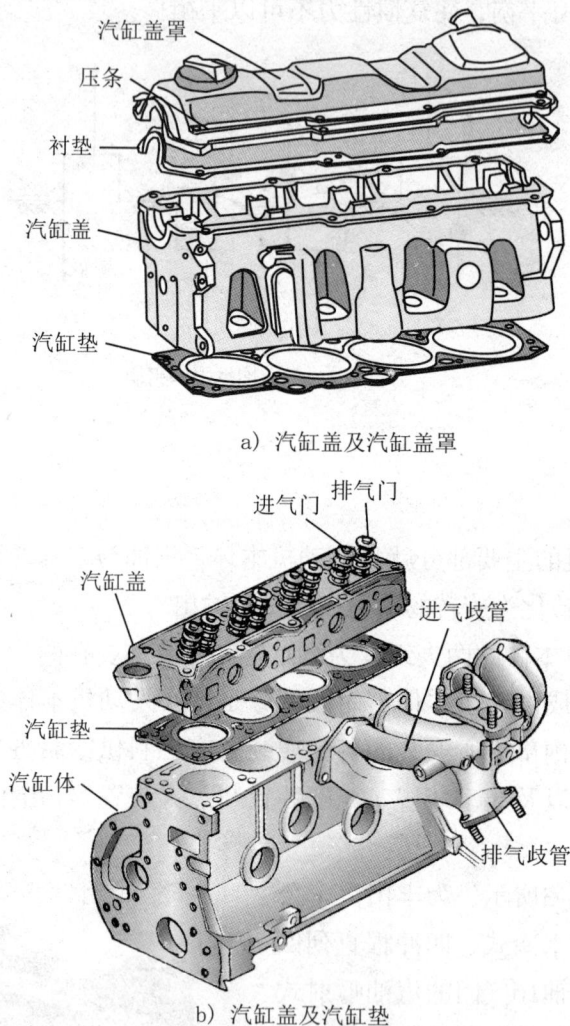

汽缸盖罩
压条
衬垫
汽缸盖
汽缸垫

a）汽缸盖及汽缸盖罩

进气门　排气门
汽缸盖
进气歧管
汽缸垫
汽缸体
排气歧管

b）汽缸盖及汽缸垫

图2-4　汽缸盖结构

（2）活塞在上止点时，汽缸盖的底部与活塞的顶部之间，形成燃烧室。

二、汽缸盖的结构

（1）如图2-4所示，为每缸二气门发动机汽缸盖的结构，早期发动机所采用，通常是以铸铁制成，重量较重。如图2-5所示，为每缸四气门发动机汽缸盖的结构。近代小型车多采用以铝合金为材料的汽缸盖，质量轻，且冷却效果好。

进气门

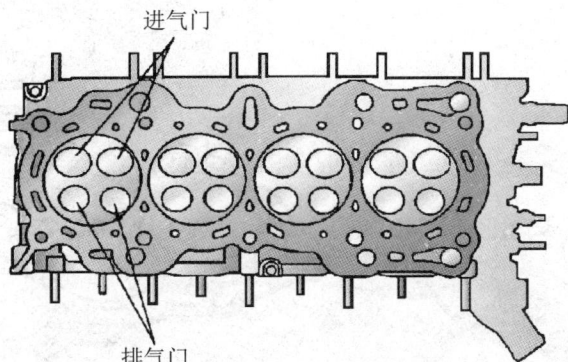

排气门
图2-5 四气门发动机的汽缸盖

（2）汽缸盖内装有进气门、排气门、进气门导管、排气门导管及火花塞等，其上还装有凸轮轴、进气门摇臂、排气门摇臂、进气歧管及排气歧管等；汽缸盖内部还装有水套，以帮助散热，如图2-6所示。

排气门摇臂　　进气门摇臂

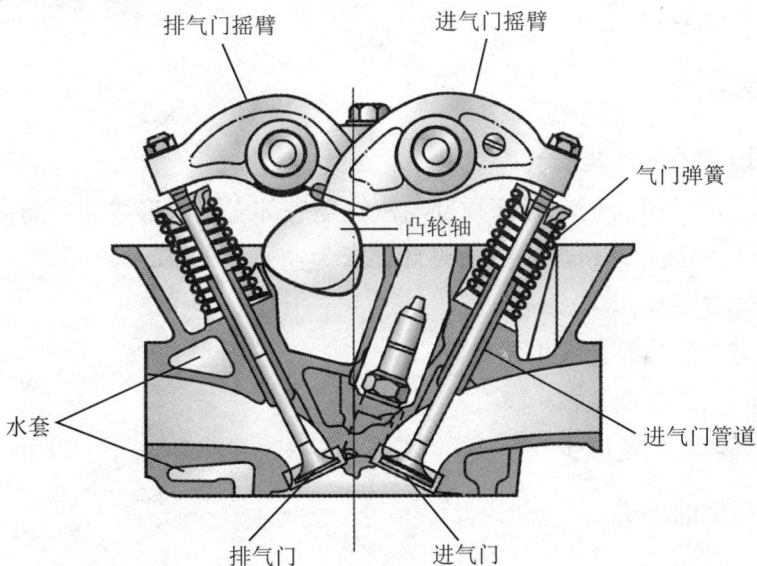

气门弹簧

凸轮轴

水套

进气门管道

排气门　进气门
图2-6 汽缸盖内外的零件

（3）风冷式发动机汽缸盖的结构，如图2-7所示，在汽缸盖的周围装有散热片，以帮助发动机的散热。

2.2.2 汽缸垫

（1）汽缸盖与汽缸体之间必须使用汽缸垫来保持密封，以防止漏气、漏水或漏油。汽缸垫必须具备良好的强度，耐压性和耐热性。

（2）全不锈钢片式汽缸垫，如图2-8所示，由三层不锈钢薄片所组成，以承受燃烧室产生的高压，并能有效防止冷却液与机油泄漏，为现代发动机所采用。

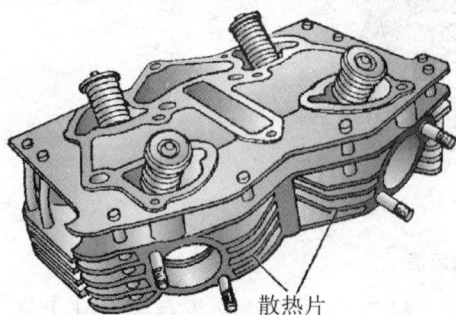

散热片

图2-7　风冷式汽缸盖

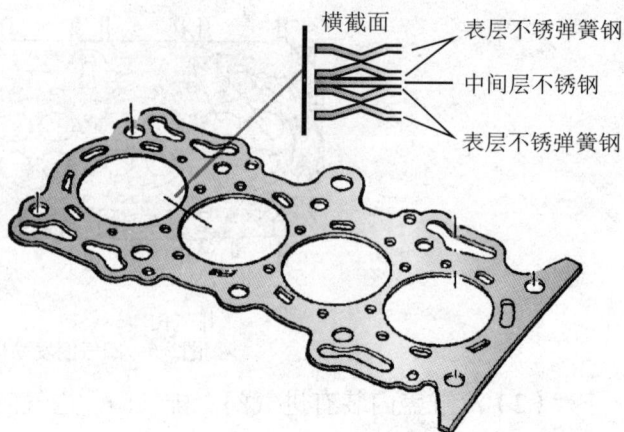

横截面　表层不锈弹簧钢

中间层不锈钢

表层不锈弹簧钢

图2-8　全不锈钢片式汽缸垫

2.2.3　燃烧室

一、燃烧室的设计要求

（1）活塞在上止点时，活塞顶部与汽缸盖底部之间所形成的空间，称为燃烧室。

（2）现代汽油发动机燃烧室的设计要求为：

①容积效率要高；

②空气与汽油的混合效果要良好；

③不易产生爆震现象；

④有害气体产生量应少。

二、燃烧室的种类

❶　盆形燃烧室

进、排气门成一线排列，垂直安装在汽缸盖上，如图2-9所示。图中IN表示进气门，EX表示排气门。

气门配置结构简单，混合气压缩时涡流强；但由于进、排气门锥面积大，进、排气孔弯曲弧度大，故容积效率较低。

❷　楔形燃烧室

进、排气门成一线排列，约与汽缸孔中心线倾斜20°装在汽缸盖上，燃烧室呈三角形，如图2-10所示。

气门配置结构简单，气体流动圆滑，涡流强，且火焰传播距离较短，不易产生爆震；但由于燃烧室表面积大，故热损失较多。

❸ 半球形燃烧室

进、排气门分别斜置在汽缸盖的一侧，如图2-11所示。

进、排气流动顺畅，容积效率高，气门座的冷却效果好，且火花塞与燃烧室各部位的距离短并且距离相等；但配气机构较复杂，且压缩涡流弱。

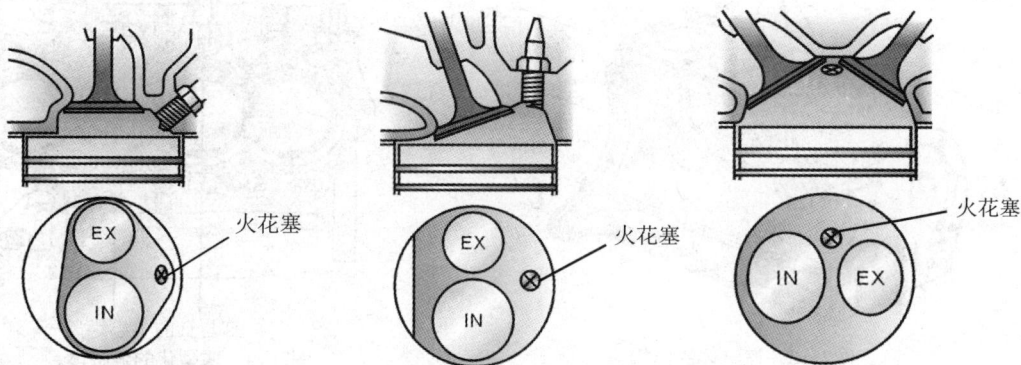

图2-9　盆形燃烧室　　　　图2-10　楔形燃烧室　　　　图2-11　半球形燃烧室

❹ 多气门燃烧室

进、排气门也是分别斜置在汽缸盖的一侧，但气门中心线与汽缸孔中心线的夹角较小，且为多气门的设计，如图2-12所示。

燃烧室表面积最小，热损失少，且因多气门，故进、排气效率很高；但配气机构最复杂。

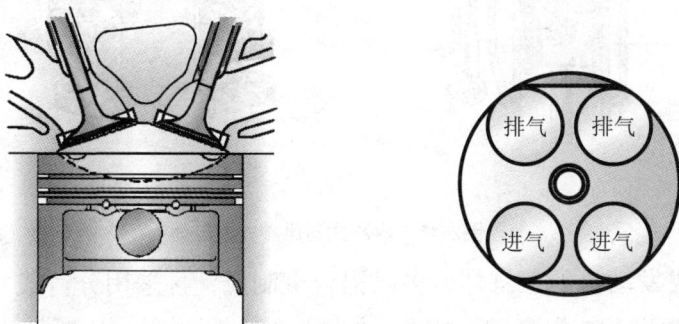

图2-12　多气门燃烧室

2.2.4　汽缸体

一、汽缸体的结构

（1）汽缸体为发动机的主要骨架，是由汽缸部分与曲轴箱部分合制而成，如图2-13所示。其上部安装汽缸套，下部连接油底壳，内部装有曲轴、轴承片、机油泵等零件；同时起动机、空调压缩机、变速器等都以汽缸体为支架装在其上面。

（2）现代发动机汽缸体大多以铝合金压铸而成。因汽缸壁及水套均采用薄型化设计，故各汽缸孔间的中心距离缩短，以达到整个发动机质量减轻的目的，如图2-14所示。

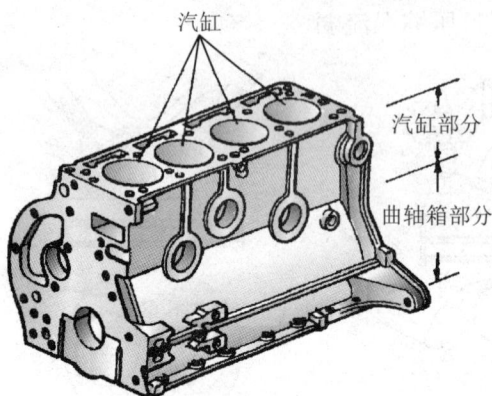

图2-13 汽缸体的结构

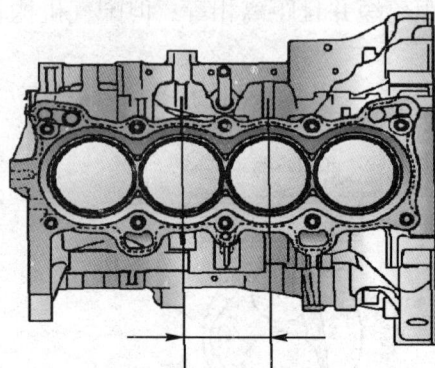

图2-14 薄型化的汽缸体

二、水冷式与风冷式汽缸体

（1）水冷式发动机的汽缸体，均为合铸式，各汽缸合铸成一体。在汽缸套周围有水套环绕，水套内有循环的冷却液，以防止发动机温度过高，如图2-15 a)所示。

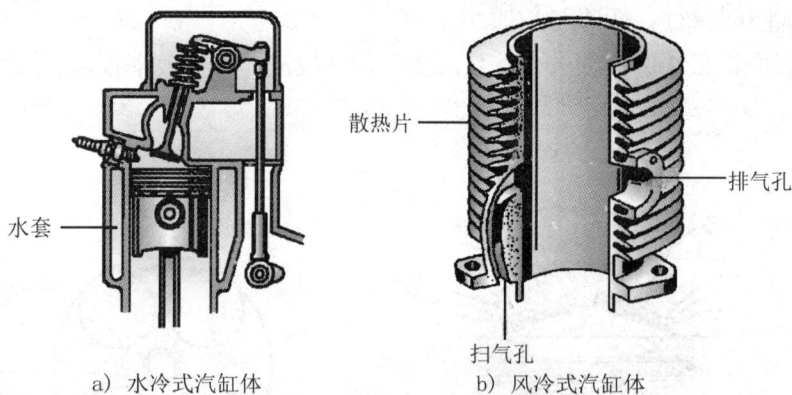

a) 水冷式汽缸体　　b) 风冷式汽缸体

图2-15 水冷式与风冷式汽缸体

（2）风冷式发动机的汽缸体，多以铝合金制成，且采用分铸式。汽缸体周围有散热片，以增加散热面积，提高散热能力，如图2-15 b)所示。

2.2.5 汽缸套

一、概述

（1）汽缸体中的汽缸，必须是正圆筒形；因活塞在内部以极快的速度往复运动，故耐磨性要好；且混合气燃烧的温度极高，故必须导热性能良好，以保持正常的工作温度。

（2）通常在汽缸中另镶入表面镀耐磨金属的汽缸套，磨损后可更换汽缸套。

二、干式与湿式汽缸套

1 干式汽缸套

汽缸套不与冷却液直接接触，厚度较薄，如图2-16 a)所示。通常汽缸套均以比汽缸孔内径稍大的外径压入汽缸孔中，使两者能紧密接合，加快散热速度，大多用于汽油发动机。

干式汽缸套磨损后，可镗缸数次，必要时汽缸套可换新。

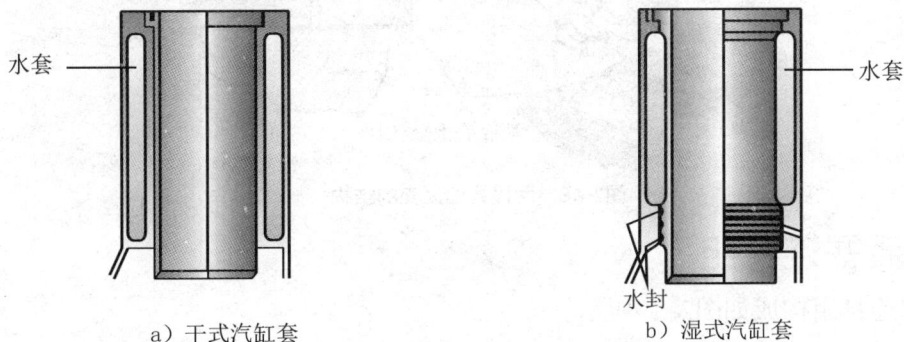

a）干式汽缸套   b）湿式汽缸套

图2-16　干式与湿式汽缸套

2 湿式汽缸套

汽缸套与冷却液直接接触，其上部有凸缘，利用汽缸盖压紧在汽缸体上，以避免松动，如图2-16 b)所示。上部及下部并使用一至二条的橡皮水封，以防止漏水，柴油发动机使用较多。

湿式汽缸套磨损后，汽缸套拆下直接换新，不必镗缸。

2.2.6 油底壳

（1）汽缸体的下方为油盆，又称油底壳，如图2-17所示，两者以螺栓连接，中间为软木垫片，或使用硅质密封胶，以防机油泄漏。油底壳是用来容纳机油的，内部设有隔板以防止机油的晃动。

（2）有的发动机油底壳制成上下两部分，上部为铝合金制成，下部仍为钢板压成，称为两段式油底壳，如图2-18所示。油底壳上部铝合金铸体以螺栓锁在汽缸体上，也锁在主轴承盖上，使三者成为一体，这种设计不但可以减轻质量，也可以减少曲轴及各往复运动机件的振动及噪声。

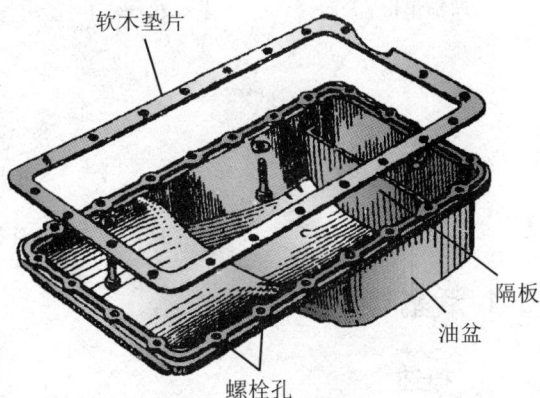

图2-17　油底壳的结构

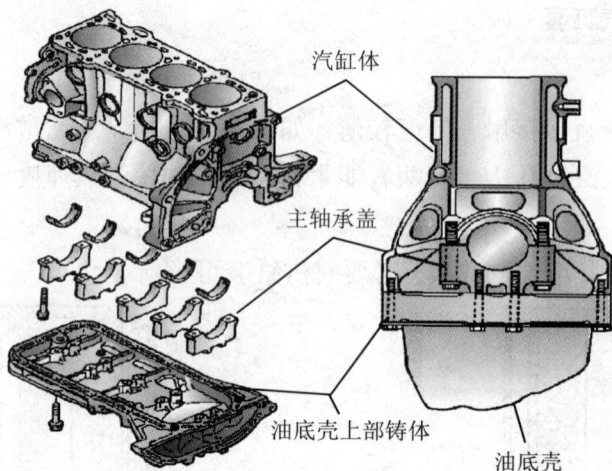

图2-18 两段式油底壳的结构

2.3 活塞连杆组

活塞连杆组构成如图2-19所示。

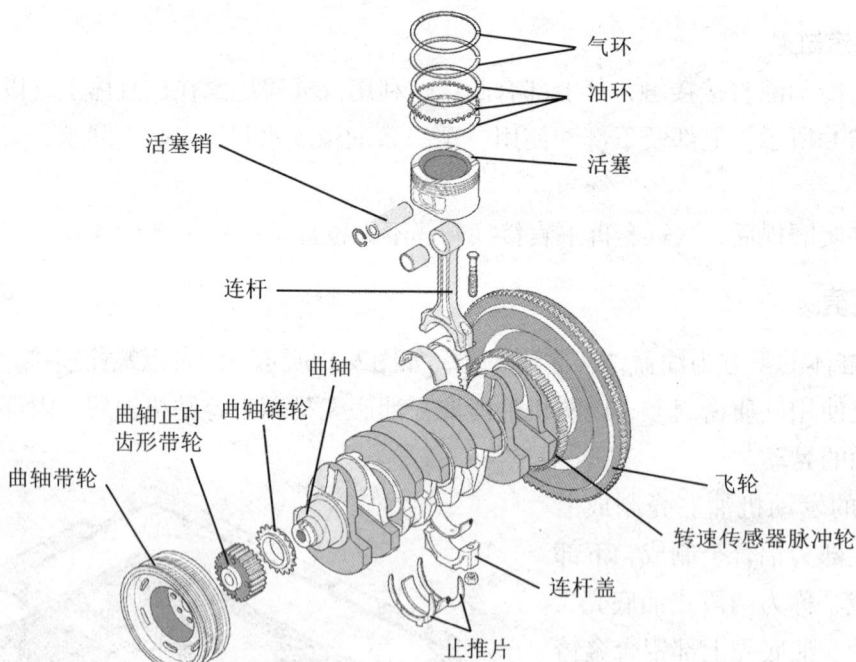

图2-19 活塞连杆组构成

2.3.1 活塞与活塞销

一、概述

（1）活塞在汽缸中做往复运动，将燃烧产生的动力，经活塞销(Piston Pin)及连杆，传到曲轴，使曲轴做旋转运动，如图2-20所示。活塞为圆筒形，上方周围有槽，槽中安装活塞环，以防止漏气及机油进入燃烧室；活塞下方为裙部，支承在汽缸壁上，以防止活塞在运动时产生摇摆，如图2-21所示。

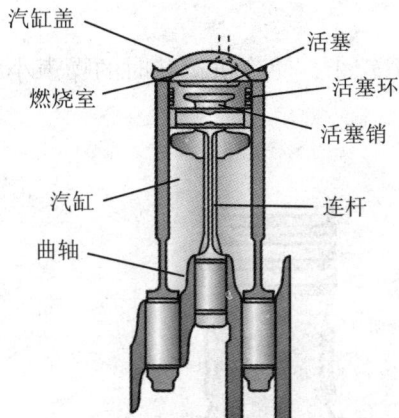

图2-20 活塞在汽缸中的位置

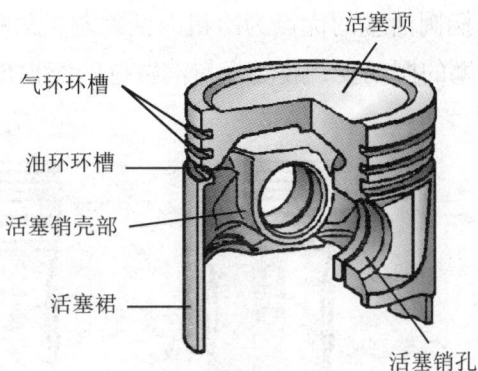

图2-21 活塞各部位的名称

（2）活塞的冲击面。因连杆与曲轴间角度变化的关系，在压缩行程与做功行程时，活塞在汽缸内左右推移，会对汽缸壁产生拍击的情形。压缩行程时压缩冲击面的受力较小，称为次推力面；做功行程时动力冲击面的受力较大，称为主推力面，如图2-22所示。

若活塞销是装在活塞的中央，当活塞上移时，次推力面会一直与汽缸壁接触，直至压缩行程结束，然后做功行程开始，连杆大头从左移到右，会使活塞突然移向汽缸壁左侧，当间隙大时，这种活塞的移动，即造成拍击现象，会加速缸壁的磨损并产生噪声。

为防止上述情形的发生，故设计偏位活塞，以减少磨损及噪声。

二、活塞的种类

1 按照活塞断面形状分类

正圆活塞：其材质多采用铸铁或合金钢，制成正圆筒形，现已不采用。

椭圆活塞：其材质多采用铝合金，且活塞的裙部加工成椭圆形，即活塞销孔方向的外径较小，与销孔成90°方向的外径较大，如图2-23所示。

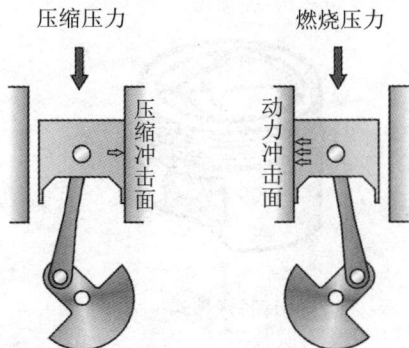

图2-22 压缩冲击面与动力冲击面

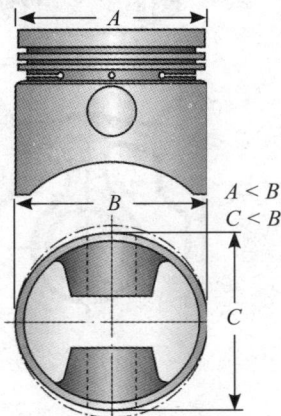

图2-23 椭圆活塞的结构

活塞冷时仅一部分与汽缸壁接触,温度升高后,因活塞销孔方向的膨胀较多,使接触面积逐渐增加;当发动机达到正常工作温度时,活塞即成正圆形,而与汽缸壁全面接触,如图2-24所示。

椭圆活塞的优点为冷机时活塞与汽缸壁之间的间隙较小,使冷机运转时的噪声小,且活塞的摆动少,故活塞与汽缸壁的磨损也较少。

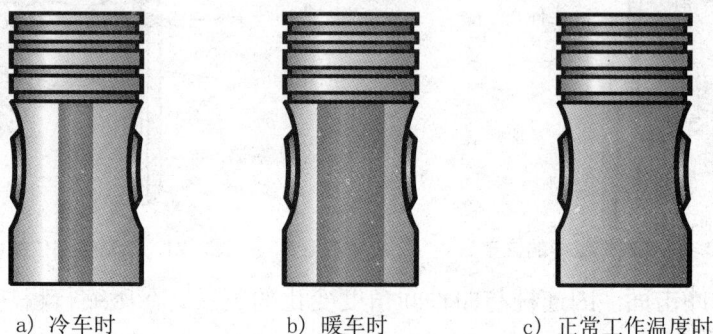

a) 冷车时　　　　　　b) 暖车时　　　　　　c) 正常工作温度时

图2-24　椭圆活塞与汽缸壁的接触情形

❷ 按照活塞顶部形状分类

平顶式:此种形式结构最简单,如图2-25a)所示。

凸顶式:高压缩比发动机使用较多,如图2-25b)所示。

凹顶式:直接喷射式柴油发动机使用,如图2-25c)所示。

特殊顶式:直接喷射式汽油发动机使用,如图2-25d)所示。或某些发动机是为提高涡流或避免活塞顶部与气门头部相互撞击而采用此种形式。

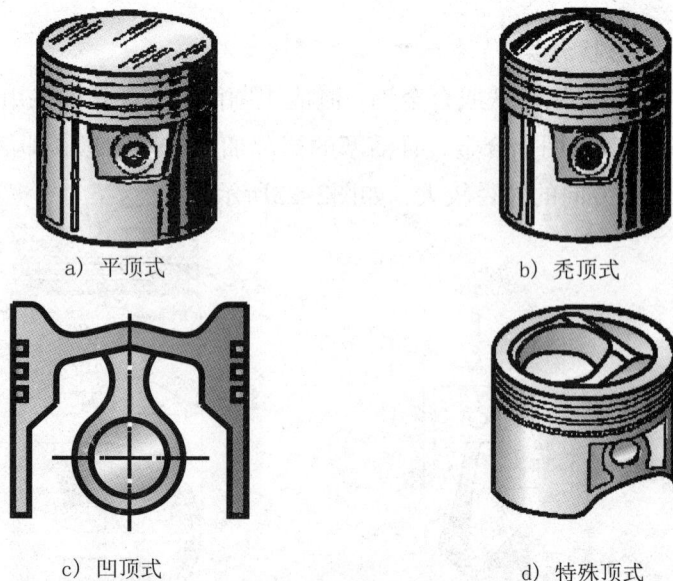

a) 平顶式　　　　　　　　　　　b) 秃顶式

c) 凹顶式　　　　　　　　　　　d) 特殊顶式

图2-25　各种活塞顶部的形状

❸ 按照活塞裙部形状分类

实裙式：又称全筒式活塞，其优点为坚固，但质量较重，如图2-26所示。

裂裙式：又称为开槽式活塞，在活塞裙部开直槽，以允许活塞的膨胀；或活塞上方开横槽，以减少活塞顶部的热传到活塞裙部，故活塞与汽缸壁的间隙可保持较窄，以减少冷发动机运转时产生的拍击噪声，如图2-27所示。

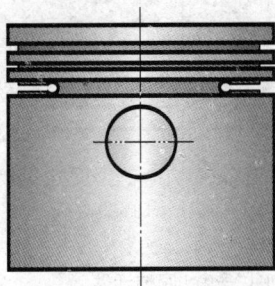

图2-26　实裙式活塞　　　　　　图2-27　裂裙式活塞

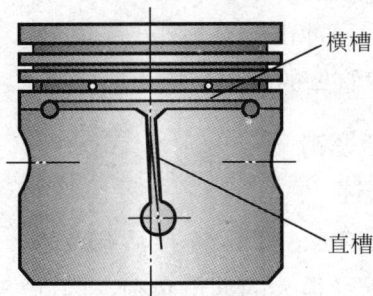

拖鞋式：将活塞销孔方向的裙部削除，而推力方向的裙部也缩短，以减小活塞的尺寸及重量，因而减少往复运动的惯性阻力，来降低发动机的振动及噪声，并可避开曲轴配重，如图2-28所示。

❹ 特殊结构的活塞

恒范钢片活塞：铝合金活塞在铸造时，在活塞销毂处镶入特种合金钢片，即成为恒范钢片活塞，其优点是增加强度，并用以控制活塞的膨胀，如图2-29所示。

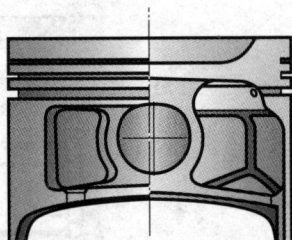

图2-28　拖鞋式活塞　　　　　　图2-29　恒范钢片活塞

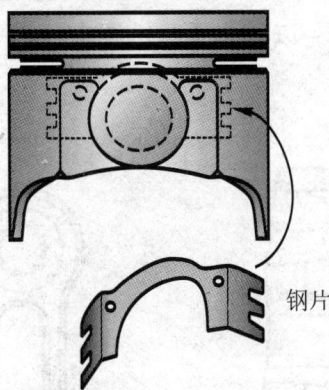

因铝的膨胀率大，钢的膨胀率小，在活塞冷时，成椭圆形；温度上升后，因变形的关系，活塞就会变成正圆形。

偏位活塞：活塞销中心线与汽缸的中心线不在同一直线上，每100mm外径约有

1～2mm向动力冲击面偏移，这种活塞称为偏位活塞，如图2-30所示。

当活塞压缩接近TDC时，压缩压力使活塞稍倾斜，活塞主推力面下方开始与汽缸壁接触；接着过了TDC后，活塞倾斜，主推力面与缸壁全面接触，使活塞冲击减至最小，故可减少活塞及汽缸壁的磨损和噪声。

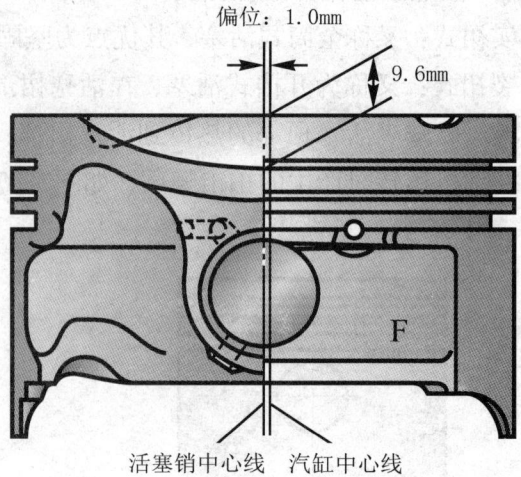

偏位：1.0mm

9.6mm

F

活塞销中心线　汽缸中心线

图2-30　偏位活塞

三、活塞销

❶ 概述

活塞销(Piston Pin)连接活塞及连杆小头，承受很大的冲击负荷，因此必须强度大；且活塞销随活塞运动，故必须质量轻，以减少惯性及提高运动速度。因此通常使用铬钼或镍铬合金钢管制成；表面淬硬磨光，以增加耐磨性。

❷ 活塞销的固定方式

固定式：活塞销以螺栓固定在活塞上，连杆小头与活塞销之间可以滑动，如图2-31 a)所示。

半浮式：活塞销固定在连杆小头上，活塞与活塞销之间可以滑动，如图2-31 b)所示。一般汽油发动机常采用半浮式，即将活塞销直接压入连杆小头孔中。

全浮式：活塞销不固定在活塞上，也不固定在连杆小头上，是在活塞销毂两端以弹性卡环扣住，以防止活塞销滑出，如图2-31 c)所示。

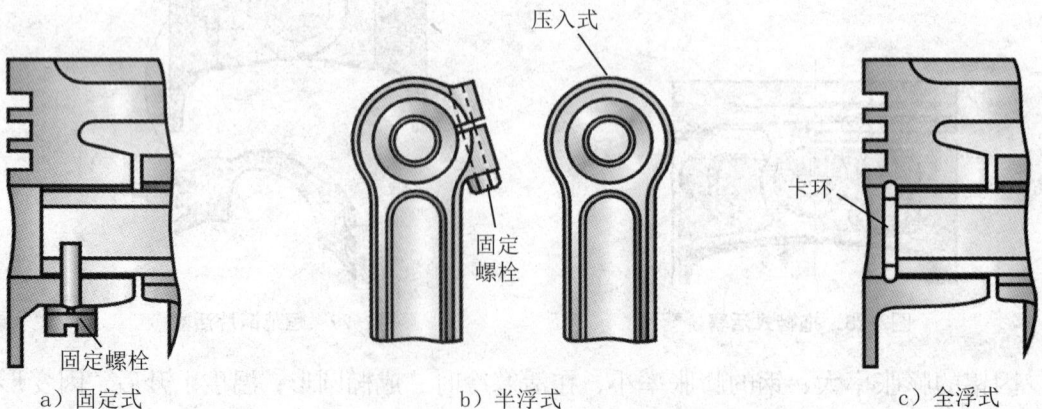

压入式

固定螺栓

固定螺栓

卡环

a）固定式　　　　　　b）半浮式　　　　　　c）全浮式

图2-31　活塞销的固定方式

2.3.2 活塞环

一、概述

（1）活塞环(Piston Ring)为铸铁制的圆环，安装在活塞环槽中，如图2-32所示。

（2）活塞环具有张力，对汽缸壁加压，使气密良好；同时发动机运转时，活塞头部所承受的热，必须经活塞环传到汽缸壁；另外活塞环也须将汽缸壁过多的机油刮除，以免进入燃烧室中。

（3）以气密为主要目的的活塞环，称为气环，装在上方，约有二至三条；

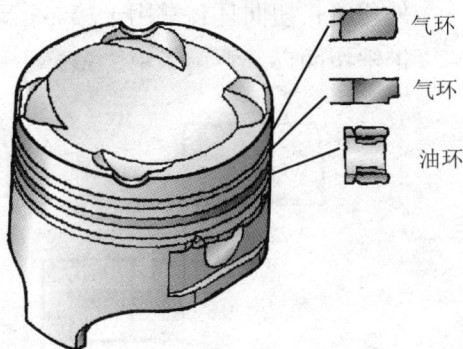

图2-32　装在活塞环槽中的活塞环

以控制汽缸壁的适当油膜为主要目的，而将多余机油刮除的环，称为油环，装在下方，约有一至二条，二冲程汽油发动机则无油环。为了增加第二道气环及油环的张力，有些活塞在环的内部再加装衬环。

二、活塞环的表面处理

（1）镀硬金属：如镀铬，以增加耐磨性。

（2）镀软金属：如镀锡、氧化铁等，以帮助与新汽缸壁的磨合，且因含油，故可减少拖曳现象。汽油发动机通常在第二道气环最外层镀软金属，以配合新车发动机约1000~3000km的磨合时期。

三、气环的种类

❶ 以开口形状分

直切口：结构简单，密封性较差，但使用最多，如图2-33 a)所示。

斜切口：如图2-33 b)所示。

阶梯口：密封性较好，但加工困难，如图2-33 c)所示。

封闭口：密封性最好，但加工最困难，如图2-33 d)所示。

a) 直切口　　　　b) 斜切口　　　　c) 阶梯口　　　　d) 封闭口

图2-33　气环的开口形状

❷ 以断面形状分

矩形环：多用于第一道环，如图2-34 a)所示。现代汽车采用矩形环时，其与汽缸壁接触面的上、下角端通常会切削成圆弧形，如图2-32的第一道气环所示。

锥形环：常用于第二道环，如图2-34 b)所示。

内斜边式扭曲环：常用于第一道或第二道环，如图2-34 c)所示。

外切口式扭曲环：常用于第二道环，如图2-34 d)所示。

带锥扭曲环：常用于第二道环，如图2-34 e)所示。

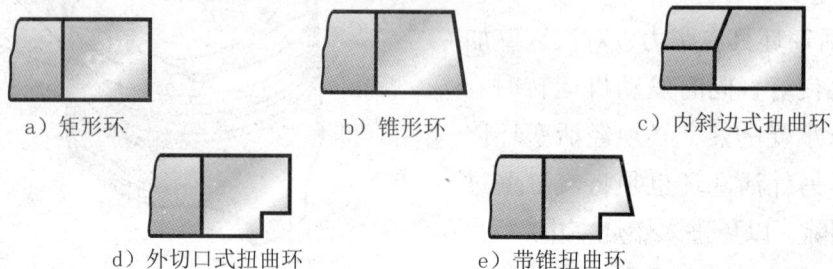

a）矩形环　　　　　　b）锥形环　　　　　　c）内斜边式扭曲环

d）外切口式扭曲环　　　　e）带锥扭曲环

图2-34　气环的断面形状

四、油环的种类

❶ 整体式

以合金铸铁制成，在环的中央开槽，以利机油流动，如图2-35所示，为整体式油环的断面形状。

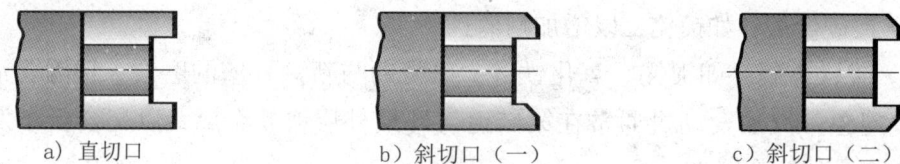

a）直切口　　　　　　b）斜切口（一）　　　　　　c）斜切口（二）

图2-35　整体式油环的断面形状

❷ 组合式

由两片铬合金钢片及弹性衬环组成，如图2-36所示。弹性衬环使铬合金钢片向上、向下及向外作用。

现代汽油发动机多使用组合式油环，可有效控制机油油膜。

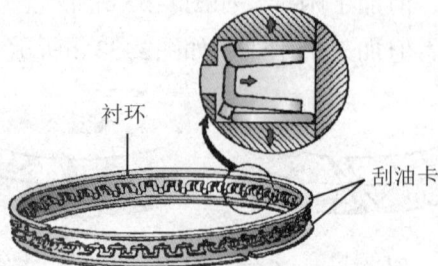

衬环

刮油卡

图2-36　组合式油环

五、衬环

衬环又称衬簧，通常装在油环或第二道气环之内，以增加环的张力。如图2-37所示，为衬环的结构及作用。

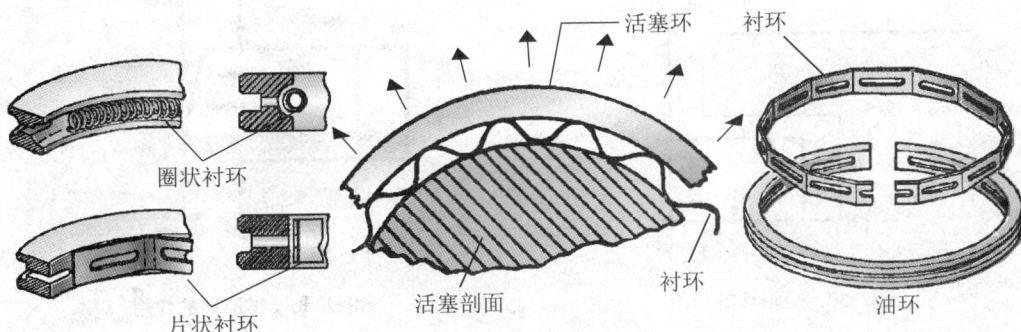

图2-37 衬环的结构及作用

圈状衬环
片状衬环
活塞环
衬环
活塞剖面
衬环
油环

六、活塞环的作用

1 矩形环

表面经常与汽缸壁全部接触，以本身的张力使环压紧在汽缸壁上。

在做功及压缩行程时，燃烧气体及压缩气体的压力，从环的上面及内面加压于环侧及环底，以强大的压力使环与环槽下缘及汽缸壁保持密封，因此可以防止漏气，但在与活塞一起做往复运动时，在环槽内上下窜动，把汽缸壁上的机油不断地挤入燃烧室，产生"泵油作用（又称为"上机油"）"，如图2-38所示。矩形环的泵油作用，使机油消耗量增加，活塞顶及燃烧室壁面积炭。如图2-39所示。

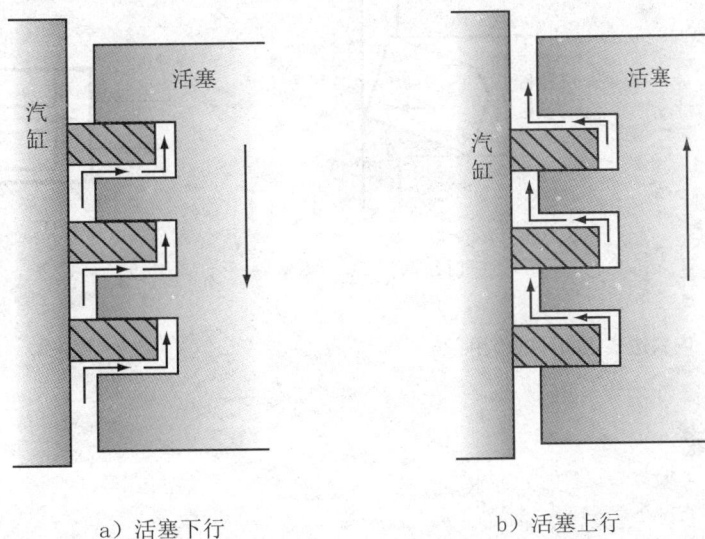

活塞
汽缸
a）活塞下行

活塞
汽缸
b）活塞上行

图2-38 矩形环的泵油作用

2 锥形环

环的尖端，与汽缸壁成为线接触，因此容易磨合，大多用在第二道气环。

当活塞上行时，环从机油面上滑过，以避免向燃烧室泵油；而在活塞下行时，环将机油刮下，以维持一定的油膜；此外其气密性也相当良好，如图2-40所示。

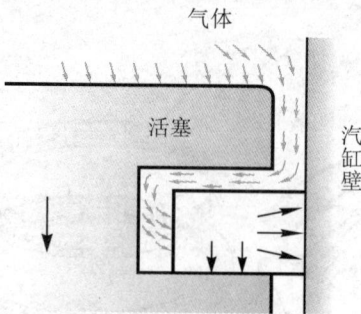

图2-39　矩形环的作用

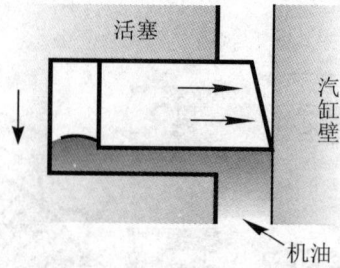

图2-40　锥形环的作用

③ 内斜边式扭曲环

在做功行程时，加上燃烧气体的压力，其作用与矩形环相同，使环表面与环槽下缘及汽缸壁全面接触，如图2-41 a)所示。

但当进气行程无燃烧气体加压时，变成线接触，即可将机油刮下，且机油不会从环的底面进入燃烧室，如图2-41 b)所示。

④ 油环的主要作用

控制汽缸壁的油膜厚度，油环能将多余的机油刮走，刮掉的机油会从油环的中央槽孔，再经活塞油环环槽的油孔流回油底壳，如图2-42所示。

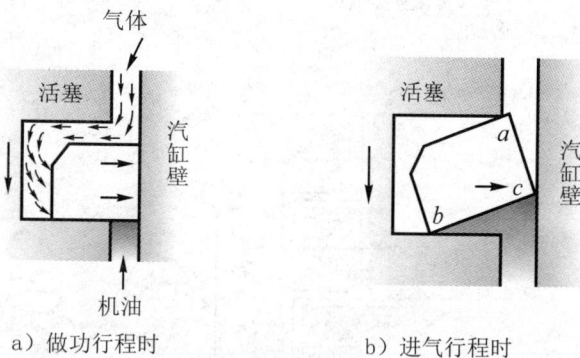

a）做功行程时　　　　　b）进气行程时

图2-41　内斜边式扭曲环的作用

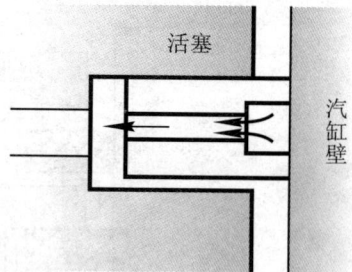

图2-42　油环的作用

2.3.3　连杆总成

一、概述

（1）连杆总成由连杆、连杆轴承及连杆轴承盖等组成，如图2-43所示。连杆连接在活塞与曲轴之间，将活塞的动力传递到曲轴，并将活塞的往复运动转变成曲轴的旋转运动。

（2）连杆必须重量轻，以减少惯性损失；且因承受巨大的冲击力，故必须强度大，不易变形。

（3）连杆通常使用碳钢、镍铬钢或铬钼钢等锻造成形。为减轻质量及不易变形，故断面均制成I字形，如图2-44所示。

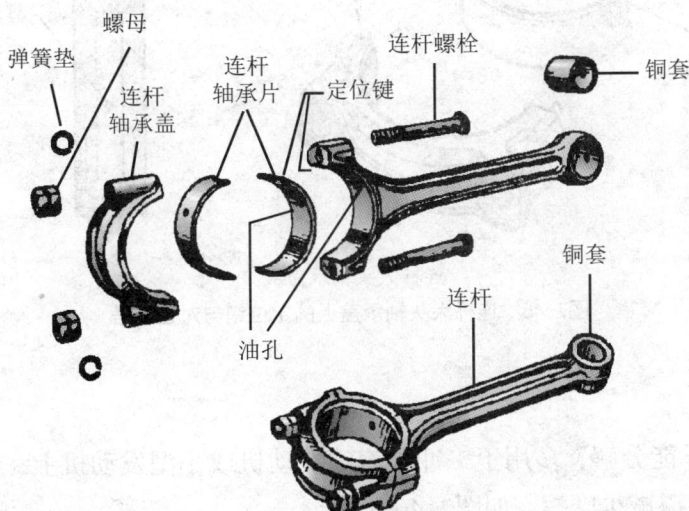

图2-43　连杆总成的结构

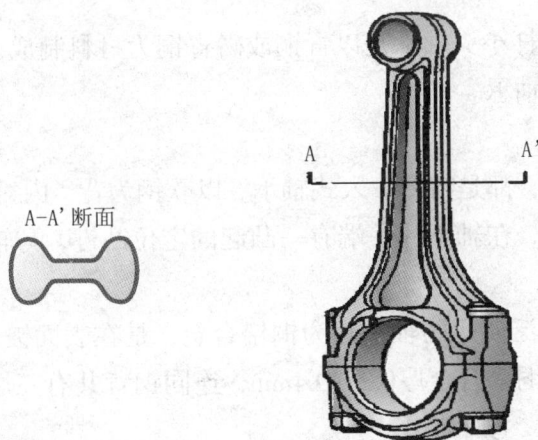

图2-44　连杆的断面形状

二、连杆的种类

◆ 分离式

车用四冲程汽油发动机均采用分离式连杆，即连杆大头分成两半，配合精密镶入式轴承片使用，如图2-43所示。

如图2-45所示，在连杆大头轴承盖上有定位销，在组合连杆总成时作定位用；同时在连杆大头的一侧有对正记号，以免在组合时，装错连杆大头轴承盖的方向。

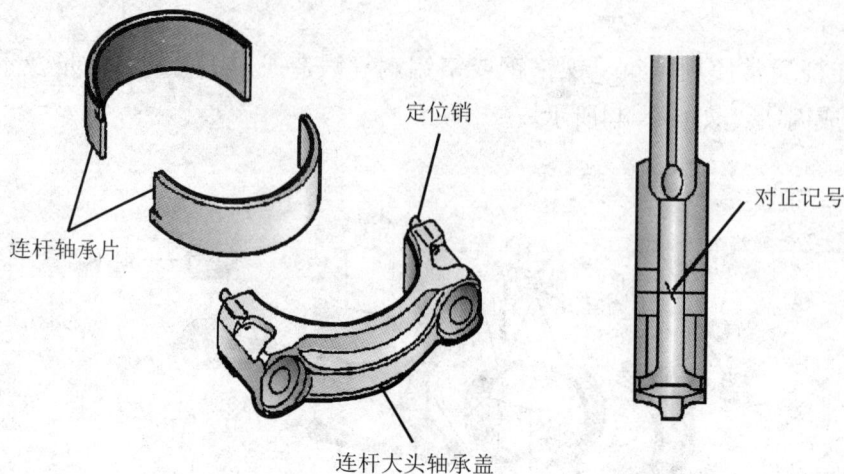

图2-45　连杆大头轴承盖上的定位销与对正记号

❷　整体式

整体式连杆不能分解，多用于二冲程汽油发动机或小型发动机上，连杆的大、小头均使用滚柱轴承，以减少摩擦，如图2-46所示。

三、连杆轴承

❶　连杆小头轴承

四冲程发动机的连杆小头轴承是以青铜或磷青铜为材料制成，俗称铜套；二冲程发动机则通常是采用滚柱轴承。

❷　连杆大头轴承

一般连杆大头轴承，都是精密镶入式轴承，以软钢为背，内衬以轴承合金。

为防止轴承片松动，在轴承片一端有一凸起的定位凸键，与轴承座上的凹槽相嵌合以定位，如图2-47所示。

现代汽油发动机广泛使用的轴承片为铜铅合金，是在表面镀一层0.005～0.02mm厚的铅基巴氏合金，中层铜铅合金厚0.2～0.4mm，连同钢背共有三层，称为三层轴承，如图2-47所示。

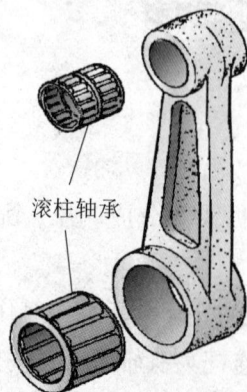

图2-46　整体式连杆

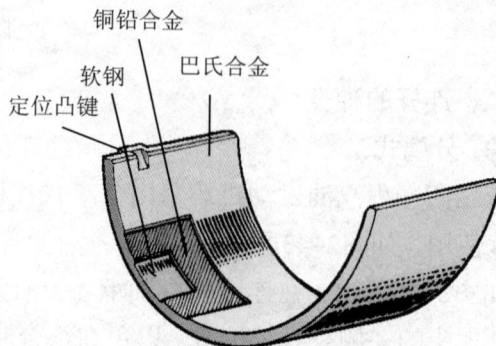

图2-47　连杆轴承片的结构

四、连杆轴承片的配合

❶ 挤压高度

为使轴承片的背部与轴承座配合紧密，防止轴承片移动，使其导热性良好，故轴承片装在座后，两端应略为凸出。

如图2-48所示，轴承片的凸出部分，称为挤压高度，在0.5mm左右。

❷ 外张现象

轴承片在安装至定位前，轴承片的外径应比轴承座的内径大，称为外张现象，如图2-49所示。

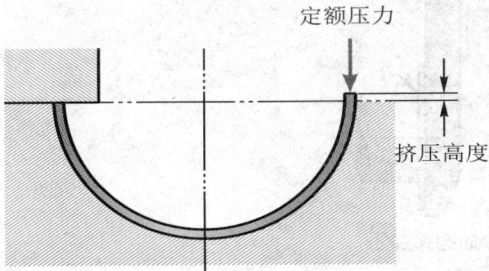

图2-48 轴承片的挤压高度

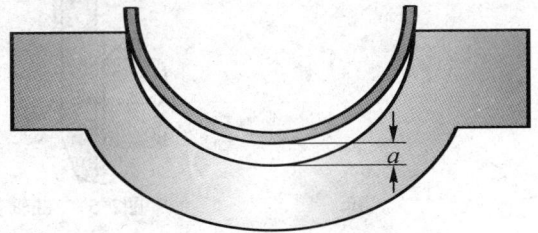

图2-49 轴承片的外张现象

2.4 曲轴飞轮组

2.4.1 曲轴总成

一、概述

（1）曲轴将活塞的往复运动，经连杆转变为旋转运动，且利用飞轮的惯性，将动力供给活塞做进气、压缩、排气等工作，并将各缸做功行程产生的动力，经过飞轮向外输出。

（2）曲轴总成是由主轴颈、连杆轴颈或称曲柄销、曲柄臂、平衡重或称曲轴配重、主轴承盖、主轴承片及止推片等组成，如图2-50所示。

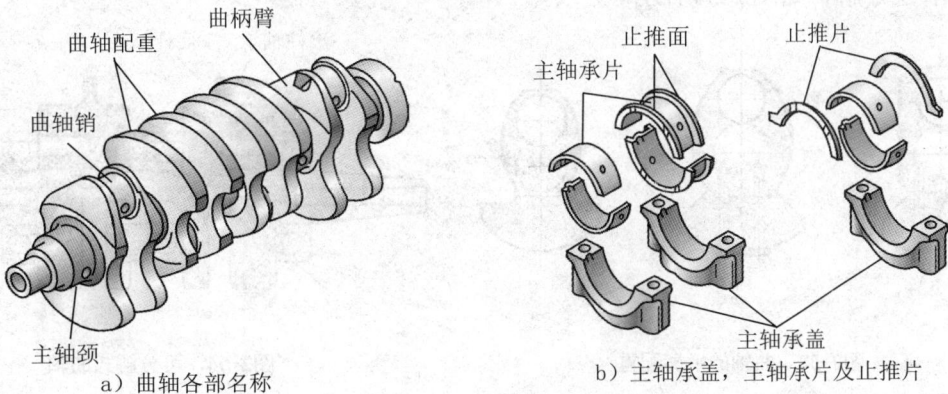

a）曲轴各部名称

b）主轴承盖，主轴承片及止推片

图2-50 曲轴各部名称

二、曲轴的构造

（1）主轴颈及连杆轴颈部分，在车光后经表面硬化处理，再磨光后以作为摩擦面。

（2）曲轴在各接角部分均制成圆弧形，以免因应力集中而断裂，如图2-51所示。

（3）曲轴各轴颈及轴销之间均钻有油道，使各轴承能得到充分的润滑，并可减小曲轴质量，如图2-52所示。

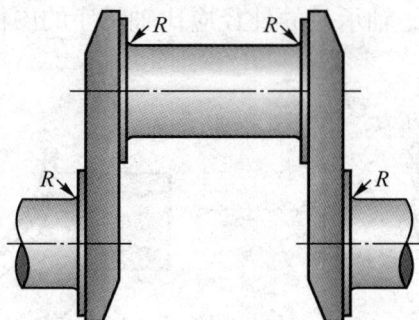

图2-51 曲轴各接角部分的圆弧加工

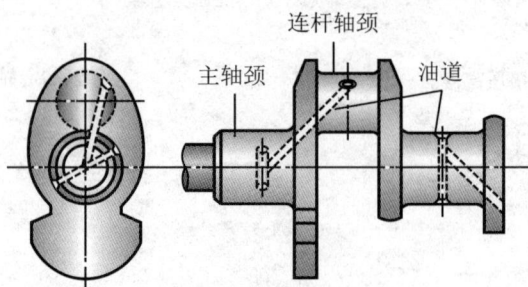

图2-52 曲轴内的油道

（4）曲轴以极高速运转，如果有局部质量不平均，将产生严重震动，而使曲轴疲劳折断，因此在连杆轴颈的对面，加上配重以保持平衡。以螺栓固定可以拆卸，如图2-53 a)、b)所示，也有直接铸成一体的，如图2-53 c)所示。

（5）二冲程汽油发动机所使用的曲轴为可分解式，利用特种工具，可将曲轴从中间球轴承处分解，如图2-54所示。

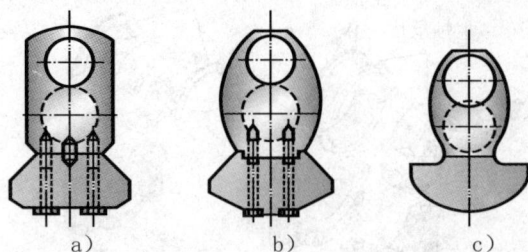

图2-53 曲轴的平衡配重

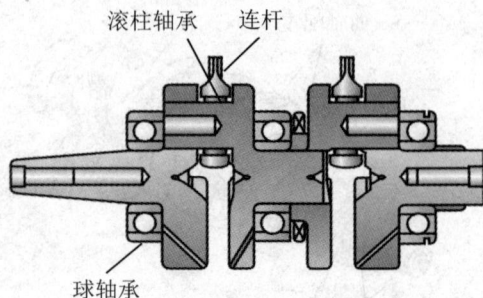

图2-54 可分解式曲轴

三、曲轴的形状及点火顺序

❶ 二缸发动机（点火间隔为720°/2=360°）

直列式二缸发动机采用图2-55 a)的配置方式，1、2缸曲柄臂在同一平面上，使用三道轴颈，点火顺序为1-2。

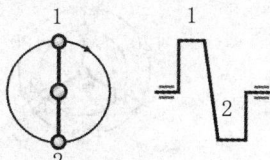

水平式二缸发动机采用图2-55 b)的配置方式，1、2缸曲柄臂相隔180°，使用二道轴颈，点火顺序为1-2。

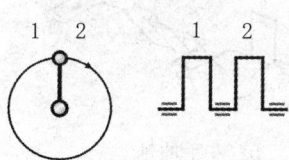

❷ 三缸发动机（点火间隔为720°/3=240°）

各缸曲柄臂相隔120°，使用四道轴颈，点火顺序为1-2-3，如图2-56所示。

a) 直列式二缸发动机   b) 水平式二缸发动机

图2-55　二缸发动机的曲轴形状

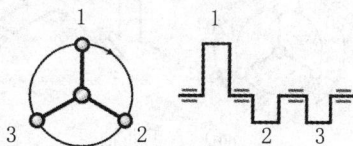

图2-56　三缸发动机的曲轴形状

❸ 四缸发动机（点火间隔为720°/4=180°）

直列式四缸发动机：1、4缸与2、3缸的曲柄臂相隔180°，使用三道或五道轴颈，点火顺序为1-3-4-2或1-2-4-3，如图2-57所示。现代汽油发动机均采用五道轴颈式，曲轴虽然长些，但各轴颈受力较小，振动小，使用寿命较长。

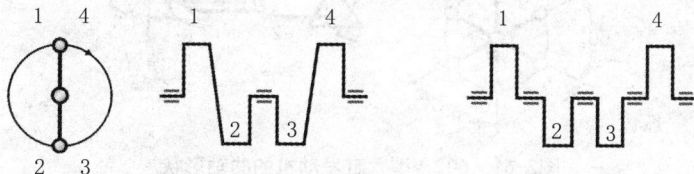

图2-57　直列式四缸发动机的曲轴形状

水平式发动机：1、4缸与2、3缸的曲柄臂相隔180°，使用三道轴颈，点火顺序为1-3-2-4或1-4-2-3，如图2-58所示。

❹ 五缸发动机（点火间隔为720°/5=144°）

各缸曲柄臂相隔72°，每隔144°做一次功，使用六道轴颈，点火顺序为1-2-4-5-3，如图2-59示。

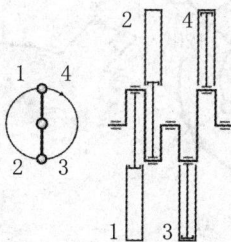

图2-58　水平式发动机的曲轴形状

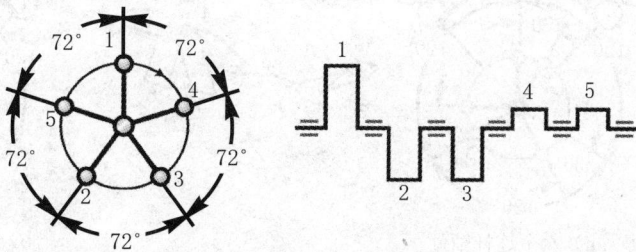

图2-59　五缸发动机的曲轴形状

⑤ **六缸发动机（点火间隔为720°/6=120°）**

（1）直列六缸发动机：1、6缸的曲柄臂在同一平面，2、5缸的曲柄臂在同一平面，3、4缸的曲柄臂在同一平面，1、6缸与2、5缸及3、4缸的曲柄臂相隔120°；使用四或七道轴颈，现代汽油发动机均采用七道轴颈式；国产汽车六缸机常用的点火顺序为1-5-3-6-2-4如图2-60 a)所示；若将3、4缸的曲柄臂与2、5缸的曲柄臂对调所在平面，则其点火顺序为1-4-2-6-3-5，如图2-60 b)所示，性能与前一种没有差别，日本车常用此种结构。

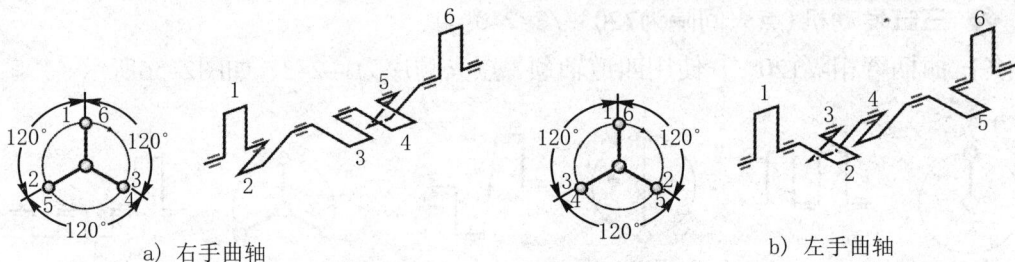

a）右手曲轴　　　　　　　　　　　b）左手曲轴

图2-60　直列六缸发动机的曲轴形状

（2）60°V型六缸发动机：各缸曲柄臂相隔60°，为使发动机体积缩小，使用四道轴颈，1与2缸、3与4缸、5与6缸的连杆轴颈分别偏移60°，点火顺序为1-2-3-4-5-6，如图2-61所示。

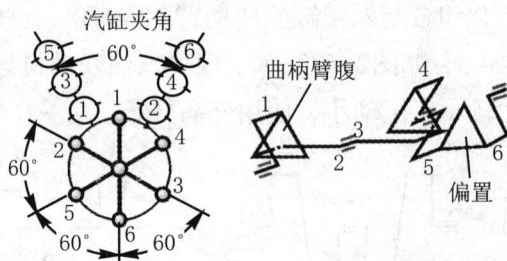

图2-61　60°V型六缸发动机的曲轴形状

（3）90°V型六缸发动机：有六个连杆轴颈式与三个连杆轴颈式两种。六个连杆轴颈式，1与2缸、3与4缸、5与6缸的连杆轴颈分别偏移30°，三个连杆轴颈式，1与2缸、3与4缸、5与6缸分别装在同一连杆轴颈上；均使用四道轴颈，点火顺序为1-2-3-4-5-6，如图2-62所示。

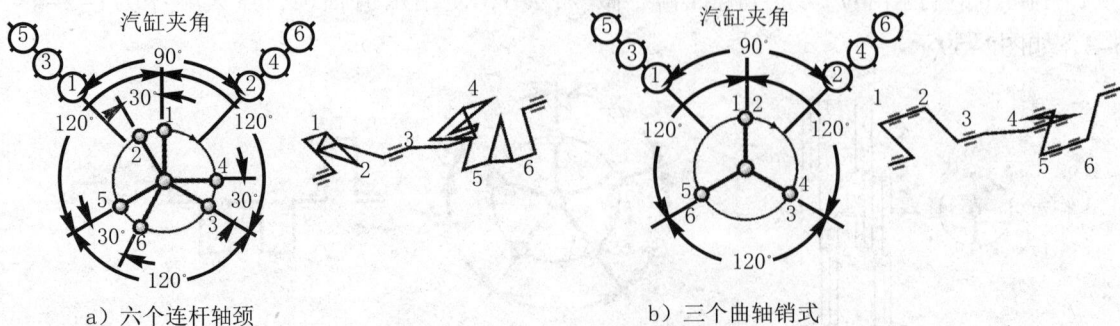

a）六个连杆轴颈　　　　　　　　　　b）三个曲轴销式

图2-62　90°V型六缸发动机的曲轴形状

90°V型六缸发动机六个连杆轴颈式，由于各缸间的偏移角度较小，曲柄臂较薄，故曲轴长度比60°V型六缸发动机短。

❻ 八缸发动机（点火间隔为720°/8=90°）

90°V型八缸发动机有两种，与直列四缸发动机相同的相隔180°型及曲柄臂成十字的90°型，两种都是一个连杆轴颈上安装两个连杆，使用五道轴颈，180°型的点火顺序为1-8-5-4-7-2-3-6，90°型的点火顺序为1-8-4-3-6-5-7-2，如图2-63所示。

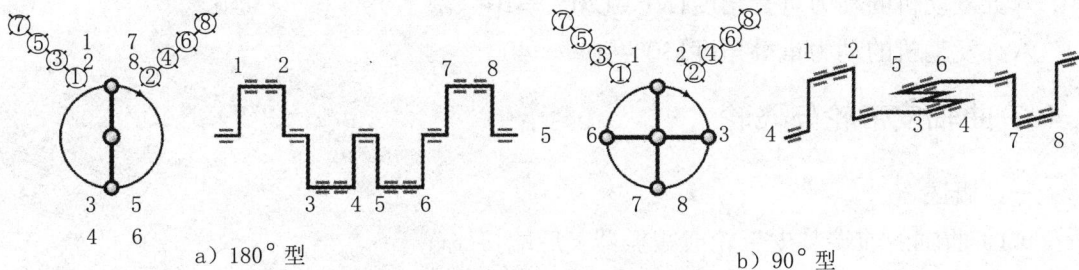

a）180°型　　　　　　　　　　b）90°型

图2-63　90°V型八缸发动机的曲轴形状

四、曲轴主轴承

（1）连杆轴颈处是以连杆大头轴承作为支撑，在主轴颈处则是以曲轴轴承，俗称主轴承，做为支撑。其结构、材质均与连杆大头轴承相同，但曲轴主轴承处至少须有一道止推片，以承受曲轴的轴向推力。止推片安装的位置不一定，有的在中央主轴颈处，有的在前、后主轴颈处。

（2）止推片的型式有两种，一种为整体式，即止推片与曲轴主轴承片合装在一起，如图2-64所示；另一种为分离式，使用四片半圆形状的止推片，分开放在主轴承片的两侧，止推片上有凸键或销来固定，摩擦面上有油槽，以储油润滑，如图2-65所示。

（3）曲轴的上主轴承片有油槽与油孔，而下主轴承片则没有，在安装时不可装错，如图2-65所示。

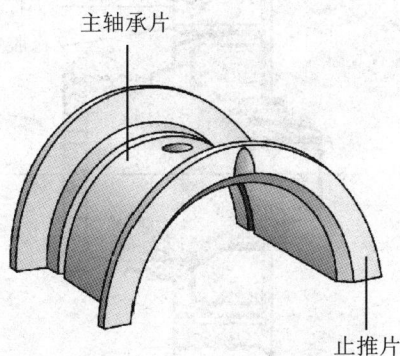

图2-64　整体式止推片

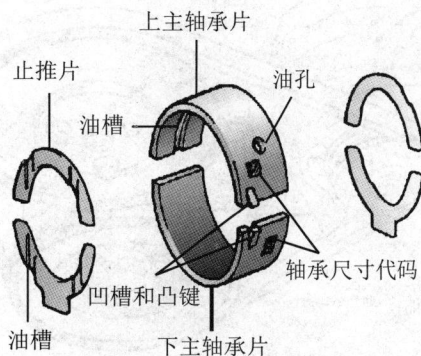

图2-65　分离式止推片

五、动力重叠

（1）在六缸以上的发动机，上一缸的做功行程尚未结束，下一缸的做功行程已经开始，各缸间因此有动力重叠输出的情形，称为动力重叠。

（2）排气门在下止点前50°打开，则四冲程六缸及八缸发动机的动力重叠角度为

各缸的做功行程角度180°−50°＝130°。

六缸发动机的动力间隔720°÷6＝120°。

八缸发动机的动力间隔720°÷8＝90°。

六缸发动机的动力重叠角度130°−120°＝10°。

八缸发动机的动力重叠角度130°−90°＝40°。

2.4.2 曲轴皮带轮与飞轮

一、概述

（1）曲轴的前端装皮带轮或减振器，后端接飞轮。

（2）曲轴皮带轮的功用，利用皮带，以带动发电机、水泵、空调压缩机及转向助力泵等；其上有记号，以对正上止点及点火正时。

（3）飞轮的功用，在做功行程时，吸收动能向外输出，并储存部分动能，供给进气、压缩、排气等各行程使用，使发动机能运转并使动力能平稳输出。飞轮是离合器的主动件，发动发动机时的被动件。

二、皮带轮与减振器

一般发动机都装有简单的皮带轮，带动其他部件运转，如图2-66所示。而在要求平稳性较好的直列式四缸发动机或六缸以上的长曲轴发动机上，则装有曲轴扭转减振器，除具有皮带轮的功能外，并可吸收曲轴的扭转振动。如图2-67所示，为橡胶式减振器，装在皮带轮外围的惯性环，其惯性质量较大，相对减少中央部分的惯性质量，配合橡胶的作用，可减少扭转振动。

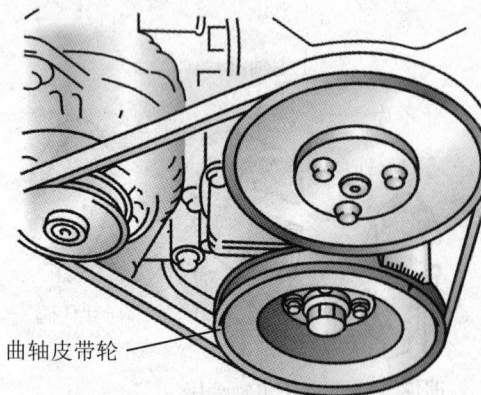

图2-66　曲轴皮带轮

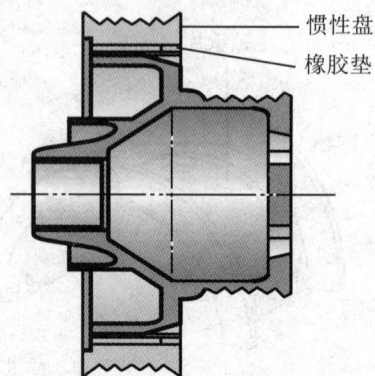

图2-67　橡胶式减振器

三、飞轮

❶ 手动变速器用飞轮

此飞轮以铸铁制成，使用螺栓固定在曲轴凸缘上，如图2-68所示。

与离合器片的摩擦面经精密加工，圆周装有齿环，一般是将齿环加热后套入，冷却后即紧密与飞轮结合在一起；部分飞轮上有上止点及点火正时记号。

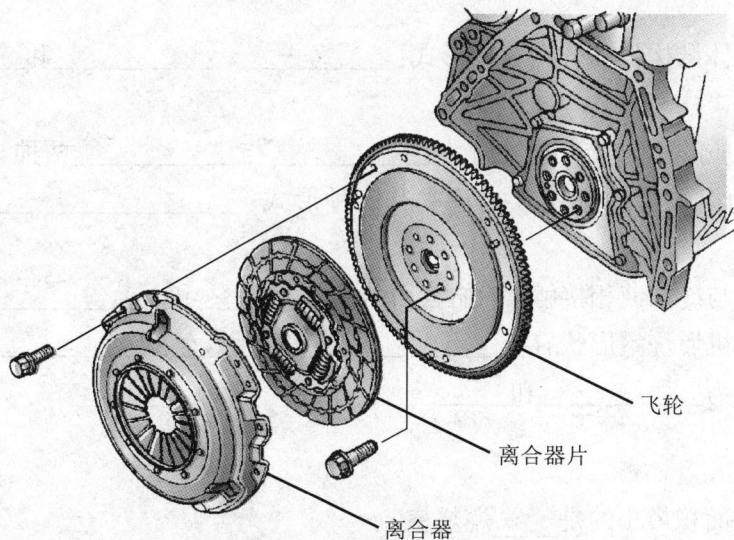

飞轮

离合器片

离合器

图2-68　手动变速器用飞轮

❷ 自动变速器用飞轮

飞轮是与跟曲轴连接的泵轮焊在一起，涡轮与导轮等包在内部，形成一个变扭器，如图2-69所示。

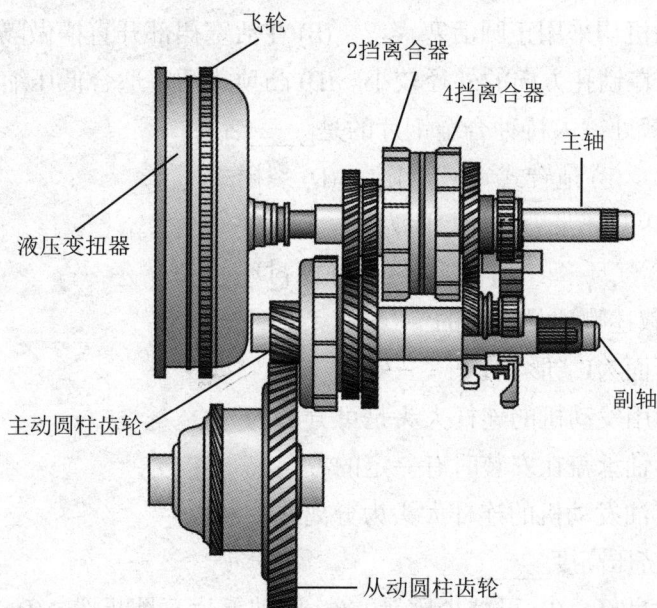

飞轮

2挡离合器

4挡离合器

主轴

液压变扭器

主动圆柱齿轮

副轴

从动圆柱齿轮

图2-69　自动变速器用飞轮

理论测试

一 填空题

1. 曲柄连杆机构是往复活塞式内燃机将_____转变为_____的主要机构。

2. 根据汽缸体结构将其分为三种形式：_____、_____和_____汽缸体。

3. 按冷却介质的不同,冷却方式分为_____与_____两种。

4. 汽车发动机汽缸的排列方式基本有三种形式：_____、_____和_____。

5. 根据是否与冷却液相接触,汽缸套分为_____和_____两种。

6. 常用汽油机燃烧室形状有_____、_____和_____三种。

7. 活塞环分为_____和_____两种。

二 选择题

1. 燃烧室表面积最小的是____燃烧室。　　　　　　　　　　　　　( )
   (A) 盆形室式　　(B) 楔形室式　　(C) 半球室式　　(D) 棱顶室式

2. 对汽缸套的叙述哪项是错误的?　　　　　　　　　　　　　　　( )
   (A) 汽缸套必须是正圆筒形　　　　(B) 干式汽缸套常用于柴油发动机
   (C) 干式汽缸套不与冷却液直接接触　(D) 湿式汽缸套不必镗缸

3. 对活塞的叙述哪项是正确的?　　　　　　　　　　　　　　　　( )
   (A) 现代发动机均采用正圆活塞　　(B) 在活塞裙部开直槽做隔热用
   (C) 椭圆活塞在销孔方向的外径较小　(D) 凸顶式活塞适合低压缩比发动机

4. 在活塞销毂处镶入特种合金钢片的是____活塞。　　　　　　　　( )
   (A) 恒范钢片　　(B) 拖鞋式　　(C) 偏位　　(D) 裂裙式

5. 用来增加活塞环张力的环,称为____。　　　　　　　　　　　　( )
   (A) 油环　　(B) 气环　　(C) 衬环　　(D) 弹性衬环

6. 对连杆的叙述哪项是错误的?　　　　　　　　　　　　　　　　( )
   (A) 连杆的断面为I字形
   (B) 一般汽车用发动机的连杆大头是可分解的
   (C) 连杆大头轴承盖在安装时有一定的方向
   (D) 二冲程汽油发动机的连杆大头为分离式

7. 轴承片的挤压高度____。　　　　　　　　　　　　　　　　　　( )
   (A) 使导热性良好　　(B) 可减少质量　　(C) 使轴承片不易断裂　　(D) 能提高抗压性

8. 直列四缸发动机常用的点火顺序为____。 （　）

  (A) 1—3—2—4　　(B) 1—4—2—3　　(C) 1—3—4—2　　(D) 1—2—3—4

9. 五缸发动机每隔____产生一次动力。 （　）

  (A) 120°　　(B) 144°　　(C) 160°　　(D) 180°

10. 曲轴主轴承处的止推片有何功用？ （　）

  (A) 承受曲轴的轴向推力　　(B) 减少主轴承间隙

  (C) 降低曲轴的旋转压力　　(D) 提高曲轴转速

11. 某部四冲程六缸发动机，排气门在BDC前42°打开，则各缸间的动力重叠角度

为____。 （　）

  (A)12°　　(B)15°　　(C)18°　　(D)22°

三　判断题

1. 现代汽油发动机的汽缸盖均以铝合金制成。 （　）

2. 汽缸盖与汽缸体之间是用汽缸垫来保持密封。 （　）

3. EX是表示进气门，IN是表示排气门。 （　）

4. 活塞销在活塞的中央时，汽缸动力冲击面的磨损比压缩冲击面小。 （　）

5. 椭圆活塞是指活塞冷时其裙部为椭圆形。 （　）

6. 偏位活塞的活塞销中心线是向动力冲击面偏移。 （　）

7. 活塞销以扣环扣住防止滑出的固定方式，称为半浮式。 （　）

8. 以气密为主要目的的活塞环，称为气环。 （　）

9. 现代汽油发动机使用整体式油环较多。 （　）

10. 曲轴上的配重是为保持运转平衡。 （　）

11. 现代直列四缸发动机均采用三道轴颈。 （　）

12. 现代直列六缸发动机均采用四道轴颈。 （　）

13. V型六缸发动机的夹角有60°与90°两种。 （　）

14. 减振器除具有皮带轮的功能外，还可减少凸轮轴的扭转振动。 （　）

四　简答题

1. 现代汽油发动机燃烧室的设计要求是什么？

2. 试述半球形燃烧室的优缺点。

3. 试述多气门燃烧室的优缺点。

4. 湿式汽缸套有何特点？

5. 试述椭圆活塞的优点。

6. 何谓拖鞋式活塞？有何功用？

7. 何谓偏位活塞？有何功用？

8. 活塞环有哪些功用?

9. 试述矩形气环的作用。

10. 试述连杆的功用。

11. 何谓三层轴承?

12. 试述曲轴的功用。

13. 试述曲轴皮带轮的功用。

14. 何谓动力重叠?

15. 试述飞轮的功用。

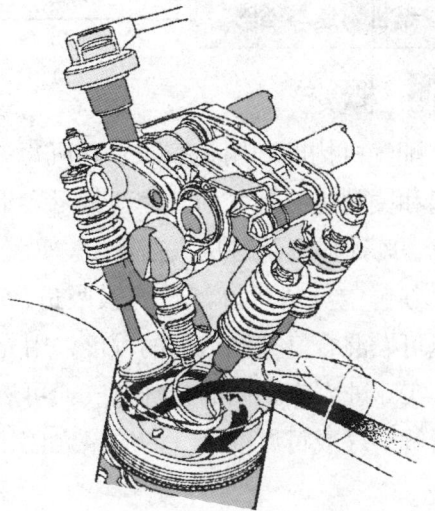

单元3

配气机构

 知识目标:

1. 了解配气机构中各部件的定义和种类;

2. 掌握配气机构中各部件的功用、配气正时的定义及配气正时图;

3. 了解可变配气正时的原理及可变配气正时机构。

能力目标:

1. 掌握配气机构各部件的组成及相对位置;

2. 掌握配气机构各部件的构造及结构特点。

建议学时:

10 学时

3.1 概述

配气机构的功用是按照发动机每一汽缸所进行的工作循环和发火次序的要求，定时开起和关闭进、排气门，使新鲜可燃混合气（汽油机）或空气（柴油机）得以及时进入汽缸，废气得以及时从汽缸排出。

新鲜空气或可燃混合气被吸进汽缸越多，则发动机可能发出的功率越大。新鲜空气或可燃混合气充满汽缸的程度，用充量系数 Φ_c 来表示。所谓充量系数就是在进气过程中，实际进入汽缸内的新鲜空气或可燃混合气的质量与在进气状态下充满汽缸工作容积的新鲜空气或可燃混合气的质量之比，即

$$\Phi_c = \frac{M}{M_0}$$

式中，M 为进气过程中，实际充入汽缸的新气的质量；M_0 为进气状态下充满汽缸工作容积的新气质量。

对于一定工作容积的发动机而言，充量系数与进气终了时汽缸内的压力和温度有关。此时压力越高，温度越低，则一定容积的气体质量越大，因此充量系数越高。由于进气系统对气流的阻力造成进气终了时缸体内气体压力降低，又由于上一循环中残留在汽缸内的高温废气，以及燃烧室、活塞顶、气门等高温零件对进入汽缸内的新气加热，使进期终了时气体的温度升高，实际充入汽缸的新鲜空气的质量总是小于在进气状态下充满汽缸工作容积的新鲜气体的质量。也就是说，充量系数总是小于1，一般为0.80~0.90。

充量系数越高，表明进入汽缸内的新鲜空气或可燃混合气越多，可燃混合气燃烧时所放出的热量越大，所以发动机发出的功率越大。

配气机构的结构如图3-1所示。

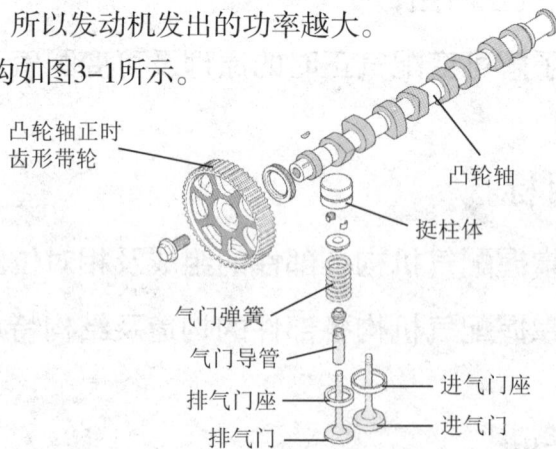

凸轮轴正时齿形带轮
凸轮轴
挺柱体
气门弹簧
气门导管
排气门座 进气门座
排气门 进气门

图3-1 配气机构

3.2 气门组

3.2.1 气门应具备的条件

（1）具有耐热性及良好导热性。

（2）在高温下不会发生氧化熔蚀。

（3）在高温下仍能保持其硬度与强度，耐冲击。

（4）具有良好的耐磨性。

3.2.2　气门

（1）现代发动机所使用气门的结构及各部名称，如图3-2所示，分气门杆及气门头两大部分。

（2）气门头的边缘厚度必须足够，才不会发生变形；气门锥面的角度，通常进、排气门均为45°；气门杆端又称气门尾端，有槽以安装气门锁夹；气门杆制成中空，可减轻重量；气门杆与气门导管接触，可帮助气门散热。

（3）通常进气门的头部外径比排气门大，以利进气。进、排气门头部有时会分别打上IN、EX字样，以作区别。

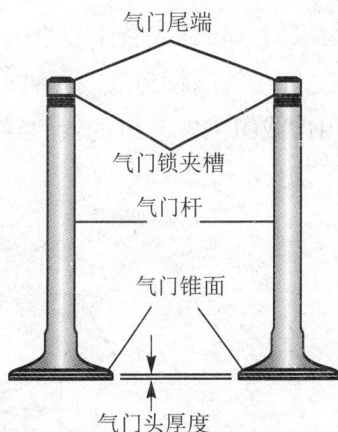

图3-2　气门的结构

3.2.3　气门座

❶　概述

气门座与气门配合用以密封，铸铁汽缸盖在铸造时直接制成气门座；铝合金汽缸盖，则须另外镶入钨铬钢等耐磨材料制成的气门座。

❷　气门座宽度

气门座应保持一定的宽度，使其与气门保持良好的气密效果。一般进气门座宽度较小，约1mm；排气门因温度较高，故排气门座宽度较大，约1.5mm，以利散热。

❸　气门座角度

气门座角度，进、排气门座通常均为45°左右。有些汽车排气门磨成44°，而座磨成45°；或气门锥面45°，气门座磨成46°，如图3-3所示。

这种气门锥面比座的角度略小，称为干涉角，使接触面间形成较大的接触压力，帮助气门锥面剪除气门座上的堆积物，使密封良好。不过当气门锥面与气门座逐渐磨损时，干涉角会消失。

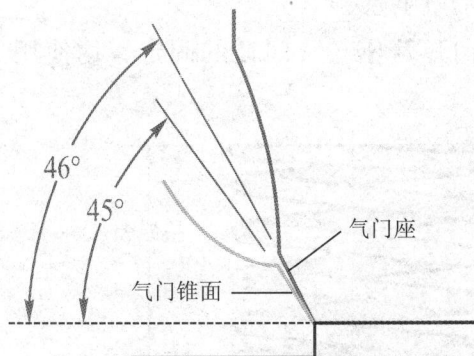

图3-3　气门锥面与气门座的配合

3.2.4 气门导管

（1）气门导管的目的，在于保持气门正确的直线运动。一般为铸铁制成，压入汽缸盖中，如图3-4所示。

（2）气门杆与气门导管间必须保持适当的间隙，普通排气门的间隙要比进气门大，以免气门卡死在导管中。

（3）气门杆与气门导管的间隙若太大时，发动机机油会由此间隙进入燃烧室中，因此OHV或OHC发动机的气门导管上方通常装有油封，只允许少量机油进入润滑。

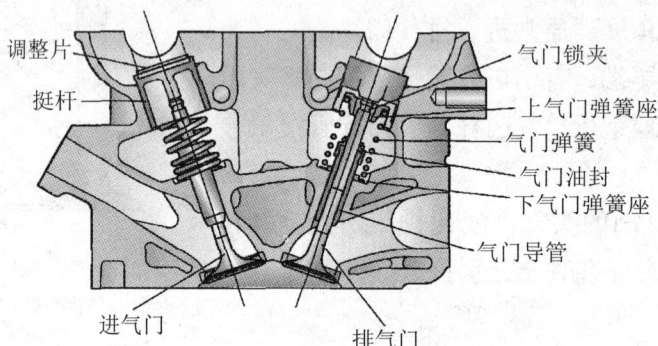

图3-4　气门导管的安装位置

3.2.5 气门弹簧、气门锁夹与气门油封

❶ 气门弹簧

气门弹簧(Valve Spring)的作用，是使气门能紧密关闭。一般使用一至二条螺旋弹簧，二端磨平使压力平均，其表面涂一层保护漆或表层电镀以保护。

为防止弹簧的谐振与气门的开闭动作相近时，会使气门无法关闭，因此常使用一大一小两个弹簧套在一起，使谐振不会发生。如果仅用一条弹簧时，弹簧的螺距，必须疏密不等，在安装时，密的一端向汽缸盖，疏的一端向气门尾端，如图3-5所示。

❷ 气门锁夹

气门弹簧座与气门杆的固定，均使用气门锁夹，以锥体式使用最多，如图3-6所示。

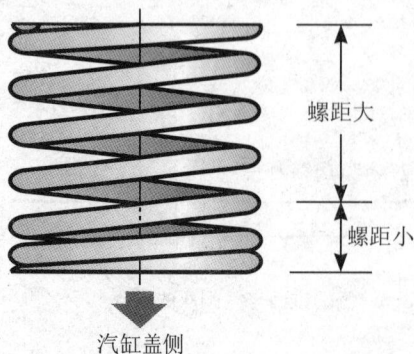

图3-5　螺距不等的气门弹簧

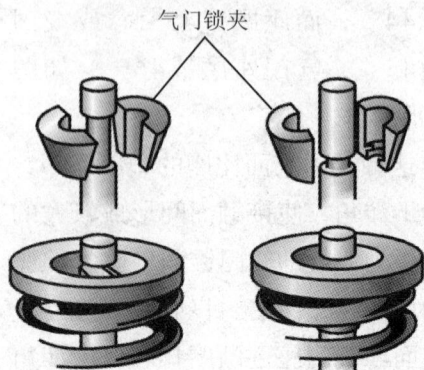

图3-6　锥体式气门锁夹

❸ 气门油封

气门油封套在气门杆上或气门导管上方，如图3-7所示，只允许少量机油进入气门导管润滑。

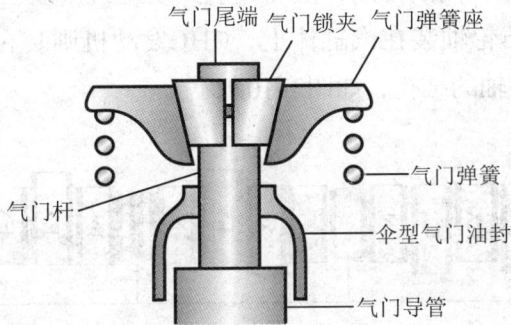

气门尾端　气门锁夹　气门弹簧座

气门弹簧

气门杆

伞型气门油封

气门导管

图3-7　气门油封的安装位置

若进气门油封磨损，大量机油会被吸入燃烧室，即所谓"下机油"现象，造成积炭及冒白烟；若是排气门油封磨损，则下行的机油会经排气歧管，从排气管流出。

一般发动机进、排气门都装有油封，但部分发动机排气门处不装。

▎3.3　气门传动组

3.3.1　概述

（1）凸轮轴与正时机构，包括凸轮轴、链轮、轴承、链条、张紧轮等，用于OHV发动机，如图3-8所示。

（2）目前的OHC发动机，很多采用正时皮带(Timing Belt)传动，如图3-9所示。但部分现代汽油发动机，将正时皮带改为由正时链条传动。

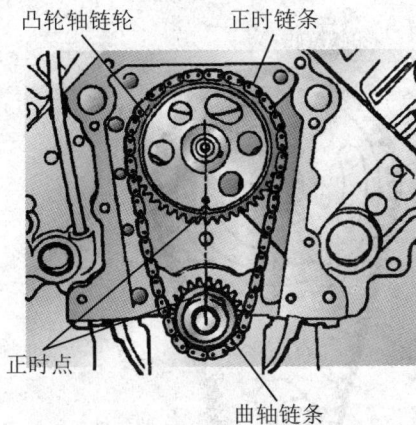

凸轮轴链轮　　　正时链条

正时点

曲轴链条

图3-8　OHV发动机凸轮轴及正时机构

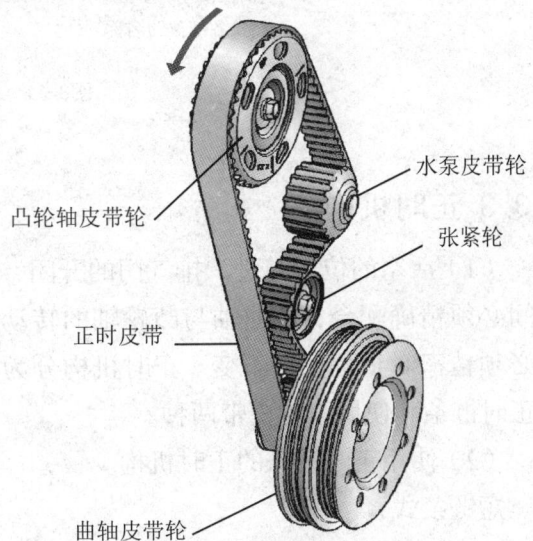

水泵皮带轮

凸轮轴皮带轮

张紧轮

正时皮带

曲轴皮带轮

图3-9　采用正时皮带的OHC发动机

3.3.2 凸轮轴

（1）凸轮轴由曲轴以正时链条或正时皮带带动，四冲程发动机其转速为曲轴的一半。主要用来控制进、排气门的开闭，汽油喷射式发动机用以驱动分电器等。

（2）OHV发动机凸轮轴装在汽缸体上，OHC发动机则装在汽缸盖上。现代四汽缸16气门SOHC发动机凸轮轴的结构，如图3-10所示。

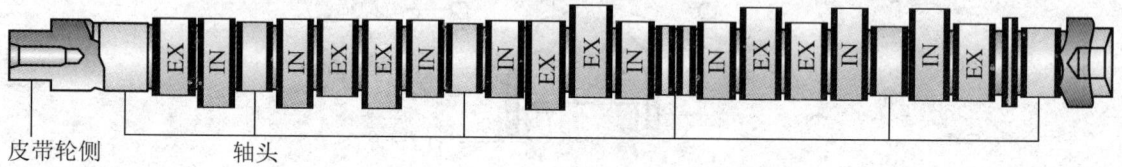

皮带轮侧　　轴头

图3-10　四缸16气门SOHC发动机的凸轮轴

（3）凸轮轴各凸轮的结构，如图3-11所示，其中凸轮行程即气门打开的距离。凸轮行程也常称为气门升程。

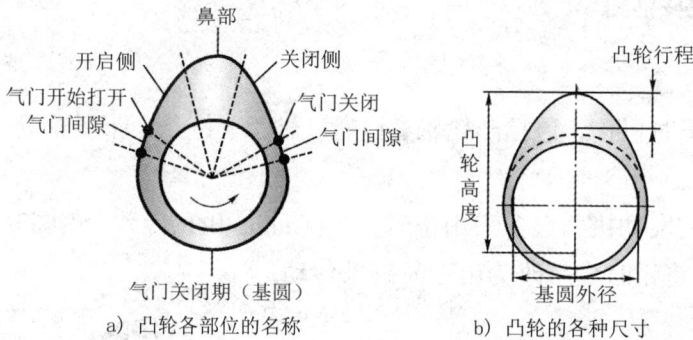

a) 凸轮各部位的名称　　　　b) 凸轮的各种尺寸

图3-11　凸轮的构造

3.3.3 正时机构

（1）活塞的位置与进、排气门的开闭，其时间必须精确配合，故曲轴与凸轮轴的转动角度必须精密对正且保持不变。正时机构分为使用正时链条和使用正时皮带两种。

（2）使用正时链条的正时机构。

短链条式：

用于OHV发动机，现仅少数汽油发动机采用，如图3-12所示。

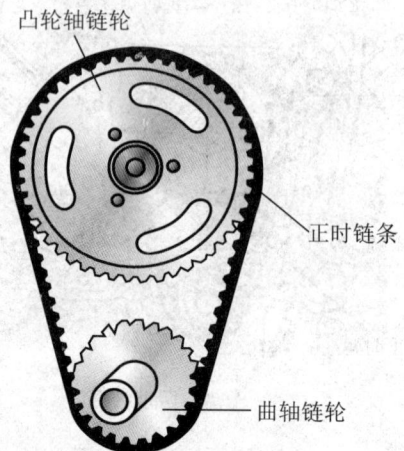

凸轮轴链轮
正时链条
曲轴链轮

图3-12　短链条式正时机构

长链条式:

用于SOHC及DOHC发动机,现代汽油发动机采用,如图3-13所示。正时链条的型式有滚柱链条式及静音链条式两种,如图3-14所示。

现代发动机所使用的滚柱链条,其销经镀铬硬化处理,使其耐磨性提高;而发动机高度的缩短,使链条的振动及噪声减小。由于耐久性好,可靠性高,免维护,故部分现代汽油发动机已逐渐改用正时链条。

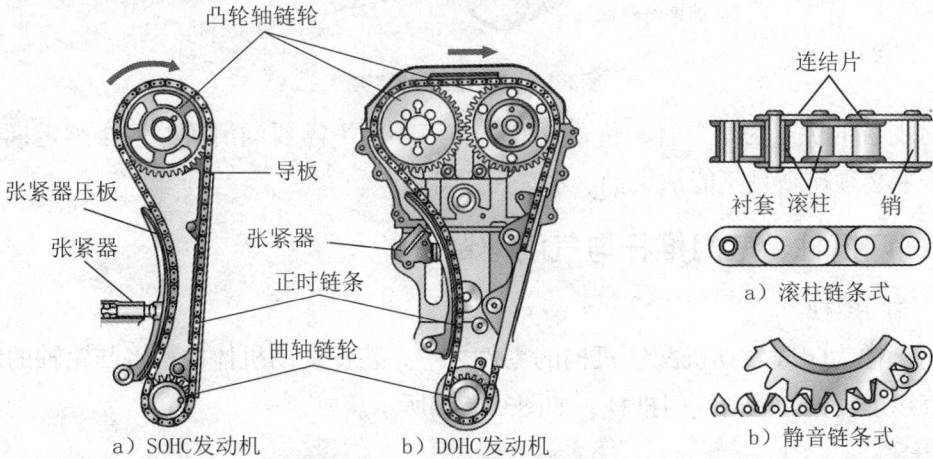

图3-13 长链条式正时机构

图3-14 正时链条的型式

（3）使用正时皮带的正时机构。用于SOHC及DOHC发动机,许多现代汽油发动机采用,如图3-15所示。所使用的张紧轮功能与正时链条张紧轮相同,在发动机转速变化时,防止皮带或链条振摆,避免气门正时及点火时间发生改变,避免产生噪声。正时皮带的结构,如图3-16所示。

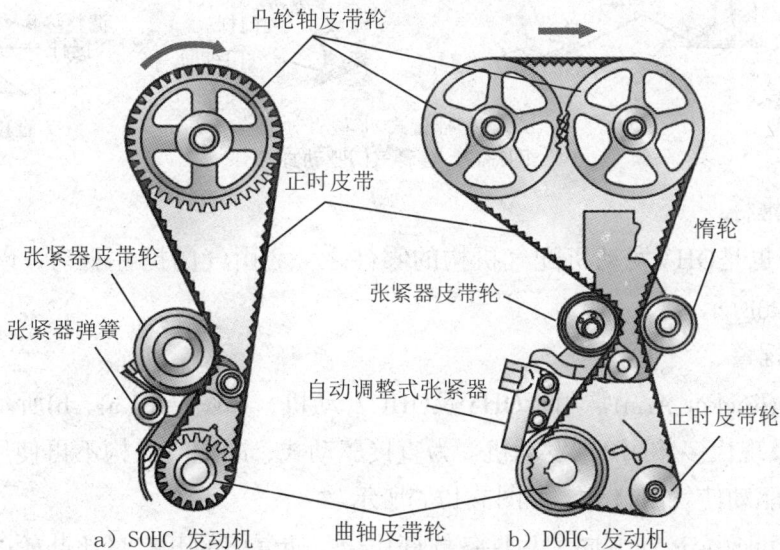

图3-15 正时皮带式正时机构

61

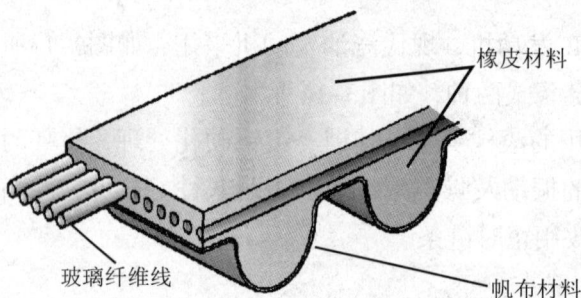

图3-16 正时皮带的结构

正时皮带的优点为重量轻，价格便宜，噪声小而不需要润滑等，但必须定期检查，约10万千米必须换新且不能沾染油、水、污垢等。

3.3.4 气门挺柱、气门推杆与气门摇臂

❶ 气门挺柱

气门挺柱为OHV发动机配气机构的零件之一，装在发动机体内，将凸轮轴的旋转运动变成直线运动，以驱动气门推杆，如图3-17 a)所示。

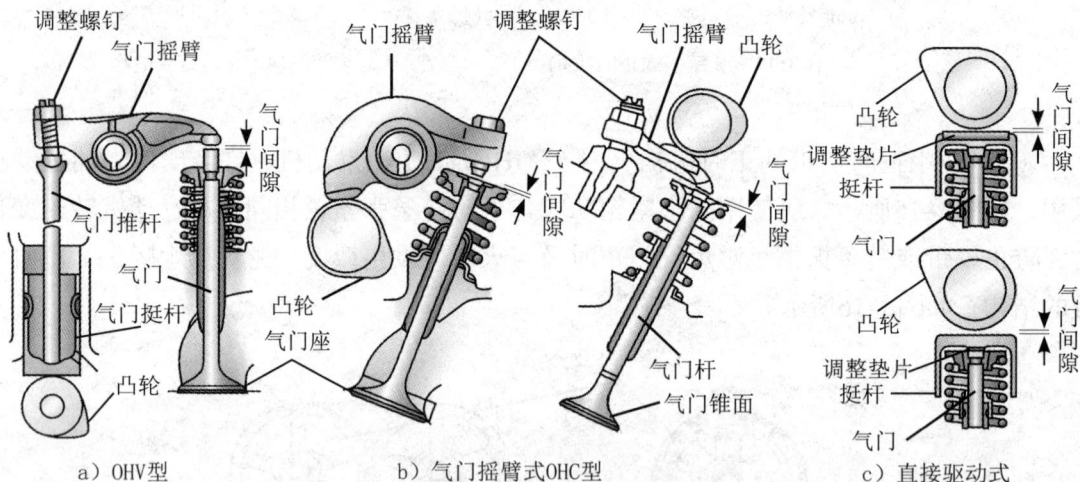

a) OHV型　　b) 气门摇臂式OHC型　　c) 直接驱动式

图3-17 各种气门驱动方式

❷ 气门推杆

气门推杆也是OHV发动机配气机构的零件之一，由气门挺柱驱动，以带动气门摇臂，如图3-17 a)所示。

❸ 气门摇臂

气门摇臂(Rocker Arm)常用于OHV及OHC发动机，如图3-17 a)、b)所示。但少部分SOHC发动机及现代多数DOHC发动机，为直接驱动式，即配气机构不再使用气门摇臂，由凸轮轴直接驱动使气门打开，如图3-17 c)所示。

气门摇臂可改变运动方向，并具备杠杆作用，使气门的开启量比凸轮的行程大；另

外气门摇臂上有调整螺钉，可调整气门间隙，如图3-17 a) b)所示。

❹ 气门间隙

因气门、气门摇臂等零件受热后会膨胀，因此必须留有适当的气门间隙，以防止气门无法闭合，并保持正确的气门正时。

气门间隙的调整方法有以下两种。

螺钉调整式：转动气门摇臂上的调整螺钉以调整气门间隙，如图3-17 a) b)所示。

垫片调整式：更换挺杆(Tappet)上方或内部的垫片以调整气门间隙，如图3-17 c)所示。

3.4 配气正时及可变配气正时机构

3.4.1 配气正时

配气相位就是进、排气门的实际开闭时刻,通常用相对与上、下止点曲拐位置的曲轴转角的环形图来表示。这种图形称为配气相位图（见图3-18）。

由于发动机的曲轴转速都很高，活塞每一个行程都很短，使发动机充气不足或排气不净，因此，现代发动机都采用延长进、排气时间的方法，即气门的开启和关闭时刻分别提前和延迟一定的曲轴转角，以改善进、排气状况，从而提高发动机的动力性。

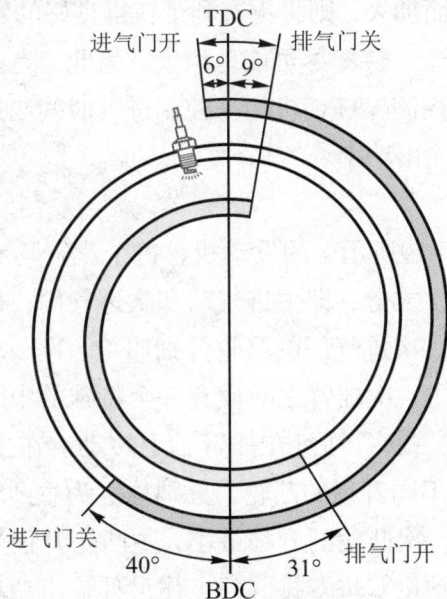

图3-18　配气相位图

如图3-18所示，在排气行程接近终了，活塞到达上止点之前，即曲轴转到离曲拐的上止点位置还差一个角度 α 时，进气门便开始开启，直到活塞过了下止点重又上行，即曲轴转到超过曲拐下止点位置以后一个角度 β 时，进气门才关闭。这样，整个进气行程持续时间相当于曲轴转角180° + α + β。 α 角一般为10～30°， β 角一般为40～80°。

同样，做功行程终了，活塞到达下止点前，排气门便开始开启，提前开启的角度 γ

一般为40~80°。经过整个排气行程，在活塞越过上止点后，排气门才关闭，排气门关闭的延迟角δ一般为10~30°。整个排气过程的持续时间相当于曲轴转角180°+γ+δ。

由图3-18可见，由于进气门在上止点前即开启，而排气门在上止点后才关闭，这就出现了一段时间内排气门和进气门同时开启的现象，这种现象称为气门重叠，重叠时期的曲轴转角称为气门重叠角。由于新鲜气流和废气流的流动惯性都比较大，在短时间内不会改变流向，这对换气有利。

不同发动机，由于结构形式、转速各不相同，因此配气相位也不相同。

3.4.2 可变配气正时机构

发动机转速不同，要求不同的配气定时。这是因为：当发动机转速改变时，由于进气流速和强制排气时期的废气流速也随之改变，因此在气门晚关期间利用气流惯性增加进气和促进排气的效果将会不同。例如，当发动机在低速运转时，气流惯性小，若此时配气定时保持不变，则部分进气将被活塞推出汽缸，使进气量减少，汽缸内残余废气将会增多。当发动机在高速运转时，气流惯性大，若此时增大进气迟后角和气门重叠角，则会增加进气量和减少残余废气量，使发动机的换气过程臻于完善。总之，四冲程发动机的配气定时应该是进气迟后角和气门重叠角随发动机转速的升高而加大。如果气门升程也能随发动机转速的升高而加大，则将更有利于获得良好的发动机高速性能。

为了使发动机的有效功率、转矩尽可能地增大，为此，有些汽车近年来采用一种可变配气相位与气门升程电子控制(VTEC)机构来控制进气时间与进气量，从而使发动机在不同的工况下能产生不同的输出功率。

① 结构

装有VTEC机构（如图3-19所示）的发动机，每个汽缸均有二个进气门和排气门。只是，它的两个进气门有主次之分，即主进气门和次进气门；每个进气门均由单独的凸轮通过摇臂来驱动。驱动主、次进气门的凸轮分别叫主、次凸轮；与主、次进气门接触的摇臂分别叫主、次摇臂。主、次摇臂之间设有一个特殊的中间摇臂，它不与任何气门直接接触。三个摇臂并列在一起，均可在摇臂轴上转动。在主摇臂、次摇臂和中间摇臂相对应的凸轮轴上有三个不同升程的凸轮，分别称之为主凸轮、次凸轮和中间凸轮。其中，中间凸轮的升程最大，次凸轮的升程最小，主凸轮升程介于中间凸轮与次凸轮之间。中间凸轮的升程是按发动机双进双排气门工作最佳输出功率的要求而设计的，主凸轮升程是按发动机低速工作时单气门开闭要求设计的，次凸轮升程的最高处只稍微高于基圆，作用是在发动机怠速运行时，通过次摇臂稍微打开次进气门，以避免燃油集聚在次进气门口。中间摇臂的一端和中间凸轮接触，另一端在低速时可自由活动；三个摇臂在靠近气门一端均有一个缸孔。油缸孔中都安置有靠油压控制的活塞，它们依次为正时活塞、主同步活塞、中间同步活塞和次同步活塞。

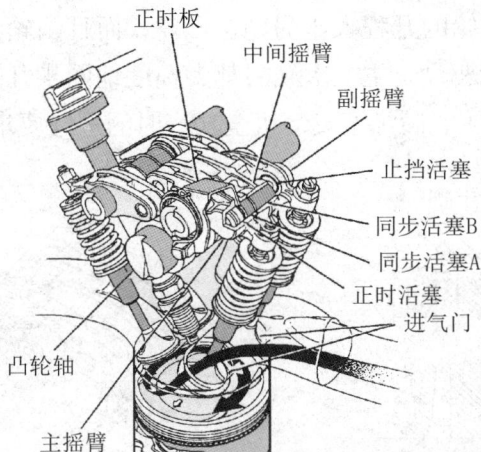

图3-19 VTEC结构

❷ **工作原理**

当VTEC机构不工作时，正时活塞和主同步活塞位于主摇臂缸内，和中间摇臂等宽的中间同步活塞位于中间摇臂油缸内，次同步活塞和弹簧一起则位于次摇臂油缸内。正时活塞的一端和液压油道相通，液压油来自工作油泵，油道的开启由ECM通过VTEC电磁阀控制。

当发动机低速运转时（如图3-20所示），由于ECM不发出指令，油道内没有油压，活塞位于各自的油缸内，所以各个摇臂均独自运动。于是主摇臂控制主凸轮开闭主进气门，以供给低速运转时发动机所需的混合气。次凸轮则使次摇臂微微起伏，微微开闭次进气门，中间摇臂虽然也随着中间凸轮大幅度运动，但是它对于任何气门不起作用。此时发动机处于单进双排工作状态，吸入的混合气不到高速时的一半，由于此时仍然是所有汽缸参与工作，所以发动机运转十分平稳。

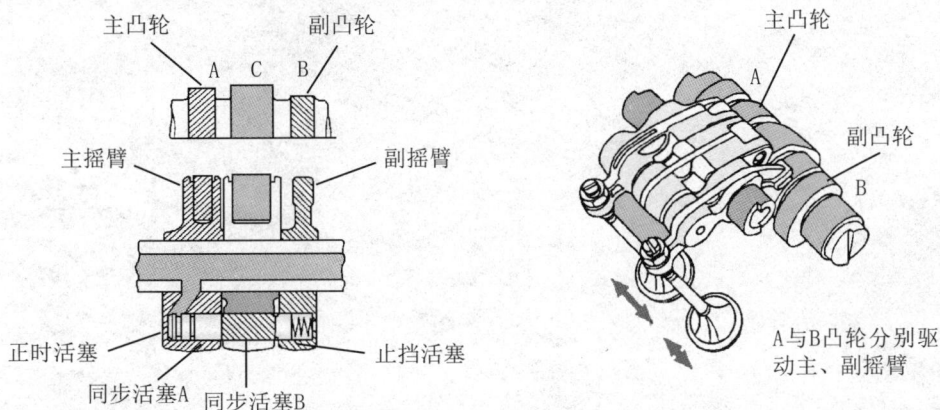

图3-20 低速时VTEC机构

当发动机高速运转时（如图3-21所示），ECM就会向VTEC电磁阀发出指令开启工作油道，于是工作油道中的压力油就推动活塞移动，压缩弹簧，这样主摇臂、中间摇臂和次摇臂就被主同步活塞、中间同步活塞和次同步活塞串联为一体，成为一个同步活动的组合摇臂。由于中间凸轮的升程大于另两个凸轮,而且凸轮角度提前,故组合摇臂按中间摇臂一起受中间凸轮驱动,主、次气门都大幅度地同步开闭,因此配气相位变化了,吸入的混合气量也增多了,满足了发动机全功率时的进气要求。

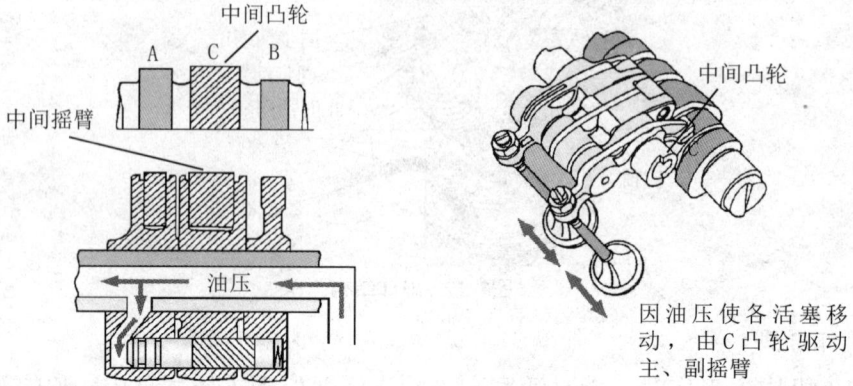

图3-21 高速时VTEC机构

理论测试

一 填空题

1. 配气机构的功用是_____。

2. 进、排气门同时开启的现象称为_____。

3. 气门导管的功用是给气门的运动_____。

4. 四冲程发动机的曲轴与凸轮轴的转速传动比为_____，即发动机每完成一个工作循环，曲轴旋转_____周，凸轮轴旋转_____周，各缸进、排气门各开启_____次。

二 选择题

1. 配气机构最复杂的是_____燃烧室。 （ ）

(A) 盆形室式 (B) 楔形室式 (C) 半球室式 (D) 棱顶室式

2. 对张紧轮的叙述哪项是错误的？ （ ）

(A) 防止产生噪声 (B) 避免气门正时改变

(C) 避免点火正时改变 (D) 缩短正时皮带长度

3. 下列哪项不是采用正时皮带的优点？ （ ）

(A) 噪声小 (B) 不需润滑 (C) 价格便宜 (D) 免保养

4. 对气门的叙述哪项是正确的？ （ ）

(A) 气门锥面的角度通常为30° (B) 气门尾端有槽沟装气门锁夹

(C) 中空气门杆可使外径缩小 (D) 气门杆与气门导管接触可帮助密封

5. 气门锥面磨成44° 时，则气门座应磨成 。 （ ）

(A) 42° (B) 43° (C) 45° (D) 48°

6. 下列叙述哪项是错误的？ （ ）

(A) 气门弹簧疏端向下装 (B) 气门油封允许少量机油进入导管

(C) 气门挺柱在气门推杆的下方 (D) 气门锁夹用以固定气门杆与弹簧座

7. 直接驱动式配气机构，无_____。 （ ）

(A) 气门摇臂 (B) 凸轮轴 (C) 气门挺杆 (D) 气门弹簧

三 判断题

1. 现代汽油发动机，以正时皮带或正时链条带动凸轮轴旋转。 （ ）
2. 采用正时皮带的缺点为是必须定期检查及更换。 （ ）
3. 排气门头部外径比进气门大。 （ ）
4. 排气门座宽度比进气门座小，以利散热。 （ ）

5. 排气门杆与导管的间隙应比进气门杆与导管的间隙小。 （　　）

6. 气门摇臂上的调整螺钉，可调整气门间隙。 （　　）

四　简答题

1. 试述凸轮轴的功用。

2. 采用正时链条的优点是什么？

3. 采用正时皮带的优缺点各是什么？

4. 何谓干涉角？有何用意？

5. 试述气门摇臂的功用。

单元4

进、排气系统及增压机构

🧊 **知识目标:**

1. 了解进、排气系统中各部件的定义和种类；
2. 掌握进、排气系统中各部件的功用；
3. 了解增压机构的增压原理。

🧊 **能力目标:**

1. 掌握进、排气系统各部件的组成及相对位置；
2. 掌握进、排气系统及增压机构各部件的构造及结构特点。

🧊 **建议学时:**

6 学时

4.1 进气系统

4.1.1 进气系统概述

（1）进气系统由进气管、空气滤清器、节气门体、进气总管、进气歧管等组成，如图4-1所示。

（2）节气门体旁均装有空气阀或怠速空气控制阀。

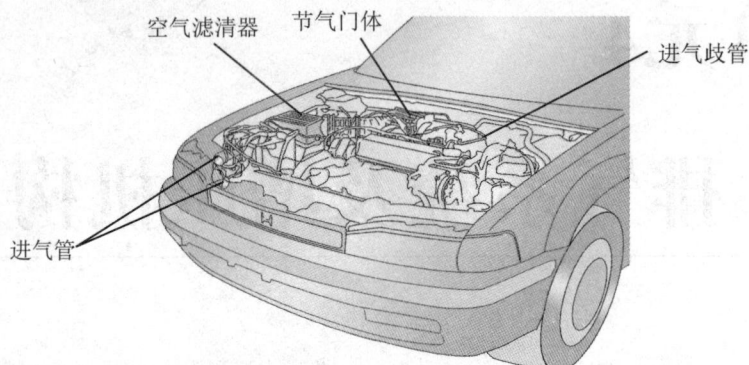

图4-1 多点汽油喷射系统的进气系统

4.1.2 节气门体

（1）节气门体安装在空气流量计与进气总管间的进气管上。一般发动机的节气门是与驾驶室加速踏板连接，使进气通道面积改变，来操纵发动机的运转状态；但现代新型发动机，节气门已逐渐改成电子控制，在节气门与加速踏板间的钢制拉线已经不需要了，称为电子节气门控制(Electronic Throttle Valve Control, ETC)。

（2）节气门体的基本结构，如图4-2所示，旁通道及其调整螺栓为早期发动机所采用，发动机怠速可由调整通过旁通道的空气量来改变，顺时针转动调整螺栓，使通过旁通道的空气量减少，发动机怠速转速降低；逆时针转动，则增加旁通空气量，发动机怠速转速升高。

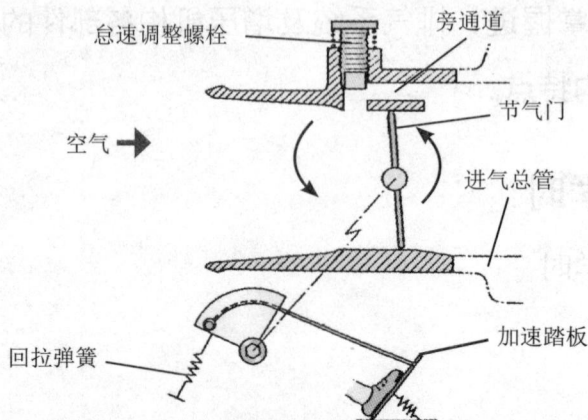

图4-2 节气门体的基本结构

（3）较新型的节气门体，如图4-3所示，为本田汽车发动机所采用，上面装有节气门角度传感器、怠速调整螺栓、冷却液通道及不可调整的节气门止动螺栓等。

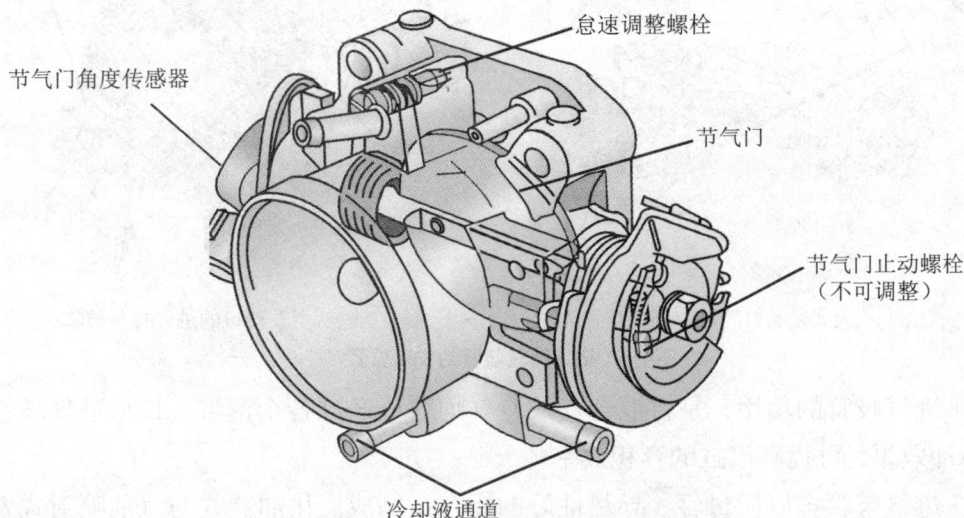

图4-3　本田汽车发动机采用的节气门体

4.1.3　进气总管

（1）由于空气是间歇吸入汽缸，这种进气脉冲会使采用翼板式空气流量计的翼板产生振动，导致空气计量不准确，因此进气总管必须有相当的空间，以缓和空气的脉冲，如图4-4所示。

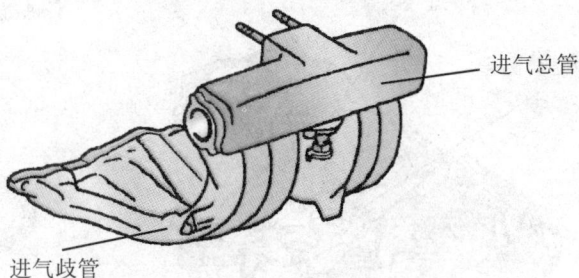

图4-4　进气总管与进气歧管的结构

（2）进气总管与进气歧管的总成，以往都是以铝合金制成，但部分现代新型发动机改用玻璃纤维制成的塑胶式进气管总成，可减轻车重，提高省油性；且不会传热给空气及油气，故可提高容积效率，提升发动机的转矩；并可改善热车起动性能。

4.1.4　进气歧管

直列式发动机，进气歧管与排气歧管一般是分置于汽缸盖的两侧，如图4-5 a)所示；而V型发动机，进气歧管一般是装在两排汽缸的中间，排气歧管则分别装在汽缸盖的外侧，如图4-5 b)所示。

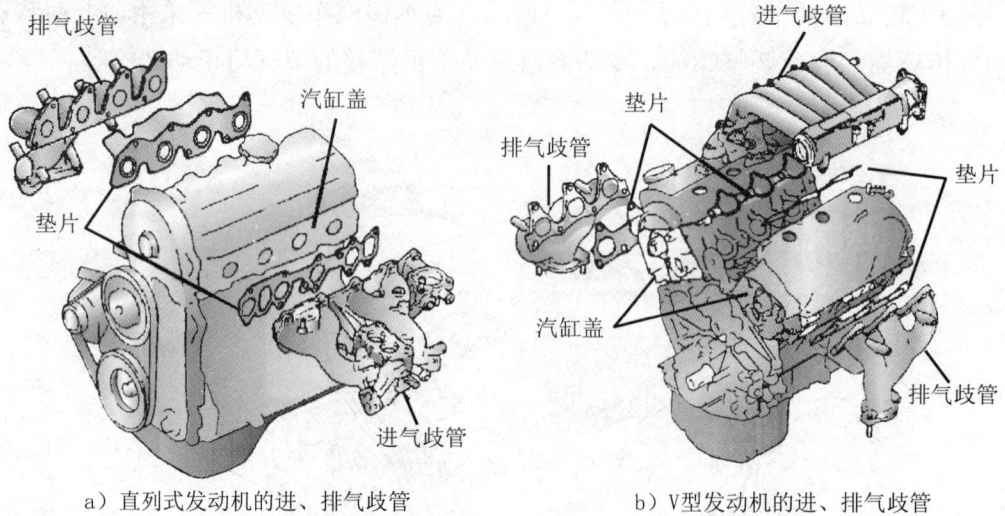

a）直列式发动机的进、排气歧管　　　　b）V型发动机的进、排气歧管

图4-5　进、排气歧管的安装位置

（1）进气歧管的功用，是将混合气或空气均等分送到各个汽缸，长型进气歧管具有进气脉冲效果，可提高汽缸的容积效率。

（2）进气歧管多以质量轻、导热性好的铝合金制成。化油器式与汽油喷射式发动机进气歧管的结构不相同，如图4-6所示，主要差异在汽油喷射式发动机进气歧管比化油器式长，且有很大的弯曲弧度，上方设有进气总管，同时每缸各有一支进气歧管。

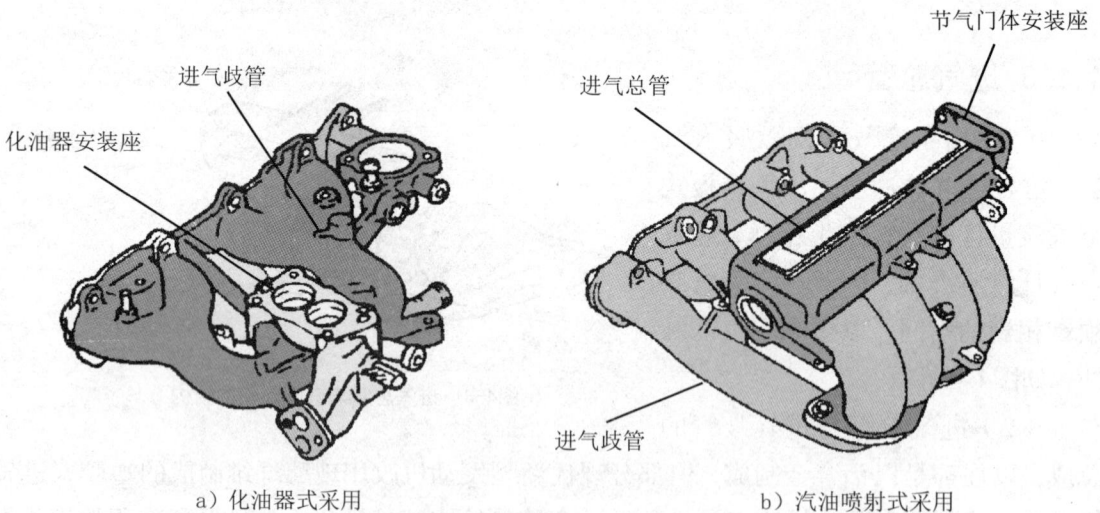

a）化油器式采用　　　　　　　　b）汽油喷射式采用

图4-6　进气歧管

4.1.5　空气滤清器

❶　空气滤清器的功用

空气滤清器将吸入空气中的灰尘、杂质滤除，以防止损坏活塞、汽缸，并避免脏污空气混入机油后，造成各润滑部位的磨损。通常现代汽车的空气滤清器，设有降低进气噪声的装置。

❷ **空气滤清器的构造**

空气滤清器整个总成长度较长，常使用方形空气滤芯，如图4-7所示。

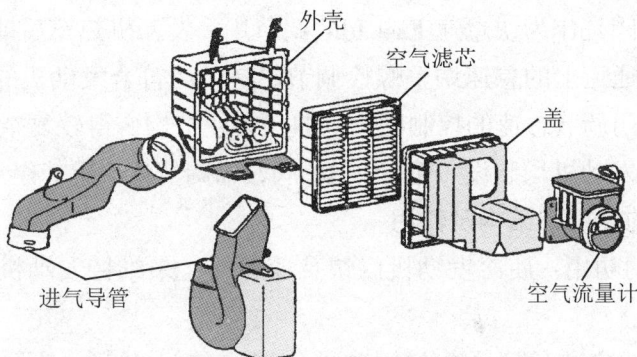

图4-7 空气滤清器的构造

安装调音文氏管或共鸣箱，利用共振原理，以降低因进气门开、闭所造成的进气噪声，并可提高进气效率，如图4-8所示。

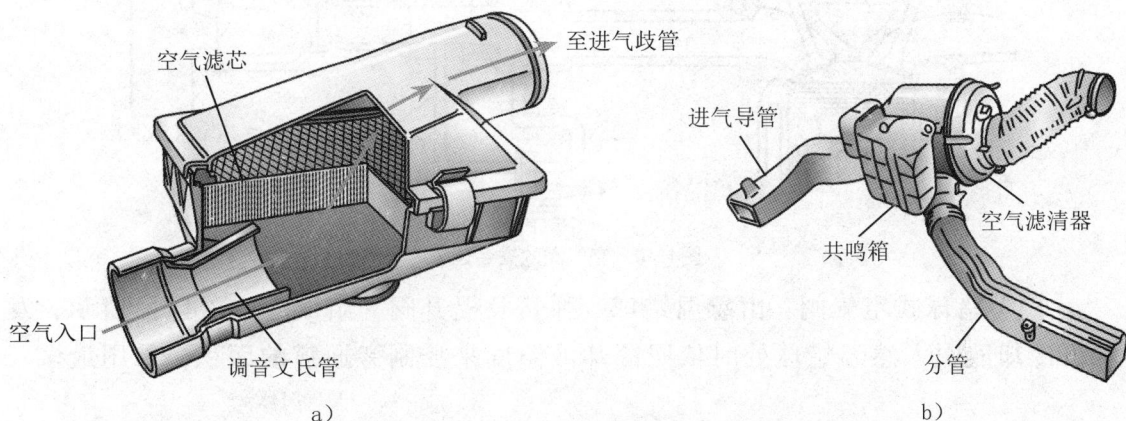

a)

b)

图4-8 减少进气噪声及提高进气效率的装置

❸ **空气滤芯的种类**

（1）干纸式空气滤芯：干纸式空气滤芯的结构，如图4-9所示。干纸式空气滤芯经压缩空气吹净后，可重复使用。

（2）合成纤维布式空气滤芯：合成纤维的不织布，以特殊的半干性油浸透后，作为空气滤芯的材质。汽车定期保养时，这种滤芯必须直接丢弃，不可吹净后再使用。

4.1.6 怠速控制阀的结构及作用

❶ **概述**

依怠速控制阀的新旧及是否为ECM控

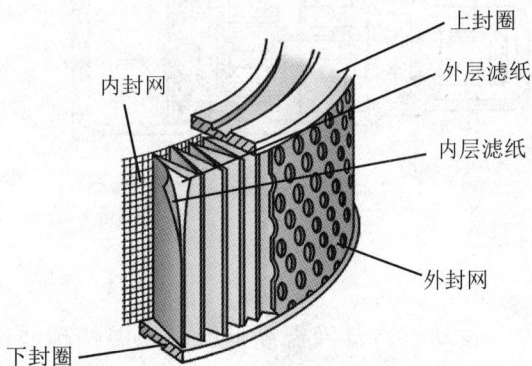

图4-9 干纸式空气滤芯

制式, 可分为早期的空气阀, 又称辅助空气装置和较新的怠速控制阀, 又称怠速空气控制阀。

事实上, 空气阀是作为快怠速(Fast Idle)调节用, 发动机热车后即停止作用; 热车后的怠速, 若是靠旁通道上的怠速调整螺栓调节, 是无法符合发动机的需求的。有些发动机会再增加一个专门调节怠速的控制阀, 但如此会使结构变得较复杂, 且成本增加。

因此现代汽油发动机均装设一个ISC(IAC)阀, 以调节从快怠速至一般怠速的转速。

❷ 空气阀的功用、结构及作用

（1）空气阀的功用: 使冷发动机以快怠速运转, 来维持发动机稳定运转及迅速加温发动机。

（2）空气阀的安装位置: 空气阀装在连通节气门前后方的空气旁通道上, 如图4-10所示。

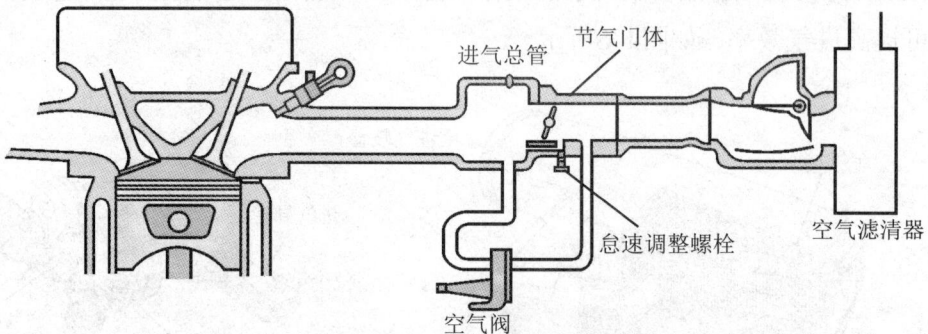

图4-10　空气阀的安装位置

（3）蜡球式空气阀: 由感温蜡球、弹簧及提升阀等组成, 如图4-11所示, 发动机冷却液引入感温蜡球处时依照冷却液温度来控制旁通道的面积, 采用最多。

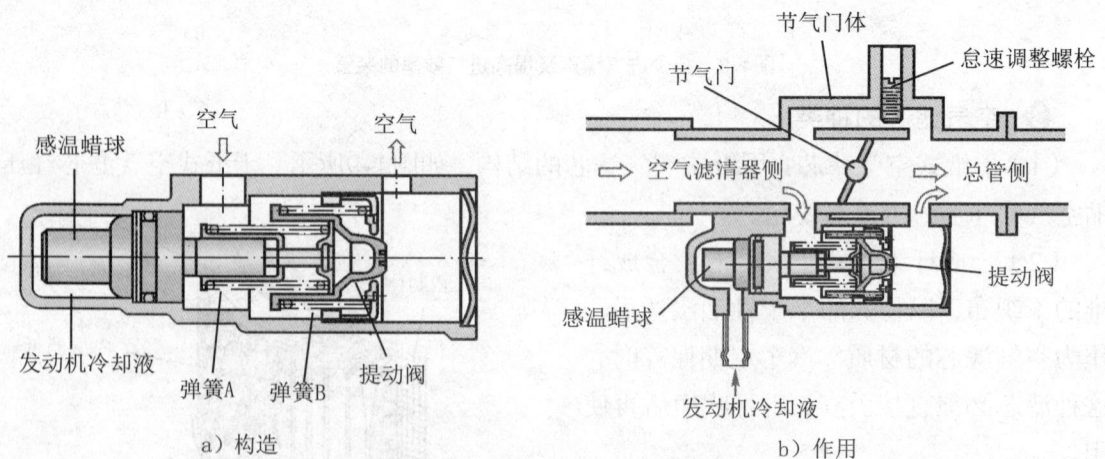

a）构造　　　　　　　　b）作用

图4-11　蜡球式空气阀的结构及作用

发动机冷却液温度低时, 感温蜡球收缩, 弹簧B将提升阀向左推, 旁通空气通道面积最大, 发动机以快怠速运转; 随着冷却液温度上升, 蜡球膨胀, 加上弹簧A的力量, 使提升阀向右逐渐关闭, 快怠速转速停止作用。其旁通空气的流量特性, 如图4-12所示，水温超过80℃时，空气阀完全关闭。

3 ISC(IAC)阀的功用、结构及作用

（1）ISC(IAC)阀的功用：由ECM控制ISC(IAC)阀通电时间的长短或通电的方向，改变旁通空气量，以进行发动机在各种运转状况时的怠速转速修正。

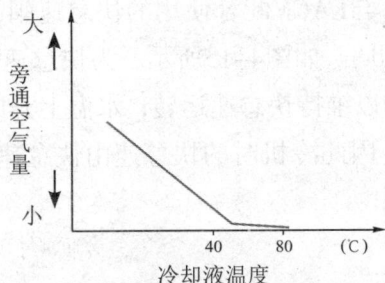

图4-12 蜡球式空气阀旁通空气的流量特性

（2）线性移动式ISC阀：所谓线性移动式，是指开闭旁通道的阀门为线性移动。本型式被普遍采用，与控制快怠速的空气阀配合使用。

各种型式的ISC阀，是属于电子控制系统中的执行器，由ECM控制其作用。

线性移动式ISC阀(EACV)的结构及安装位置，如图4-13及图4-14所示，被本田汽车发动机所采用[注：本田汽车的ISC阀是称为电子空气控制阀。

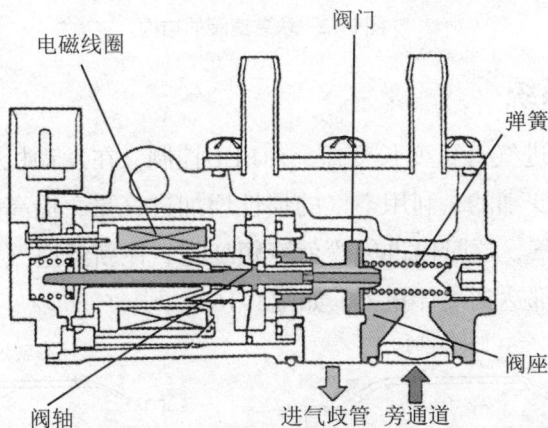

图4-13 线性移动式ISC阀(EACV)的结构

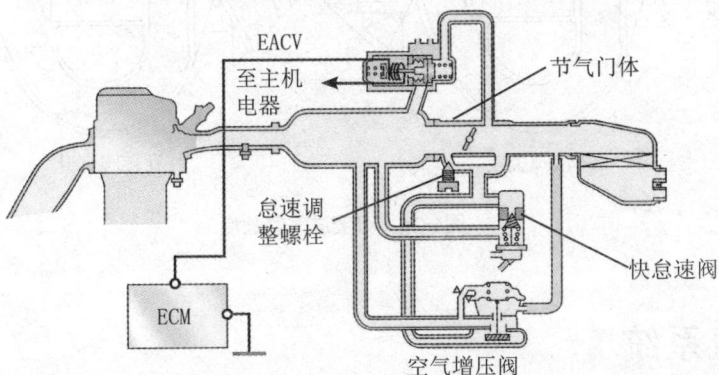

图4-14 线性移动式ISC阀(EACV)的安装位置

EACV由电磁线圈、阀轴、阀门、阀座及弹簧所组成。由ECM控制工作时间比率的大小，使电磁线圈产生吸力，阀门打开一定的程度，让旁通空气通过，以控制怠速转速。电磁线圈通电时间越长，阀门的开度就越大，怠速转速就越高。

与EACV配合使用的快怠速阀，就是空气阀，其结构及作用与感温蜡球式空气阀完全相同。如图4-15所示，为快怠速阀的结构，冷却液温度低时，蜡球收缩，提升阀开度大，以维持快怠速运转；水温上升后，蜡球膨胀，提升阀慢慢关闭，快怠速作用停止。

因此冷机时的快怠速由快怠速阀控制；而发动机达到工作温度后的怠速，由EACV控制。

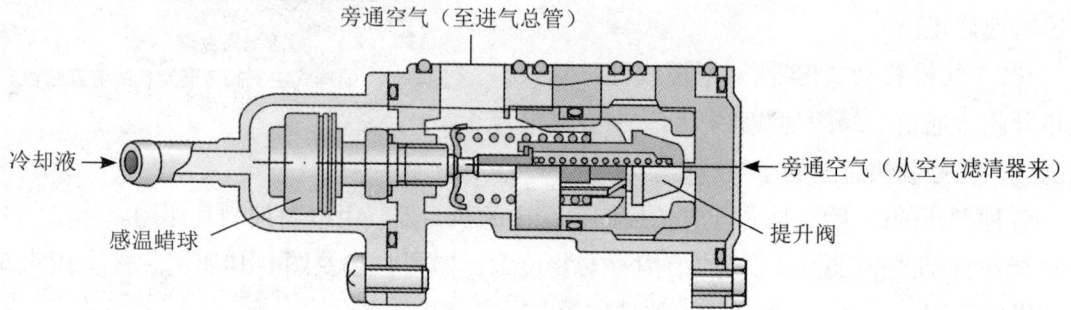

图4-15　快怠速阀的结构

4.1.7　可变进气系统

可变进气系统的进气管可变长变短，由ECU控制，在发动机低速时，自然吸气量太少，进气管道是变长变细的，利用空气的惯性增加进气量，提高低速扭力。到发动机高速时，需要大量的空气，这时候进气管就变短变粗，让新鲜空气源源不断地进入。这样发动机在各个转速内都达到最佳扭力。如图4-16所示。

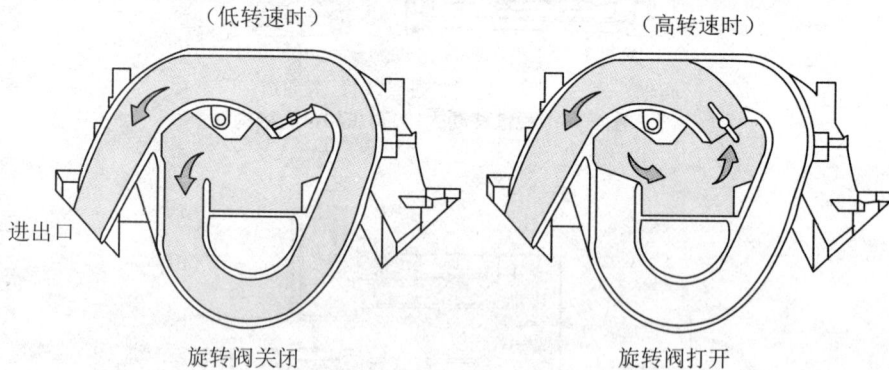

图4-16　可变进气管长度

4.2　排气系统

4.2.1　概述

排气装置由引导废气排出的排气歧管，净化排气的催化转换器，排气管及降低排气噪声的消声器（又称"排气消声器"）等组成，如图4-17所示。

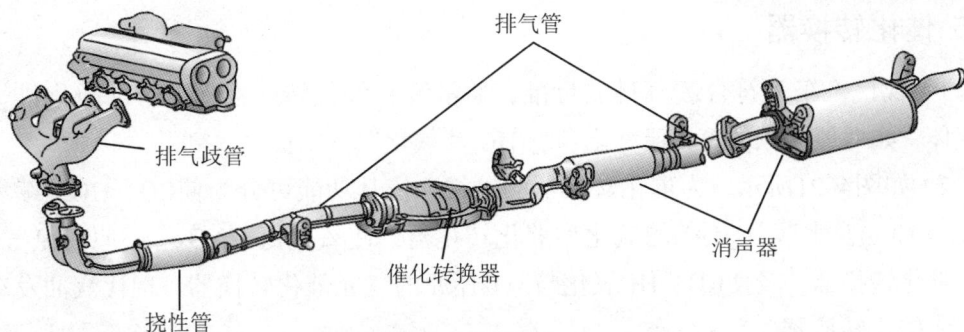

图4-17　排气装置的组成

4.2.2 排气歧管

（1）各缸废气从排气歧管排出，如图4-18所示。内部构造必须尽可能减少排气阻力，以免影响发动机的容积效率。

（2）一般采用价格便宜、耐高温的铸铁制成。但也有采用不锈钢管制成，其优点为管壁薄，质量轻，形状自由度大，可提高容积效率。

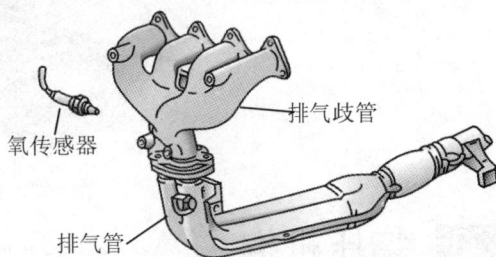

图4-18　排气歧管

4.2.3 排气管

从排气歧管以后，均属排气管，如图4-19所示，共有三段排气管，中间再分别接上催化转换器及消声器。

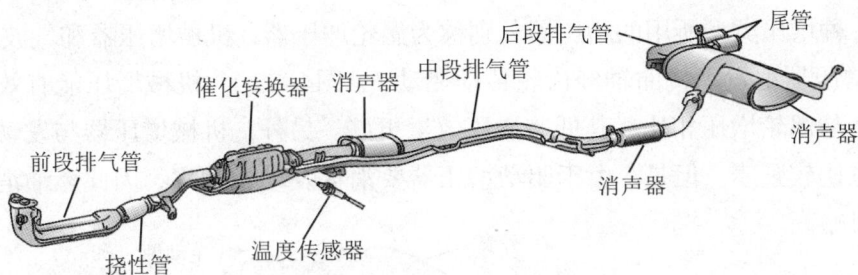

图4-19　排气管的结构

4.2.4 消声器

（1）为了降低排气的高压、高温及噪声，通常会采用2~3个消声器(Muffler)。

（2）消声器的结构，如图4-20所示，内部各隔室以多孔的圆管连接，使排气在各室膨胀，以降低压力及温度。另外可在消声器内装设吸音材料，以降低噪声。

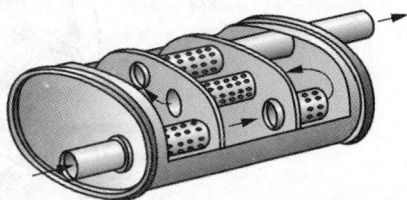

图4-20　消声器的结构

4.2.5 催化转换器

（1）现代汽车为符合废气排放标准，通常装有催化转换器，以帮助净化排气中的污染气体，如一氧化碳(CO)、碳氢化合物(HC)及氧化氮(NOx)。

（2）如图4-21所示，为催化转换器的结构。依其功能可分为使CO、HC继续氧化为二氧化碳(CO_2)及水蒸气(H_2O)的氧化型催化转化器，使氧化氮（NOx）还原为氮气(N_2)的还原型催化转换器，及使CO、HC氧化与NOx还原的三元催化转换器，现代汽油发动机多采用三元催化转换器。

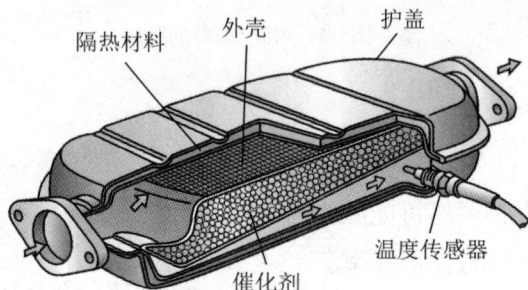

图4-21　催化转换器的结构

4.3　增压机构

所谓增压就是将空气预先压缩后再供入汽缸，以期提高空气密度，增加进气量的一项技术。由于进气量增加，可相应地增加循环供油量，从而可以增加发动机的功率。同时，增压还可以改善燃油经济性。实践证明，在小型汽车发动机上采用涡轮或机械增压，当汽车以正常的车速行驶时，可以得到驾驶人所期望的良好的加速性。

增压有涡轮增压、机械增压和气波增压等三种基本类型。实现空气增压的装置称为增压器。各种增压类型所用的增压器分别称为涡轮增压器，机械增压器和气波增压器。

机械增压器由发动机曲轴经齿轮传动驱动（见图4-22），机械增压能有效地提高发动机功率，与涡轮增压相比，其低速增压效果更好。另外，机械增压器与发动机容易匹配，结构也比较紧凑。但是，由于驱动增压器要消耗发动机功率，因此燃油消耗率比非增压发动机略高。

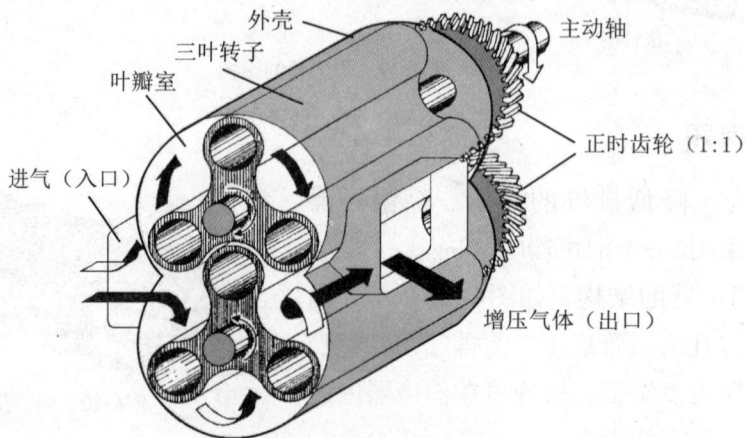

图4-22　机械增压示意

涡轮增压器由涡轮和压气器构成，如图4-23所示。将发动机排出的废气引入涡轮，利用废气所包含的能量推动涡轮叶轮旋转，并带动与其同轴安装的压缩器叶轮工作，新鲜空气在压缩器内增压后进入汽缸。涡轮增压的优点是经济性比机械增压和非增压发动机好，并可大幅度地降低有害气体的排放和噪声水平。涡轮增压的缺点是低速时转矩增加不多，而且在发动机工况发生变化时，瞬态响应差，致使汽车加速性，特别是低速加速性差。

气波增压器中有一个特殊形状的转子3，由发动机曲轴带轮经传动带4驱动(见图4-24)。在转子3中发动机排出的废气直接与空气接触，利用空气压力波使空气受到压缩，以提高进气压力。气波增压器结构简单，加工方便，工作温度不高，不需要耐热材料，也无需冷却。与涡轮增压相比，其低速转矩特性好，但是体积大，噪声水平高，安装位置受到一定的限制。目前，这种增压器还只能在低速范围内使用。由于柴油机的最高转速比较低，因此多用于柴油机上。

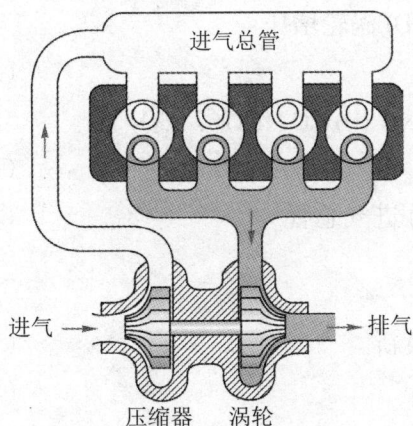

图4-23　涡轮增压器

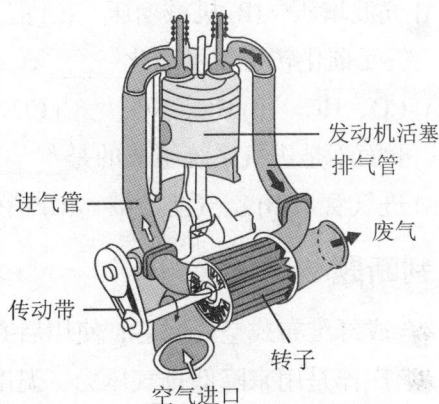

图4-24　气波增压示意

理论测试

一 填空题

1. 排气消声器的作用就是降低排气_____，并消除废气中的_____及_____。

2. 空气滤清器的作用是滤除_____、_____，以防止损坏活塞、汽缸，并避免脏污空气混入机油后，造成各润滑部位的磨损。

3. 进气系统由_____、_____、_____、_____、_____等组成。

4. 催化转换器，以帮助净化排气中的污染气体，如_____、_____及_____。

二 选择题

1. 长型进气歧管_____。 （　）
   (A) 使进气分配平均　(B) 可提高容积效率　(C) 重量较轻　(D) 占据空间较小

2. 下面不是三种基本增压机构类型的是_____。 （　）
   (A) 气波增压　(B) 机械增压　(C) 混合增压　(D) 涡轮增压

3. 三元催化转换器可净化_____。 （　）
   (A) CO、HC　(B) HC、NOx　(C) CO、HC、NOx　(D) CO、NOx、CO_2

4. 下面不是进气系统组成的是_____。 （　）
   (A) 进气管　(B) 空气滤清器　(C) 消声器　(D) 进气总管

三 判断题

1. 合成纤维布式空气滤芯，使用后必须直接换新。 （　）
2. 消声器是用来降低排气压力、温度及噪声。 （　）
3. 流经空气阀的空气不经过空气流量计计量。 （　）
4. 节气门体上如果设有怠速调整螺栓，则转入螺栓，怠速转速会升高。 （　）
5. 所有的ISC(IAC)阀都是控制快怠速到发动机热车以后的怠速。 （　）
6. EEC即蒸发气体排出控制，以防止CO排出。 （　）
7. 干纸式空气滤芯可以用压缩空气吹净后再使用。 （　）
8. 节气门体脏污时，是用汽油清洗。 （　）
9. 汽油喷射式发动机的节气门体上，通常都装有节气门位置传感器。 （　）
10. 冷发动机运转时，将空气阀的空气入口封闭，则快怠速转速下降为正常。 （　）

四 简答题

1. 试述空气滤清器的功用。
2. 不锈钢制排气歧管有何优点？
3. 何谓文氏管效应？
4. 试述空气阀的功用。

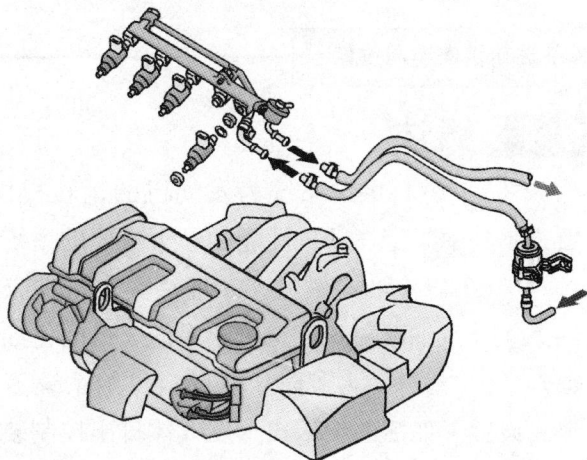

单元5

汽油机燃料供给系统

■ 知识目标：

1. 了解汽油喷射系统的分类和优点；

2. 了解汽油机燃料供给系统中各部件的定义和种类；

3. 掌握汽油机燃料供给系统中各部件的组成及功用。

■ 能力目标：

1. 掌握汽油机燃料供给系统各部件的相对位置；

2. 掌握汽油机燃料供给系统各部件的构造及结构特点。

■ 建议学时：

14 学时

5.1 概述

（1）燃料供给系统为发动机的运转提供条件，是供应适量雾化燃料给汽缸的装置，是其中决定发动机性能的一个重要的系统。

（2）以汽油为燃料，计量及雾化后供应给发动机的系统，可分成化油器式燃料供给系统及汽油喷射式燃料供给系统。目前化油器式燃料供给系统已逐渐淘汰。

（3）另外，为了防止从燃料供给系统蒸发的油气，直接排放到大气中造成空气污染，设置了如活性炭罐式蒸发气体排出控制装置。

5.1.1 汽油喷射系统的优点

与化油器式相比较，电子控制汽油喷射系统具有以下优点：

低油耗；

低排气污染；

较高转矩及功率输出；

低温起动性良好；

发动机热车性能良好；

汽车加速性能良好。

5.1.2 汽油喷射系统的分类

一、按照空气量的检测方法分

① 质量流量(Mass Air Flow, MAF)方式

MAF方式是利用空气流量计直接计测吸入的空气量，再参考发动机转速，以计算汽油喷射量，如图5-1 a)所示。

空气流量计有翼片式(L-Jetronic)、热线式(LH-Jetronic)、热膜式及卡门涡流式(Karman Vortex)等几种，另外机械式的K-Jetronic与KE-Jetronic也属此类。

② 速度密度方式

此方式是以发动机转速与进气歧管压力来计算每一循环所吸入的空气量，以此空气量为基准，来计算汽油喷射量，如图5-1 b)所示。

速度密度方式即歧管绝对压力(Manifold Absolute Pressure, MAP)式，博世公司称为D-Jetronic，本田汽车的PGM-FI(Programmed Fuel Injection)与丰田汽车的D型EFI(Electronic Fuel Injection)均属此类。

③ 节气门速度方式

此方式是以节气门开度与发动机转速，来计测每一循环所吸入的空气量，以此空气量为基准，来计算汽油喷射量，如图5-1 c)所示。

优点是直接检测节气门开度，过渡反应性良好，应用于赛车上。但由于不易测出空气量，仅用在如博世Mono-Jetronic等系统上。

a) 质量-流量方式

b) 速度-密度方式

c) 节气门-速度方式

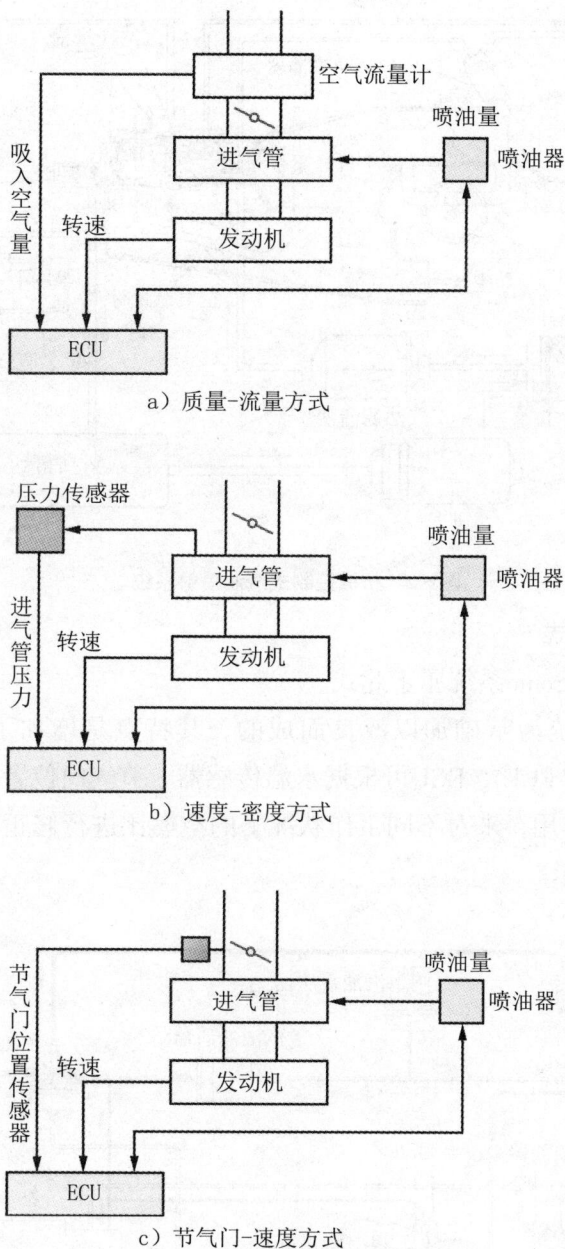

图5-1 各种空气量的检测方法

二、按照喷射系统的控制方式分

❶ 机械控制式

采用连续喷射方式，可分为单点喷射与多点喷射。以博世公司的K-Jetronic系统最具代表性。

空气流量计中的翼片，因空气通过量不同，而产生位置的变化，以改变汽油分配器送至各缸的喷油量，如图5-2所示。系统中还设有冷车起动喷油器、空气阀、暖车调节器等，以便根据不同状况对基础喷油量进行修正。

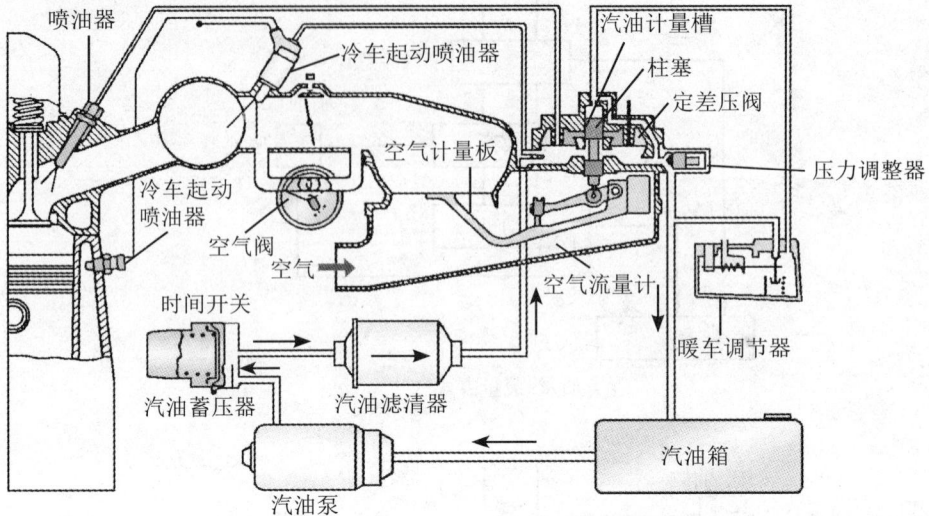

图5-2　机械控制式汽油喷射系统

❷ 机械电子控制式

博世公司的KE-Jetronic系统属于此式。

KE系统是以K系统为基础加以改良而成的，其特点是增加了一个电子控制单元(Electronic Control Unit, ECU)，ECU可根据水温传感器、节气门位置传感器等信号，以控制电磁油压执行器的作用，来对不同工作状况下的空燃比进行修正，而达到减少排气污染的要求，如图5-3所示。

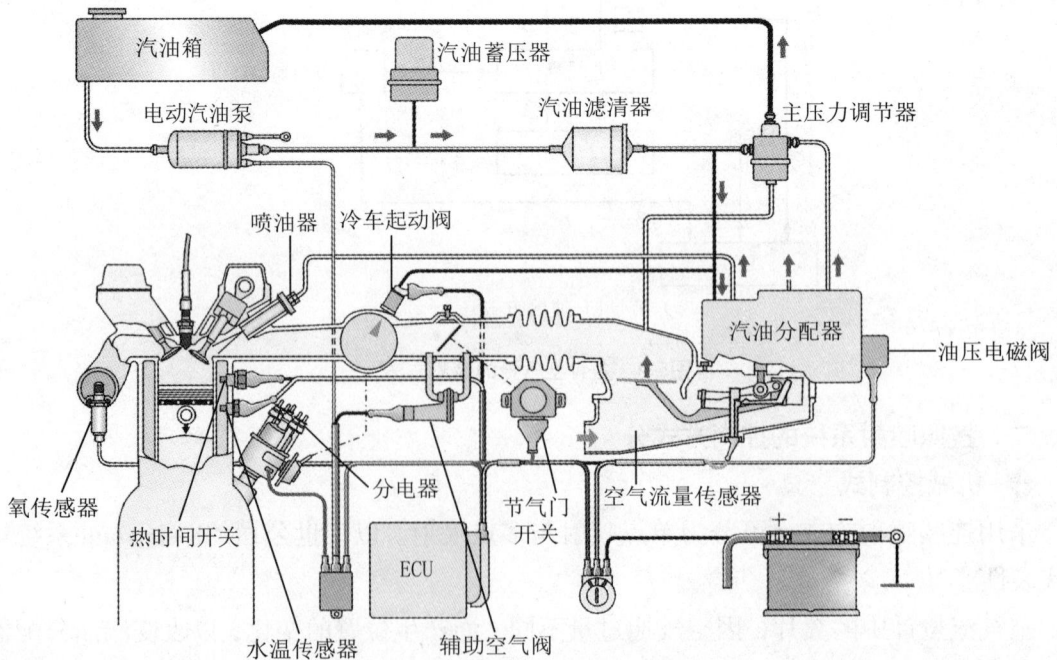

图5-3　机械电子控制式汽油喷射系统

❸ 电子控制式

电子控制汽油喷射(Electronic Fuel Injection, EFI)系统，如图5-4所示。在20世纪60年代及70年代时，大多只控制汽油喷射，到了80年代时，开始与点火控制系统一起合并为集中控制系统。

ECU按照进气量、转速、负荷、温度、排气中含氧量等信号的变化，配合存储器中储存的数据，以确定所需的喷油量，然后控制喷油器的开启时间，喷出正确的汽油量；最佳点火时间也是以相同的方法计算修正。其他控制如怠速控制、汽油增减量修正、空调控制等，都具有自我诊断与故障码显示功能、故障安全功能及备用功能等。

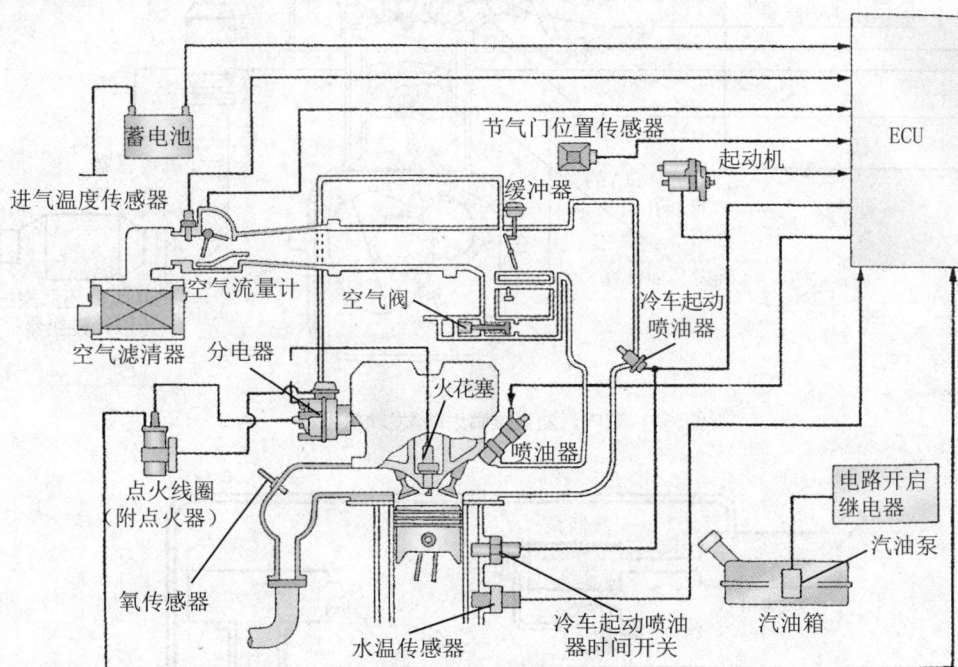

图5-4 电子控制式汽油喷射系统

三、按照汽油的喷射位置分

❶ 缸内喷射式

现代汽油发动机采用的缸内喷射装置，常称为缸内汽油直接喷射系统，比一般的进气口汽油喷射发动机，更省油，且动力更大。如图5-5所示，为丰田汽车缸内汽油直接喷射D-4发动机系统，各缸的高压涡流喷油器装在汽缸盖上，将汽油直接喷入汽缸内。

❷ 缸外喷射式

（1）进气总管喷射式：喷油器装在进气总管上，即一般所称的单点喷射(Single Point Injection, SPI)系统，如图5-6所示。

（2）各缸进气口喷射式：喷油器装在各缸进气歧管靠近进气门的进气口上，即一般所称的多点喷射(Multi Point Injection, MPI)系统，如图5-7所示。

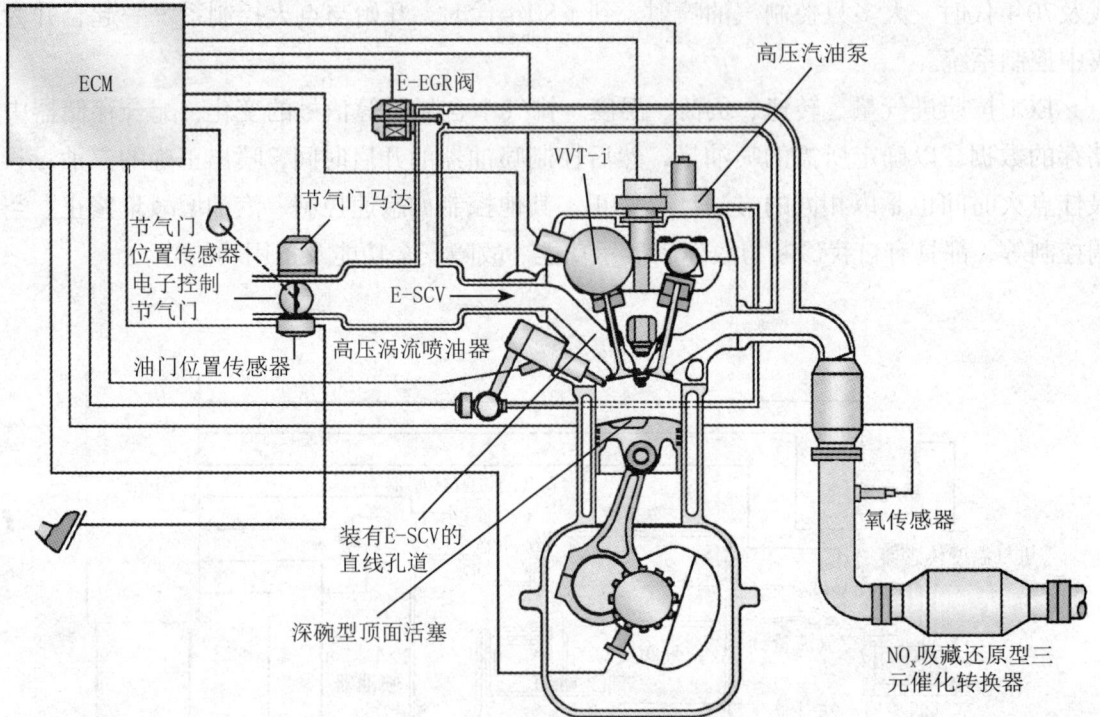

图5-5　缸内汽油直接喷射D-4发动机系统

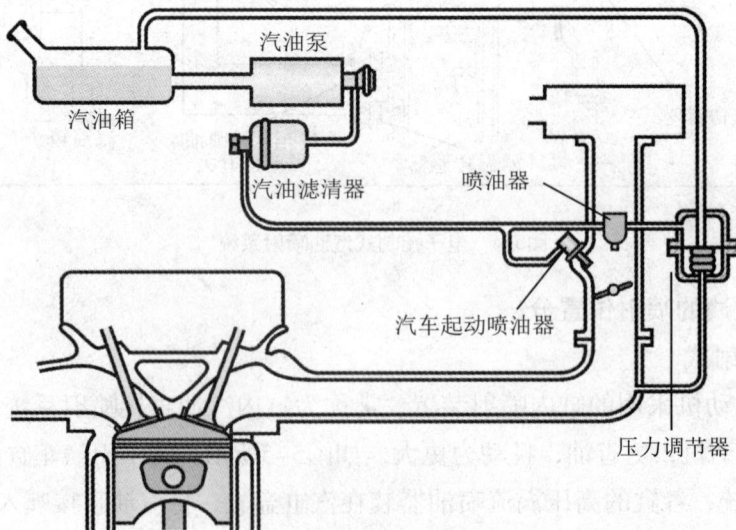

图5-6　单点喷射式系统

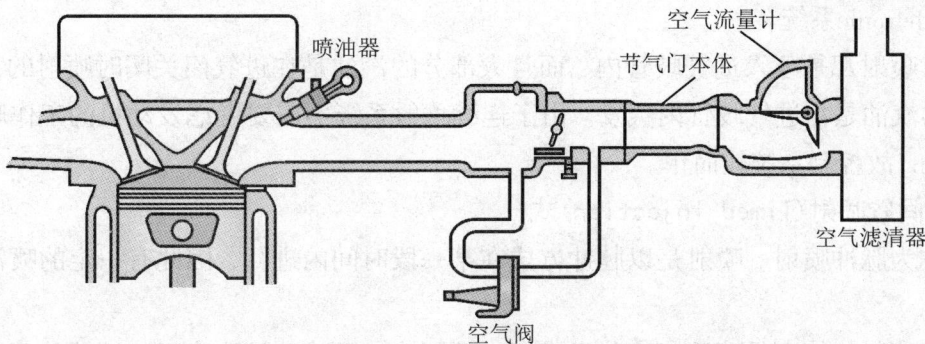

图5-7　多点喷射式系统

四、依喷油器的数目分

① 单点喷射(SPI)式

单点喷射系统是在进气总管节气门的上方安装一个中央喷射装置，使用一个或两个喷油器向进气总管喷射，形成混合气，在进气行程时再吸入各缸汽缸内，如图5-8所示。这种喷射系统也常称为节气门体喷射系统或中央喷射系统，博世公司则称为Mono-Jetronic。

单点喷射系统的性能低于多点喷射系统，但其优点为结构简单，成本低，故障率低，发动机维修方便。因此在20世纪90年代时，一般小排气量客车及货车曾广泛采用。

② 多点喷射(MPI)式

多点喷射系统是在每个汽缸进气门附近的进气歧管上安装一个喷油器，喷出汽油与空气混合，在进气行程时再吸入汽缸内，如图5-9所示。

由于各缸间混合气分配平均及混合均匀，且设计进气歧管时可充分利用空气惯性的增压效果，故可得高输出。

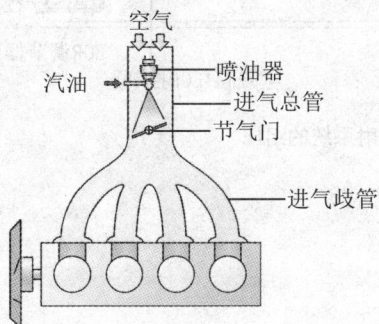

图5-8　单点喷射系统

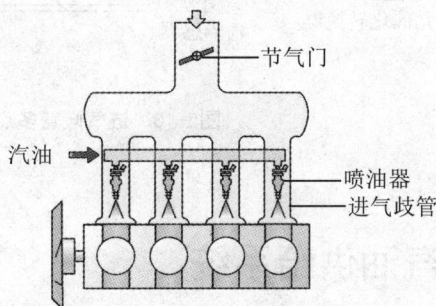

图5-9　多点喷射系统

五、依汽油的喷射方式分

① 连续喷射(Continuous Injection, CI)式

又称为稳定喷射。在发动机运转期间是连续喷射汽油，如博世公司的K-Jetronic系统与KE-Jetronic系统。

连续喷射都是喷入进气歧管内，而且大部分的汽油是在进气门关闭时喷射的，因此大部分的汽油是在进气歧管内蒸发。由于连续喷射系统不需要考虑发动机的工作顺序及喷油时机，故控制系统较简单。

❷ 间歇喷射(Timed Injection)式

又称为脉冲喷射。喷射是以脉冲方式在某一段时间内进行，因此有一定的喷油持续期间。

间歇喷射的特点是喷油频率与发动机转速同步，且喷油量取决于喷油器的开启时间(喷油脉冲宽度)，故ECU可根据各传感器所获得的发动机运转参数动态变化的情况，精确计量发动机所需喷油量，再由控制脉冲宽度而得到各种工作状况的空燃比。由于间歇喷射方式的控制精度较高，故被现代集中控制系统所广泛采用。

本节以多点汽油喷射系统为主做说明。进气歧管多点汽油喷射系统，是由汽油供给系统、空气供给系统及电子控制系统三部分所组成的，如图5-10所示。

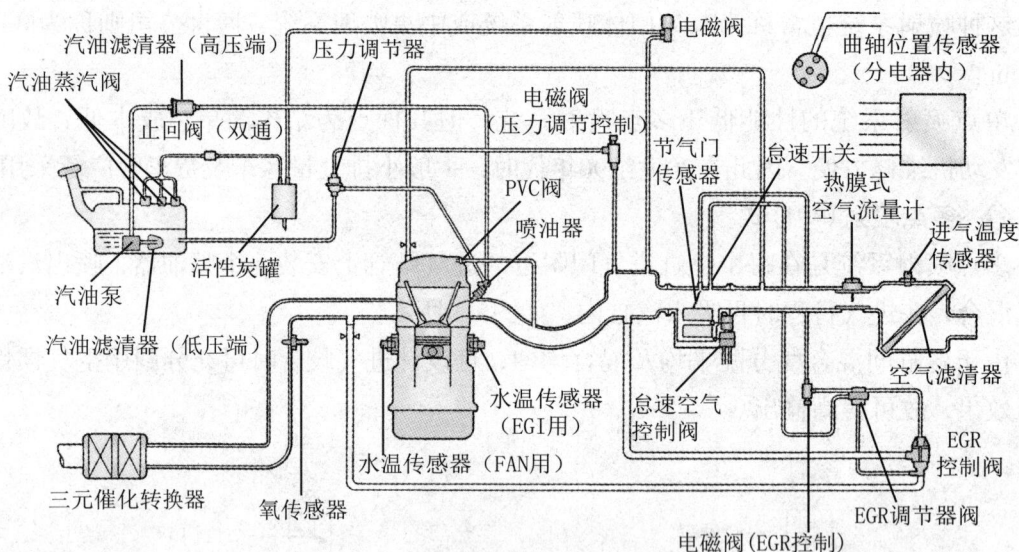

图5-10　进气歧管多点汽油喷射系统的组成

5.2　汽油供给系统

5.2.1　概述

（1）汽油供给系统是由汽油箱、电动汽油泵、汽油滤清器、燃油共轨、压力调节器与喷油器等组成的，如图5-11所示。

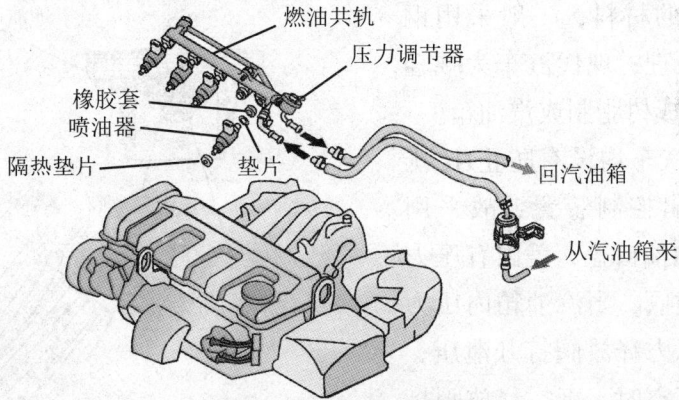

图5-11 汽油供给系统的组成

（2）汽油的流动路线，如图5-12所示。压力调节器的回油管让低压汽油流回汽油箱，但部分现代新型汽油喷射发动机，压力调节器是装在汽油箱内的电动汽油泵总成上，所以无回油管。

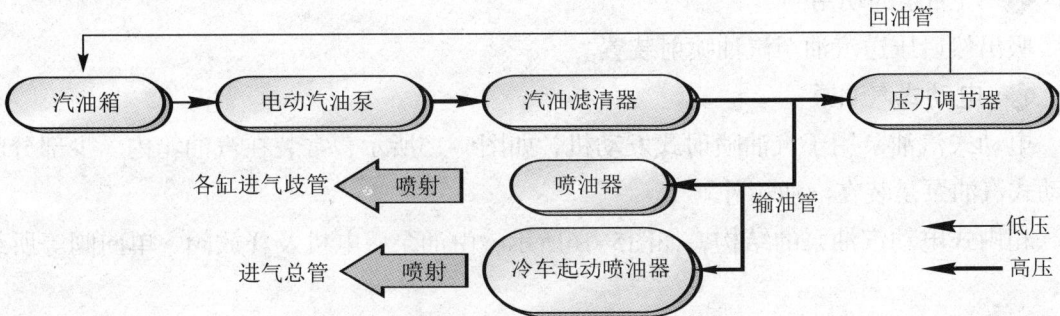

图5-12 汽油的流动路线

5.2.2 汽油箱

（1）汽油箱是储存汽油的装置，由加油口盖、加油管、油面指示传感器、箱内式滤网及汽油箱本体所组成，如图5-13所示。若是用于汽油喷射式发动机，则在汽油箱内装有电动式汽油泵。

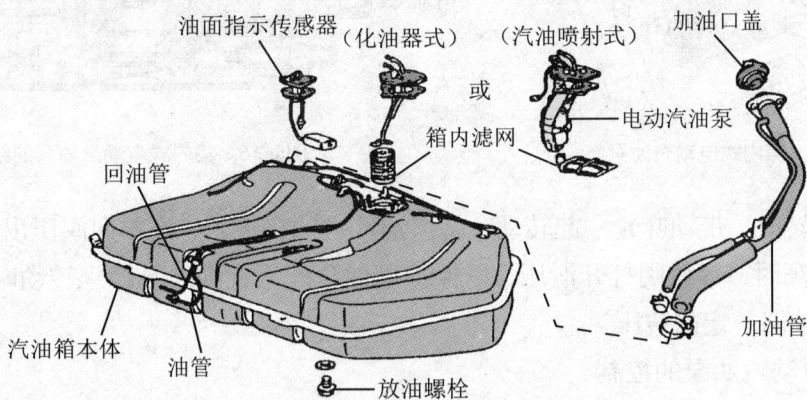

图5-13 汽油箱的结构

（2）汽油箱的材料，一般采用钢制，内部经防锈处理；现代汽车为减轻重量，部分采用合成树脂制成汽油箱。

（3）因现代汽车均设有防止HC排出的蒸发气体排出控制装置，故采用如图5-14所示的加油口盖，盖内有压力释放阀与真空释放阀，当汽油箱内压力达到一定值时，压力释放阀打开泄压；当汽油箱内形成真空时，真空释放阀打开，让空气进入汽油箱。

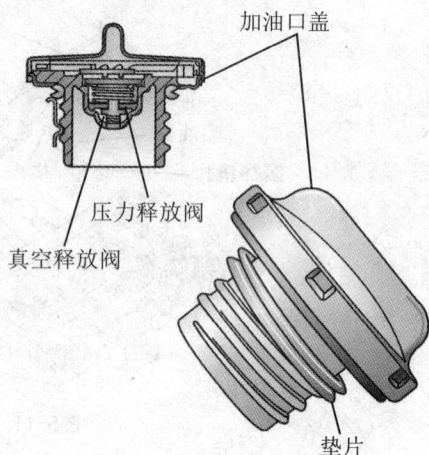

图5-14　加油口盖的结构

5.2.3　汽油泵

❶　汽油泵的功用

吸出然后压送汽油至汽油喷射装置。

❷　电动式汽油泵

电动式汽油泵用于汽油喷射式发动机，如图5-15所示，常装在汽油箱内。少部分的电动式汽油泵是装在汽油箱外。

箱内式电动汽油泵的结构，如图5-16所示，由油泵、电机及释放阀、单向阀等所组成。

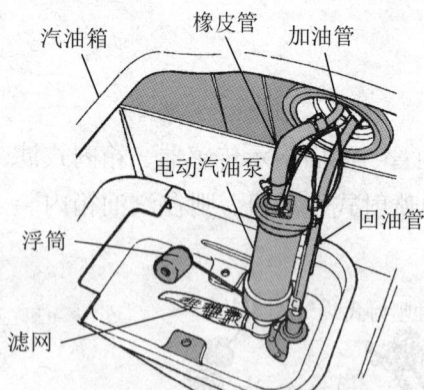

图5-15　箱内式电动汽油泵

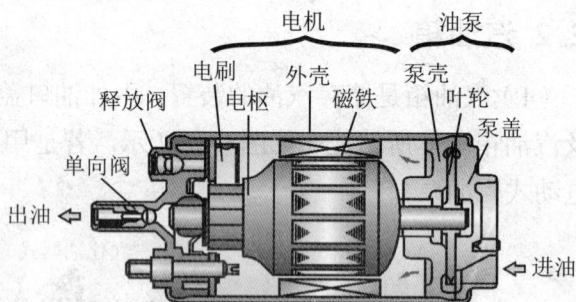

图5-16　箱内式电动汽油泵的结构

电机旋转时，带动叶轮一起转动，将汽油从进油口吸入，经单向阀压出。

油压过高时，释放阀打开泄压，以保护燃油分配管；汽油泵停止转动时，单向阀关闭，以保持油路一定的残压。

❸　电动汽油泵的控制

（1）汽油泵开关控制式。

用于L-Jetronic系统或翼板式空气流量计式系统，利用空气流量计内汽油泵开关的打开或闭合，来控制电动汽油泵是否工作。发动机熄火时，汽油泵开关打开；发动机运转时，汽油泵开关闭合。

汽油泵开关控制式的电路，由主继电器、电路开启继电器、汽油泵开关及电动汽油泵等所组成，如图5-17所示。

起动机接通时，主继电器触点闭合，电路开启继电器的线圈也通电，触点接合，汽油泵开始泵油；发动机发动后，空气流量计内翼板打开，使汽油泵开关闭合，线圈通电，故继电器内接点继续保持闭合，汽油泵持续作用。当发动机熄火或因故停止运转时，空气流量计内汽油泵开关打开，汽油泵停止泵油，以免发生危险。

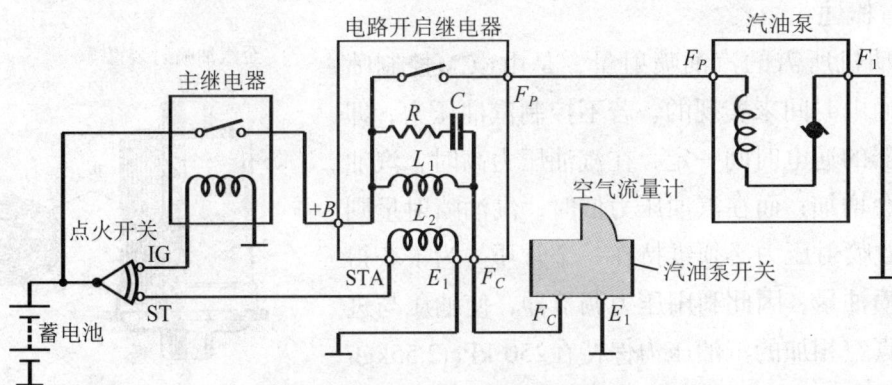

图5-17　汽油泵开关控制式电动汽油泵电路

（2）ECM控制式。

卡门涡流式空气流量计、热线式空气流量计及速度密度式空气流量计等所采用的ECM控制式电动汽油泵电路，如图5-18所示。

用ECM的三极管代替汽油泵开关，控制汽油泵的作用。当点火开关转到ON尚未起动时，ECM会使线圈通电2-5s，使汽油泵先泵油；起动机接通时，线圈通电，汽油泵作用；发动机运转时，分电器送出转速信号给ECM，使线圈通电，汽油泵继续泵油；当发动机停止运转时，三极管断路，使汽油泵停止作用。

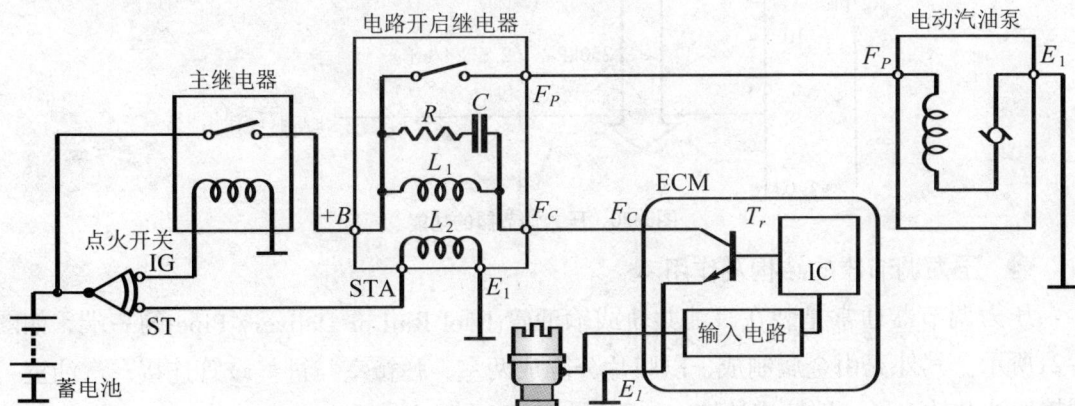

图5-18　ECM控制式电动汽油泵电路

5.2.4 汽油滤清器

❶ 汽油滤清器的功用

过滤汽油中的杂质及水分。

❷ 高压式汽油滤清器

用于汽油喷射式发动机,压力可达245~343kPa,滤清器壳是以金属制成,内部经防锈处理,如图5-19所示。

5.2.5 压力调节器

❶ 概述

发动机所需的汽油喷射量,是由ECM控制喷油器的通电时间来实现的。若不控制汽油压力,即使喷油器的通电时间一定,在汽油压力高时,汽油喷射量会增加;而在汽油压力低时,汽油喷射量则减少,故喷射压力必须维持在一个常压。为了获得精确的喷油量,因此利用压力调节器,使油压与进气歧管真空相加的汽油压力保持在250 kPa(2.55kgf/cm²)、290 kPa(2.96kgf/cm²)或330 kPa(3.36kgf/cm²),依发动机型式而定。

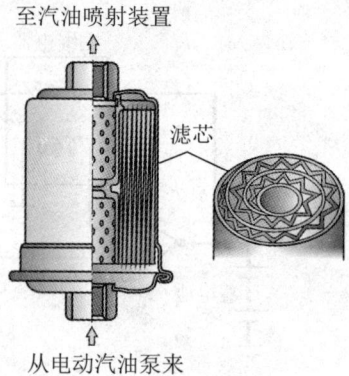

图5-19 高压式汽油滤清器

简而言之,压力调节器的功能,就是用来维持汽油压力与进气歧管压力两者相加为固定的压力总和,例如250kPa,当压力总和超过250kPa时,压力调节器作用,汽油回油,使压力总和永远保持在250kPa,如图5-20所示。

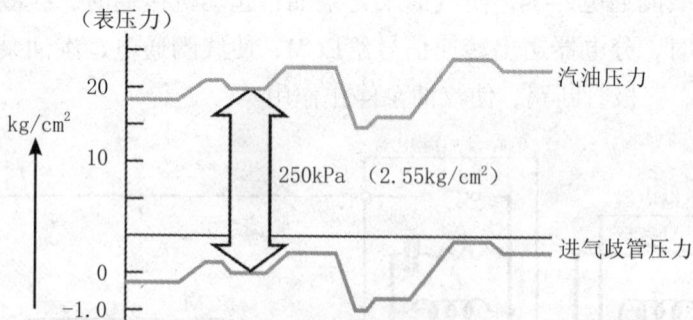

图5-20 压力调节器的功能

❷ 压力调节器的结构及作用

压力调节器通常是装在汽油共轨或输油管(Fuel Rail or Delivery Pipe)的一端,如图5-21所示。其外壳由金属制成,以膜片分隔成两室,弹簧室与进气歧管连接;汽油室一端接燃油共轨,另一端接汽油箱,如图5-22所示。

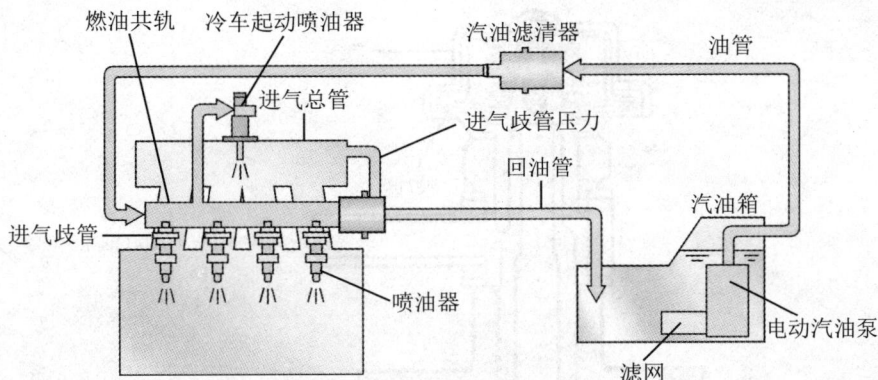

图5-21 压力调节器的安装位置

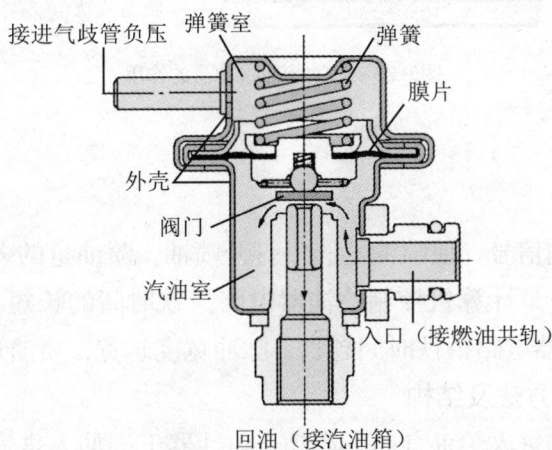

图5-22 压力调节器的结构

共轨油压从入口进入压力调节器，压缩膜片，使阀门打开，回油量依弹簧弹力而定；而进气歧管负压是接到弹簧室，会减弱弹簧的弹力，使回油量增加，降低汽油压力。但汽油压力只降低因进气歧管负压所造成的压力降低所影响的幅度，因此汽油压力与进气歧管真空的总和，得以维持在一定值，例如怠速时汽油压力为250kPa+(-50kPa)=200kPa；全负荷时的汽油压力为250kPa+0kPa=250kPa。

5.2.6 汽油脉冲缓冲器

（1）汽油压力是由压力调节器维持在与进气歧管负压有关的一定范围内。但在汽油喷射时，油管内的压力会有轻微的脉冲，装在燃油共轨上的汽油脉冲缓冲器就是用来吸收此脉冲，并可降低噪声。

（2）汽油脉冲缓冲器装在燃油共轨上，其结构如图5-23所示，利用膜片及弹簧装置的缓冲效果来达到目的。

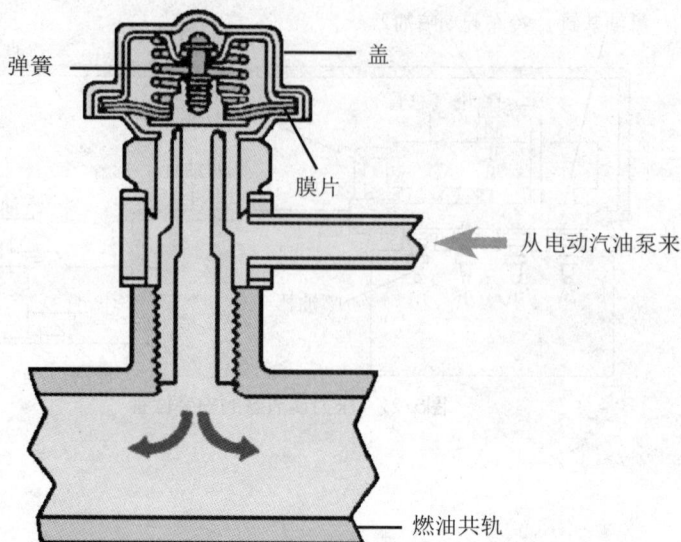

弹簧

盖

膜片

从电动汽油泵来

燃油共轨

图5-23　汽油脉冲缓冲器的作用

5.2.7 喷油器

❶ 喷油器的功用

根据控制器的控制信号，使喷油器阀门打开喷油，喷油量的多少，由信号时间的长短来控制。所谓信号，是计算机控制喷油器电路搭铁时间的长短，称为脉冲宽度(Pulse Width)，计算机使喷油器电路搭铁时间越长，脉冲宽度越宽，喷油量就越多。

❷ 喷油器的安装方法及结构

汽油从喷油器顶端进入，垂直向下流动。喷油器下端伸入进气歧管，上端连接燃油共轨，用扣夹固定，上、下均有O形环，如图5-24所示，采用最多。

喷油器由滤网、O形环、电磁线圈、电枢、阀体及针阀等所组成，如图5-25所示。

喷油器也是电子控制系统中的执行器，由ECM控制其作用。

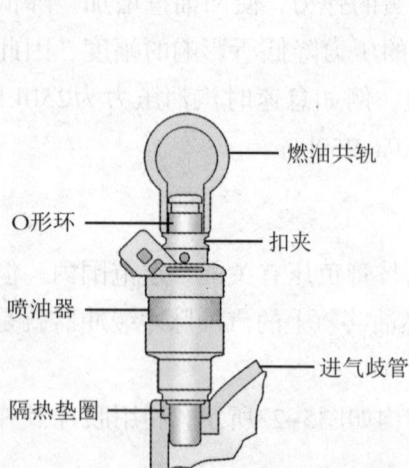

燃油共轨

O形环

扣夹

喷油器

进气歧管

隔热垫圈

图5-24　喷油器的安装方法

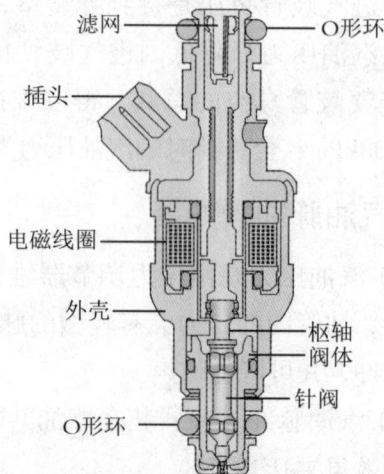

滤网

O形环

插头

电磁线圈

外壳

枢轴

阀体

针阀

O形环

图5-25　喷油器的结构

③ 电压控制高电阻式喷油器的电路及作用

高电阻式喷油器，喷油器内部电阻为12～16 Ω，工作电压为12 V。

当ECM内的三极管根据信号而置于ON时，喷油器电路接通，蓄电池电压经主继电器，直接供应给喷油器，如图5-26所示，为电压控制高电阻式喷油器的电路。

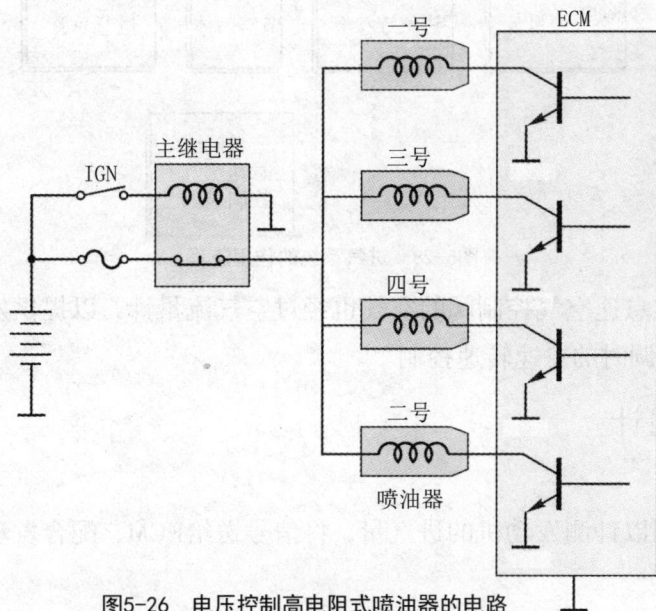

图5-26 电压控制高电阻式喷油器的电路

ECM根据发动机不同的运转状况，控制不同的脉冲宽度信号给喷油器；脉冲宽度越宽，喷油时间就越长，喷油量越多，如图5-27所示。

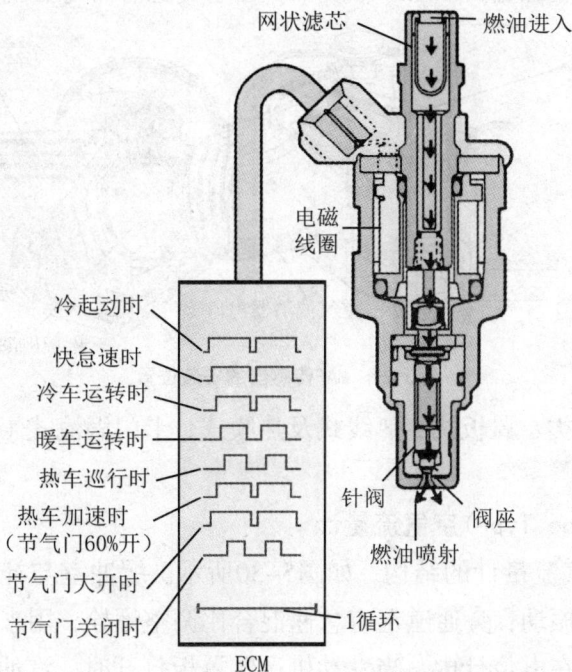

图5-27 ECM送给喷油器不同的脉冲宽度信号

5.3 空气供给系统

空气从空气滤清器，流经空气流量计后，进入节气门体、进气总管及进气歧管，再送入汽缸，如图5-28所示。

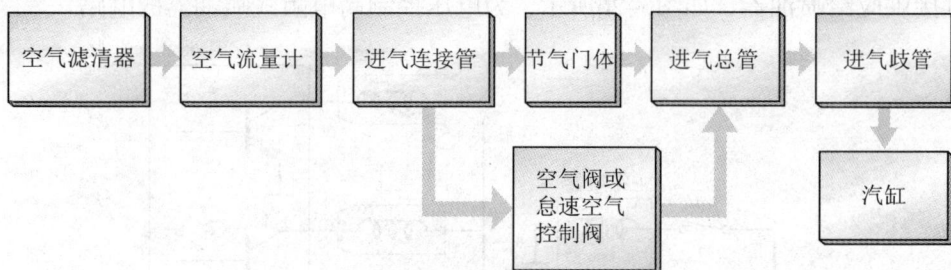

图5-28 进气系统的作用流程

流经空气阀或怠速空气控制阀的空气也经过空气流量计，以提供发动机在起动、暖车、动力转向或空调时的怠速转速控制。

5.3.1 空气流量计

❶ 概述

空气流量计用以计测发动机的进气量，将信号送给ECM，配合发动机转速，以决定基本喷射量。

空气流量计又称为空气流量传感器(Air Flow Sensor)，全名称为质量空气流量传感器(Mass Air Flow Sensor)，简称为MAF传感器，可直接计测发动机的吸入空气量。

MAF传感器的安装位置，如图5-29所示，在空气滤清器与节气门体之间。

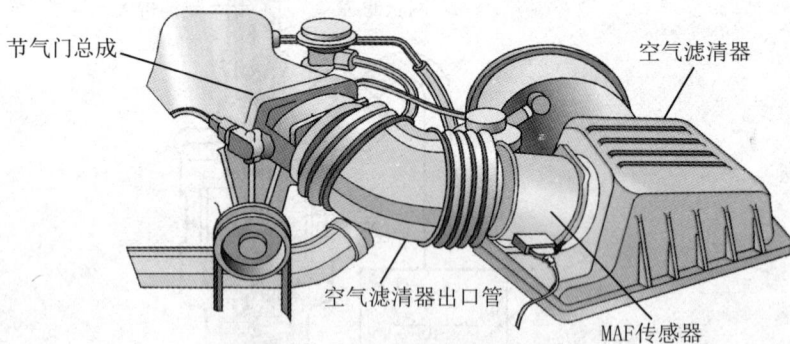

图5-29 MAF传感器的安装位置

空气流量计的种类：翼板式、热线式及热膜式、卡门涡流式（包含超光波式和光学式）。

❷ 翼板式(Vane Type)空气流量计

（1）翼板式空气流量计的结构，如图5-30所示。缓冲室与补偿板，在进气量突然变化时，可防止翼板振动；旁通道上有怠速混合比调整螺栓，用来改变通过旁通道的空气量；汽油泵开关装在电位计内，当发动机运转翼板打开时，汽油泵开关闭合，当发动机熄火翼板关闭时，汽油泵开关打开。

发动机运转时，吸入的空气量克服螺旋弹簧的弹力，使翼板打开一定角度；发动机转速越快，翼板开度就越大。

翼板轴上有一随轴移动的可动接点，与电位计的可变电阻接触，当翼板打开角度不同时，电阻值大小也发生变化，使输出电压也产生变化，ECM根据电压的大小，即可计算出进气量。

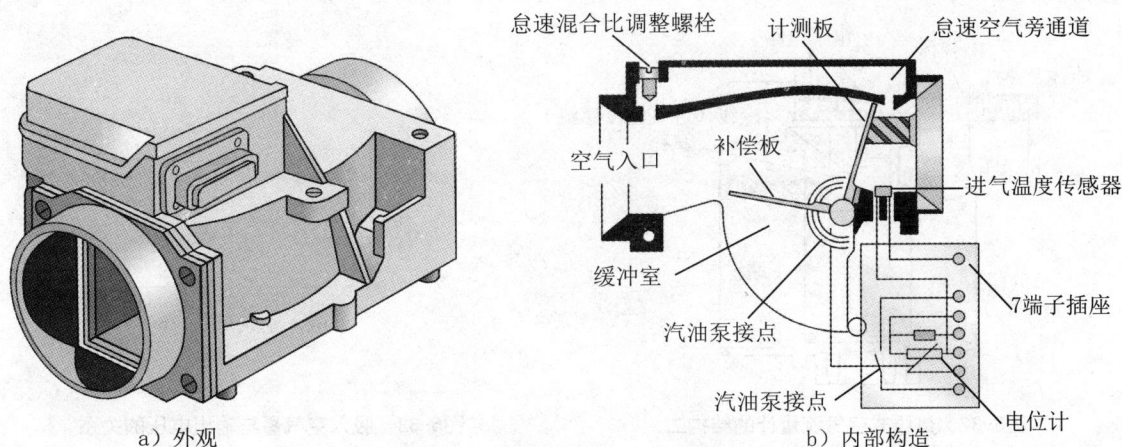

图5-30　翼板式空气流量计的结构

（2）翼板式空气流量计的缺点：包括缓冲室等，整个传感器所占空间大，质量增加，不符合小型轻量的原则。翼板增加进气道的阻力，使容积效率降低。依靠机械动作后才能输出信号，反应性较差。长时间使用后易积污垢。

❸　热线（Hot Wire）式空气流量计

热线式空气流量计，是由白金制的热线、温度补偿电阻(又称冷线、电子电路及防护网等所组成的。将冷线及热线置于主进气道的，如图5-31所示；而将冷线及热线置于旁通道的，如图5-32所示。

电流流入来加热热线，因为热线是置于气流中，空气流过会带走热线的热量，而使热线冷却。此时，热线式空气流

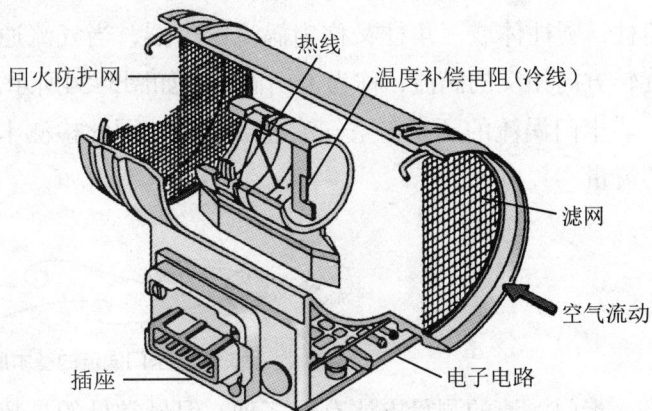

图5-31　热线式空气流量计的结构一

量计内的电子电路控制电流量，使热线温度保持一定；因此空气流量多时，带走的热量增加，送给热线的电流量必须加大，电流量的变化，即相当于吸入空气量的变化。

将电流量的大小转换为电压的变化，如图5-33所示，送给ECM，即可算出进气量。

由于吸入空气的温度会变化，而使热线冷却的程度发生差异，因此电路中必须有温度补偿电阻，来感测进气温度的高低，以修正所检测进气量的误差。

热线式空气流量计的优点为小型、重量轻及进气阻力小，采用很普遍；但热线会附着污物为其缺点，因此在发动机熄火数秒钟后，由ECM控制，使热线通电1~2s，来烧除污物。

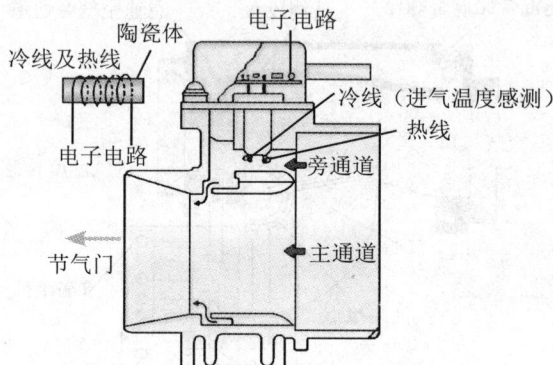

图5-32　热线式空气流量计的结构二

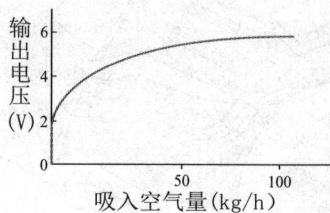

图5-33　吸入空气量与输出电压的关系

❹ 卡门涡流(Karman Vortex)式空气流量计

（1）卡门涡流式空气流量计的优点：空气通道结构简化，能降低进气阻力。传感器送出的是数字信号，ECM可直接处理。不同的空气流量下，均能提供精确的输出信号。无运动零件，耐久性好。

（2）卡门涡流式空气流量计的基本原理：在均匀气流的中间放置一个圆柱体或三角柱，圆柱体或三角柱又称为涡流产生器，当气流通过涡流产生器后，在其下游会产生旋转方向相反的涡流，称为卡门涡流，如图5-34所示。

卡门涡流的频率与空气流速成正比，因此检测卡门涡流产生的频率，即可知道空气的流量。

图5-34　卡门涡流的基本原理

卡门涡流的测量方法有很多种，但最常见的是超声波(Ultrasonic)式与光学(Optical)式两种。

（3）超声波式卡门涡流测量法：被三菱汽车所采用，如图5-35所示。在涡流产生器下游设置超声波信号发射器与信号接收器，信号接收器接收的信号，经转换电路转换后送给ECM。

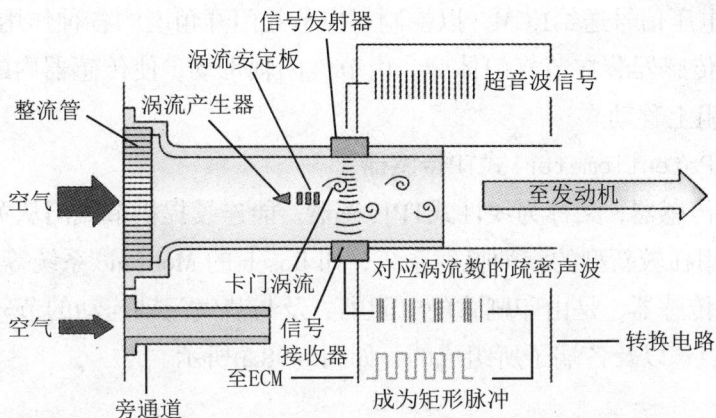

图5-35　超声波式卡门涡流空气流量计的结构及作用

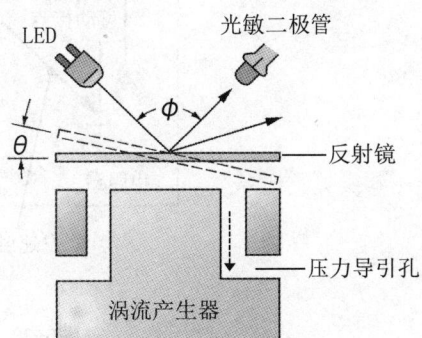

当发动机运转时，空气经过涡流产生器，产生顺、逆向涡流，超声波信号经过顺、逆向涡流时，会产生加、减速的作用，使到达信号接收器的时间有短、长的变化，正弦波式的波形经转换电路，成为频率型数字矩形脉冲，送给ECM，来决定进气量。

（4）光学式卡门涡流测量法：被丰田汽车所采用，如图5-36与图5-37所示。

由卡门涡流所造成的压力变化，经压力导引孔传至反射镜，使镜片产生振动；而LED与光敏二极管的角度是一定的，当反射镜因振动而发生角度的改变时，LED射出的光线折向光敏二极管的比例也发生改变，故光敏二极管产生的电流也发生变化，电流的变化即受到卡门涡流的影响，因此ECM检测电流的变化，即可算出进气量。

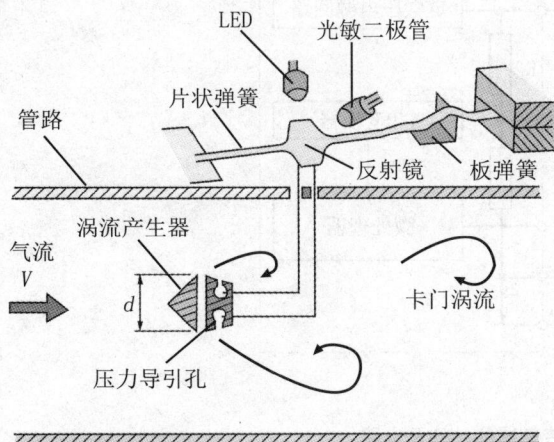

图5-36　光学式卡门涡流空气流量传感器的结构及作用　　图5-37　反射镜角度的变化

5.3.2 节气门位置传感器

◆ 概述

节气门位置传感器(Throttle Position Sensor, TPS 或 TP Sensor)的功用，是用来检测节

气门开角度，将电压信号送给ECM，以控制对应节气门开角度的各种作用。

节气门位置传感器装在节气门体旁，由节气门轴带动，使传感器内的触点开、闭，或使可动点在电阻上移动。

❷ 电位计（Potentiometer）式TP传感器

电位计式TP传感器，又称为线性式TP传感器，能连续提供节气门从关闭到全开的任何位置的信号。用在较新型的汽油喷射系统，如 Bosch 的 Motronic 系统等。

电位计式TP传感器，是由印刷式的电阻器，及与节气门轴连动的节气门开度可动触点、怠速可动触点，以及各端子所组成的，如图5-38 a)所示。

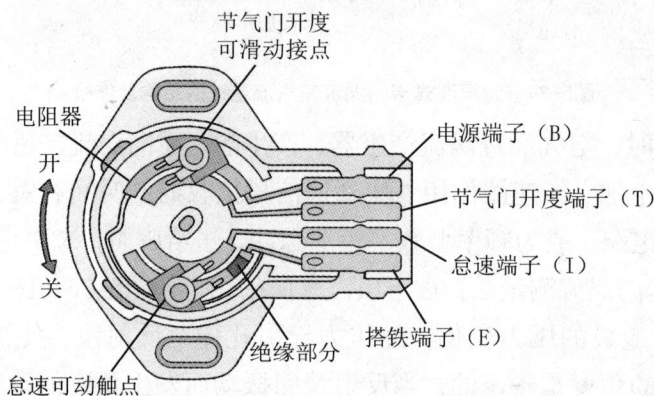

a）构造

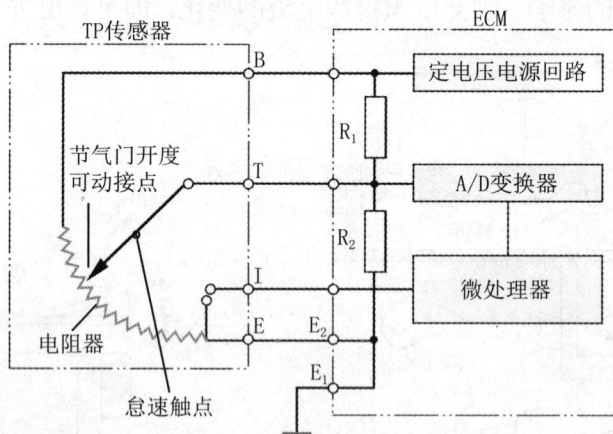

b）电路

图5-38　电位计式TP传感器的结构及电路

ECM从端子B送给电阻器5V的参考电压。对应节气门的开度，节气门开度可动触点在电阻器上滑动，则在端子T处的电压会产生不同的变化，如图5-38b)所示。因此由ECM检测端子T、E间的电压，即可知道节气门开度的大小，通常0.3～0.8V的输出电压，表示节气门关闭；4.0～5.0V的输出电压，表示节气门全开。输出电压与节气门开度成正比，是呈线性的输出。

5.3.3 歧管绝对压力传感器

❶ 概述

歧管绝对压力传感器（Manifold Absolute Pressure Sensor），常简称为MAP传感器，用来计测进气歧管压力，将压力信号与发动机转速信号送给ECM，来间接求出发动机的进气量。

MAP传感器是压力传感器的一种，也可称为真空传感器或负荷传感器。其安装位置，如图5-39所示，在节气门之后的进气总管上。

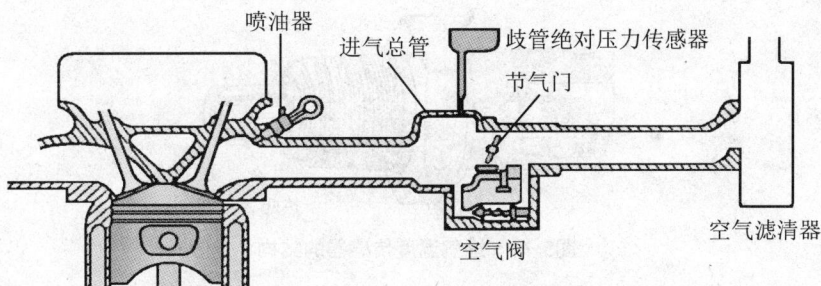

图5-39　歧管压力传感器的安装位置

❷ 压阻(Piezoresistive)式MAP传感器

半导体材料制成的硅膜片，约厚3mm，分隔成上、下两室，上室接进气歧管，下室为真空，如图5-40所示。所谓压阻式，表示当材料因压力而变形时，其电阻会发生变化。

当从进气歧管来的压力发生改变时，硅膜片弯曲，使半导体材料的电阻发生变化。计算机提供5V参考电压在硅膜片的一端，当电流流过硅膜片时，根据变形量的大小，电压降也随之改变，从硅膜片另一端输出，经滤波电路后送入。

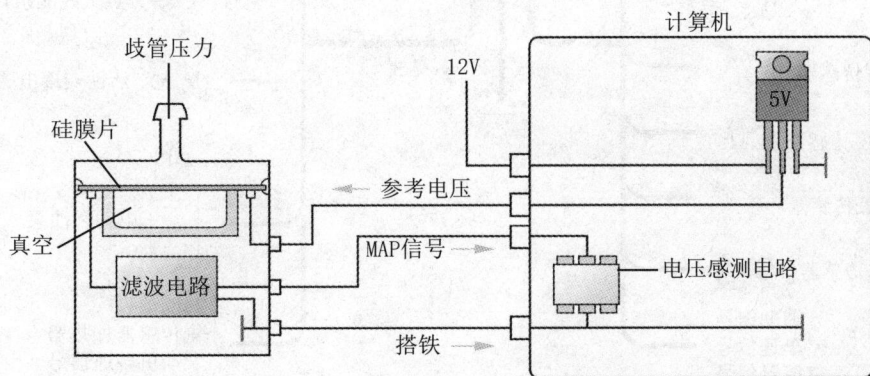

图5-40　压阻式MAP传感器的结构及作用

5.3.4 进气温度传感器

（1）进气温度传感器(Intake Air Temperature Sensor, IAT Sensor)的工作原理，与发动机冷却液温度传感器相同，但传感器尖端是开放式，使热阻器暴露在通过的空气中。

（2）进气温度传感器可装在空气滤清器外壳、翼板式空气流量传感器、进气歧管通道或靠近蓄电池的电脑内。

（3）进气温度传感器的结构，如图5-41所示，热阻器高电阻时，表示进气温度低，空气密度大，需要较多喷油量；反之，则需要较少喷油量。

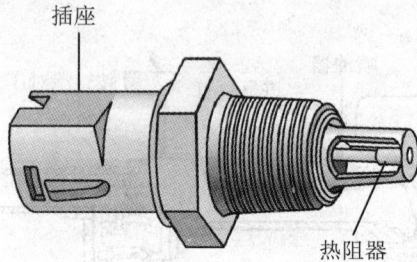

图5-41　进气温度传感器的结构

5.4　电子控制系统

电子控制系统是由发动机控制模块(Engine Control Module, ECM)、各传感器(Sensors)与各执行器(Actuators)所组成，（如图5-42）由各传感器检测发动机的各种状况，将信号送给ECM，由ECM进行各种不同的控制作用。

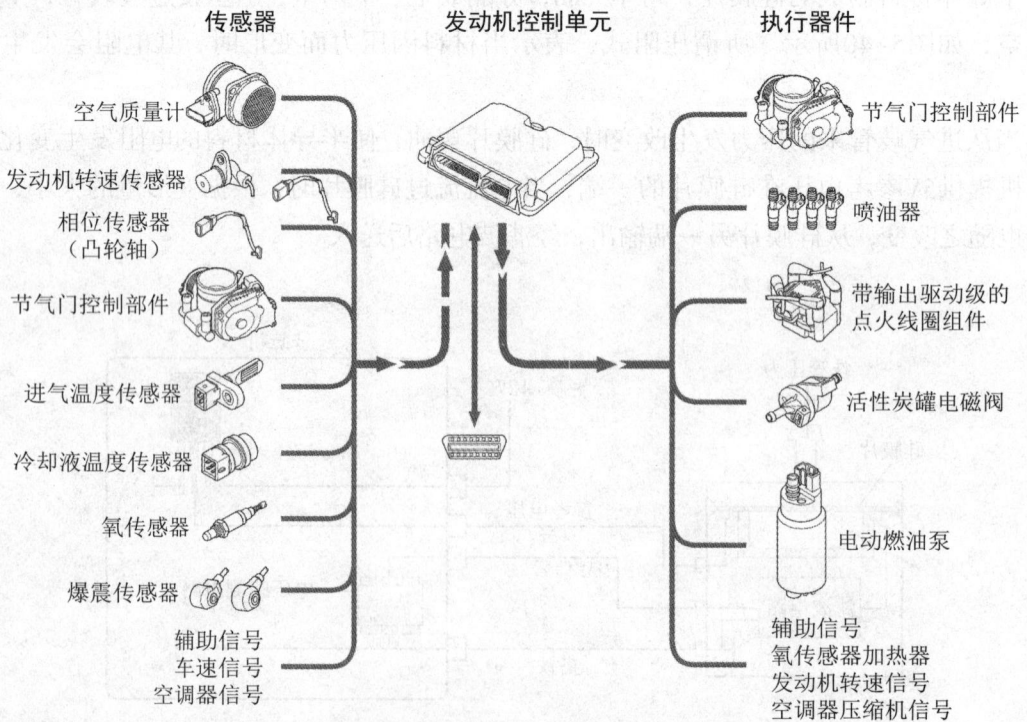

图5-42　电子控制系统组成

ECM接收曲轴位置传感器、爆震传感器、空气流量计、冷却液温度传感器、节气门位置传感器、车速传感器、氧传感器等信号，进行喷射正时与喷油量控制、点火时间控制、怠速转速控制、汽油泵控制、加速期间空调控制、EGR阀与EVAP活性炭罐清除控制等，如图5-43所示。

曲轴位置传感器	汽油喷射正时与喷射量控制
爆震传感器	点火时间控制
空气流量计	怠速转速控制
冷却液温度传感器	气燃油泵控制
点火开关	
节气门位置传感器	氧传感器侦测与车上诊断系统
空挡位置/抑制开关	扭矩变换接合器取消电磁阀控制（仅A/T车型）
空调开关	
蓄电池电压	冷却风扇控制
动力转向机油压开关	加速期间空调切断控制
车速传感器	可变气门正时控制
氧传感器	EGR阀与EVAP与活性炭罐清除控制
电气负荷 • 后除雾开关 • 大灯开关	

图5-43 电子控制系统的作用

5.4.1 传感器

空气供给系统的各传感器（空气流量计、节气门位置传感器、歧管绝对压力传感器、进气温度传感器）前面已经讲过，故不再赘述。下面介绍发动机电控部分的其他传感器。

一、曲轴位置传感器

❶ 概述

曲轴位置传感器(Crankshaft Position Sensor, CKP Sensor)的信号送给ECM，用来判定活

塞在上止点位置，判别指定的汽缸，使点火线圈的一次电流适时切断以产生高压电，以及求出发动机转速等。通常一个曲轴位置传感器具有以上各种功能中的一个或两个。

曲轴位置传感器常装在分电器内，或装在曲轴的前、后端，也有装在凸轮轴上的。

曲轴位置传感器的种类：电磁式、霍尔效应式、光电式。

❷ **电磁式曲轴位置传感器的结构与作用原理**

电磁式的称呼有很多种，如可变磁阻(Variable Reluctance)式、磁性拾波(Magnetic Pickup)式、感应(Inductive)式、永久磁铁(Permanent Magnet)式、磁性脉冲发生器(Magnetic Pulse Generator)式等，因磁通量的变化而感应产生模拟交流电压，所以本节将之称为电磁式。

电磁式曲轴位置传感器的结构，如图5-44所示。拾波线圈(Pickup Coil)环绕永久磁铁后，与信号处理电路连接，钢制转子装在曲轴前端，转子上有四个凸齿(Tab)，转子装在曲轴上。

电磁式是利用磁路(Magnetic Circuit)的概念，磁路是通过磁性材料(铁、钴、镍等)，并越过磁极间隙的一个闭回路。磁场密度是以磁通量(Magnetic Flux)表示，而磁通量的强弱与磁阻(Reluctance)有关，磁阻的大小又与转子上凸齿与磁极(Magnet Pole Piece)间的相对距离有关。

钢的导磁性(Permeability)比空气大数千倍，因此钢的磁阻比空气低很多，当转子凸齿位于磁极间时，间隙被钢片填满，磁阻最小，故磁通量最强；当凸齿不在磁极间时，间隙处为空气，磁阻最大，故磁通量最弱。

当凸齿在磁极间时，磁通量最强，但磁通量变化率是零，因此无感应电压；当凸齿接近或离开磁极时，磁通量变化率最大，因此感应的交流电压最高，如图5-45所示。

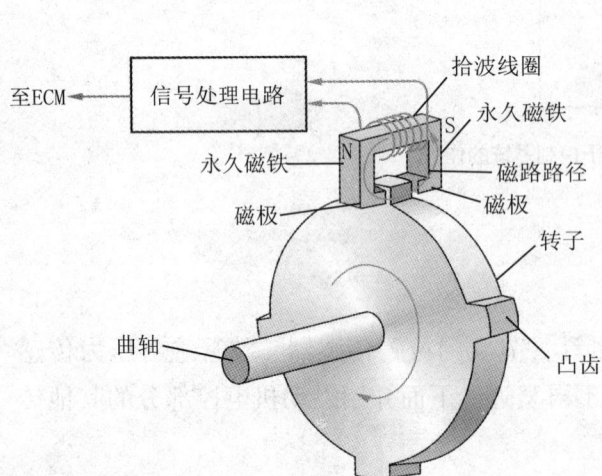

图5-44 电磁式曲轴位置传感器的结构

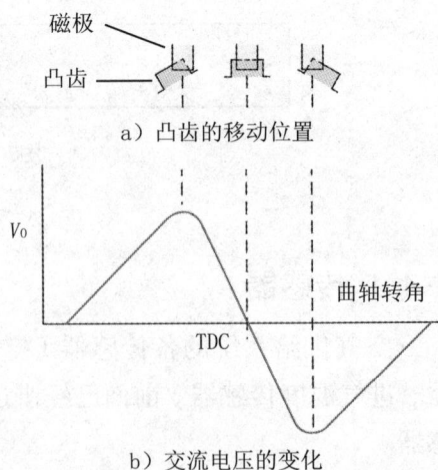

图5-45 交流电压的变化情形

❸ **装在分电器的电磁式曲轴位置传感器**

丰田汽车将装在分电器内的电磁式曲轴位置传感器产生的信号分成两种，Ne信号与G信号，Ne信号用来计算发动机转速，G信号是用来检测1、4缸的上止点位置，以控制喷射正时与点火正时。

由G转子与两组拾波线圈，及Ne转子与一组拾波线圈等组成，装在分电器内。G转子有1齿，Ne转子有24齿，如图5-46所示。

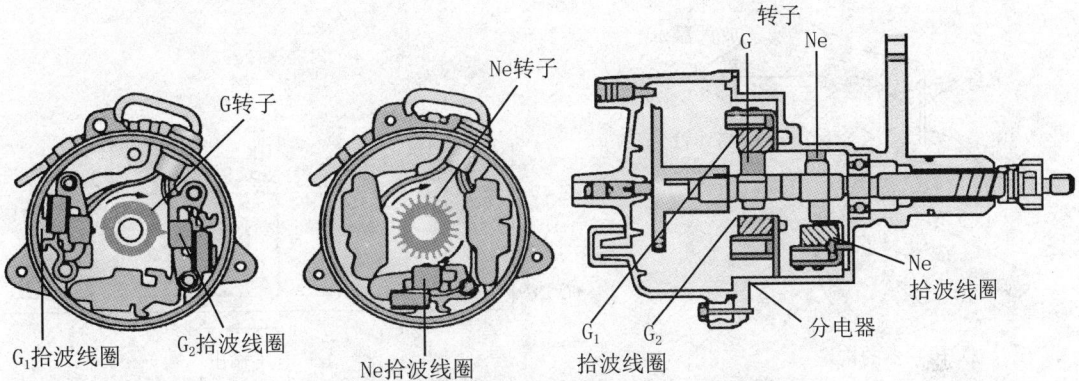

图5-46 丰田采用的电磁式曲轴位置传感器的结构

G转子与分电器轴一起旋转，分电器轴转一圈(相当于曲轴转两圈)，转子的齿经过G_1与G_2两拾波线圈，感应出两次交流电压，来检测第一缸与第四缸压缩上止点的位置，来控制喷射正时与点火正时，如图5-47所示。

Ne转子上有24齿，分电器轴转一圈，在拾波线圈产生24个交流电压，将信号送给ECM，以测定发动机转速。

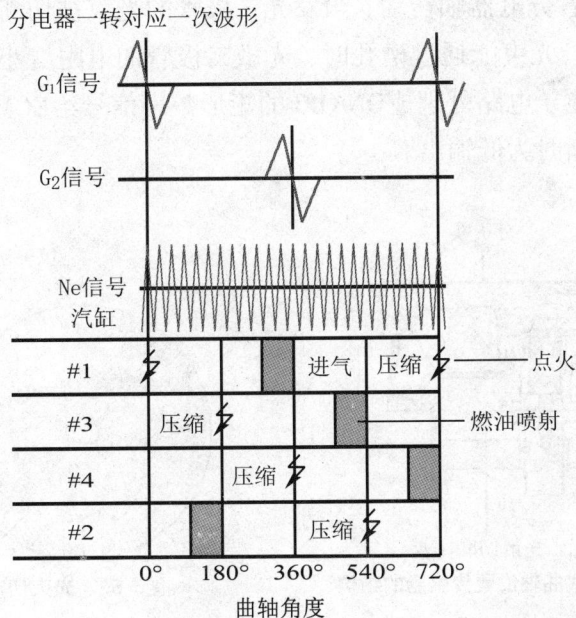

图5-47 G_1、G_2与Ne信号

❹ **光电(Optical)式曲轴位置传感器**

光电式曲轴位置传感器的结构，如图5-48 a)所示，由发光二极管(Light Emitting Diode, LED)、光敏晶体管与挖有圆孔或槽孔的圆盘所组成，用来检测各缸活塞的TDC位置。其作用如图5-48 b)所示，经放大电路后，LED光束能通过圆盘时的高输出电压约2.4V，LED光束被阻断时的低输出电压约0.2V。

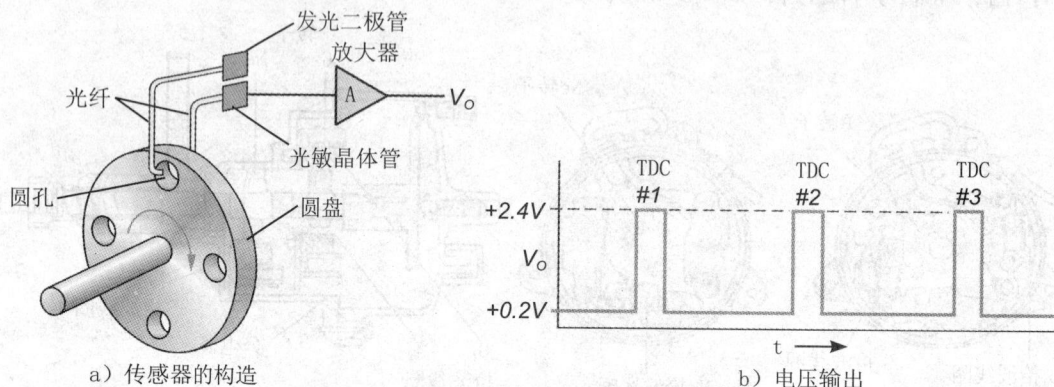

a）传感器的构造　　　　　　　　　　　b）电压输出

图5-48　光电式曲轴位置传感器的结构及作用

❺ **装在分电器的光电式曲轴位置传感器**

用在New Sentra车型光电式曲轴位置传感器的结构，如图5-49所示，由光束切断圆盘与电子电路组成。光束切断圆盘上有1°信号槽孔360个，180°信号槽孔4个，其中第一缸信号槽孔较宽，送出的信号宽度比其他三缸大，如图5-50所示；电子电路上安装发光二极管(LED)与光敏二极管，两者隔着光束切断圆盘相对。

光束切断圆盘随着分电器轴转动，当发光二极管的光束被切断时，光敏二极管的电阻变大；当发光二极管光束能通过槽孔时，光敏二极管的电阻变小。由电阻的改变，使电压产生变化，再由电子电路处理成ON/OFF的矩形数字信号给ECM。LED光束能通过时为高输出，光束被切断时为低输出。

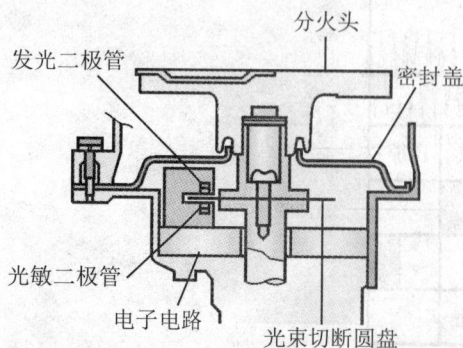

图5-49　光电式曲轴位置传感器的结构

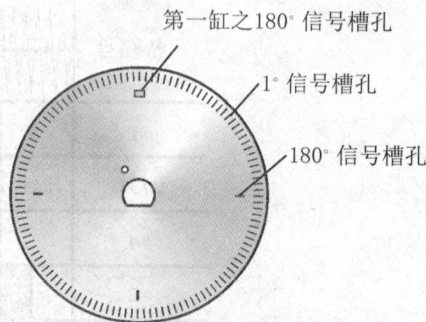

图5-50　光束切断圆盘的结构

二、发动机冷却液温度传感器

❶ 概述

发动机冷却液温度传感器(Engine Coolant Temperature Sensor, ECT Sensor)是用来检测冷却液的温度，因电阻变化的不同电压信号送给ECM，进行对喷油量、点火时间、急速转速等许多项目的修正或控制。

发动机冷却液温度传感器，常简称为水温传感器，是汽油喷射控制系统的一个很重要的信号来源。传感器通常是装在靠近节温器外壳的冷却液通道上。

❷ 热阻器式发动机冷却液温度传感器

热阻器也常称为热敏电阻，热阻器是根据温度高低而改变电阻的可变电阻装置。因为小量的温度变化，就能有大幅度的电阻变化，所以热阻器的敏感度非常高。

热阻器可分成两种，负温度系数(Negative Temperature Coefficient, NTC)型与正温度系数(Positive Temperature Coefficient, PTC)型，NTC型电阻的变化与温度成反比，PTC型电阻的变化与温度成正比。

由图5-51可看出，PTC型电阻会因温度的改变而产生剧烈且不规则的变化，因此大部分的车用温度传感器，都是采用NTC型。

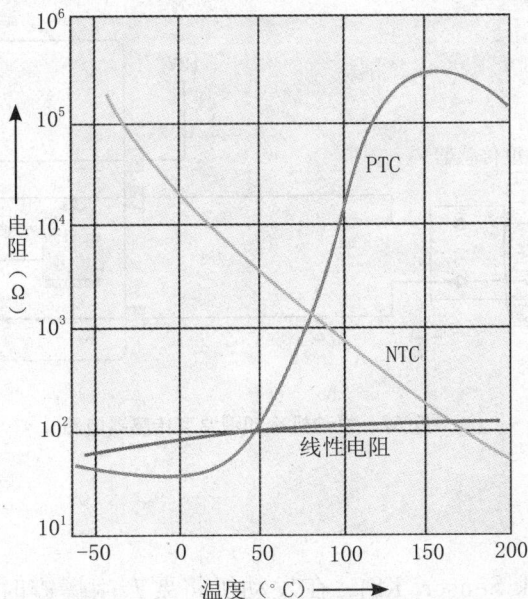

图5-51　NTC与PTC型热阻器电阻的变化

例如NTC型水温传感器，水温40℃时，电阻为100kΩ，当水温升高到100℃时，电阻降低至100~200Ω，如表5-1所示。极少温度的变化，热阻器电阻的变化就非常明显，这种特性使热阻器成为测量水温、气温或油温的极好工具，所以车用温度传感器几乎都是采用热阻器式。

典型NTC型热阻器电阻值的变化   表5-1

电阻（Ω）	温度
100 000	-40℃
25 000	0℃
1000	37.7℃
500	82.2℃
150	100℃

发动机冷却液温度传感器的电路，如图5-52所示。ECM经一个固定电阻，送出5V的参考电压给传感器，电流经热阻器后回到ECM搭铁，由于热阻器因温度变化而改变电阻值，故电压也随之改变，ECM利用电压检测电路监测这一电压值，即可得知实际的温度值。例如，水温低时传感器电阻高，传感器两端子间的电压约为4.5V；当水温高时，传感器电阻低，电压约为0.3V。

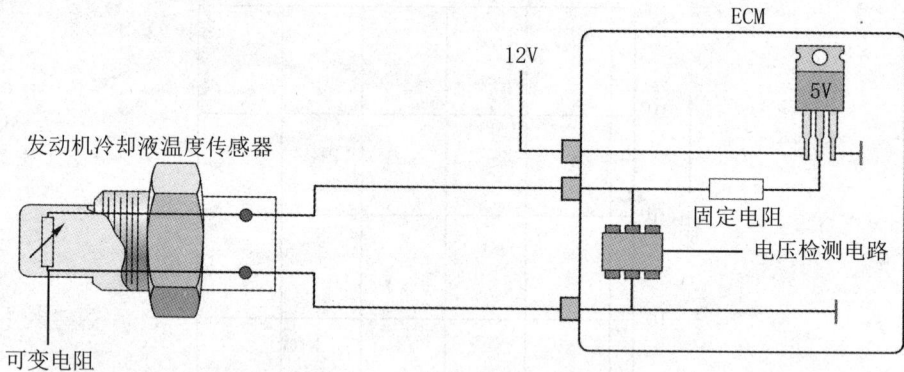

图5-52　发动机冷却液温度传感器电路

三、爆震传感器

❶ 概述

爆震传感器(Knock Sensor, KS)，在发动机将要产生爆震时，将振动转变为电压信号，送给ECM，来延迟点火时间，避免发动机产生爆震。

爆震传感器的安装位置，如图5-53所示。直列四缸发动机只有一个爆震传感器时，是装在第二、三缸的中间；若是有两个时，则分别装在1、2缸及3、4缸的中间。

❷ 压电(Piezoelectric)式爆震传感器

爆震传感器常采用压电式，其压电元件是由特殊半导体材料所制成的晶体，当承受压力时，晶体变形而产生电压输出。爆震传感器的结构，如图5-54所示。

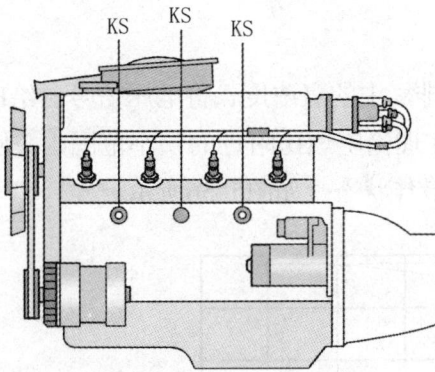

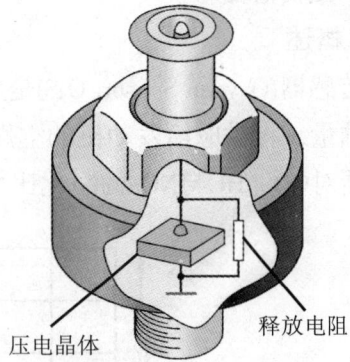

压电晶体　　　　释放电阻

图5-53　爆震传感器的安装位置　　　　　图5-54　爆震传感器的结构

爆震传感器的电路及其点火时间的修正，如图5-55所示。当震动频率约在5~6kHz时，压电元件产生0.3V或更高的振荡电压信号，此信号一旦超过门槛电压时，微处理器内的检测电路即判定为爆震，送出信号给点火器，使点火时间延后。

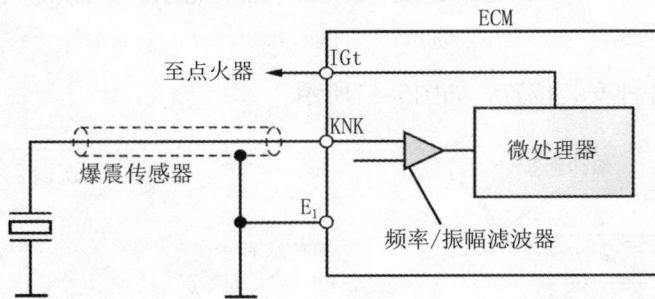

a）电路

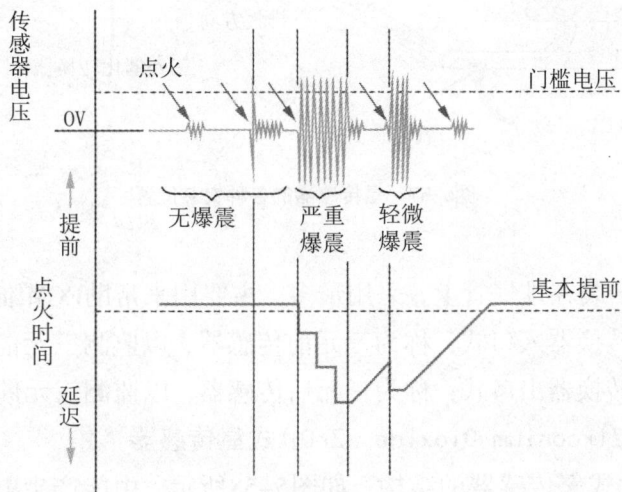

b）点火时间修正

图5-55　爆震传感器的电路及点火时间修正

四、氧传感器

1 概述

氧传感器(Oxygen Sensor, O₂S)是用来检测排气中的氧浓度，将电压信号送给ECM，以修正喷油量，将供应给发动机的空燃比控制在理论空燃比附近的狭小范围内，使三元催化转换器对CO、HC与NOx的净化比率保持在最佳状态，如图5-56所示。

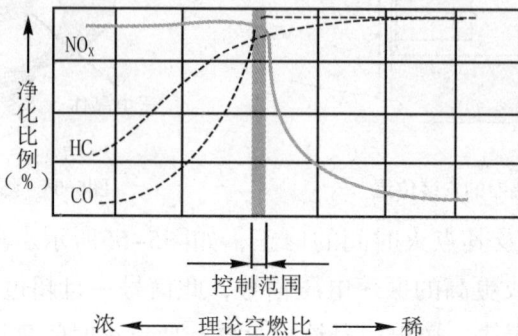

图5-56 三元催化转换器的净化特性

氧传感器的各种安装位置，如图5-57所示。

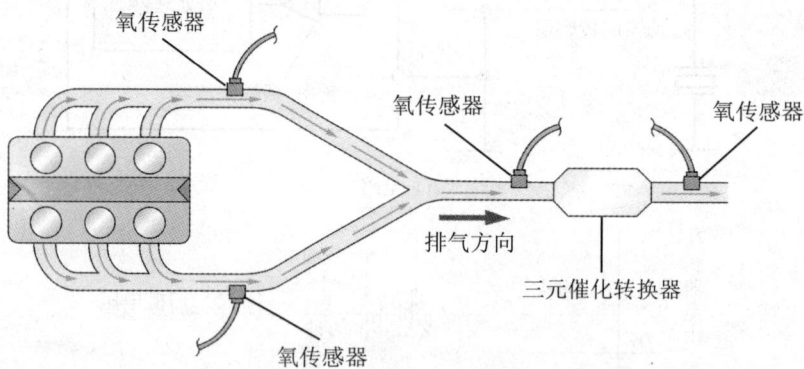

图5-57 氧传感器的各种安装位置

靠近发动机式：装在排气管上，采用最多，主要用来帮助ECM维持正确的空燃比。

靠近三元催化转换器入口式：称为三元前传感器，以监测三元催化转换器的效率。

靠近三元催化转换器出口式：称为三元后传感器，以监测三元催化转换器的效率。

2 二氧化锆(Zirconium Dioxide, ZrO₂)式氧传感器

二氧化锆(ZrO₂)式氧传感器的结构，如图5-58所示，由能产生电压的二氧化锆管组成，其内外侧均用白金覆盖，外侧白金有一层陶瓷，以保护电极；二氧化锆管内侧导入大气，外侧则与排气接触。

浓混合气燃烧后的排出废气，接触到白金时，因白金的催化作用，使残存的低浓度氧与排气中的一氧化碳(CO)或碳氢化合物(HC)发生反应，故外侧白金表面的氧几乎不存在，因此含氧传感器内、外侧的氧浓度差变成非常大，产生大约0.9V电压，如图5-59所示。

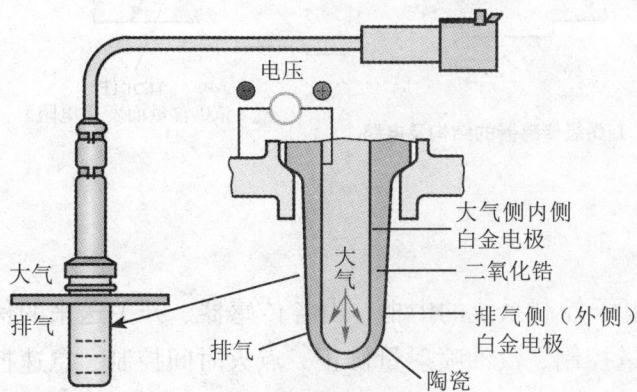

图5-58　ZrO₂氧传感器的结构

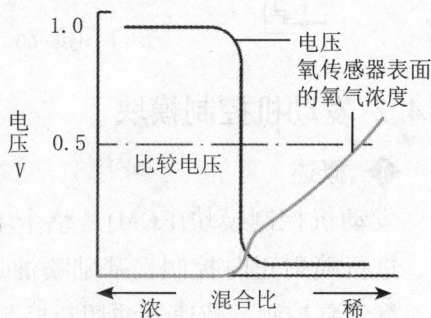

图5-59　ZrO₂氧传感器产生的电压

稀混合气燃烧时，因排出废气中含有高浓度的氧气(O_2)与低浓度的一氧化碳，即使一氧化碳与氧气发生反应，也还剩下多余的氧气，因此二氧化锆内、外侧浓度差小，产生电压约为0.1V。

在计算机内设定有一比较电压，约为0.5V，以判定混合比的稀浓。与从氧传感器送来的信号电压比较，当信号电压比较高时，计算机判定供应的混合气比理论混合比浓，故计算机控制喷油器的通电时间缩短，使汽油喷射量减少，混合比恢复到理论空燃比附近。

❸　二氧化钛(Titanium Dioxide, TiO₂)式氧传感器

二氧化钛(TiO_2)式氧传感器的结构及电路，如图5-60所示。TiO_2的作用原理与ZrO_2完全不相同，TiO_2的作用原理类似于水温传感器，当混合比在稀、浓间变化时，因O_2含量的改变，使TiO_2的电阻非常迅速的变化。当混合比浓时电阻低于$1k\Omega$，当混合比稀时则高于$20k\Omega$。

ECM送出5V参考电压，经固定电阻及传感器后电压的变化，即可监测空燃比。当混合比浓时电阻低，故电压信号高，约1.2V；当混合比稀时电阻高，故电压信号低，约0.2V。

TiO_2与ZrO_2一样，都是在浓混合比产生高电压，稀混合比时产生低电压，但TiO_2的输出电压较高，且TiO_2是利用参考电压，电阻改变后以变化输出电压，而ZrO_2是自己产生输出电压。

111

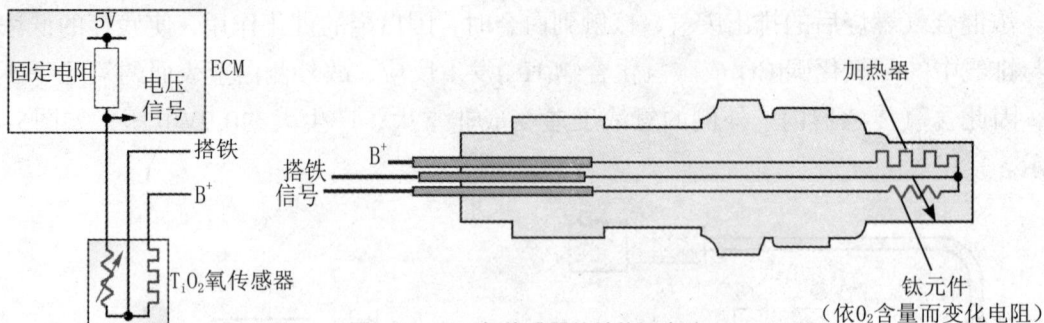

图5-60　TiO₂氧传感器的结构及电路

5.4.2 发动机控制模块

❶ 概述

发动机控制模块(ECM)是整个电子控制系统的中枢，由各传感器、开关送来的信号，进行喷射正时控制、基础喷油量控制、汽油喷射量修正、点火时间控制、怠速控制、汽油泵控制、减速汽油切断控制、冷气切断控制、水箱冷却风扇控制等；ECM本身并具备自我诊断、故障安全及备用等功能。

全车任何一个装置或系统的计算机，都可称为电子控制单元；不过，各种不同的装置或系统的计算机，分别有其特定的称呼，例如汽油喷射发动机的计算机，称为发动机控制模块(Engine Control Module, ECM)、动力传动控制模块(Powertrain Control Module, PCM)等，当然也可直接称为ECU，或称为Engine ECU。

❷ 计算机的结构及各主要零件的基本功能

（1）计算机内部的结构，由微处理器芯片(Microprocessor Chip，或称IC)、定时器集成电路(Timer IC，或称时钟)、输入接口芯片、输出接口芯片、输出驱动器、放大芯片、存储器芯片及线束插座与外壳所组成，如图5-61所示。计算机内各主要零件的配置图，如图5-62所示。

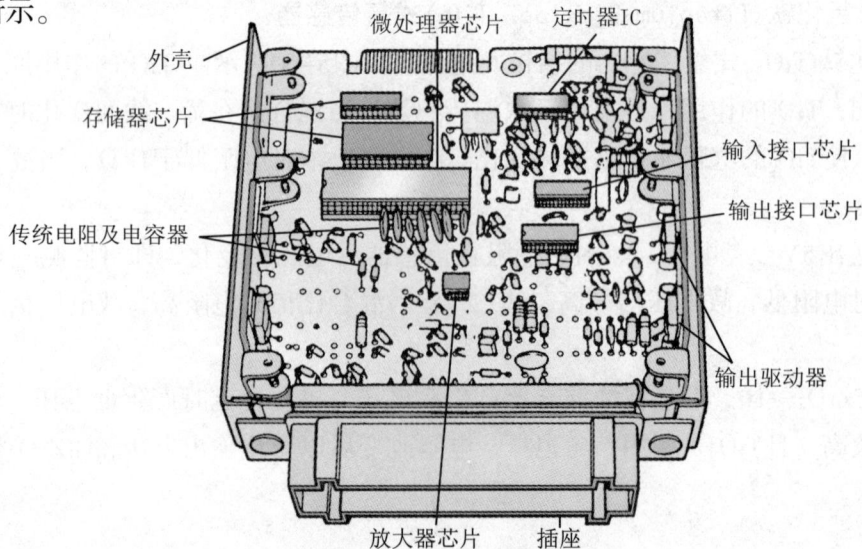

图5-61　计算机的结构

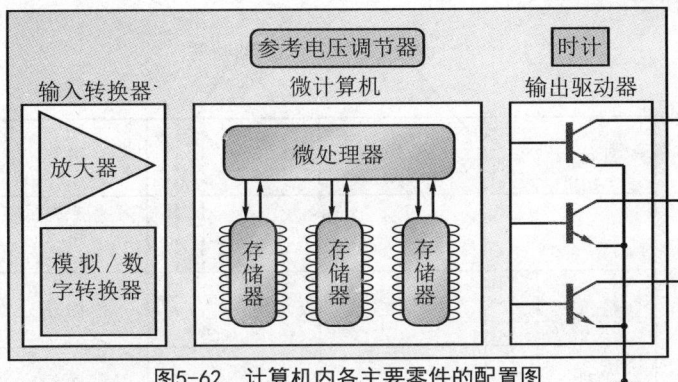

图5-62　计算机内各主要零件的配置图

（2）计算机内各主要零件的基本功能。

参考电压调节器：提供较低的稳定电压给计算机及传感器，常见的参考电压值为5V。

放大器：提高传感器输入信号的电压，以供计算机使用。

转换器：或称接口，转换传感器的模拟信号成为数字信号以供计算机使用；或将计算机的数字信号转为模拟信号，以供执行器作用。

微处理器：又称中央处理单元(Central Processing Unit, CPU)，是IC芯片，替计算机做计算或决定。

存储器：是IC芯片，替微计算机储存数据或程序，并可写入数据。

时钟(Clock)：又称定时器，IC装置产生一定的脉冲率，以调谐计算机的作用。

输出驱动器：即功率晶体管(Power Transistors)，利用计算机输出的小电流转换为大电压与电流输出，使执行器作用。

印刷电路板(Circuit Board)：连接各零件及保持定位。

线束插座：与传感器、执行器及其他计算机连接。

外壳：金属外壳以保护各电子零件。

❸　汽油喷射正时控制

所谓喷射正时，是指每一缸的喷油器在什么时间喷油。曲轴两圈内，各缸汽油的喷射正时一般可分成同步喷射、分组喷射及顺序喷射三种方式。以下以四缸发动机为例说明，如图5-63所示。

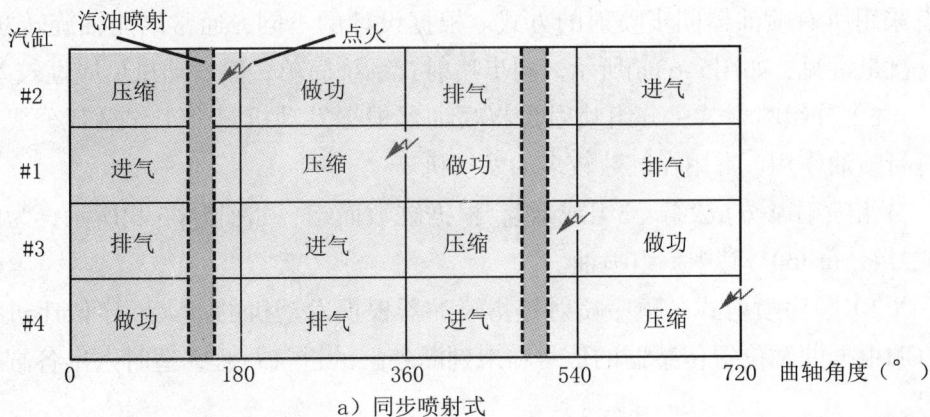

a）同步喷射式

单元 5

113

点火　　　汽油喷射

汽缸

#2	压缩	做功	排气	进气
#1	进气	压缩	做功	排气
#3	排气	进气	压缩	做功
#4	做功	排气	进气	压缩

0　　　　　　180　　　　　　360　　　　　　540　　　　　720
曲轴角度（°）

b）分组喷射式

点火　　　汽油喷射

汽缸

#2	压缩	做功	排气	进气
#1	进气	压缩	做功	排气
#3	排气	进气	压缩	做功
#4	做功	排气	进气	压缩

0　　　　　　180　　　　　　360　　　　　　540　　　　　720
曲轴角度（°）

c）顺序喷射式

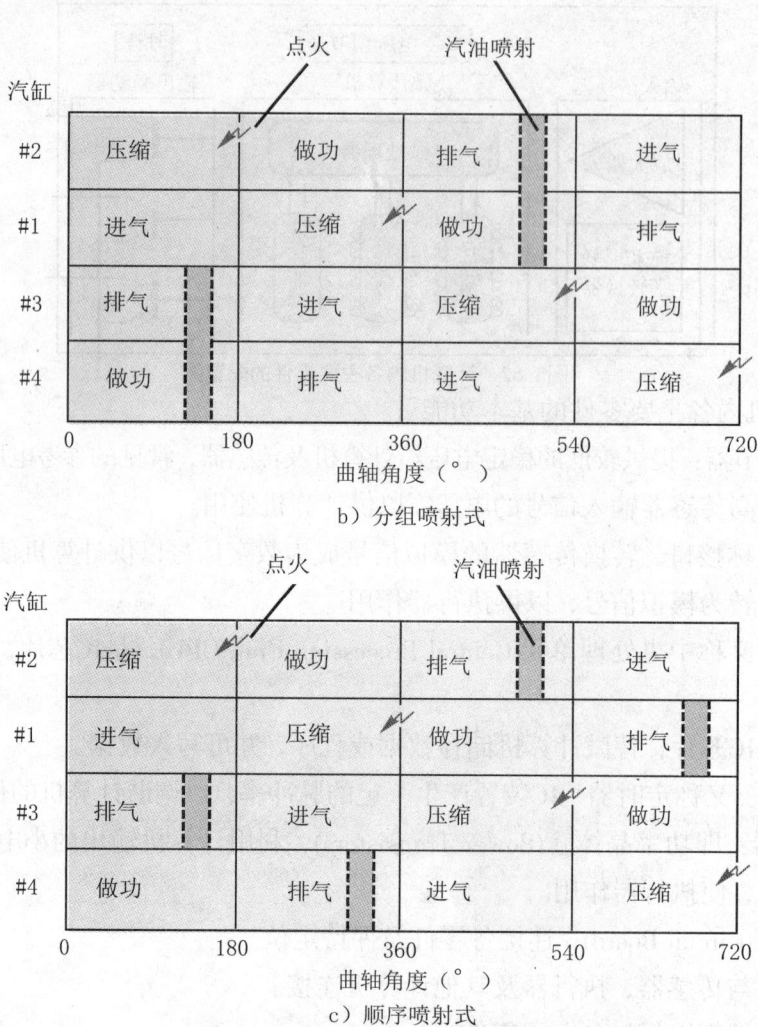

图5-63　三种汽油喷射正时的控制方法

（1）同步喷射式：是指发动机在运转时，各缸喷油器同时开启且同时关闭，由计算机的统一指令控制所有喷油器同时动作。

同步喷射用于年份较旧的发动机上，及现代新型发动机在冷车起动或系统故障时，也有采用所有喷油器同步喷射的方式。根据设计的不同，通常以曲轴旋转360°各缸喷油一次最常见，如图5-63 a)所示。同步喷射式系统简单，但发动机反应性较差。

（2）分组喷射式：分组喷射是将喷油器根据发动机每个工作循环分成若干组，交替进行喷油作用，常用在缸数较多的发动机。

分组喷射常分成2组、3组或4组，根据缸数而定，如图5-63 b)所示，为四缸发动机分成2组，每360°其中一组喷油。

（3）顺序喷射式：顺序喷射是指喷油器根据发动机的点火顺序依序进行喷射，是由ECM根据曲轴位置传感器的信号，来判断各缸的进气行程，适时送出各缸的喷油脉冲信号。

现代汽车发动机采用顺序喷射非常普遍，曲轴转角720°内，各缸按照点火顺序喷油一次，如图5-63 c)所示，各缸都在排气行程后半段进气行程之前喷油。虽然系统较复杂，但燃料雾化良好，发动机的反应性好。

❹ 汽油喷射量控制

（1）基本喷射量控制：质量流量方式，是以发动机转速与进气量为基础，而速度密度方式，是以发动机转速与进气歧管负压为基础，配合各种运转状态，将最适当的基本喷射时间记忆在ECM中，以进行最适当的基本喷射量控制，如图5-64所示。

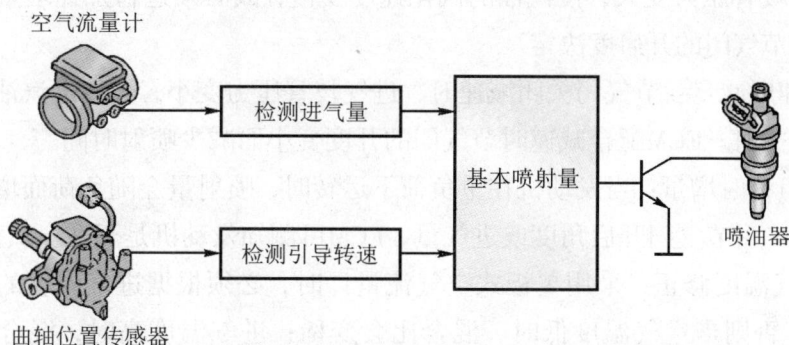

图5-64　基本喷射量的控制

（2）汽油喷射量修正：以记忆在ECM中的基本喷射时间为准，再根据各传感器的信号进行修正，来决定出配合所有状况及运转条件的最适当喷射时间，向喷油器输出电压脉冲，以喷射汽油，如图5-65所示。

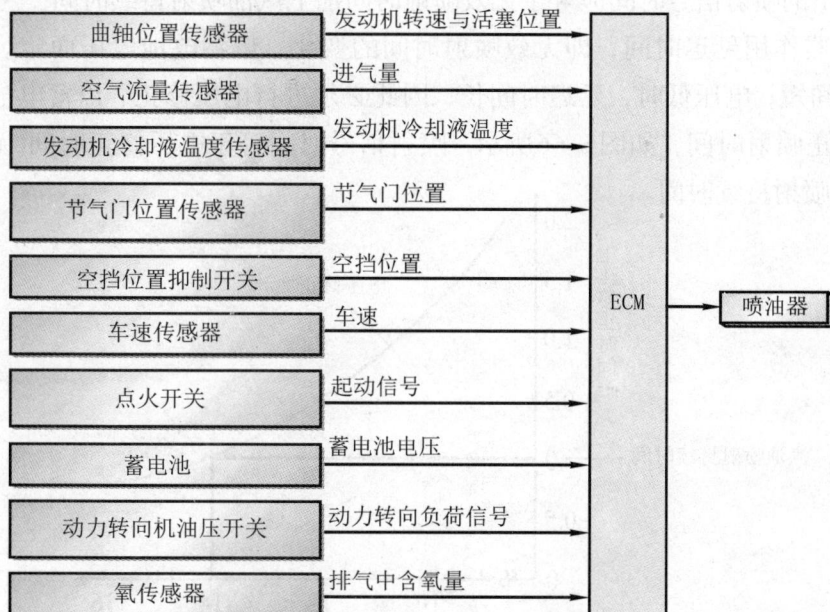

图5-65　与汽油喷射有关的各传感器及开关

（3）起动时与起动后增量：此增量是根据冷却液温度高低而变化。冷却液温度越低，汽油增量越多，增量修正的时间也越长。

（4）暖车时增量：起动后增量是在发动机发动后数十秒停止，而暖车增量则持续增量至冷却液温度到达一定值为止，以改善暖车时的运转性能。

（5）暖车时加速增量：为了改善低温时的操纵性能（驾驶性能），在发动机暖车期间设计加速增量。当节气门位置传感器的怠速触点分开时，即发生增量作用。

（6）热车时加速增量：加速时汽油会附着在进气门及其附近，一段时间才能汽化；且因进气歧管压力变大，使汽油的汽化速度变慢，故必须进行加速增量修正，加速时的喷射量由节气门的开启度决定。

（7）减速时减量：节气门关闭减速时，进气歧管压力变小，会促进汽油汽化，尤其是在节气门全关时。ECM配合减速时节气门的开度变小而减少喷射时间。

（8）全负荷时增量：当发动机在重负荷下运转时，喷射量会随负荷而增加，以确保发动机的输出。由节气门开启角度或进气量，ECM可测知发动机是否在全负荷状态。

（9）进气温度修正：采用翼板式空气流量计时，必须根据进气温度的高低，进行喷射量修正，否则当进气温度低时，混合比会变稀；进气温度高时，混合比会变浓。ECM由进气温度传感器送来的信号而改变混合比。

（10）电压修正：ECM送出适当时间的电压信号给喷油器，但从ECM发出信号到喷油器针阀全开，会有些短促的时间延迟，此期间无汽油喷射，会造成混合比变稀，不符发动机所需。

为了确保正确的混合比，喷油器的开启时间，必须与ECM所决定的持续时间相等。因此ECM送出的喷射信号时间应等于无效喷射时间加上汽油喷射持续时间。

而喷油器作用延迟时间，即无效喷射时间的变化，依蓄电池电压而定。当电压高时，延迟时间短；电压低时，延迟时间长，因此必须进行电压修正，以蓄电池电压14 V为基准而修正喷射时间，如图5-66所示，喷射信号时间等于电压修正时间(无效喷射时间)加上汽油喷射持续时间。

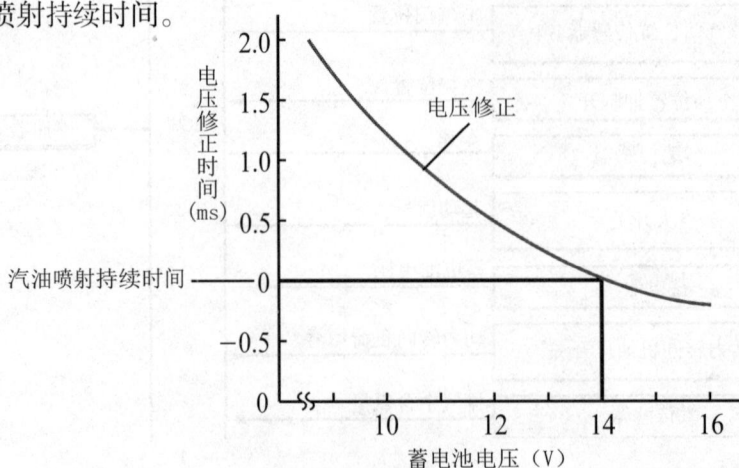

图5-66　电压修正作用

（11）空燃比反馈修正：应用在装设三元催化转换器车型。ECM由来自氧传感器的0.1～0.9V电压信号变化，修正喷射时间，以精确控制混合比在理论空燃比，使三元催化转换器能同时减少CO、HC及NOx的排放量。

⑤ 点火时间控制

ECM依据发动机进气量及转速，以决定基本的点火提前角度，储存在ECM中。再根据节气门位置传感器、水温传感器、爆震传感器等各信号，修正点火时间，由ECM决定最理想的点火正时，使发动机在动力输出、汽油消耗及排气污染等各方面能有极好的表现，如图5-67所示。

点火时间修正。

（1）低温时修正：根据水温传感器信号，在低温时，ECM使点火提前，以保持低温运转性能。

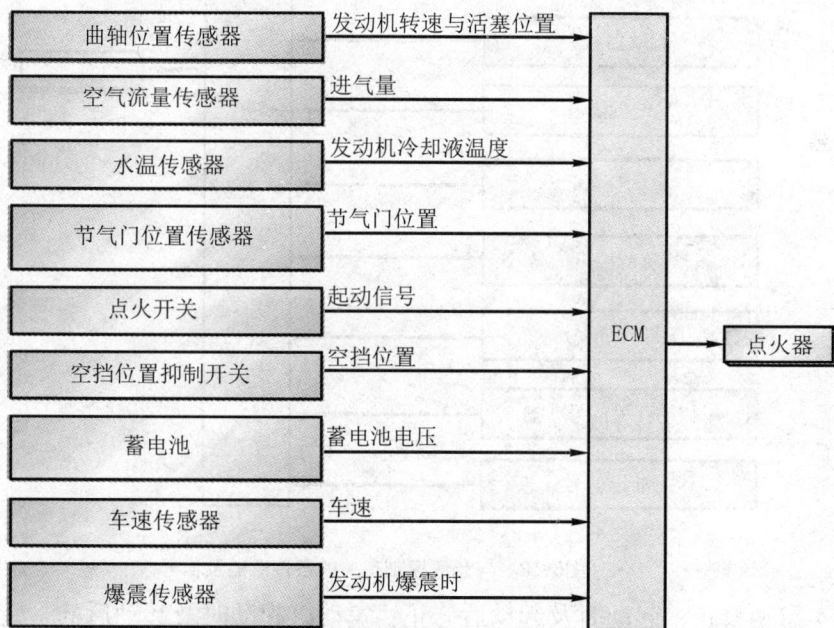

图5-67　与点火时间控制有关的各传感器及开关

（2）高温时修正：根据水温传感器及进气温度传感器，在高温时，ECM使点火延后，以免产生爆震及过热。

（3）怠速时修正：为保持怠速稳定，ECM在怠速时会不断检测转速的平均值，若怠速低于目标转速时，ECM会使点火角度提前一个预设值；反之，ECM会使点火角度延迟一个预设值。

（4）爆震时修正：发生爆震时，ECM根据爆震的强弱使点火时间延迟多或少，以免爆震情形发生，以保护发动机。

（5）换挡时修正：自动挡汽车，在向上或向下换挡时，延迟点火时间，降低发动机转矩，以减少换挡震动。

6 怠速控制

ECM依据各传感器及开关的信号，控制ISC阀(EACV)的打开时间，来控制旁通空气量，使怠速在各种运转状况时，均能符合记忆在ECM中的基本目标值与修正值，而能保持在最适当及稳定状态，如图5-68所示。

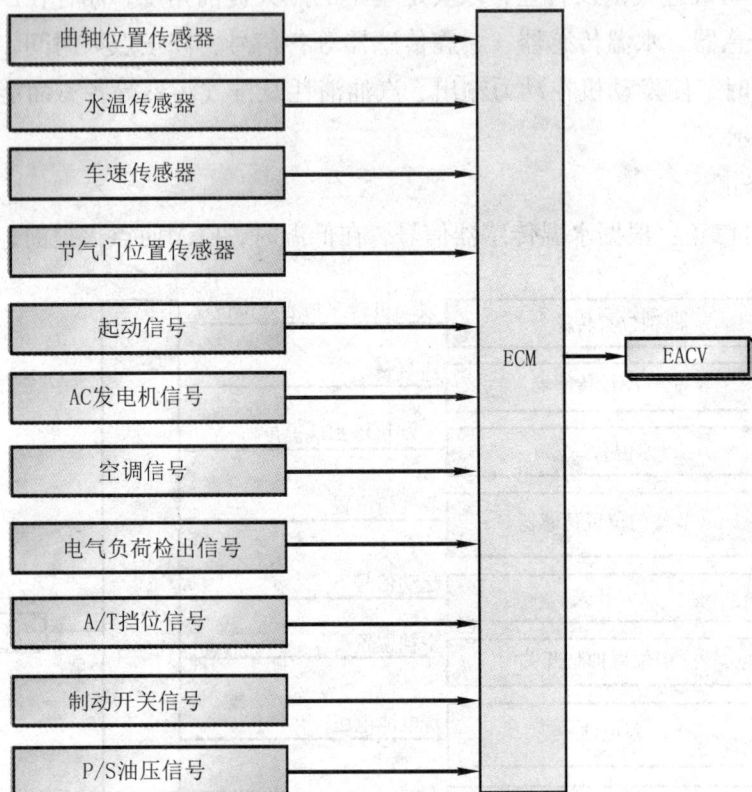

图5-68　与怠速控制有关的各传感器及信号

（1）怠速修正：起动时及起动后修正：发动机起动时及起动后的一定时间内，ECM使ISC阀增加旁通空气量，怠速上升，防止怠速不稳定或熄火。

（2）暖车时修正：水温低时，ECM使ISC阀增加旁通空气量，以确保适当的快怠速运转。

（3）车辆长期使用后修正：车辆长期使用后，因堵塞或磨损所造成的怠速转速下降，ECM使ISC阀增加旁通空气量，以修正至一定的怠速。

（4）电器负荷时修正：当前照灯、刮水器及冷却风扇等电器负荷大，造成怠速转速下降时，ECM使ISC阀增加旁通空气量。

（5）换挡杆在N、P以外位置时修正：换挡杆在N、P以外位置时，ECM使ISC阀增加旁通空气量，以防止怠速下降。

（6）动力转向时修正：使用动力转向时，动力转向机油压开关将负荷信号送给ECM，ECM使ISC阀增加旁通空气量，以维持怠速在一定值。

（7）空调时修正：空调作用时，ECM使ISC阀增加旁通空气量，以防止怠速下降。

⑦ 自我诊断、故障安全及备用功能

（1）自我诊断(Self-Diagnosis)与故障码显示功能。

ECM随时检测系统的输入、输出信号，当信号超出标准值时，故障码储存在存储器中，仪表板上检查发动机警告灯也会点亮，警告驾驶车辆已经发生故障，如图5-69 a)所示。检查发动机警告灯现在常称为不良功能指示灯(Malfunction Indicator Lamp, MIL)。

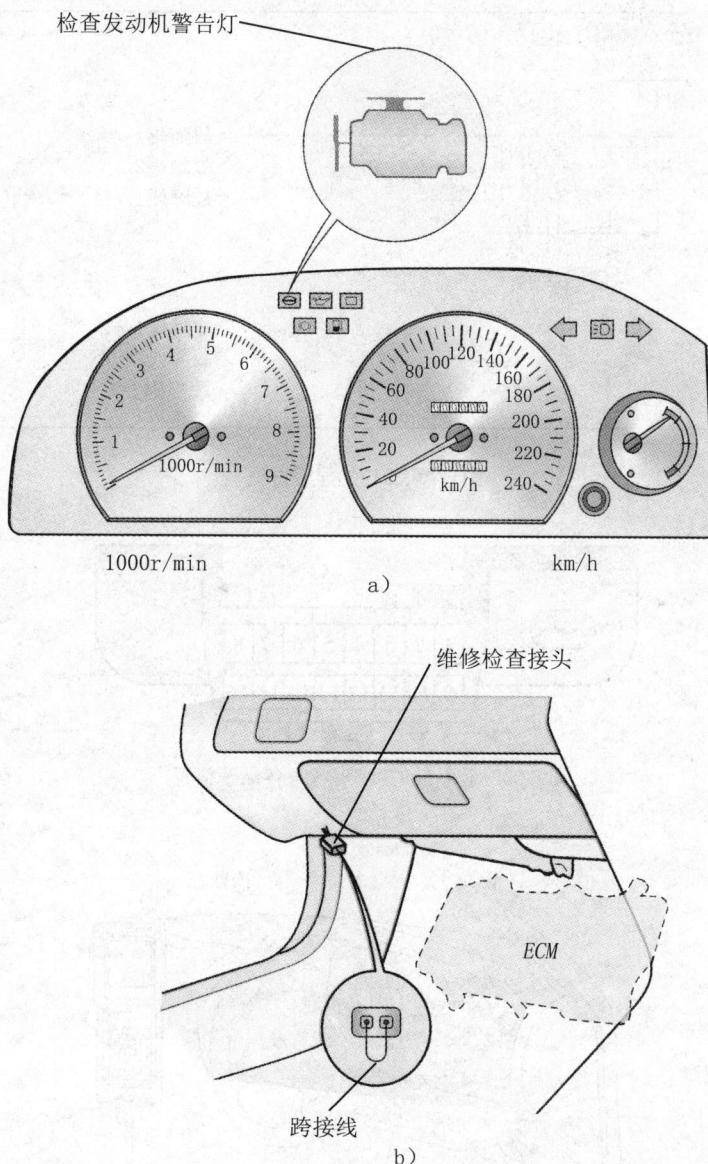

检查发动机警告灯

1000r/min

km/h

a)

维修检查接头

ECM

跨接线

b)

图5-69　MIL与维修检查接头

利用设在驾驶室内的维修检查接头，如图5-69 b)所示，在储物箱下方。将接头跨接，检查发动机警告灯即会通过点亮的频率，来显示诊断故障码(Diagnostic Trouble Code,

DTC)，如图5-70所示，为单独一个故障码或同时有两个故障码的显示方式；按照故障码的数字，翻查维修手册，即可知道是喷射系统的哪项零件发生故障，以便进行维修。

要读出故障码，也常利用各汽车制造厂的专用诊断器，与数据连接接头(Data Link Connector, DLC)即诊断接头连接来测试，如图5-71所示。

本功能即车上诊断(On-Board Diagnostics, OBD)系统，目前均采用OBD-II系统，以确保对所有与发动机排放有关的系统与零件的精确监测。

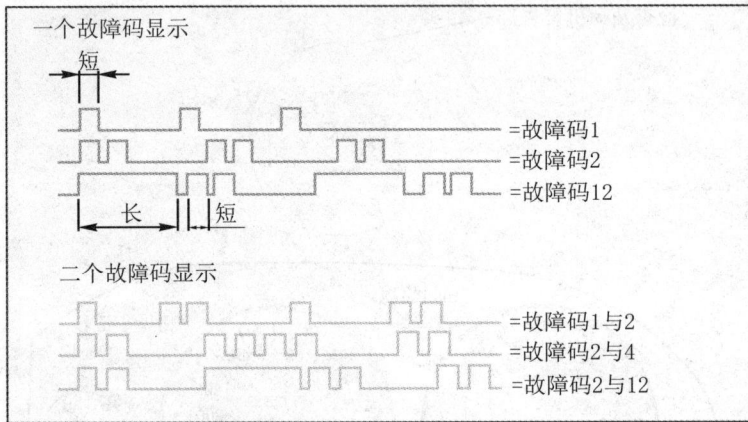

图5-70　DTC的显示方法

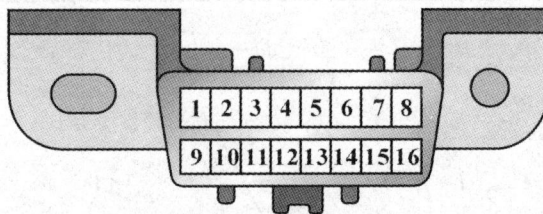

a）ODB-Ⅱ系统的DLC形状与各端子位置

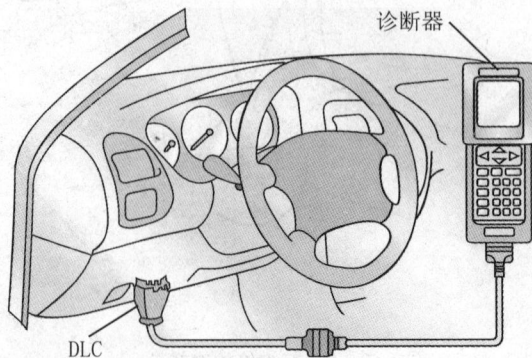

b）诊断器与DLC的连接

图5-71　DLC及诊断器的使用

（2）故障安全(Fail-Safe)功能。

当ECM的自我诊断功能检测到任一传感器或执行器故障时，ECM将不理会此不良信号，该项目就由预先储存在存储器中的设定值来取代，让发动机能继续保持运转，如表5-2所示，为中华汽车所采用的设定代替值或方法。

传感器或执行器故障时ECM中的设定代替值或方法　　　　　　表5-2

故障项目	故障期间的控制内容
空气流量传感器	（1）　由节气门位置传感器(TPS)的信号及发动机转速信号（曲轴位置传感器信号）来决定汽油喷射时间与点火正时 （2）　固定怠速空气控制(ISC)在指定的位置，所以怠速控制没有作用
进气温度传感器	进气温度设定在25℃
节气门位置传感器	由于节气门位置传感器的信号失效，所以加速时汽油喷射量没有增加
水温传感器	水温设定在80℃
曲轴位置传感器	异常现象检测到后，停止汽油供应4s
发动机ECU与A/T ECU之连接线	变速器换挡期间点火正时不会延迟
爆震传感器	将点火正时由高辛烷值汽油的点火正时转变成为标准辛烷值汽油的点火正时
点火线圈、功率晶体管	由于点火信号异常，所以切断供应至汽缸的汽油
氧传感器	空燃比反馈控制(闭回路控制)不作用
大气压力传感器	大气压力设定在101kPa,即1标准大气压

故障安全功能又称为跛行回家(Limp-Home)或跛行模式(Limp-in Mode)，让车辆能以低速或较小动力行驶至修理厂检修。

但如果产生的故障可能发生严重后果，如点火信号异常，三元催化转换器可能因未燃混合气而过热，及涡轮增压压力信号异常，可能造成涡轮或发动机受损时，故障安全功能会使汽油喷射停止，发动机熄火，此时汽车无法行驶。

（3）备用功能。备用功能是一个独立的备用系统。当ECM内部的CPU发生故障时，原有的控制程序会切换为备用IC控制，以预设值控制点火正时及汽油喷射量等，让发动机以基本功能维持运转。

5.4.3 执行器

发动机电子控制系统的各种控制功能的实现，都是借助于各自的执行器来完成的。根据发动机电子控制系统具备的控制功能强弱不同，各种车型上控制发动机的执行器亦有多有少。一般来讲，主要的执行器有：喷油器、燃油压力调节器、空气阀、电动汽油泵等。这些在前面也已经讲过，故不再赘述。

理论测试

一 填空题

1. 汽油喷射系统按汽油喷射方式不同，分为_____喷射式和_____喷射式。

2. 电控系统根据其控制过程又可分为_____控制方式及_____控制方式。

3. 电控单元的指令是通过_____来完成的。

4. 空气流量传感器可分为两种：一种是直接测量_____的传感器；另一种是直接测量_____的传感器。

5. 曲轴位置传感器有_____、_____和_____三种。

6. 水温传感器用来检测发动机冷却液的温度，该值作为_____和_____的修正量。

7. 节气门位置传感器装在_____上。

8. 在多点喷射中，喷油时刻的控制方式有三种：_____、_____和_____。

9. 根据空气质量和发动机转速计算出的喷油时间称为_____。

10. 发动机在低温环境下起动时，需要_____的可燃混合气。

二 选择题

1. 汽油喷射式发动机汽油滤清器内的压力为_____ kgf/cm²（1 kgf/cm²=0.098MPa）。　　　（　　）

(A) 0.2～0.3　(B) 0.5～1.0　(C) 1.0～2.0　(D) 2.5～3.5

2. 在各缸进气歧管靠近进气门的进气口上安装喷油器，是属于_____。　（　　）

(A) 单点喷射式　(B) 多点喷射式　(C) 缸内直接喷射式　(D) 进气总管喷射式

3. ECM是指_____。　（　　）

(A) 节气门体　(B) 发动机控制模块　(C) 喷油器　(D)空气流量计

4. 单纯作为快怠速调节用的是_____。　（　　）

(A) IAC阀　(B) ISC阀　(C) 怠速调整螺钉　(D) 空气阀

5. ISC阀是属于电子控制系统中的_____。　（　　）

(A) 传感器　(B) 开关　(C) 电脑　(D) 执行器

6. 使燃油共轨内的汽油压力随进气歧管压力而变化的是 _____。　（　　）

(A) 压力调节器　(B) 油压脉冲缓冲器　(C) 汽油滤清器　(D) 喷油器

7. 下列哪项不是组成汽油喷射发动机电子控制系统的零件？　（　　）

(A) 电脑　(B) 执行器　(C) 喷油器　(D) 传感器

8. MAP传感器_____。　（　　）

(A) 是压力传感器的一种　　　　　　　(B) 可直接计测进气量

(C) 装在节气门之前的进气管上　　(D) 常用来计测空气滤清器处的压力

9. 曲轴位置传感器的信号无下列哪种功能？　　　　　　　　　　( )

(A) 判定活塞在TDC位置　　　　　　　(B) 算出发动机转速

(C) 使点火线圈的一次电流适时切断　　(D) 测知发动机将要产生爆震

10. 电位计式节气门位置传感器，在节气门全开时的输出电压约为＿＿。( )

(A) 0.3 ~ 0.8V　(B) 1.0 ~ 1.5V　(C) 2.0 ~ 3.5V　(D) 4.0 ~ 5.0V

11. 根据爆震传感器的信号，ECM使＿＿＿。　　　　　　　　　　( )

(A) 喷油量减少　(B) 点火时间延后　(C) 发动机转速升高　(D) 车速提高

12. 对氧传感器的叙述，哪项是错误的？　　　　　　　　　　　　( )

(A) ECM根据其信号来修正喷油量，控制空燃比在理论空燃比附近

(B) 二氧化锆式ZrO_2会自行产生输出电压

(C) 二氧化锆式与二氧化钛式的作用原理相同

(D) 混合比稀时送出低电压信号

13. 现代四缸发动机采用＿＿＿。　　　　　　　　　　　　　　　( )

(A) 顺序喷射　(B) 同步喷射　(C) 分组喷射　(D) 单点喷射

14.当汽油喷射系统产生故障时，＿＿＿会点亮以警告驾驶人。　　( )

(A) DTC　(B) DLC　(C) MIL　(D) ECU

三　判断题

1. 现代汽油喷射发动机的汽油喷射都是采用连续喷射方式。　　　( )

2. 不论控制方式为何，当发动机停止运转时，汽油泵均不作用。　( )

3. ECM送给喷油器的脉冲宽度越宽，喷油量就越多。　　　　　　( )

4. MAF传感器装在进气总管上。　　　　　　　　　　　　　　　( )

5. 翼板式空气流量计的体积大，进气阻力也大。　　　　　　　　( )

6. 卡门涡流的频率与空气流速成反比，检测卡门涡流产生的频率，即可知道进气量。　　　　　　　　　　　　　　　　　　　　　　　　　　　　　　( )

7. 电磁式曲轴位置传感器是送出交流电压信号给ECM。　　　　　( )

8. 光电式曲轴位置传感器，当LED光束能通过并射向发光三极管时，送出较高电压信号。　　　　　　　　　　　　　　　　　　　　　　　　　　　　　　( )

9. NTC型水温传感器，当水温低时电阻小，水温高时电阻大。　　( )

10. 同步喷射式，曲轴两圈内各缸喷油器同步喷射一次最常采用。　( )

11. 汽油喷射量根据电压做修正，所称电压是指蓄电池电压的高低。( )

12. DTC可用诊断器读出。　　　　　　　　　　　　　　　　　　( )

13. 更换汽油喷射发动机的汽油滤清器前，通常必须将管路内的汽油压力释放掉。

　　　　　　　　　　　　　　　　　　　　　　　　　　　　　　( )

四 简答题

1. 试述电子控制汽油喷射系统相对于化油器式系统的优点。

2. 试述多点汽油喷射系统的优点。

3. 汽油喷射发动机的进气系统包括哪些机件？

4. 试述ISC(IAC)阀的功用。

5. 试述汽油脉冲缓冲器的功用。

6. 试述压力调节器的功用。

7. 试述喷油器的功用。

8. 试述空气流量计的功用。

9. 试述热线式空气流量计的作用原理。

10. 试述曲轴位置传感器的功用。

11. 试述发动机冷却液温度传感器的功用。

12. 试述氧传感器的功用。

13. 计算机是由哪些零件所组成？

14. 采用顺序喷射的优缺点是什么？

15. 何谓ECM的故障安全功能？

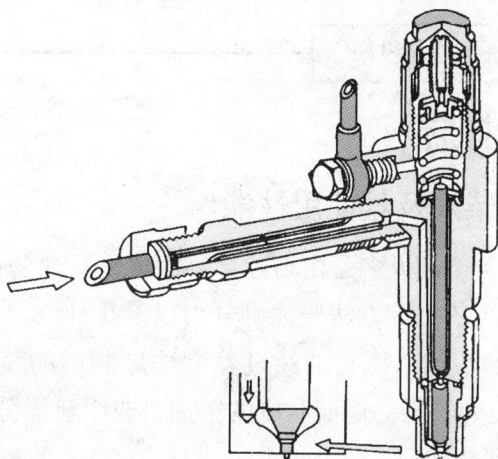

单元6

柴油机燃料供给系统

🔶 **知识目标：**

    1. 了解柴油机燃料供给系统中各部件的定义和种类；

    2. 掌握柴油机燃料供给系统的组成及功用及工作原理。

🔶 **能力目标：**

    1. 掌握柴油机燃料供给系统各部件的相对位置；

    2. 掌握柴油机燃料供给系统各部件的构造及结构特点。

🔶 **建议学时：**

    16 学时

6.1 概述

6.1.1 柴油及其使用性能

（1）柴油大多是由石油精炼而成，石油公司出售的柴油，为多种柴油的混合液。

（2）依提炼方法柴油可分为以下几种。

裂解柴油：将石油经过蒸馏法炼制后的蒸馏油，在高温及高压下，把较重的烃分解，重组为较轻的烃而制成的柴油，或用触媒分裂法制成的柴油。

蒸馏柴油。

加氢柴油。

聚合柴油。

混合柴油：是由上述数种不同的柴油混合而成，现今使用的柴油均属此类，且其内并加入各种不同功用的添加剂，如清洁改善剂、氧化防止剂等。

（3）柴油必须具有润滑性，用来润滑柴油喷射系统的机件，如喷油泵及喷油嘴等。

（4）轻柴油的使用性能：为了保证高速柴油机正常、高效的工作，轻柴油应具有良好的发火性、低温流动性、蒸发性、化学安定性、防腐性和适当的黏度等诸多的使用性能。

发火性：指柴油的自燃能力，用十六烷值评定。柴油的十六烷值大，发火性好，容易自燃。国家标准规定轻柴油的十六烷值不小于45。

蒸发性：指柴油蒸发汽化的能力，用柴油馏出某一百分比的温度范围即馏程和闪点表示。比如，50%馏出温度即柴油馏出50%的温度，此温度越低，柴油的蒸发性越好。国家标准规定此温度不得高于300℃，但没有规定最低温度限。为了控制柴油的蒸发性不致过强，标准中规定了闪点的最低数值。柴油的闪点指在一定的试验条件下，当柴油蒸汽与周围空气形成的混合气接近火焰时，开始出现闪火的温度。闪点低，蒸发性好。

低温流动性：用柴油的凝点和冷滤点评定低温流动性。凝点是指柴油失去流动性开始凝固时的温度。而冷滤点是指在特定的试验条件下，在1min内柴油开始不能流过过滤器20mL时的最高温度。一般柴油的冷滤点比其凝点高4~6℃。

黏度：是评定柴油稀稠度的一项指标，与柴油的流动性有关。黏度随温度而变化，当温度升高时，黏度减小，流动性增强；反之，当温度降低时，黏度增大，流动性减弱。

GB/T 252—1994规定的实际胶质、10%蒸余物残炭和氧化安定性，总不溶物等三项指标，是柴油安定性的评定指标。柴油的防腐性则用硫含量、硫醇硫含量、酸度、铜片腐蚀及水溶性酸或碱等指标来评定。柴油中的灰分、水分和机械杂质，是评定柴油清洁性的指标。

汽车柴油机应使用各项指标均符合国家标准的柴油。

6.1.2 柴油机燃油供给系的功用

（1）在适当的时刻，将一定数量的洁净燃油增压后以适当的规律喷入燃烧室。各缸的喷油定时和喷油量相同且与柴油机运行工况相适应。喷油压力、喷注雾化量及其在燃烧室内的分布与燃烧室类型相适应。

（2）在每一个工作循环内，各汽缸均喷油一次，喷油次序与汽缸工作顺序一致。

（3）根据柴油机负荷的变化自动调节循环供油量，以保证柴油机稳定运转，尤其是稳定怠速，限制超速。

（4）储存一定数量的燃油，保证汽车的最大持续里程。

6.1.3 柴油机燃油供给系的组成

柴油机燃油供给系包括喷油泵、喷油器和调速器等主要部件及燃油箱、输油泵、油水分离器、燃油滤清器、喷油提前器和高、低压油管等辅助装置。

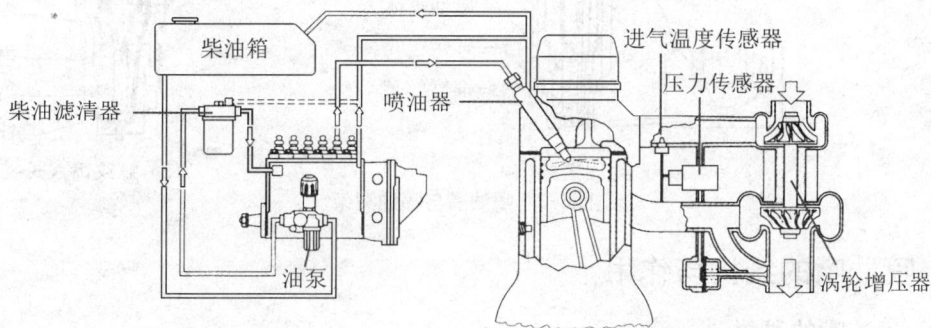

图6-1　柴油机燃油供给系的组成

6.2 喷油器

6.2.1 概述

（1）喷油嘴(Nozzle)与喷油嘴架(Nozzle holder)合组为一体，如图6-2所示。

（2）影响油雾粒子大小的因素。

喷油压力：喷油压力越高，油雾粒子越小。

喷油孔直径：直径越小，喷出的油雾粒子越小。

（3）影响油粒穿透力的因素。

喷油压力：在规定范围内，喷油压力越高，柴油喷得越远，但若超过一定限度后，因喷出的油雾粒子会变成太小，以致油粒动能不足，穿透力反而减小。

柴油相对密度：相对密度越大，喷得越远，但相对密度大的柴油，油粒粗，燃烧不良。

喷油孔直径：直径越大，油粒越粗，穿透力越大。

6.2.2 喷油嘴的功用

其功用能使柴油完全雾化，并均匀分配到整个燃烧室，与汽缸中被压缩的空气充分混合，以获得良好的燃烧。

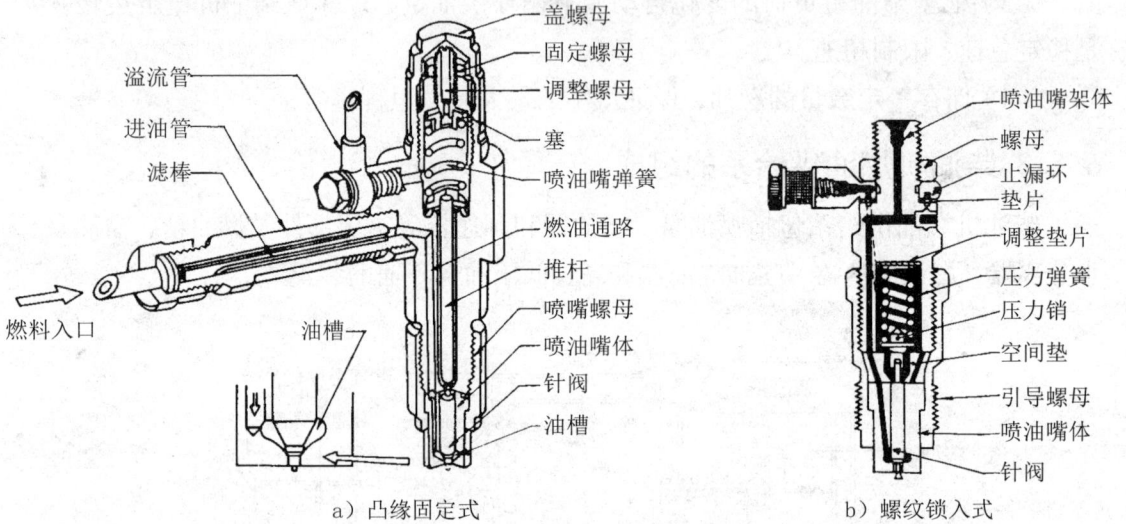

a）凸缘固定式   b）螺纹锁入式

图6-2   喷油嘴与喷油嘴架

6.2.3 喷油嘴的结构与作用

❶ 喷油嘴的种类

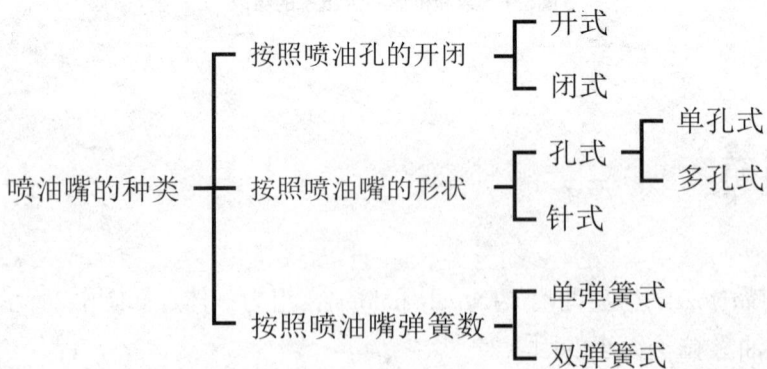

❷ 开式喷油嘴

当发动机进气行程时，定量柴油送入喷油嘴下端的喷油杯，发动机压缩行程时，喷油杯中的柴油仍保持不变，但压缩的空气却经过喷油嘴端的小孔进入喷油杯，故其中的柴油由于温度升高而完成预热。压缩行程到达上止点前某一度数，机械动作使柱塞压下产生高压，将柴油喷入汽缸中。

此型喷油嘴的结构简单，但喷射特性不良，不适合现代高速柴油发动机使用。

❸ 闭式喷油嘴

闭式喷油嘴有一根针阀，受弹簧的力量，经常将喷油孔关闭，而不与汽缸相通，唯有在喷油泵送来的高泵油，克服弹簧力量时，针阀才升高，使喷油孔打开，柴油喷入汽缸中。

此式喷油嘴使用最普遍，形式也最多。一般分为孔型与针型两大类。

❹ 孔式喷油嘴

孔式喷油嘴的针阀为圆锥形，不露出喷油孔外，如图6-3所示。喷油嘴本体上的喷孔分为单孔与多孔两种，单孔喷油嘴的喷油孔位于喷油嘴本体中心或偏在一边；多孔喷油嘴的喷油孔可多至12孔。喷油孔数量及喷雾角度依燃烧室的设计及燃料分布的需要而定。如图6-4所示，为各种不同结构的孔式喷油嘴。

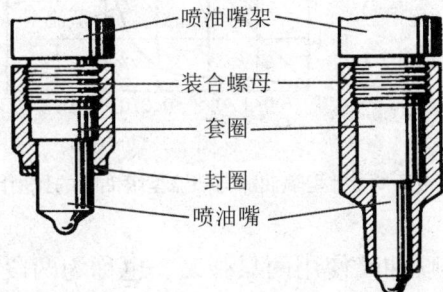

喷油孔直径与孔长影响喷雾形状及燃料贯穿深度，孔式喷油嘴的喷油孔直径自0.2mm起，每相差0.05mm为一型，用S、T、U、V、W等字母来区别。

在发动机空间过于狭小，不能装用标准孔式喷油嘴，或为减小喷油嘴的受热面积，故使用长杆孔式喷油嘴(Long stem hole nozzle)，如图6-5所示。

孔式喷油嘴多使用于直接喷射式发动机，其喷射开始压力为150～300kgf/cm^2（1kgf/cm^2=0.0980665MPa）。

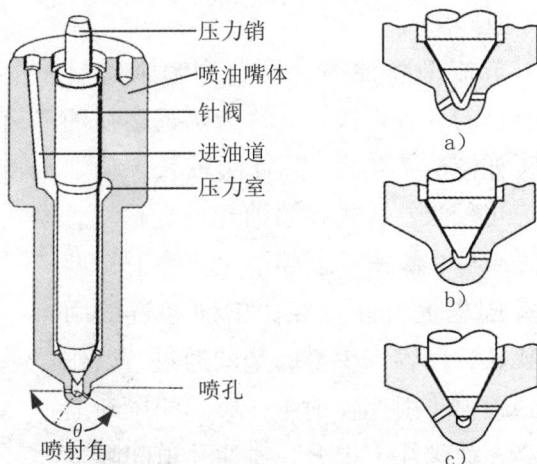

图6-3 孔式喷油嘴的结构　图6-4 不同结构的孔式喷油嘴

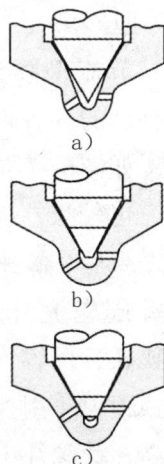

图6-5 长杆孔型与标准孔型的比较

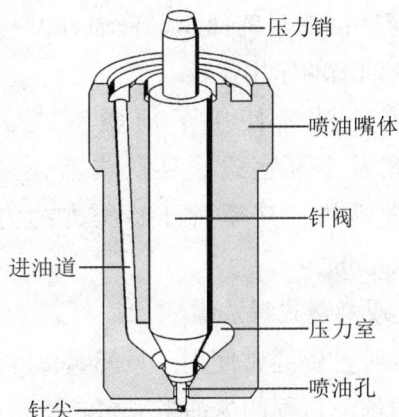

图6-6 针型喷油嘴的结构

⑤ 针型喷油嘴

针型喷油嘴在针阀的下端有一比喷油孔还要细小的圆柱形状的针尖，塞在喷油孔中。不喷油时，针尖突出喷油嘴体外，改变针尖的形状及尺寸，即可得到所希望的喷雾角度，如图6-6所示。由于针尖经常在喷油孔上下运动，所以能防止喷油孔被碳粒阻塞。

针型喷油嘴的喷雾角度，需要与燃烧室形状相配合，以获得良好的燃烧。喷雾角度大，散布油雾面积宽广，但贯穿力较弱；喷雾角度小，散布油雾面积狭小，但喷射距离较远。

根据针阀的粗细、针尖的形状及不同的喷雾角度，将针型喷油嘴分为S、T、U、V、W等型。

节流型喷油嘴，是针型喷油嘴针阀改良的一种形式，又称为延迟型喷油嘴，如图6-7所示。其针阀较长，喷油孔道也较长，针阀在喷油孔道上移动，以先少后多，来控制喷油量。喷射初期时针阀先上升一点点，柴油经过的间隙狭长，仅容许少量的柴油通过，以作为预喷射（引燃喷射）；随后油压渐渐升高，针阀往上提升，喷油孔道间隙变大，喷油量增加，发生主喷射，喷出大部分的柴油，如图6-8所示。如此，使喷射开始的着火迟延时期喷出少量燃料，以减少累积的柴油造成爆震，使发动机运转平稳。节流型喷油嘴一般使用在预燃室式发动机上，如图6-9所示，为针阀上升量与柴油通过的面积，普通针型与节流型喷油嘴的作用比较。

针型喷油嘴使用于预燃室式、涡流室式及空气室式等复室式燃烧室的柴油发动机，其喷射开始压力约为$80 \sim 120 \mathrm{kgf/cm^2}$。

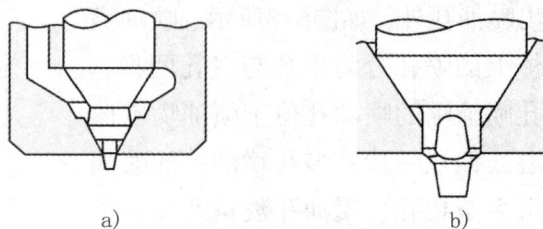

a) b)

图6-7 不同结构的节流型喷油嘴

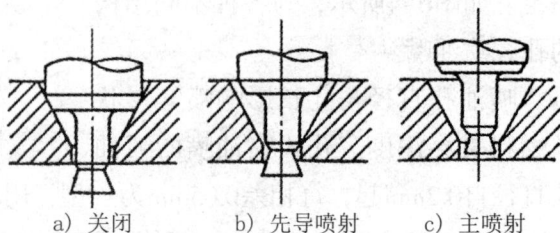

a) 关闭 b) 先导喷射 c) 主喷射

图6-8 节流型喷油嘴的作用

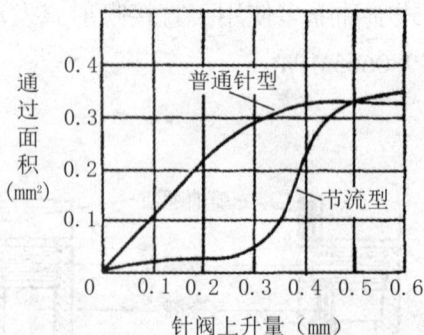

图6-9 针型喷油嘴与节流型喷油嘴的作用比较

⑥ 双弹簧式喷油嘴

一般喷油嘴通常使用一只弹簧，但有部分喷油嘴使用两只弹簧，也称为两段式喷油嘴。利用预举行程的少油量喷射，使爆震减小，提高乘坐的舒适性；并在低负荷时，因针阀开启压力的降低，改善喷射稳定性，使怠速稳定。

双弹簧式喷油嘴的结构，如图6-10所示，是由两只压力弹簧、两支压力销、调整垫片及孔式喷油嘴等组成的，如图6-10 a)所示，第一与第二压力销之间形成一间隙，使柴油分两段喷射，此间隙称为预举间隙，其冲程称为预举行程。

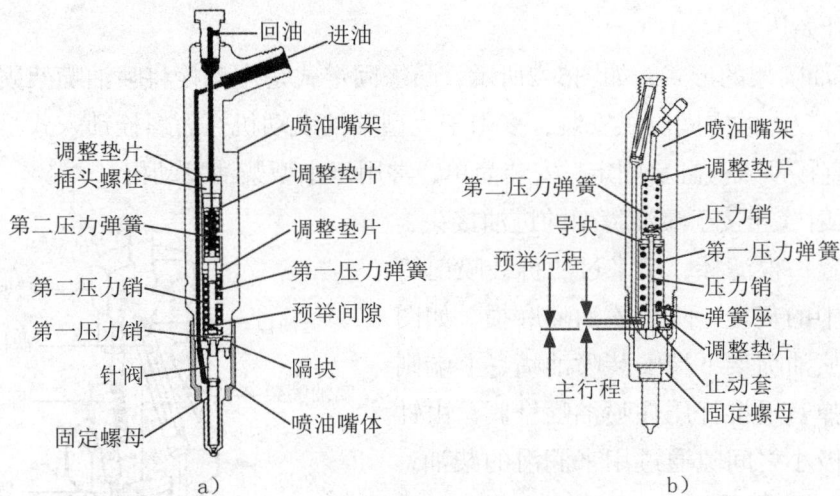

图6-10　双弹簧式喷油嘴的结构

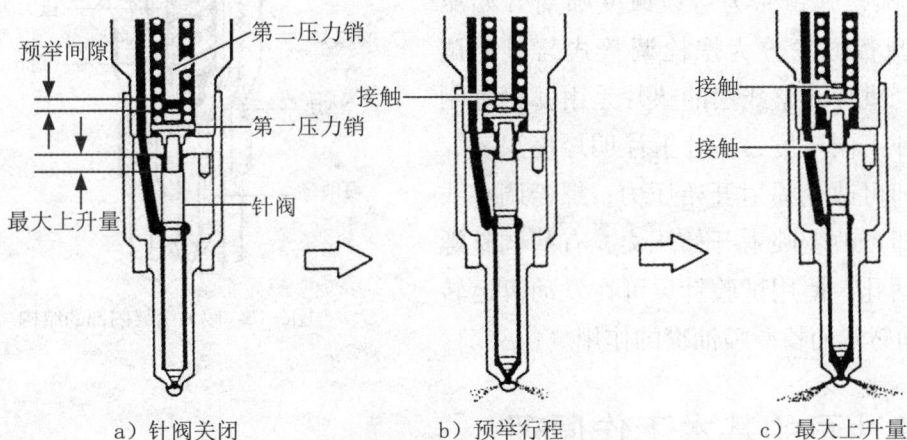

a) 针阀关闭　　　　　b) 预举行程　　　　　c) 最大上升量

图6-11　双弹簧式喷油嘴的作用

双弹簧式喷油嘴的第一段作用：当喷油泵送来的燃油压力达180kgf/cm²时，克服第一压力弹簧弹力，此时针阀上升距离为预举行程，在低升程范围，仅喷出少量柴油，如图6-11 b)所示。当第一压力销与第二压力销接触，且燃油压力上升至约230kgf/cm²的期间时，针阀行程保持不变，在0.08mm左右，如图6-12所示。

第二段作用：当油压超过230kgf/cm²时，克服第一与第二压力弹簧的弹力，针阀继续上升至与隔块接触时，在高升程范围，大量柴油被喷出，如图6-11c)所示。

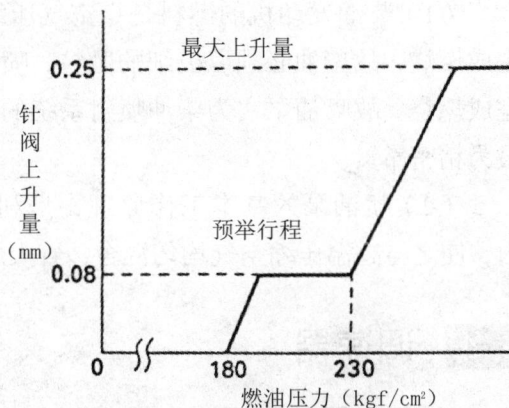

图6-12　针阀上升量与燃油压力的关系

6.2.4 喷油嘴架

（1）喷油嘴架的功用，是将喷油嘴安装于发动机，并将柴油引入喷油嘴，同时可用来调整喷射开始压力。

（2）喷油嘴架的形式，如图6-2所示，凸缘固定式是用螺栓将喷油嘴架固定在汽缸盖上，必须有较大的空间以供安装，多用于大型柴油发动机。而螺栓锁入式是以喷油嘴架上的螺牙直接锁入汽缸盖固定，安装简单，常用于小型柴油发动机。

（3）喷射管连接于喷油嘴架的进油接头，进油管内设置一根滤棒，用来过滤拆装喷射管时进入柴油中的灰尘，防止喷油嘴磨损，如图6-13所示；喷油嘴架下端安装喷油嘴，上端则用一只压力弹簧经推杆压住喷油嘴针阀；由针阀与阀体间极小之间隙通过用来润滑的柴油，从回油管接头流回油箱。

（4）调整弹簧张力可以改变喷射开始压力，依其调整方法分为螺栓调整式与垫片调整式两种，垫片调整式用的垫片是由薄钢片制成，有各种不同厚度，垫片上注明厚度尺寸，更换垫片即可改变喷射开始压力；螺栓调整式转动螺栓即可改变喷射开始压力，有些调整螺栓中央有钻孔，使用试验针，可在发动机运转时，凭振动感觉而检验喷油嘴的作用。

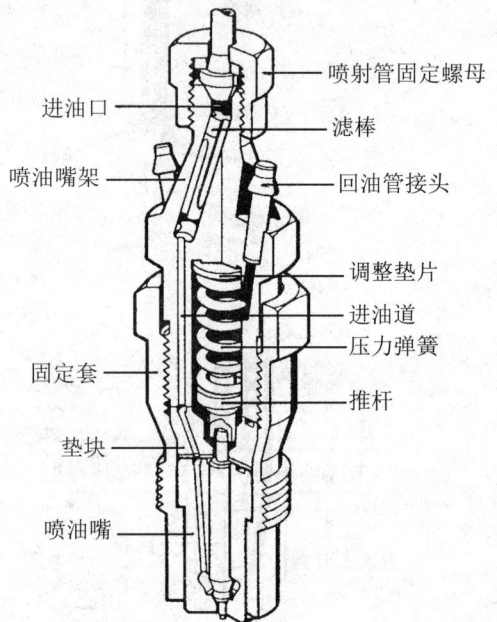

图6-13　喷油嘴架内部的结构

6.3　喷油泵的基本工作原理

（1）柴油发动机的燃料是靠空气压缩后的高温来着火，因燃料必须在极短时间内完成燃烧，故柴油必须以极细的微粒，喷入汽缸中，并能与空气均匀混合，才能在瞬间完成燃烧。故喷油泵实为柴油喷射系统的心脏部分，而且在喷射系统各种机件中也以它最为精密昂贵。

（2）喷油泵的基本工作原理，是利用柱塞组等使燃料压力提升，适时喷入汽缸内，使之与高温压缩空气均匀混合，着火燃烧以产生动力。

6.4　调速器

6.4.1　调速器的功用

（1）柴油发动机转速的快慢，完全根据燃料喷射量的多少而改变，如复式高压喷射系统，燃油喷射量的多少由齿杆位置的变动而控制，齿杆极微小的移动，就会使发动机动力发生很大的变化；尤其在无负荷低速时，齿杆的移动对发动机转速的变化更为敏感，因此必须有很灵敏的调速装置来控制。

（2）调速器的功用是自动控制发动机的转速，以保持怠速的稳定，及限制发动机的最高转速等。

6.4.2 调速器的结构与作用

一、调速器的种类

调速器的种类有两种分法。

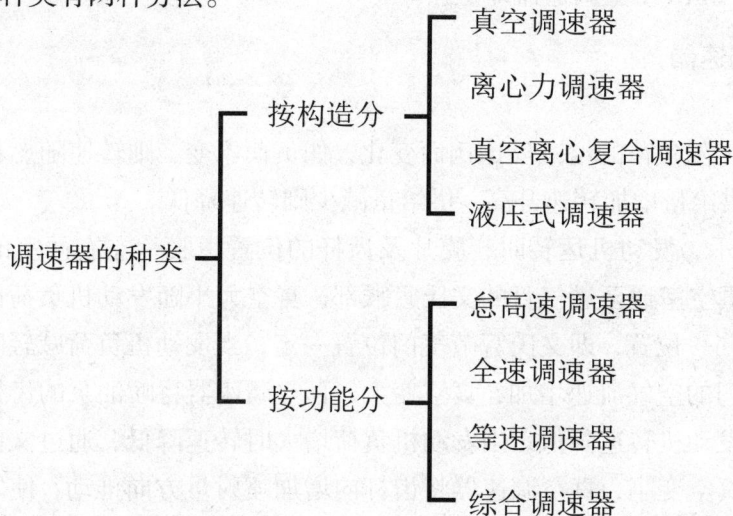

```
                            ┌─ 真空调速器
                            │
                  ┌─ 按构造分 ┤─ 离心力调速器
                  │          │
                  │          ├─ 真空离心复合调速器
                  │          │
                  │          └─ 液压式调速器
调速器的种类 ──────┤
                  │          ┌─ 怠高速调速器
                  │          │
                  └─ 按功能分 ┤─ 全速调速器
                             │
                             ├─ 等速调速器
                             │
                             └─ 综合调速器
```

真空调速器：利用发动机进气管节气门附近压力的变化进行调速作用的调速器，又称气力式调速器。此式调速器结构简单，作用灵敏，在各种速度下，均能产生调速作用，为全速调速器，用M字代表。

离心力调速器：利用喷油泵凸轮轴上飞重的离心力，进行调速作用，又称机械式调速器。此式结构复杂，种类甚多，用R字代表。

复合式调速器：由发动机进气管压力的变化及喷油泵凸轮轴上飞重的离心力共同控制的调速器。

液压式调速器：将发动机的机油送到调速器内的副油泵，再由副油泵产生使调速机构发生作用所需的油压。

怠高速调速器：汽车柴油发动机在使用时，转速的变化极大。在怠速时希望发动机不会熄火，保持稳定的怠速运转；在高速时希望转速不超过最高限制，以免发动机因超速而缩短寿命。因此喷油泵装设怠高速调速器。这种调速器只控制发动机最低及最高转速，在最低转速以上到最高转速之间不能控制，此范围转速的快慢完全由驾驶人用加速踏板来控制，如R型、RQ型调速器即为此式。

全速调速器：此式调速器不但能控制最低转速与最高转速，而且能控制从怠速到最高限制转速范围内，任何转速下的喷油量。在某一转速下能使喷油量与发动机负荷情况密切配合，又称变速调速器。全速调速器用V字代表，如RV型、RSV型调速器即为此式。

等速调速器：很多工业用柴油发动机，如带动发电机的发动机等，其转速几乎是固定的，只容许和规定转速有极少的差异，这种发动机装用等速调速器，能随负荷的不同，自动控制喷油量，以维持发动机在一定转速下运转。

综合调速器：有些调速器在结构上与全速调速器相同，但调速器中浮动杆的支点，改由加速踏板来操纵，调速器只控制最低及最高转速，但也具有全速调速器的一些功能，用D字代表，如RSVD型调速器即是。

二、 真空调速器

❶ 概述

发动机转速是随负荷的增减反比例而变化；如负荷不变，则转速随燃料供给量的比例而增减，燃料供给量增加转速升高，供给量减少则转速降低。

如图6-14所示，发动机运转时，膜片及齿杆的位置由膜片左右两室的压力差而决定，膜片左方的真空室通至进气管的文氏管喉部，真空大小随发动机负荷而变化。如果加速踏板保持在同一位置，即文氏管节气门位置一定，当发动机负荷减轻时转速升高，通过文氏管节气门的空气流速增加，真空变大，真空调速器将喷油泵的齿杆向减少喷射量方向推动，使发动机转速降低；当发动机负荷增大时转速降低，通过文氏管节气门的空气流速降低，真空变小，真空调速器将齿杆向增加喷射量方向推动，使发动机转速上升至一定转速。自发动机最低转速至最高转速间的任何转速，调速器都能发生作用，故真空调速器属于全速调速器。

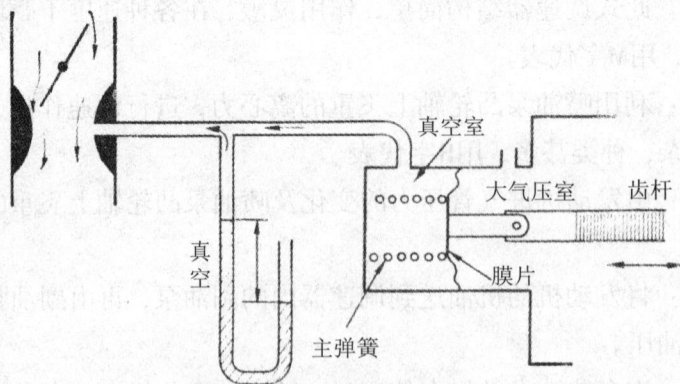

图6-14 真空调速器的作用原理

❷ 结构

真空调速器包括两个主要部分，一为文氏管总成，如图6-15所示，一为膜片组，如图6-16所示。文氏管总成安装在进气歧管上，上方为空气滤清器，总成的喉部装可以旋转的节气门，节气门控制杆及连接杆与加速踏板连接，操作加速踏板可使节气门开启或关闭。节气门控制杆上有两个止动螺栓，用来限制节气门最小及最大开度，一为怠速止动螺栓，另一为全负荷止动螺栓。

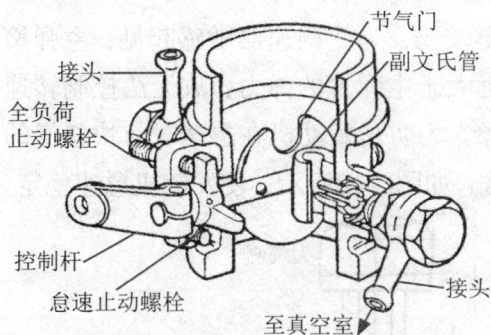

图6-15 文氏管总成的结构

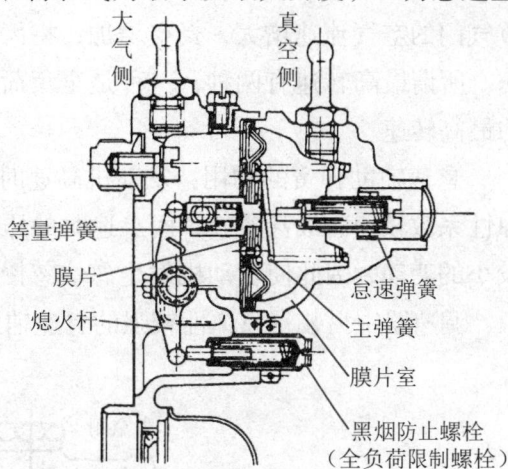

图6-16 膜片组的结构

膜片室被皮质膜片分隔成左右二室。膜片的右室称为大气室，通大气压力，并与喷油泵的齿杆相连接。膜片的左室称为真空室，经管子通至进气管中文氏管的喉部；真空室内装主弹簧，受弹力的作用，发动机未起动时，膜片将齿杆推在全负荷位置。调速器侧端装有怠速弹簧及怠速顶销，可防止因加速踏板突然放松，节气门关闭产生的真空过度推动齿杆，使发动机熄火或运转不平稳。

❸ 作用

（1）等速控制：发动机在一定负荷及一定转速运转时，膜片两侧的压力差与调速器弹簧的力量随时保持在平衡的位置。若发动机负荷减轻使转速上升时，进气管压力降低，真空变大，膜片将齿杆拉向真空室，使喷油量减少，发动机转速随之降低；若发动机负荷增加转速降低时，进气管真空变小，膜片将齿杆推向大气室，使喷油量增加，发动机转速恢复至原来的转速。依此作用只要节气门或加速踏板位置不变，不论发动机负荷变化，发动机转速仍然维持不变。如图6-17所示，为膜片组与齿杆控制机构的作用情形。

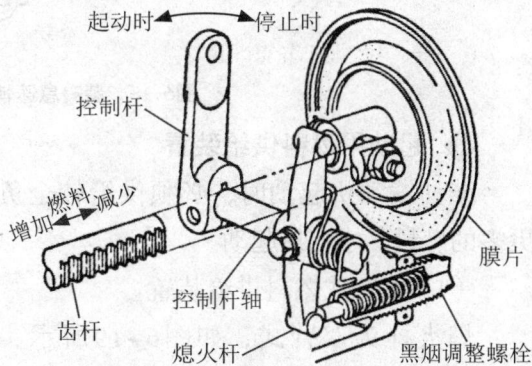

图6-17 膜片组与齿杆控制机构的作用

（2）加速控制：踩下加速踏板打开节气门加速时，真空室真空变小，膜片两侧的压力差减小，主弹簧伸张将膜片向增加喷油量的方向推动，发动机转速随之升高，直至压力差与弹簧张力平衡为止。

（3）减速控制：减速时，节气门关闭，真空增加，主弹簧被压缩，齿杆拉回，发动机转速降低。

（4）超速控制：节气门全开时，喷油量增多，转速上升；当超过额定转速时，通过节气门的空气流速增大，真空增加，将齿杆拉回，以防止发动机超过额定转速而发生损伤。所谓最高转速有两种，一种是全负荷时的额定转速，另一种是发动机无负荷可达到的最高转速。

怠速辅助弹簧的功用：发动机高速时，真空较弱，为使调速器敏感起见，主弹簧的弹性系数较小，故甚柔软，而怠速时的压力差远大于主弹簧的弹力，故无法控制转速上较小的变动，因此使发动机发生忽快忽慢的现象。为防止发动机在怠速时忽快忽慢的现象，调速器中另装一只弹性较强的怠速辅助弹簧，如图6-18所示，使发动机怠速稳定。

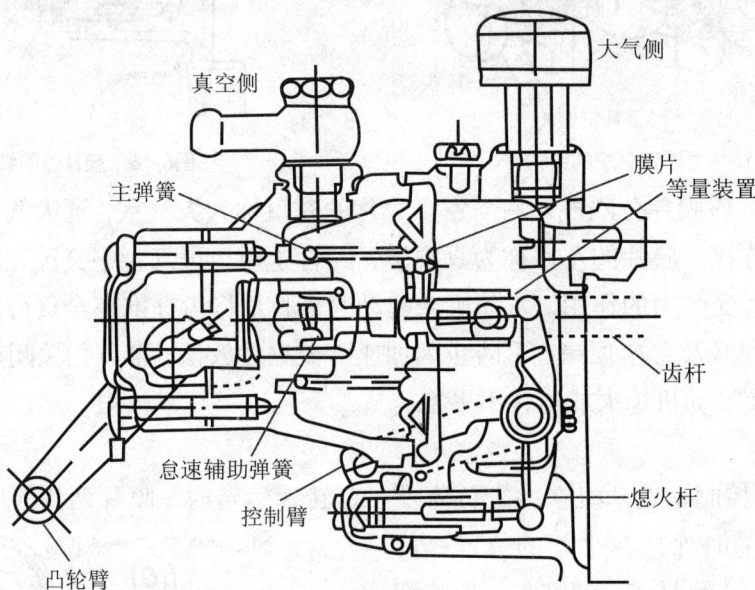

图6-18　装有怠速辅助弹簧及凸轮的膜片组

④ 起动用燃料供给装置

柴油发动机起动时，必须供给较全负荷更多的燃料，才容易起动。

（1）双臂式燃料供给装置。

熄火杆为双臂式，如图6-19所示，一端顶住膜片杆，另一端顶住全负荷限制螺钉内的止动螺栓。控制杆向喷油泵本体侧扳动时，双臂杆下端压缩全负荷限制螺钉内的弹簧，使下压一段距离，上端则移近喷油泵本体侧，故膜片受主弹簧的作用，将齿杆向增

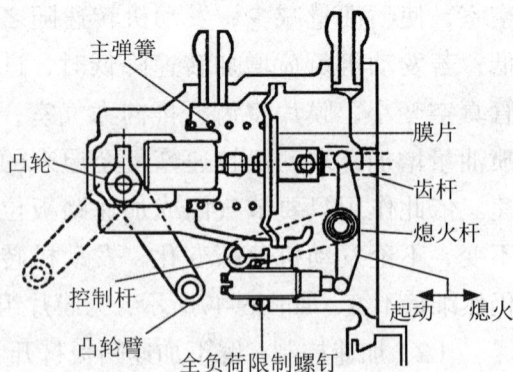

图6-19　双臂式燃料供给装置

加喷油量方向移动，因齿杆的移动量比全负荷时稍多，故喷油量超过全负荷喷油量，发动机得以容易起动。

这种装置仅能在发动机起动时使用，绝不可在车辆行驶中作为增大动力用。控制杆

向喷油泵外侧扳动时，压缩主弹簧将齿杆推至不喷油位置，则发动机熄火。双臂杆除供起动时的燃料供给及熄火用之外，并可限制齿杆的最大行程，故调整全负荷限制螺钉，即可获得规定的最大喷油量。

（2）等量装置。

等量装置设计的必要性：柱塞式喷油泵的特性为在同一齿杆位置时，柱塞每行程的输出量，在转速上升时，漏油机会减少，故输出量随转速上升而增多；但四冲程发动机每循环吸入汽缸内的空气量，因进气阻力的影响，随发动机转速的上升而减少，其关系如图6-20所示。

若以发动机高速时为基准调整其最大喷油量，则低速时会发生空气过剩率过大，即喷油量不足的现象，造成热效率降低，转矩及功率减少。反之，以发动机低速时为基准调整其最适当的喷油量，则当发动机转速上升时，空气过剩率减小，不能获得完全燃烧，而排出黑烟。

等量装置是为改善这种现象而设计的，使发动机在全负荷任何转速范围内，经常能保持吸入空气量与喷油量的适当比例；且这种装置也能作为低速时增加转矩用。

等量装置的结构及作用：真空调速器的等量装置，设在膜片中央的膜片杆中，杆为中空，等量弹簧及推杆装在膜片杆中，齿杆与膜片杆用销固定，如图6-21所示。

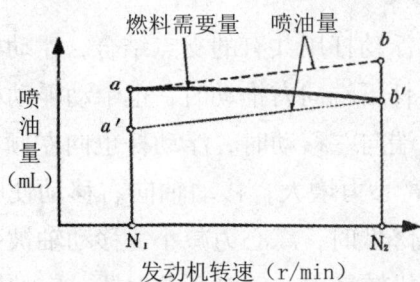

图6-20 发动机转速与喷油量及需要量的关系

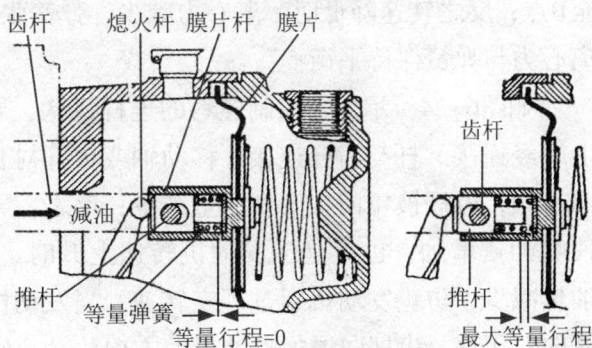

图6-21 等量装置的结构

如图6-22所示，为等量装置的作用情形，等量装置只有在全负荷低速，推杆碰到熄火杆(或称全负荷止动杆)时，才会发生作用，减少喷油；推杆离开熄火杆时，则不产生作用。

全负荷低速时，因作用在真空室的真空吸力较低，故等量弹簧被主弹簧压缩，膜片将齿杆推在最大喷油量位置，如图6-22 a)所示。齿杆顶住熄火杆，主弹簧与等量弹簧的作用力方向相反，故主弹簧的合力为主弹簧与等量弹簧的弹力差。若发动机负荷减轻，转速升高，真空室的真空吸力增大，真空吸力大于主弹簧合力时，则主弹簧被压缩，同时等量弹簧伸张，将齿杆向减少喷油量方向推动，如图6-22 b)所示，因等量弹簧的力量较主弹簧的张力强，故当主弹簧产生高速控制开始作用之前，等量弹簧即将齿杆推向喷油量减少方向，其移动量称为等量行程。发动机转速继续上升，真空吸力超过主弹簧张力时，高速控制开始作用，此时等量装置的推杆随膜片杆开始脱离熄火杆，如图6-22 c)所示。

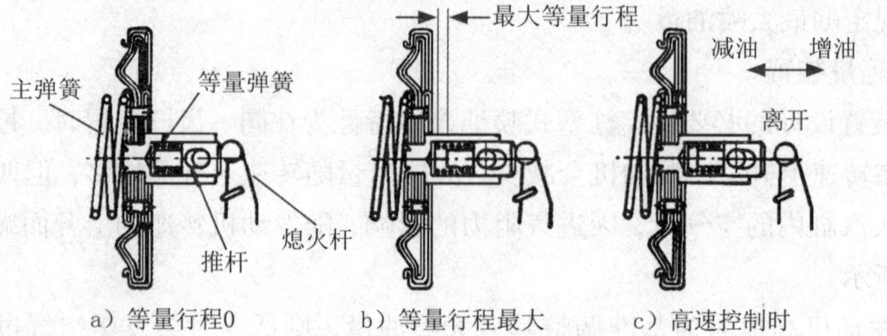

a）等量行程0　　　　　b）等量行程最大　　　　　c）高速控制时

图6-22　等量装置的作用情形

三、离心力调速器

离心力调速器的作用原理。

简单型离心力调速器的结构，如图6-23所示，是将两只可以开合的飞重(Flyweight)安装在喷油泵凸轮轴的一端，凸轮轴转动时飞重产生离心力向外张开，飞重的离心力随转速而变化，转速增加离心力增大；反之，转速降低离心力减小。

转速增加时，离心力增大，飞重向外张开，推动移动轴压缩弹簧，自A点向右移动至B点；反之转速降低时，离心力减少，弹簧张力推压移动轴，使飞重缩回至A点，此时离心力与弹簧保持平衡。

如图6-24所示，为控制燃料的连杆机构，导杆与浮动杆用共有的支点结合，浮动杆上端经连接叉杆与齿杆连接。移动轴或导杆衬套将导杆下端向右推动时，也牵动浮动杆向右倾，齿杆被拉回，使喷油量减少；反之，导杆下端向左移动时，浮动杆也向左倾，使喷油量增加。也就是当发动机转速上升时，飞重离心力增大，移动轴向右移动使喷油量减少，防止发动机超过规定转速；当发动机转速降低时，离心力减小，移动轴被弹簧向左压移，齿杆向增加喷油量的方向移动，使发动机转速上升，以经常保持一定的转速。

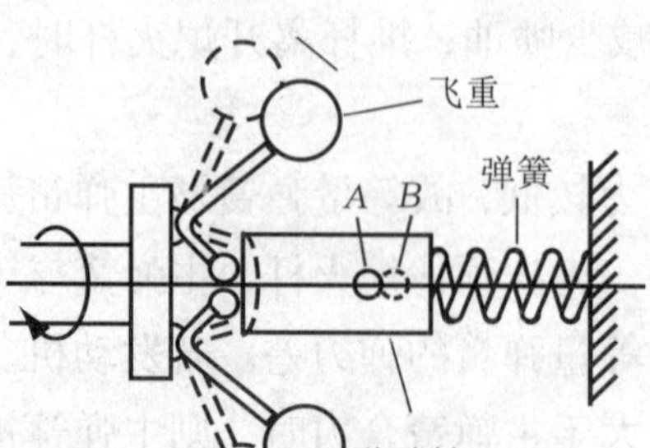

图6-23　弹簧与飞重的平衡

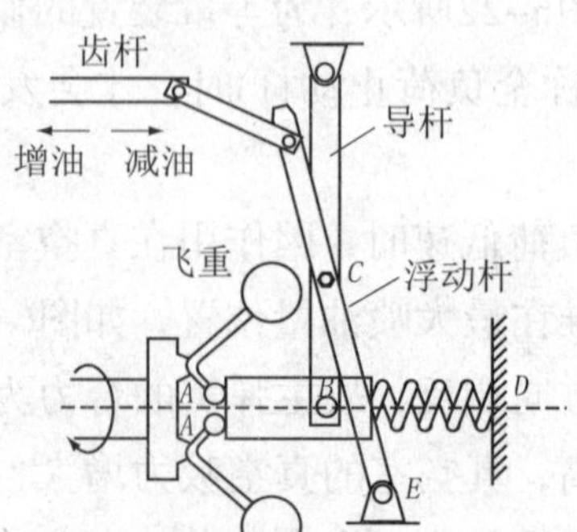

图6-24　控制燃料的机构

6.5 辅助装置

6.5.1 增压器

❶ 概述

使同一汽缸增大其动力输出量的方法，通常是提高发动机最高转速或提高制动平均有效压力。但由于转速越高，机械运动机件的强度，及压缩着火燃烧等问题，对柴油发动机而言，较难以提高发动机最高转速，来改善发动机性能，因此提高制动平均有效压力为改善发动机性能常用的方法。同一排气量的汽缸，增加其吸入汽缸的空气量，可增加发动机转矩，而使制动平均有效压力提高。

❷ 增压器的功用

不需要增压压力时，发动机作用与一般吸气式发动机几乎完全相同，故可采用较小排气量发动机，在一般行驶时，可达到省油的目的；而在重负荷时，能有大功率发动机的输出。

❸ 增压器的结构与作用

鲁兹式为机械式增压器中常见的形式，具有两个转子，每个转子上有两个或三个直线型或螺旋型的叶片，如图6-25与图6-26所示。而图6-27所示，为用于二冲程柴油发动机的鲁兹式机械增压器的构造。

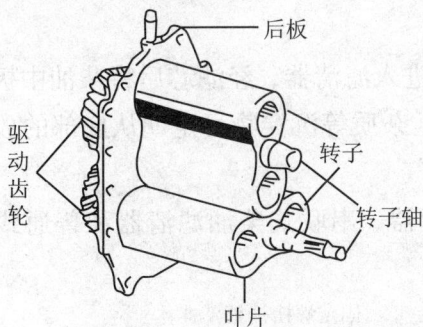

图6-25 二叶鲁兹式机械增压器

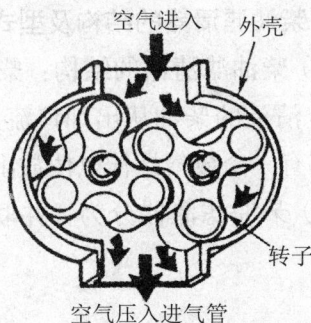

图6-26 三叶鲁兹式机械增压器

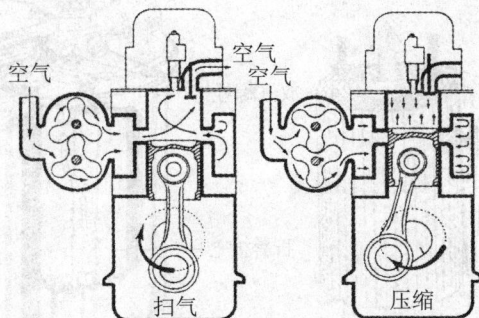

图6-27 二冲程柴油发动机用的鲁兹式机械增压器

转子封闭在壳室内，并装于轴上，由发动机以2至3倍曲轴转速驱动。主动齿轮与从动齿轮有正时记号，必须对正；叶片之间及叶片与外壳之间隙极小，以防漏气。

驱动机械增压器，发动机所损失的动力，或其拖曳现象，称为附生损耗。

6.5.2 燃油泵

燃油泵的作用是将柴油从油箱吸出送入喷油泵，中途经过柴油滤清器将柴油过滤清洁，为克服滤清器滤件与油管中的流动阻力，需有1.6kgf/cm²（约156kPa）以上的压力。

6.5.3 柴油滤清器

❶ 概述

柴油除作为柴油发动机的燃料外，并兼负燃料系统的润滑作用。因喷油泵的柱塞、排气阀及喷油嘴等活动部分都是超精密加工而成，间隙仅为0.001～0.0015mm。如柴油中含有水分、灰尘、金属粉等杂质时，将使精密机件发生磨损或咬死的毛病。

❷ 柴油滤清器的位置

一般车用柴油发动机为确保柴油的清洁，常使用两个以上的滤清器，初次滤清器的滤孔较大，置于燃油泵与油箱之间，做粗滤用；二次或主滤清器的滤孔较细，置于燃油泵与喷油泵之间，做精滤用。此外还有一滤棒安装在喷油器的进油管中，滤棒有磁性能将燃料系机件磨损的铁粉吸住，以保护喷头。

柴油的过滤路径为：油箱→初次滤清器→燃油泵(进油接头的滤网)→主滤清器→喷油泵→喷头架(滤棒)→喷油器。

❸ 柴油滤清器的结构及型式

（1）柴油滤清器的结构：柴油从进油口进入滤清器，经滤芯后将柴油中极细的杂质过滤，清洁的柴油从出油口流出至喷油泵。杂质等沉淀物可定期从底部的放油塞放出。顶部有一个放气螺栓以便放出油路中的空气。

（2）柴油滤清器分为：并联式柴油滤清器、串联式柴油滤清器和普通式柴油滤清器。

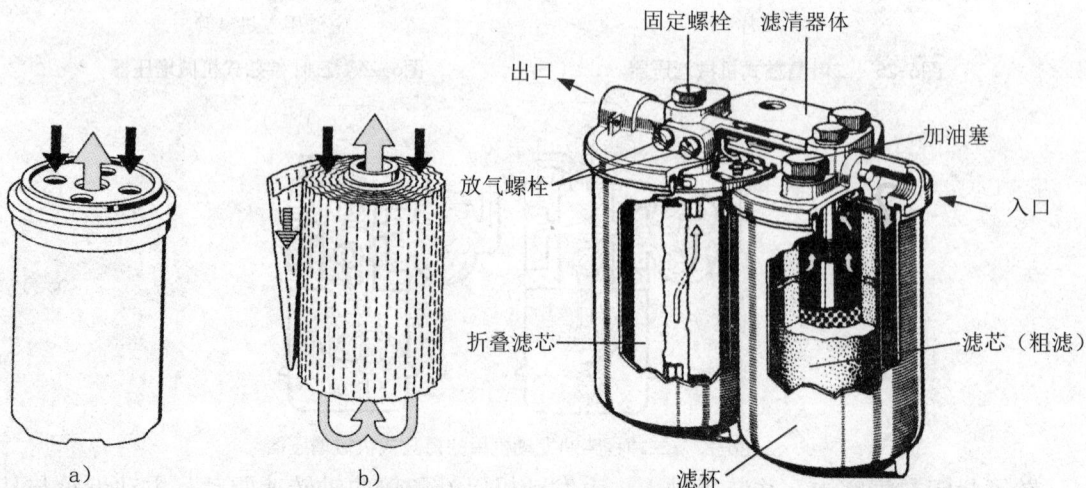

图6-28 整体式柴油滤清器与滤芯

图6-29 串联式柴油滤清器的组成

普通式柴油滤清器：又称标准式柴油滤清器，为最常见的一种。滤芯用滤纸、滤布或金属薄板重叠而成，一般使用滤纸较多。新式滤清器使用整体式，更换时滤芯与外壳一起换掉，如图6-28所示。

串联式柴油滤清器：是将两个滤清器串联，前面的滤清器先将粗大的杂质过滤，粗滤过的柴油再经过后面的滤清器加以精滤，如图6-29所示。

并联式柴油滤清器：是将两个相同的滤清器接在同一根进油管与同一根出油管上，两个滤清器都兼做粗滤与精滤用。

6.6 电子控制柴油喷射系统

6.6.1 概述

（1）电子控制应用在汽车上已经非常普遍，其中电子控制汽油喷射系统，具有低污染、低油耗、高转矩、高输出、低温起动性佳及加速性佳等优点。

（2）电子控制柴油喷射系统，从1980年起，已逐渐被各制造厂所采用，其优点为：

低油耗。

低污染，现代汽车采用最新型计算机控制柴油喷射系统发动机的粒状污染物、氧化氮(NOx)均大幅降低，且也显著减少。

高转矩。

高输出。

低噪声。

低温起动性佳。

加速反应灵敏。

优异驾驶性能。

具自我诊断、故障安全及备用等功能。

6.6.2 电子控制柴油喷射系统各部机件的结构与作用

一、概述

（1）线列式及分配式喷油泵，原来使用的机械式调速器及机械式正时器，许多均已由电子式调速器及电子式正时器取代，各传感器信号送给ECU，以控制柴油的喷射量及喷射正时；而可变预行程喷油泵也已改为电子控制式，另外共轨式柴油喷射系统更已普遍用在各型柴油发动机上。

（2）电子控制柴油喷射系统的种类：

```
                              ┌─ 电子调速器式（+机械式正时器）
                              │
                              ├─ 电子正时器（+机械式调速器）
                              │
                   ┌─ 线列式喷油泵 ─┤─ 电子调速器式与电子正时器式
                   │          │
                   │          ├─ 预行程电子控制式（+机械式调速器）
                   │          │
                   │          └─ 预行程电子控制式与电子调速器式
                   │
                   │          ┌─ 电子调速器式
   电子控制柴油  ─┤─ 分配式喷油泵 ─┤
   喷射系统的种类     │          └─ 电子控制电磁阀式
                   │
                   ├─ 高压分配式喷油泵
                   │
                   ├─ 各缸油泵独立式
                   │
                   ├─ 单独喷油器式
                   │
                   │          ┌─ 高压柴油共管式
                   └─ 共管式 ──┤
                              └─ 低压柴油共管式
```

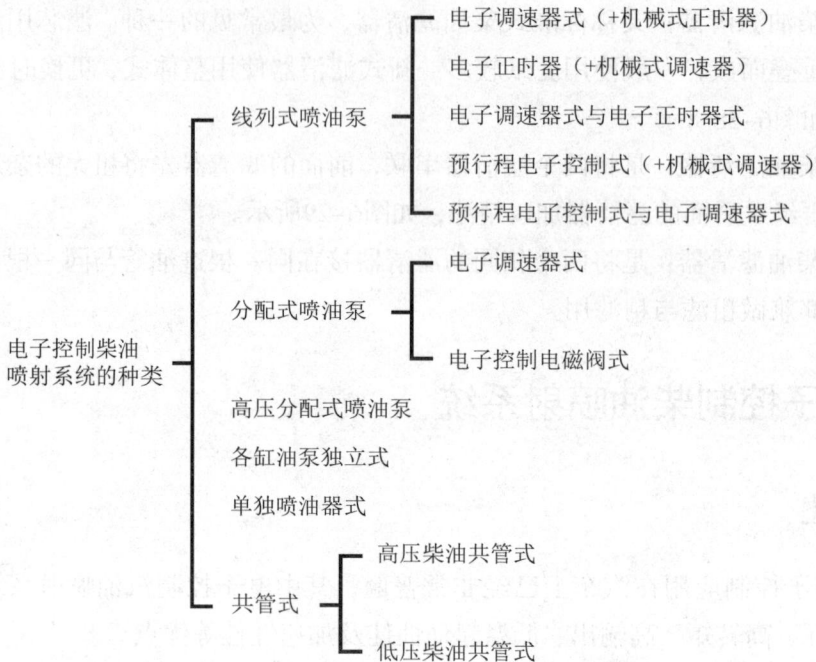

（3）线列式喷油泵采用电子控制的种类，如图6-30所示。

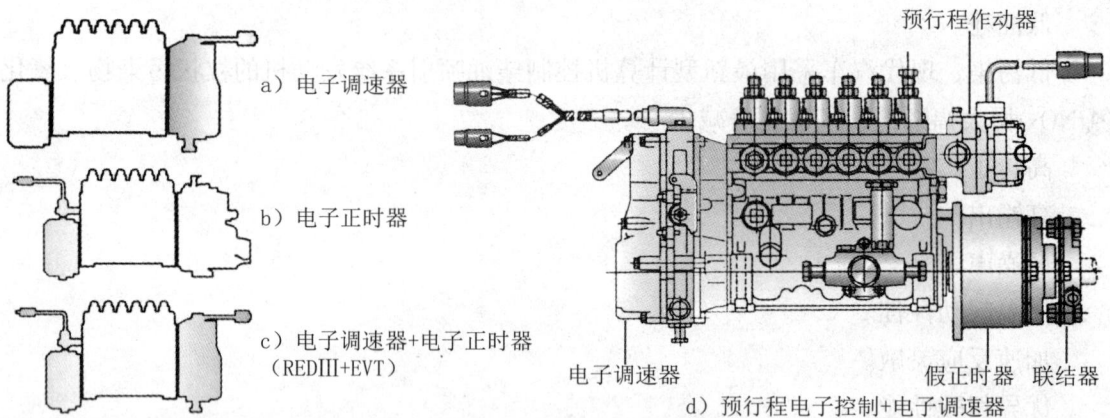

a）电子调速器

b）电子正时器

c）电子调速器+电子正时器
（REDⅢ+EVT）

d）预行程电子控制+电子调速器

预行程作动器

电子调速器　　假正时器　联结器

图6-30　线列式喷油泵采用电子控制的种类

二、线列式喷油泵采用电子调速器式

◆ 概述

博世公司所采用的电子控制PE型线列式喷油泵柴油喷射系统(Electronically controlled PE in-line fuel injection pumps system)，即线列式喷油泵采用电子调速器式，是在传统式的线列式喷射系统加装各种传感器及齿杆执行器，不再使用机械式调速器，使喷油泵的柴油喷射量控制更精确。

◆ 结构及作用

电子控制PE型线列式喷油泵柴油喷射系统的组成，如图6-31所示，由齿杆行程传感器、泵速传感器、柴油温度传感器、水温传感器、进气温度传感器、加速踏板传感器、制动、排气制动及离合器开关、车速传感器、压力传感器等，以及ECM与齿杆执行器等所组成。如图6-32所示，为整个系统的作用方块图。

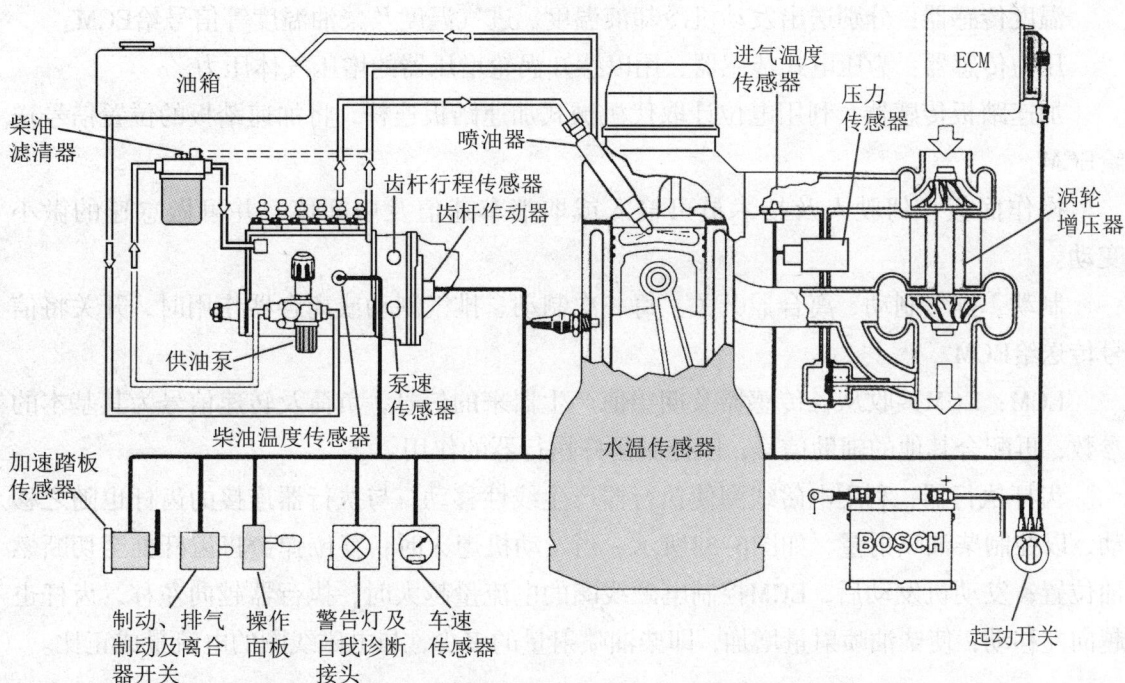

图6-31　电子控制PE型线列式喷油泵柴油喷射系统的组成

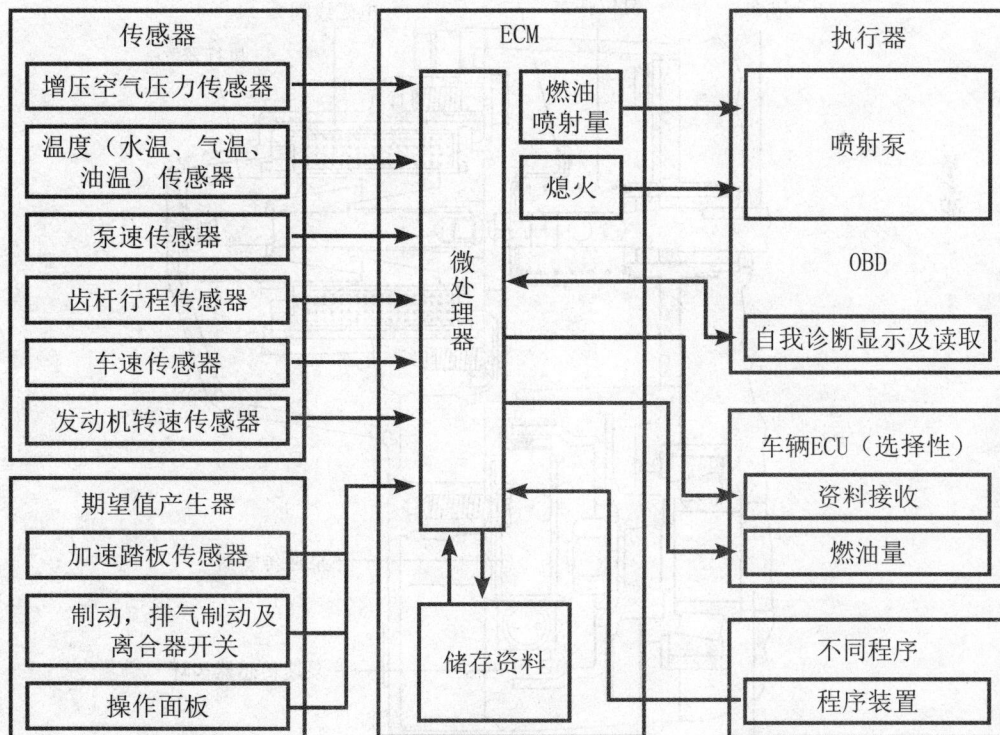

图6-32　电子控制PE型线列式喷油泵柴油喷射系统的作用方块图

各零组件说明如下。

齿杆行程传感器：用以送出喷油泵齿杆所在位置的信号。

泵速传感器：为电磁式传感器，用以送出喷油泵凸轮轴的转速信号。

温度传感器：分别送出发动机冷却液温度、进气温度及柴油温度等信号给ECM。

压力传感器：为压电式传感器，用以感知涡轮增压器的增压气体压力。

加速踏板传感器：利用电位计取代机械式加速踏板连杆，将加速踏板的位置信号送给ECM。

操作面板：驾驶人及技术员可输入或取消车速值及中间值，并可做怠速的微小变动。

制动、排气制动、离合器开关：每一次制动、排气制动或离合器作用时，开关将信号传送给ECM。

ECM：ECM接收从各传感器及期望值产生器来的信号，负荷及转速信号为其基本的参数，再配合其他的辅助信号，以控制齿杆执行器的作用。

齿杆执行器：利用电磁线圈使执行器产生线性移动，与执行器连接的齿杆也随之移动，以控制柴油喷射量，如图6-33所示。当发动机熄火时，复位弹簧将齿杆推至切断燃油位置；发动机发动后，ECM控制电磁线圈的电流量越大时，执行器越向左移，齿杆也越向左移动，使柴油喷射量增加，即柴油喷射量的多少，与电磁线圈的电流量成正比。

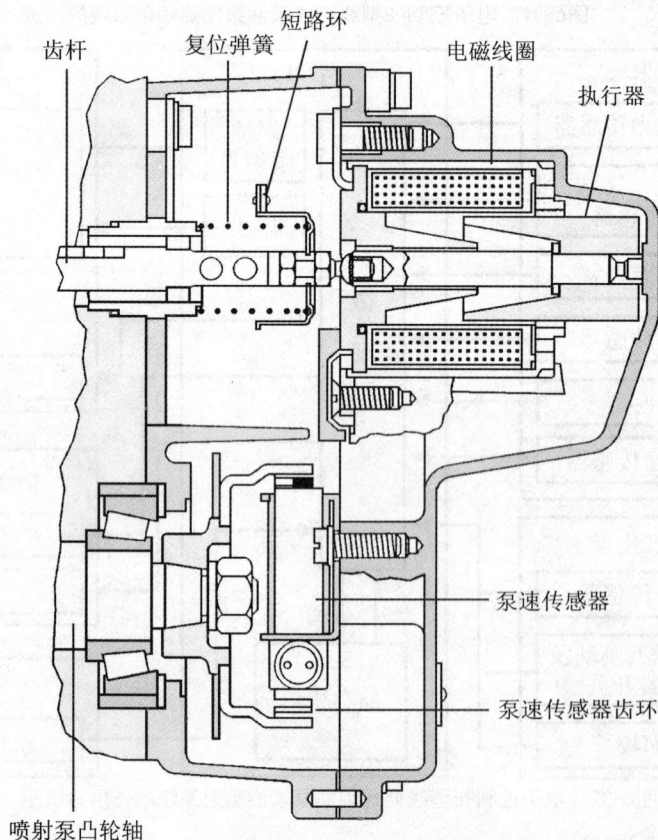

图6-33 齿杆执行器的结构

理论测试

一 填空题

1. 柴油机混合气形成的方法有两种：一种是_____混合；另一种是_____混合。

2. 柴油机燃烧室按结构形式分为两大类：_____燃烧室和_____燃烧室。

3. 柴油的使用性能指标主要是_____、_____、_____和_____。

4. _____泵油的迟早决定_____喷油的迟早，它对柴油机工作性能有很大影响。

5. 喷油泵又称为_____。

6. 转子分配式喷油泵按其结构不同，分为_____分配泵和_____分配泵两种。

7. 调速器按其调节作用的范围不同，可分为_____调速器和_____调速器。

8. 喷油提前角是指喷油器开始喷油至活塞到达上止点之间的_____转角。

9. 喷油器常见的形式有两种：_____和_____。

二 选择题

1. 使用规定十六烷号数的柴油_____。　　　　　　　　　　　　　　（　）
(A)可减少笛赛尔爆震　(B)可减少NOx　(C)可减少CO及HC　(D)可提高输出

2. 当柱塞筒上油孔被柱塞盖住时，为_____作用。　　　　　　　　　（　）
(A)进油　(B)泵油　(C)喷油结束　(D)回油

3. 改变喷射时间是调整_____。　　　　　　　　　　　　　　　　　（　）
(A)齿环与控制套　(B)举杆　(C)柱塞　(D)齿杆

4. 分配式喷油泵柱塞的数目_____。　　　　　　　　　　　　　　　（　）
(A)与汽缸数相同　(B)汽缸数的一半　(C)汽缸数的1/3　(D)只有一个

5. 孔式喷油嘴的喷射开始压力为_____kgf/cm^2。　　　　　　　　　（　）
(A)50~80　(B)80~120　(C)150~300　(D)350~450

6. 针型喷油嘴的喷射开始压力为_____kgf/cm^2。　　　　　　　　　（　）
(A)50~80　(B)80~120　(C)150~300　(D)350~450

7. 真空式调速器双臂式熄火杆，除做熄火外，另一方向的作用是_____。（　）
(A)起动用　(B)怠速用　(C)全负荷用　(D)高速用

8. 电子控制高压分配式喷油泵，其喷射压力可达_____。　　　　　　（　）
(A)100MPa　(B)15~30MPa　(C)80~130MPa　(D)100~120MPa

9. 线列式喷油泵采用预行程电子控制式，其预行程执行器是用来控制_____。（ ）
(A)柴油喷射压力　(B)涡轮增压压力　(C)柴油喷射量　(D)柴油喷射正时及喷射率

10. 线列式喷油泵采用预行程电子控制式，其预行程执行器是控制_____。（ ）
(A)齿杆的左右移动　(B)控制杆的上下移动(C)柱塞的旋转　(D)正时滑套的上下移动

三 判断题

1. 在寒冷地区能使用流动点低的柴油。（ ）
2. 柴油的挥发性高，表示其蒸馏温度低。（ ）
3. 线列式喷油泵的调速器是装在泵内。（ ）
4. 线列式喷射系统通常使用柱塞式燃油泵。（ ）
5. 二次柴油滤清器是装在油箱与燃油泵间。（ ）
6. 齿杆左右移动，控制套左右转动，使柱塞转动以改变喷油量。（ ）
7. 使喷油嘴的喷射迅速切断，是靠排气阀上的吸回活塞。（ ）
8. 线列式喷油泵柴油发动机喷射顺序是由高压喷射管依喷射顺序排列。（ ）
9. 分配式喷油泵具备小型、高速、质量轻等特性。（ ）
10. 针型喷油嘴是闭式喷油嘴的一种。（ ）
11. 双弹簧式喷油嘴初期喷油量少，使爆震减小。（ ）
12. 喷油嘴喷射开始压力仅能以垫片调整。（ ）
13. 真空式调速器是怠高速调速器。（ ）
14. 线列式喷油泵采用预行程电子控制式，当控制作用使预行程变小时，喷射正时会提前。（ ）
15. 分配式喷油泵采用电子控制电磁阀类型，电磁阀是控制高压柴油回油通道的开、闭，以改变柴油喷射量。（ ）
16. 电子控制高压分配式喷油泵，其柱塞是轴向式移动以产生高压。（ ）
17. 整体式泵-喷油器具有产生高压柴油、控制柴油喷射量及将柴油雾化喷出等功能。（ ）

四 简答题

1. 柴油的挥发性过高时有何影响？
2. 试述柴油喷射系统应具备的功能。
3. 柴油滤清器上为何要设溢流阀？
4. 线列式喷油泵的举杆调整螺栓可调整什么？
5. 单式高压喷射系统有何特点？
6. 双弹簧式喷油嘴有何优点？
7. 何谓怠高速调速器？
8. 真空式调速器的等量装置有何功用？
9. 试述计算机控制柴油喷射系统的优点。

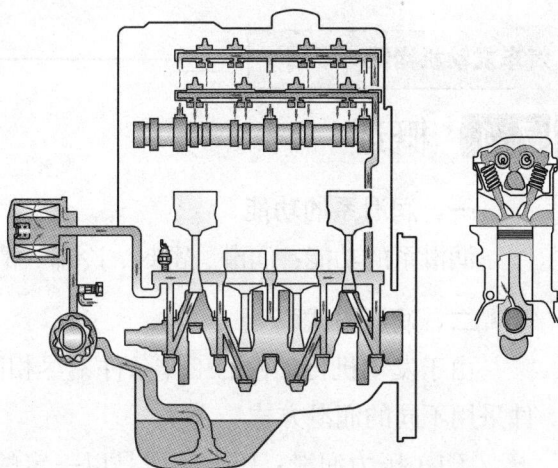

单元 7

润滑系统

💎 **知识目标：**

1. 了解润滑油系的组成及功能、组成；

2. 掌握发动机的几种润滑方式及特点。

💎 **能力目标：**

1. 掌握润滑油的分类及更换周期；

2. 掌握润滑油的油路及主要部件的构造。

💎 **建议学时：**

6 学时

7.1 概述

一、润滑系的功能

润滑系的功能：润滑、密封、冷却、清洁、缓冲及减振等功能。

二、润滑方式

由于发动机传动件的工作条件不尽相同，因此，对负荷及相对运动速度不同的传动件采用不同的润滑方式。

（1）压力润滑：压力润滑是以一定的压力把润滑油供入摩擦表面的润滑方式。这种方式主要用于主轴承，连杆轴承及凸轮轴承等负荷较大的摩擦表面的润滑。

（2）飞溅润滑：利用发动机工作时运动件溅泼起来的油滴或油雾润滑摩擦表面的润滑方式，称飞溅润滑。该方式主要用来润滑负荷较轻的汽缸壁面和配气机构的凸轮，挺柱，气门杆以及摇臂等零件的工作表面。

（3）润滑脂润滑：通过润滑脂嘴定期加注润滑脂来润滑零件的工作表面，如水泵及发电机轴承等。

三、润滑系组成

为了实现润滑系的功用，汽车发动机润滑系由下列零部件组成。

（1）机油泵：其功用是保证润滑油在润滑系内循环流动，并在发动机任何转速下都能以足够高的压力向润滑部位输送足够数量的润滑油。

（2）机油滤清器：用来滤除润滑油中的金属磨屑，机械杂质和润滑油氧化物。若这些杂质随同润滑油进入润滑系，将加剧发动机零件的磨损，还可能堵塞油管或油道。

（3）机油冷却器：在热负荷较高的发动机上装备有机油冷却器，用来降低润滑油的温度。润滑油在循环过程中，由于吸热而温度升高。若润滑油温度过高，则其黏度下降，不利于在摩擦表面形成油膜。此外，还会加速润滑油老化变质，缩短润滑油使用期。

（4）油底壳：是存储润滑油的容器。

（5）集滤器：是用金属丝编造的滤网，是润滑系的进口，用来滤除润滑油中粗大的杂质，防止其进入机油泵。

除此之外，润滑系还包括润滑油压力表，温度表和润滑油管道等。

7.2 润滑油

7.2.1 润滑油的分类

目前在汽车用润滑油（简称车用机油）容器上最常见的标示有两种，SAE黏度分类与API服务分类。

❶ SAE黏度分类

黏度为发动机机油的基本性质，黏度越高，附着于金属表面的油膜越厚，阻力越大；反之，黏度越低，则附着的油膜越薄，阻力越小。黏度会随温度高低而变化，温度升高时，黏度越低；温度降低时，黏度升高。

发动机机油应具备适当的黏度，且温度变化时黏度的变化率越少越好。用来表示机油在不同温度时，黏度变化的数值，称为黏度指数，黏度指数越高，机油黏度因温度的变化越小，换言之，即热时不易变稀薄，冷时也不易变浓稠。

机油的黏度以SAE(Society of Automotive Engineer, 美国汽车工程学会)的编号来表示，号码越大，表示机油的黏度越大，普通分为0W、5W、10W、15W、20W、25W、20、30、40、50、60等十一级。

早期的机油，称为单级机油，如最常用的SAE 30与SAE 40两种，因适用的温度范围窄，已无法达到现代车用发动机的需求。

现代车用发动机均采用复级机油，其SAE编号有很多种，如5W40、10W40、20W50、5W50等。这种机油低温时的流动性好，高温时的黏性好，能适用于广大的温度范围，故四季可通用，又称四季通用机油(All Climate Engine Oil)。编号中的W，是源自Winter(冬天)的W字母，W前面的数字，表示机油在低温时的黏度，W后面的数字，则表示机油在高温时的黏度。

❷ API服务分类

API服务分类，是用来表示发动机机油品质的方法。从1972年开始，美国石油协会(American Petroleum Institute, API)将汽油发动机用机油分成SA、SB、SC、SD、SE等五级。

接着API服务分类又陆续增加SF、SG、SH、SJ及SL级，其中SL级为2001年7月经API认证发表的规格。较新API分类的适用范围，如表7-1所示。

API服务分类的适用范围　　　　　　　　　　　　　　　　表7-1

等级	适用范围
SL	适用现行的汽油发动机
SE	适用2001年及更早的汽油发动机
SH	适用1996年及更早的汽油发动机
SG	适用1993年及更早的汽油发动机
SF	适用1988年及更早的汽油发动机
SJ	适用1979年及更早的汽油发动机

目前的机油容器上，都会同时标示SAE与API两种规格，例如一般价格便宜的矿物性机油，如SAE 15W-50, API SF、SG；而价格昂贵的全合成机油，如SAE 5W-40, API SL。

7.2.2 润滑油的更换

一般是新车行驶1000km时，及以后每行驶5000km更换一次。但每部汽车的使用状况不一样，比如是一般道路或越野道路行驶，平顺或粗暴驾驶，轻载或重载等，应依实际使用状况而变化。

7.3 润滑油路及主要部件的构造

7.3.1 润滑油路

（1）现代车用四冲程汽油发动机，大部分采用压力式润滑系统，如图7-1所示，为其基本的机油循环方式。

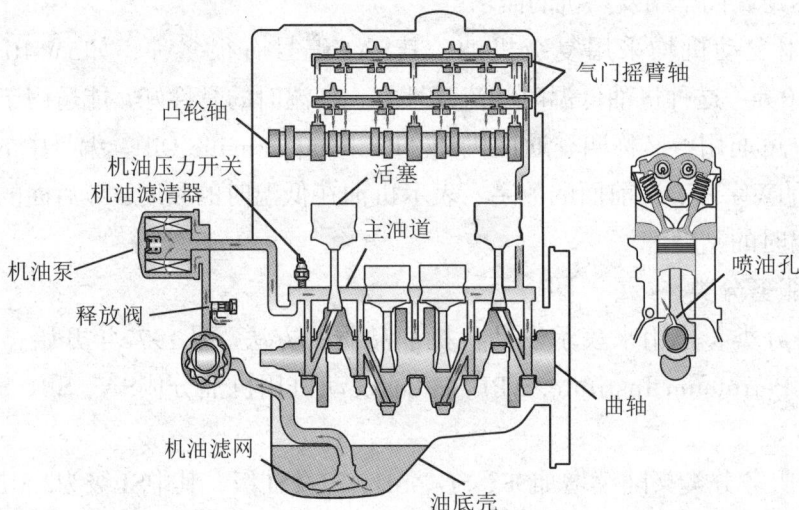

图7-1 压力式润滑系统

机油泵由曲轴、凸轮轴或正时皮带驱动，将油底壳内机油经机油滤网(Oil Pickup)吸出，压经机油滤清器，进入发动机体的主油道内。机油滤网做粗滤用，而机油滤清器做细滤用。

主油道内的机油先至主轴颈润滑，经曲轴内油道后，再到连杆轴颈润滑，然后再从连杆大头喷油孔喷出，润滑活塞、活塞销、活塞环及汽缸壁。

另一方面，主油道的机油向上进入汽缸盖，来润滑凸轮轴、气门摇臂总成及气门等。

现代车用发动机采用正时链条的，机油也送至该处喷出，来润滑正时链条及链轮。

所有至各部位润滑过后的机油，均滴回油底壳，以备持续循环润滑用。

（2）二冲程汽油发动机机油的润滑。

二冲程汽油发动机的油底壳内无机油，采用分离润滑方式，目前以小型机车发动机采用最多。

机油泵由曲轴驱动，将从机油箱来的机油，仅以必要的量送往进气歧管及曲轴，来润滑球轴承、滚柱轴承、活塞及汽缸壁，如图7-2所示。润滑过后的机油，与汽油的混合气在汽缸内燃烧后排出。

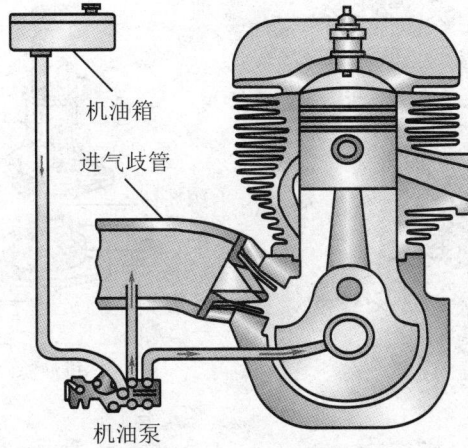

图7-2　分离润滑系统

由于二冲程汽油发动机的润滑特性，所以机油的黏度较低，即流动性较好，因此不得使用四冲程汽油发动机采用的机油。

7.3.2　主要部件的构造

一、机油泵

四冲程汽油发动机压力式润滑系统采用的机油泵(Oil Pump)，用来吸压机油。机油泵的种类：齿轮式、转子式、摆动式。

1　齿轮式机油泵

齿轮式机油泵由泵体、泵盖、主动齿轮、从动齿轮及释放阀等组成，泵体装在曲轴皮带轮侧，如图7-3 a)所示。此式结构简单，但体积及噪声较大。

主动齿轮按图示方向旋转，进油口处产生真空，将机油吸入，随齿轮的转动，沿齿轮与泵体间的空隙带到出油口压出，送到主油道，如图7-3 b)所示。

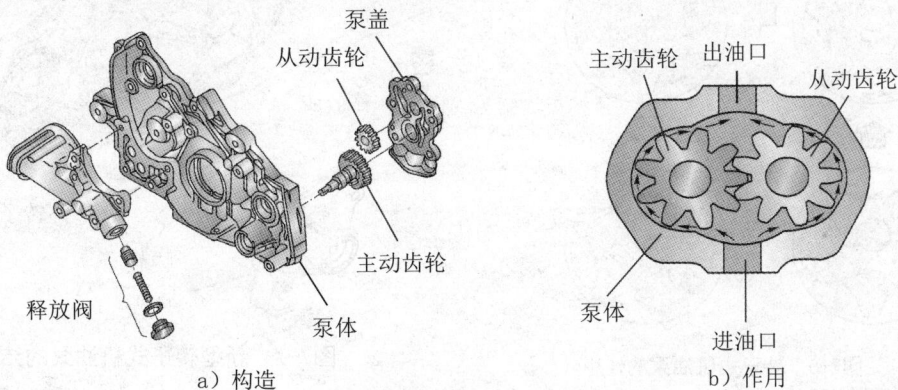

a）构造　　　　　　　　　　　　　b）作用

图7-3　齿轮式机油泵的结构及作用

各种型式的机油泵内，都设有释放阀(Relief Valve)，当发动机转速高时，油压将释放阀推开，部分机油回到机油泵的进油端，以免出油端油压太高，如图7-4所示。调节后的油压为196~392kPa，故释放阀也称为机油压力调节阀。

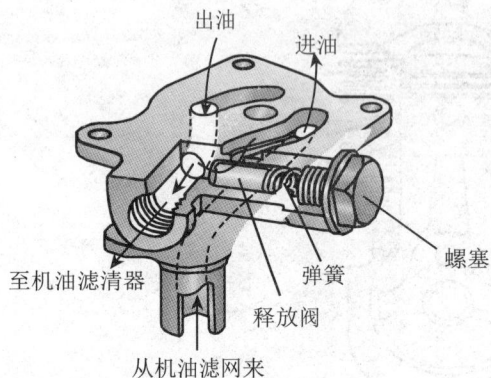

图7-4 释放阀的结构

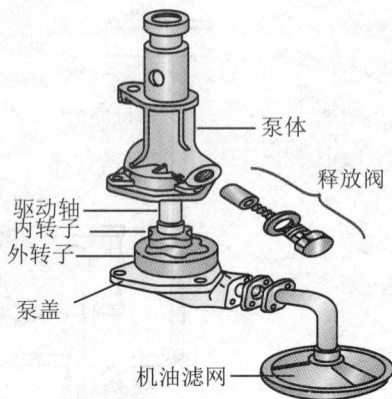

图7-5 旧型转子式机油泵的结构

❷ 转子式机油泵

旧型转子式机油泵的结构，由泵体、泵盖、机油滤网、释放阀、内转子、外转子等组成，如图7-5所示。此式结构简单，体积及噪声小，以往小型车采用最多。

内转子的齿数比外转子少一齿，内转子与泵体偏心安装，当内转子驱动外转子转动时，内、外转子齿与齿的空间发生由小变大，再由大变小的运动，而产生吸、送油作用，如图7-6所示，由①至⑩的空间变化。

新型转子式机油泵的结构，如图7-7所示，装在曲轴皮带轮侧的前盖上，占用的体积更小。

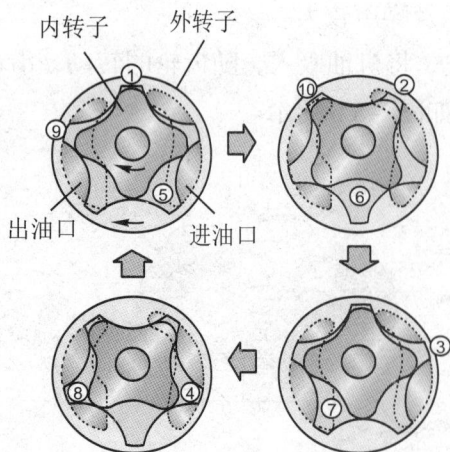

图7-6 转子式机油泵的作用

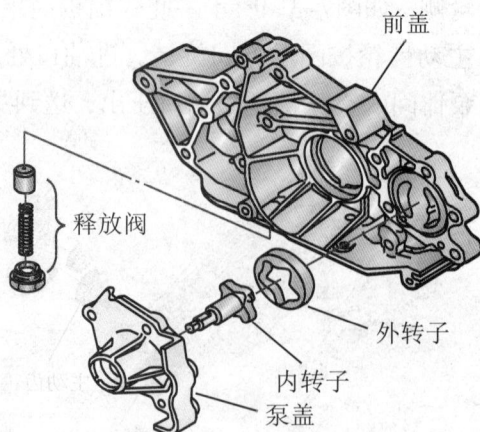

图7-7 新型转子式机油泵的结构

❸ 摆动式机油泵

摆动式机油泵的结构，由泵体、内转子、外转子、泵盖及释放阀等组成，如图7-8所示。

与转子式机油泵的结构相似，但其内、外转子的齿数比转子式机油泵多；且内转子是由曲轴直接驱动，可减少零件数量及重量，及降低机械的摩擦与噪声，现代小型车普遍采用。

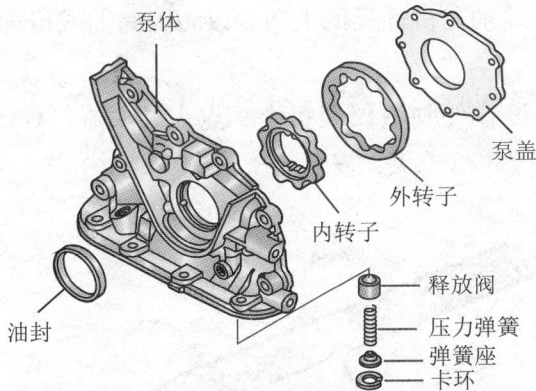

图7-8 摆动式机油泵的结构

二、机油滤清器

❶ 机油滤清器的功用

过滤因机件摩擦产生的金属粉，及汽油、机油燃烧后混入机油中的炭粒、油泥等，以减少机件的磨损，延长发动机的使用寿命。

❷ 机油滤清器的结构及作用

机油滤清器的结构，由外壳、滤芯、旁通阀及止回阀等组成，如图7-9所示。

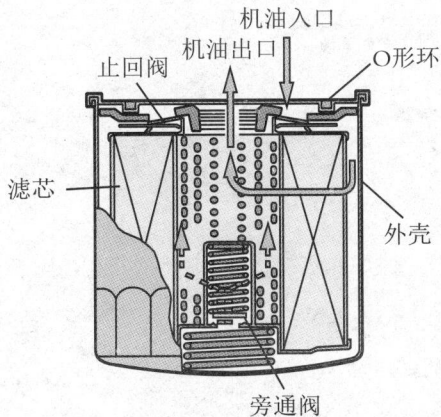

图7-9 机油滤清器的结构及作用

机油从滤芯的外围进入，经滤芯过滤后，从滤清器的中央送出，如图7-9的实线所示；当滤芯堵塞时，油压将旁通阀推开，机油经旁通阀直接送出，如图7-9的虚线所示。

当发动机熄火时，单向阀关闭，避免机油逆流，以防止主油道油压迅速降低；且可避免滤芯外围的污泥流回机油泵。

三、机油尺与机油压力警告灯

（1）机油尺的结构，如图7-10所示。油底壳内机油量，应保持在机油尺的上限与下限之间；通常添加机油时，均加至机油尺的上限，以防因漏油或机油进入燃烧室，机油面迅速降低至下限以下。

（2）机油压力警告灯设在驾驶室仪表板上，点火开关在"ON"位置时，警告灯亮；发动机发动后数秒内，警告灯熄灭，表示油压正常。

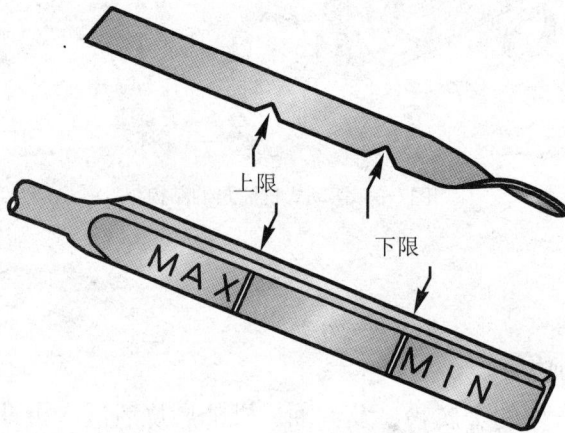

图7-10 机油尺的结构

理论测试

一 填空题

1. 现代汽车发动机润滑系多采用_____和_____相结合的复合润滑方式。

2. 汽车发动机常用的机油泵有_____和_____两种。

3. 发动机运转时，总有极少可燃混合气和废气经_____漏到曲轴箱内。

二 选择题

1. 下列哪项零件不是靠连杆大头喷出的机油润滑？ （ ）

(A) 活塞　(B) 气门　(C) 汽缸壁　(D) 活塞环

2. 对二冲程汽油发动机润滑系统的叙述，哪项是错误的？ （ ）

(A) 油底壳内无机油　　(B) 小型机车发动机采用最多

(C) 采用分离润滑方式　(D) 所用机油的黏性与四冲程汽油发动机采用的相同

3. 经释放阀调节后的机油压力约为_____kgf/cm^2(1kgf/m^2=0.098MPa)。 （ ）

(A) 0.5~1.5　(B) 2~4　(C) 5~10　(D) 15~20

4. 对机油的叙述，哪项是错误的？ （ ）

(A)机油的服务分类是以SAE号码表示　(B)温度变化时，机油黏度的变化率越少越好

(C)SAE30为单级机油　　　　　　　　(D)SAE 10W—40为复级机油

5. 适用现今汽油发动机的API服务分类为_____。 （ ）

(A) SG级　(B) SH级　(C) SJ级　(D) SL级

三 判断题

1. 全流式机油过滤方法，机油滤清器是装在油底壳与机油泵之间。 （ ）

2. 油底壳处的机油滤网是做粗滤用，而机油滤清器是做细滤用。 （ ）

3. 采用正时皮带的发动机，机油也送至该处润滑。 （ ）

4. 任何一种型式的机油泵内，都一定设有释放阀。 （ ）

5. 经滤芯过滤后的机油，是从机油滤清器的中央送出。 （ ）

6. SAE的号码越大，表示黏度越小。 （ ）

7. 单级机油的特性，已不适用现代汽油发动机。 （ ）

8. 复级机油又称四季通用机油。 （ ）

9. SAE表示美国石油协会，API表示美国汽车工程学会。 （ ）

10. 每行驶5 000千米，机油应更换一次。 （ ）

四 简答题

1. 机油滤清器内设旁通阀有何用途？

2. 试述释放阀的功用。

3. 试述摆动式机油泵的优点。

4. 试述机油滤清器的功用。

5. 高黏度指数机油有何特性？

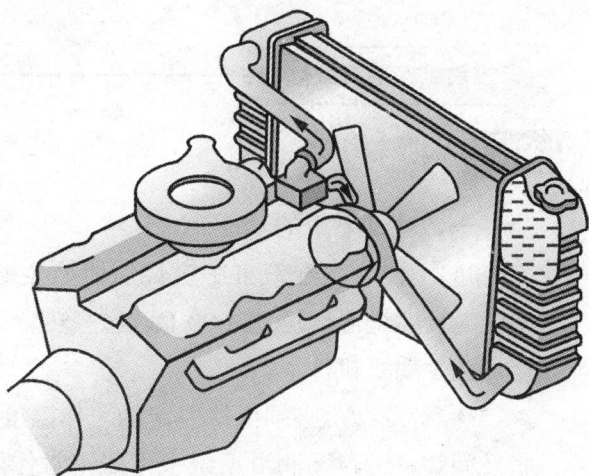

单元8

冷却系统

🔹 **知识目标：**

1. 了解冷却系统的功能及分类；

2. 掌握冷却系统的组成及各部件的功用。

🔹 **能力目标：**

1. 掌握大小循环冷却液循环路线；

2. 掌握冷却系主要部件的构造及结构特点。

🔹 **建议学时：**

6 学时

8.1 概述

一、冷却系统的功能

（1）混合气在汽缸中燃烧后所产生的大量热能，约有70%不能转为发动机的机械动能，且燃烧温度可达2600℃，这些热量约有一半随着废气排出发动机外，另一半则直接加在发动机机件上。

（2）发动机必须保持一定的工作温度（为80℃~90℃），各机件才能维持正常的膨胀及间隙，燃料及润滑系统也才能正常作用，因此必须装设冷却系统，使发动机迅速达到工作温度，并一直保持此工作温度。

（3）冷却不良会导致发动机过热，各部机件过度膨胀而加速磨损，甚至咬死；但过度冷却时，会造成燃油消耗及发动机功率输出降低。

二、冷却系统的分类

冷却系统的分类：水冷式和风冷式（包含自然冷却式和强制冷却式）。

① 水冷式冷却系统

一般发动机均采用压力式，由水泵将冷却液压入汽缸体及汽缸盖水套，带走汽缸壁及燃烧室壁热量，经节温器，送至水箱由外界空气冷却后，再由水泵抽压回汽缸体及汽缸盖水套，如图8-1所示。

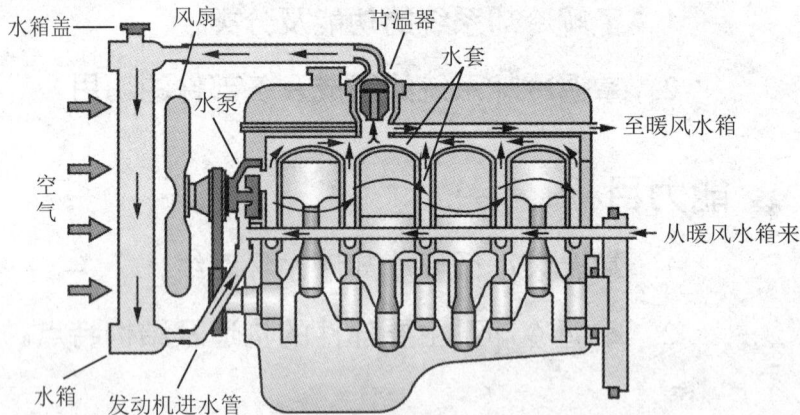

图8-1　水冷式冷却系统

为使冷发动机发动后，缩短发动机的暖车时间，在冷却液的循环路径上设有节温器，水温低时，节温器关闭，冷却液经旁通道在发动机内循环流动；水温高时，节温器才打开，大部分冷却液流经水箱冷却，少部分则流经旁通道，如图8-2所示。

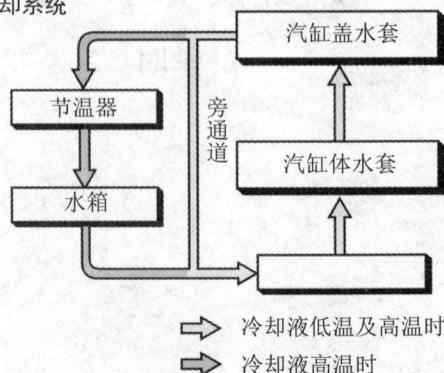

图8-2　水冷式冷却系统冷却液的循环

❷ 风冷式冷却系统

（1）自然冷却式：利用行驶时，自然流动的空气来冷却，一般用在摩托车上，如图8-3所示。

（2）强制冷却式：汽车发动机均采用强制冷却法，在汽缸体及汽缸盖外围用导气罩包围，用来引导空气流动，并使用风扇或鼓风机来强制送风，如图8-4所示。

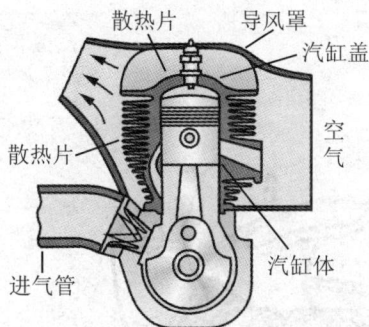

图8-3 自然冷却风冷式冷却系统　　图8-4 强制冷却风冷式冷却系统

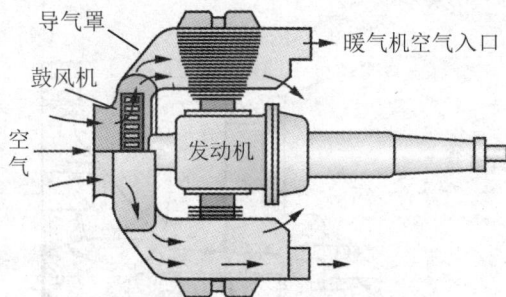

8.2 冷却液

（1）水冷式发动机最方便使用的冷却液为水，但必须是干净的软水才可以。

（2）在寒冷天候，气温0℃以下时，水会结冰膨胀，使水箱、汽缸等破损，因此必须在水中加入防冻剂，使冷却液的凝固点降低。

一般的防冻剂也可提高冷却液的沸点。

汽车常用的乙烯乙二醇为无色、无臭、毒性低、腐蚀性低且易溶于水的防冻剂。

但乙二醇的密度大于水，而比热及导热度均不如水。与水混合时，乙二醇的含量越高，其热传导系数会越低，也就是不利于散热；

（3）为使防冻冷却液能全年使用，再添加防锈剂及防腐蚀剂等，称为长效冷却液(Long Life Coolant, LLC)，是目前使用最多的冷却液。

8.3 冷却液循环及主要部件的构造

冷却液在冷却系中的循环路径见图8-1所示。冷却液在水泵中增压后，经铸在机体上的分水道流入发动机的机体水套。冷却液从水套壁周围流过并从水套壁吸热而升温；然后向上流入汽缸盖水套，从汽缸盖水套壁吸热之后经节温器及散热器进水软管流入散热器；在散热器中，冷却液向流过散热器周围的空气散热而降温；最后冷却液经散热器出水软管返回水泵，如此循环不已。在汽车行驶时或冷却风扇工作时，空气从散热器周围高速流过，以增强对冷却液的冷却。不论是直接铸在机体上的分水道，还是铜制或不锈钢制的分水管，都沿纵向开有出水孔，并与机体水套相通，离水泵越远出水孔越大，其数目通常与汽缸数相同。分水道或分水管的作用是使多缸发动机各汽缸的冷却强度均匀一致。

8.3.1 水泵

（1）水泵(Water Pump)由泵体、泵轴、叶片、轴承、水封及皮带轮等组成，如图8-5所示。水泵皮带轮由发电机皮带驱动，现代车用发动机由正时皮带驱动，其转速约为曲轴转速的1.2~1.6倍。

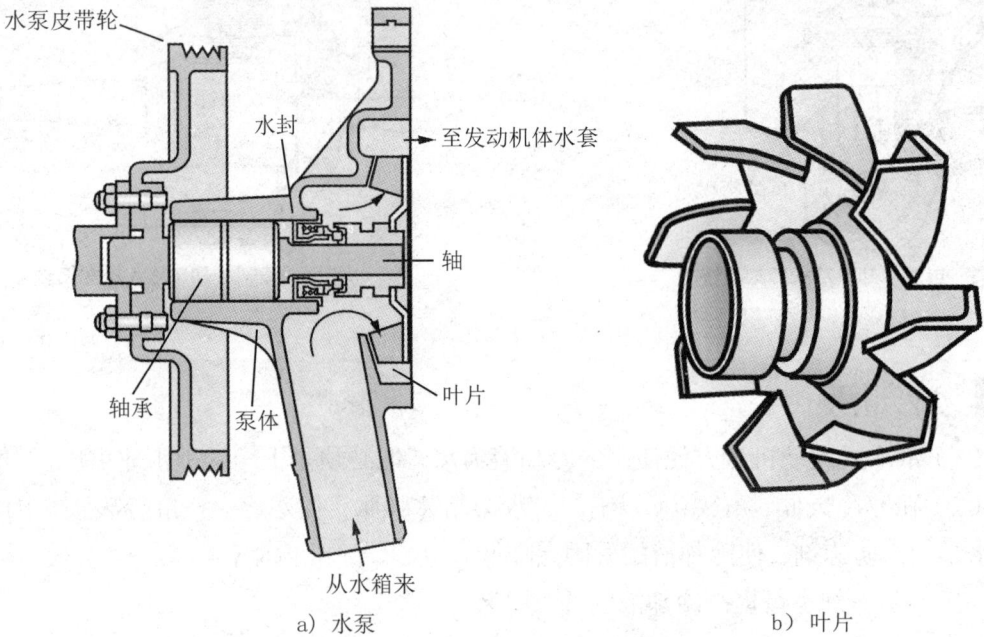

a）水泵

b）叶片

图8-5　水泵的结构

（2）水泵将从水箱来的冷却液，或从旁通道来的冷却液，压入汽缸体水套中，强制冷却液循环作用。

8.3.2 风扇

（1）目前发动机所采用的冷却用风扇，均用合成树脂制成，如图8-6所示，风扇装在水箱后面，将空气吸经水箱，吹向发动机体。

（2）风扇的种类：发动机驱动风扇（包含直接驱动式和风扇离合器式）和电动风扇。

（3）直接驱动式风扇：风扇直接固定在水泵上，由发动机曲轴经皮带直接传动，如图8-6所示，风扇转速与发动机转速成正比。发动机起动后，风扇永远在转动，不能配合发动机需要，且噪声大、耗油，为早期冷却系统采用。

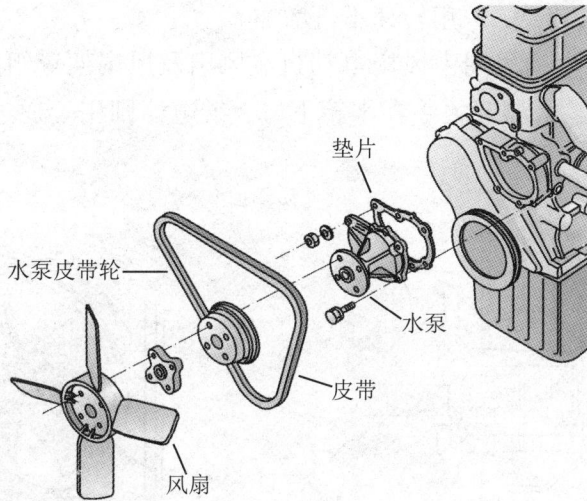

图8-6　直接驱动式风扇的组成

（4）风扇离合器式：是由曲轴经皮带间接传动，如图8-7所示。发电机皮带先带动水泵皮带轮，经风扇离合器(Fan Clutch)，再传动风扇。

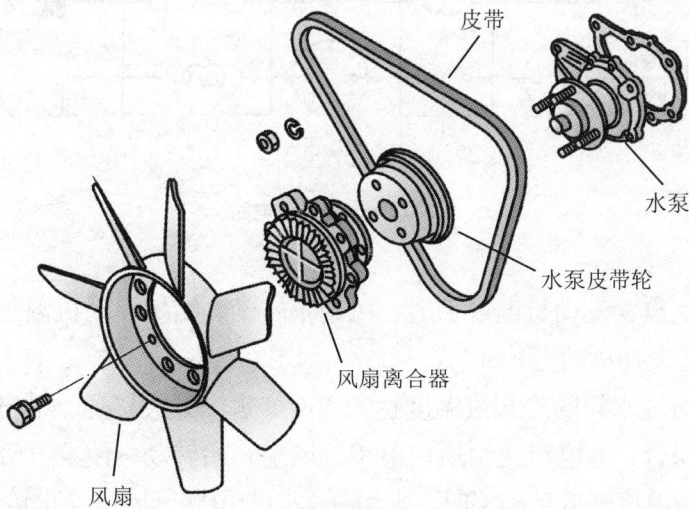

图8-7　风扇离合器式的组成

风扇离合器的结构与作用。风扇离合器的结构，由水泵皮带轮驱动的主动板，连接风扇的从动板，及特种黏性油，即硅油等组成，如图8-8所示。

水泵皮带轮转动时，使风扇离合器中的主动板转动，根据硅油的黏性及温度使从动板也跟着转动，故驱动风扇使随着旋转。发动机温度低时，风扇转速较慢，使暖车时间缩短；发动机温度高时，温度升高使硅油膨胀，主动板与从动板间的阻力变大，故风扇转速变快；但达一定转速后，风扇转速不再增加。

（5）电动风扇：电动风扇由风扇电动机、风扇及风扇架等组成，如图8-9所示。其电路如图8-10所示，水温开关装在水箱下方，继电器则用于通过大电流送给风扇电动机。

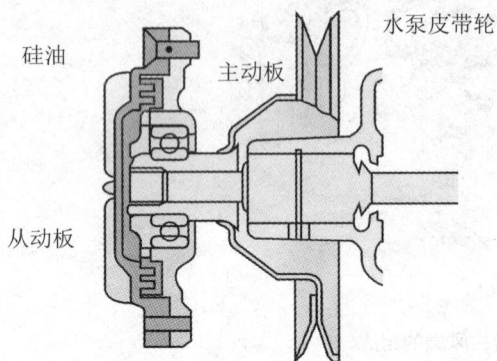

图8-8　风扇离合器的结构

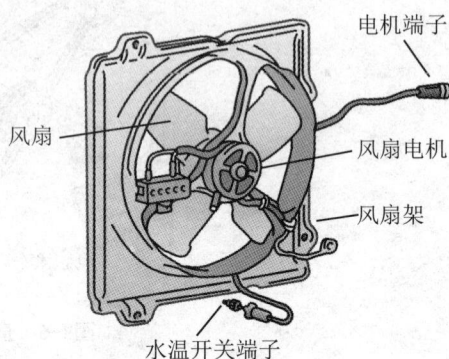

图8-9　电动风扇的组成

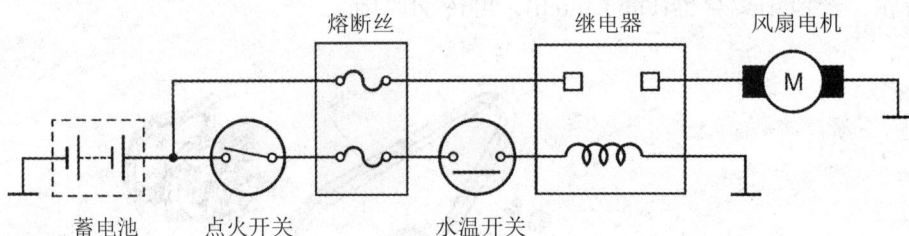

图8-10　电动风扇电路

电动风扇的优点为发动机温度低时，风扇不转动，缩短发动机温热的时间，运转噪声小，且不必消耗发动机动力。

其作用为当通过水箱的冷却液温度达92℃时，水温开关接通，继电器内线圈通电，使继电器内触点闭合，大电流送给风扇电机，风扇开始转动，使空气吸经水箱冷却；当通过水箱的冷却液温度降低到87℃时，水温开关切断电路，风扇停止转动。

8.3.3　皮带

（1）各皮带轮间的传动，是靠皮带，其要求为传动效率高、不打滑，及噪声低。

（2）皮带分成两种，V型与齿型。

V型皮带：是靠皮带两侧与皮带轮的接触压力，来传递动力，早期发动机均采用这种型式，如图8-11 a)所示。

齿型皮带：是由多条小V型构成如齿状般，靠每条小V型两侧与皮带轮的接触压力，来传递动力。其传动效率高，且噪声低，现代发动机均采用此式，如图8-11 b)所示。

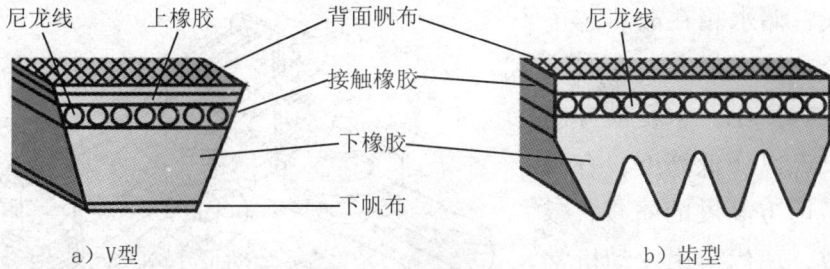

图8-11　皮带的结构

a）V型　　　　　　　　　　　b）齿型

尼龙线　上橡胶　　　背面帆布　　尼龙线
　　　　　　　　接触橡胶
　　　　　　　　下橡胶
　　　　　　　　下帆布

8.3.4 水箱及水箱盖

❶ 水箱(Radiator)

水箱一般都装在汽车前方,以利于冷却液的散热,材质常用铜或铝制成。

水箱由上水箱、下水箱、散热芯、水箱盖、进水口、出水口及放水塞等组成,如图8-12所示。压力过高的冷却液从溢流管直接排泄掉,被早期冷却系统所采用。

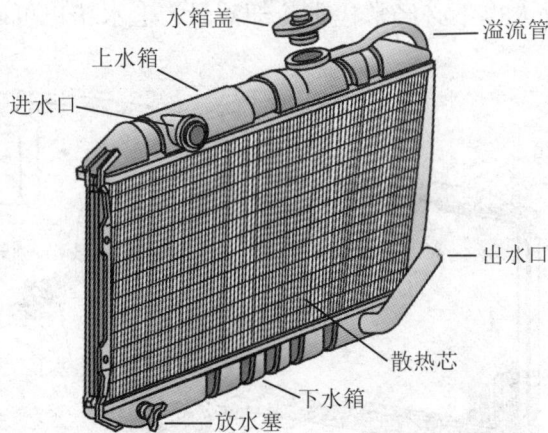

图8-12　水箱的结构

水箱盖　　溢流管
上水箱
进水口
　　　　　　　出水口
　　　　　　散热芯
　　　　下水箱
　放水塞

水箱依水流方向可分为以下两种。

纵流式:热冷却液由上水箱进入,冷却过的冷却液由下水箱流出,再由水泵打入水套中。因能配合水温与相对密度的变化,冷却效果好,早期发动机使用较多,如图8-13所示。

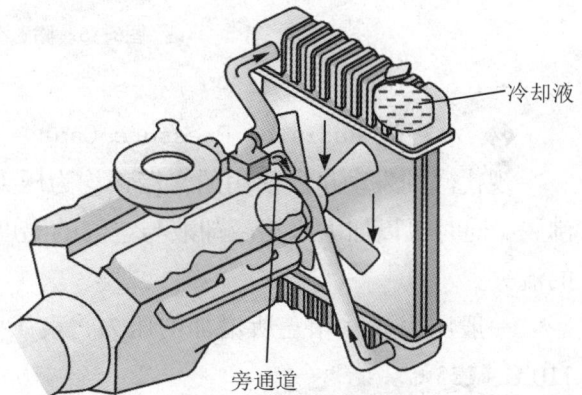

冷却液

旁通道

图8-13　纵流式水箱

横流式：储水箱在散热芯子的两端，冷却液以横方向左右流动，如图8-14所示。水箱横方向尺寸可加长，以降低高度，有利于发动机盖前方高度的缩减，减少风阻系数，现代车用发动机常采用。

附储液箱的水箱：现代汽车使用的水箱，旁边常附有储液箱，俗称副水箱，如图8-15所示。

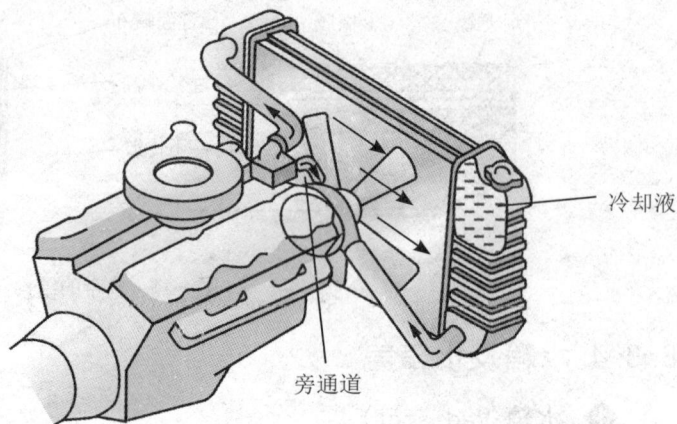

图8-14 横流式水箱

当冷却液温度上升，体积膨胀时，水箱中的冷却液压入储液箱中；温度降低，冷却液体积收缩时，储液箱中的冷却液被吸回水箱中。如此水箱可以经常保持在满水状态，以维持冷却效果，驾驶人也不必经常检查冷却液量，上水箱也可以做得较小。

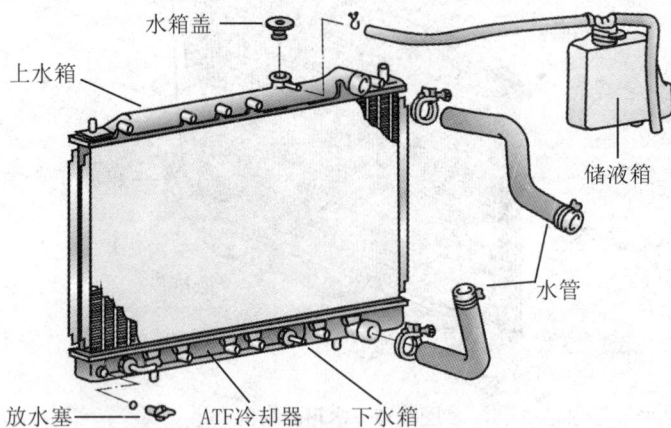

图8-15 附贮存箱的水箱

❷ **水箱盖**(Radiator Pressure Cap)

现代汽油发动机所使用的水箱盖均为压力式，以提高冷却液的沸点，使冷却液不易沸腾，同时可以加大水箱冷却液与空气的温度差，提高冷却效率，并且可以减少冷却液的流失。

一般压力式水箱盖所增加的压力，表压力为49~88kPa，可使冷却液的沸点提高到110℃~125℃。

水箱盖的结构及作用：压力式水箱盖，由压力阀、压力弹簧、真空阀、真空弹簧等组成，如图8-16所示。

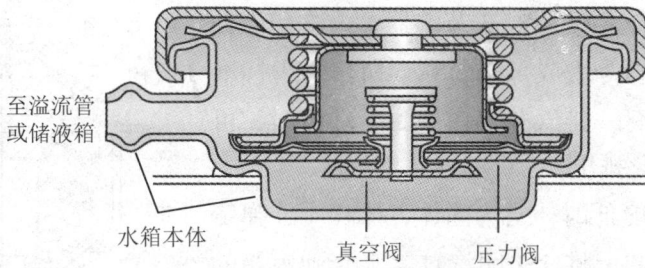

至溢流管
或储液箱

水箱本体   真空阀   压力阀

图8-16 压力式水箱盖的结构

当水箱内部压力大于规定值时，压力阀打开，高压气体及冷却液由溢流管流出，或进入储液箱，以防水箱或水管破裂，如图8-17所示。

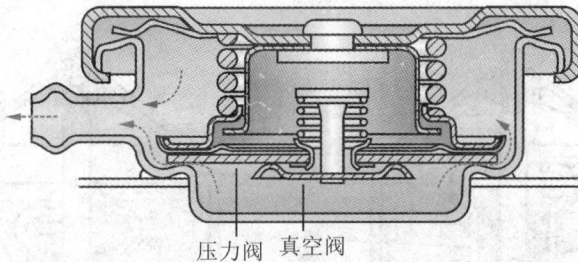

压力阀 真空阀

图8-17 压力阀打开

当发动机熄火，冷却液温度降低，体积收缩后，水箱内的压力会低于大气压力，此时真空阀打开，使空气或储液箱中的冷却液流回水箱内，以防止水箱或水管塌陷，并保持冷却液量，如图8-18所示。

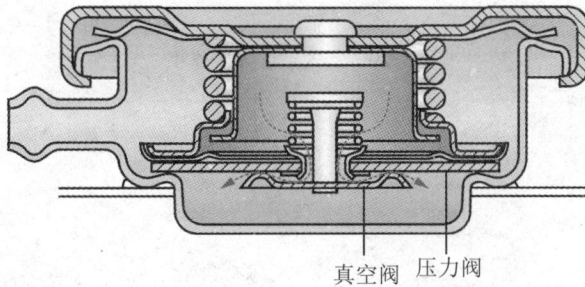

真空阀 压力阀

图8-18 真空阀打开

8.3.5 节温器

❶ 节温器的功用

在冷却液温度低时阀关闭，使冷却液只能在水套内循环，让冷却液温度迅速上升到正常的工作温度；然后在冷却液温度升高后，改变阀的开度大小，控制水温在一定值。

❷ 节温器的结构与作用

压力式冷却系统均使用蜡式节温器，由支架、轴杆、蜡室、弹簧及阀等组成，如图8-19所示，为标准型的节温器。其上有一排气孔，在加注冷却液时，可让水套内的空气由此排出。

当冷却液的温度低时，蜡为固体，体积小，弹簧的力量将蜡室及阀向上推，关闭汽缸盖水套到水箱的通路，如图8-20 a)所示。

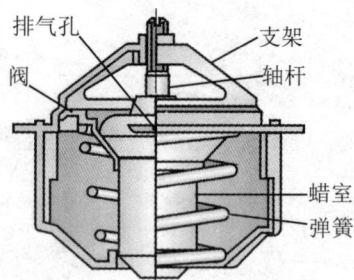

图8-19 蜡式节温器的结构

当冷却液的温度上升时，蜡开始溶化成液体，体积膨胀产生压力，压缩合成橡胶，并作用在轴杆上，但因轴杆固定在支架上不能动，其反作用力使蜡室克服弹簧弹力向下移动，而使阀打开，让水套冷却液流往水箱，如图8-20 b)所示。

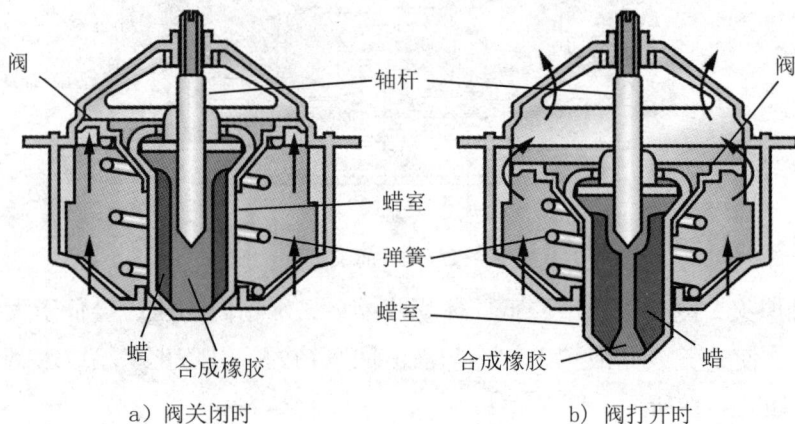

a) 阀关闭时   b) 阀打开时

图8-20 蜡式节温器的作用

理论测试

一 填空题

1. 发动机冷却方式一般有_____和_____两种。

2. 水泵的作用是对冷却液_____，使之在冷却系中循环流动。

3. 节温器是通过改变冷却液的_____和_____来调节冷却强度的。目前汽车上多采用_____节温器。

二 选择题

1. 水冷式冷却系统中，能使发动机温度迅速升高的零件是_____。　　　　（　　）

  (A) 水箱　(B) 水套　(C) 节温器　(D) 水泵

2. 直接驱动式风扇的缺点为_____。　　　　　　　　　　　　　　　　（　　）

  (A) 发动机冷时不转动　(B) 噪声大、耗油　(C) 耗电　(D) 发动机热时不转动

3. 风扇离合器式的离合器内部为_____。　　　　　　　　　　　　　（　　）

  (A) 机油　(B) 液压油　(C) 硅油　(D) 齿轮油

4. 对电动风扇的叙述，哪项是错误的？　　　　　　　　　　　　　　（　　）

  (A) 必须消耗动力　　　　　(B) 发动机温度低时风扇不转

  (C) 电路设有继电器　　　　(D) 必须消耗电荷

5. 可让水箱经常保持在正常水位的是_____。　　　　　　　　　　　（　　）

  (A) 水箱盖　(B) 节温器　(C) 溢流管　(D) 储液箱

三 判断题

1. 水冷式冷却系统的发动机，一般均采用压力式。　　　　　　　　　（　　）

2. 水泵皮带轮可由冷气压缩机皮带驱动。　　　　　　　　　　　　　（　　）

3. 水泵的转速通常比曲轴慢。　　　　　　　　　　　　　　　　　　（　　）

4. 电动风扇在发动机冷时不转动。　　　　　　　　　　　　　　　　（　　）

5. 任何风扇转动时，均是将空气吹向水箱。　　　　　　　　　　　　（　　）

6. 现代发动机均使用V型皮带传动机件。　　　　　　　　　　　　　（　　）

7. 装用压力式水箱盖是为提高冷却液的沸点。　　　　　　　　　　　（　　）

8. 压力式水箱盖的压力阀可防止水箱因压力过高而破裂。　　　　　　（　　）

9. 节温器上的排气孔，可让水箱内的空气排出。　　　　　　　　　　（　　）

10. 在水中加入防冻剂，可使冷却液的冰点降低。　　　　　　　　　（　　）

单元 8

四 简答题

1. 水冷式冷却系统，如何缩短发动机的暖车时间？
2. 试述直接驱动式风扇的缺点。
3. 试述风扇离合器式的作用。
4. 试述电动风扇的优点。
5. 横流式水箱有何优点？
6. 水箱附储液箱有何优点？
7. 压力式水箱盖的真空阀有何用处？
8. 何谓长效冷却液？

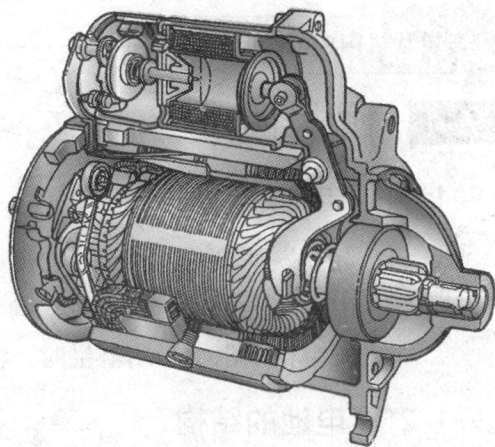

单元9

发动机电气设备

知识目标：

1. 了解发电机的基本工作原理；

2. 掌握蓄电池的功用及结构、交流发电机的结构
与基本作用。

能力目标：

1. 了解点火系统的组成；

2. 掌握起动系的组成及各部件的功用；

3. 会用塞尺测量火花塞的间隙。

建议学时：

12 学时

9.1 蓄电池

9.1.1 蓄电池的功用

（1）起动发动机时，供给起动机摇转发动机所需的大量电流。

（2）电器用电量超过发电机的输出量时，供应电器所需的电流。

（3）发电机输出大于用电量时，将电能转变成化学能在蓄电池储存。

9.1.2 蓄电池的结构

蓄电池(Battery)的结构，由外壳、顶盖、桩头、正极板、负极板、隔板、电解液等所组成，如图9-1所示。

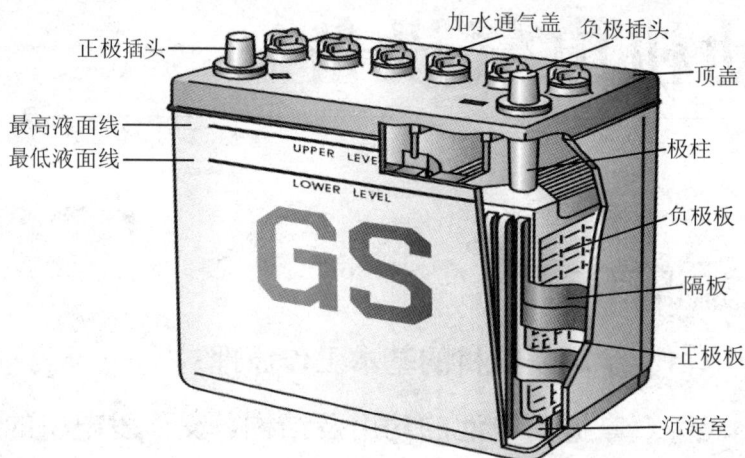

图9-1 蓄电池的结构

① 外壳

以黑色硬橡胶或透明塑胶制成，透明塑胶可看出内部电解液的高度。

外壳内部分成许多小室，互不相通，12V蓄电池有六个小室。

② 正极板与负极板

正极板是以铅格子板为骨架，表层是咖啡色微粒结晶状的过氧化铅(PbO_2)。

负极板也是以铅格子板为骨架，表层是海绵状的铅(Pb)。

③ 隔板

在正、负极板间必须以隔板隔开，隔板是以塑胶强化纸纤维、合成树脂等制成。

隔板平滑面朝向负极板，有槽沟面朝向正极板，便于从正极板脱落的活性物质能掉入沉淀室中。

④ 桩头

凸出蓄电池顶盖上两个粗大的接头，称为桩头，有圆形及扁形两种。

正极桩头较粗，有"＋"记号；负极桩头较细，有"－"记号。在接线时，绝不可接错桩头。

⑤ 加水通气盖

加水通气盖的结构，如图9-2所示，其用途为：供添加蒸馏水或供检验电解液用。在充电时，使产生的氢气及氧气能逸出，以防聚积过多气体而发生爆炸。

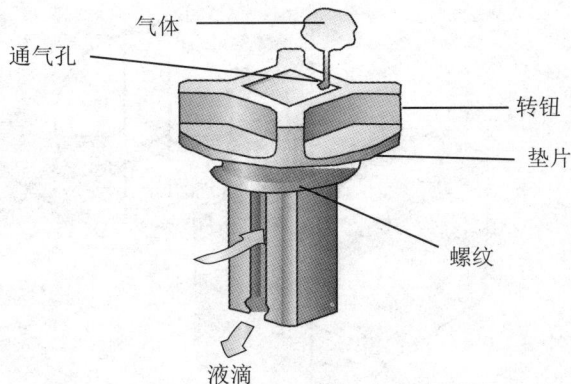

图9-2 加水通气盖的结构

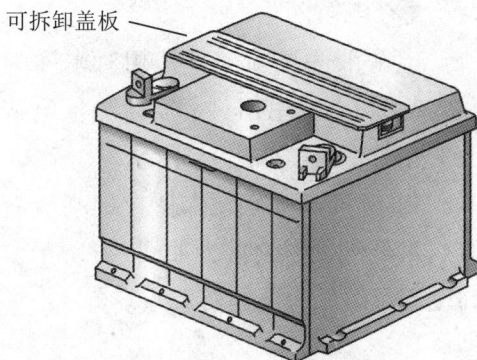

图9-3 免维护蓄电池

由于加水通气盖上方的转钮很占空间，因此目前广泛采用的免维护蓄电池已不使用此转钮，所有各分电池的盖子是在一片可拆卸盖板的下方，如图9-3所示。各分电池的盖子也不再作为加水通气用，在正常使用状况下，直至蓄电池必须换新时，通常都不必打开分电池的盖子。

⑥ 充电指示器

现代的MF蓄电池，在蓄电池顶盖上设有充电指示器，由指示器所显示的颜色，可做为判断蓄电池是否充满电及电解液面高度是否正常。

充电指示器的结构，如图9-4所示，是由视窗、塑胶管、绿色浮球及球室等组成。

充电指示器的作用，如图9-5所示。

当蓄电池液面及充电正常时，绿色浮球在中央最高点，从视窗中在黑色区可看到绿色圆圈，如图9-5 a)所示。

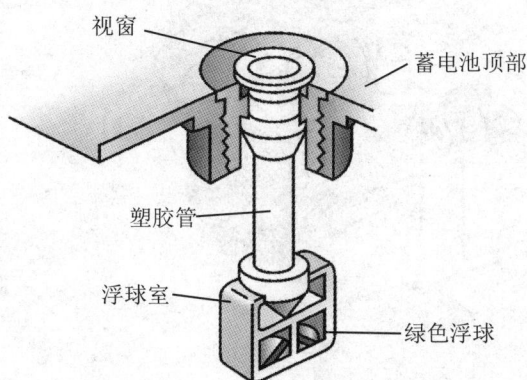

图9-4 充电指示器的结构

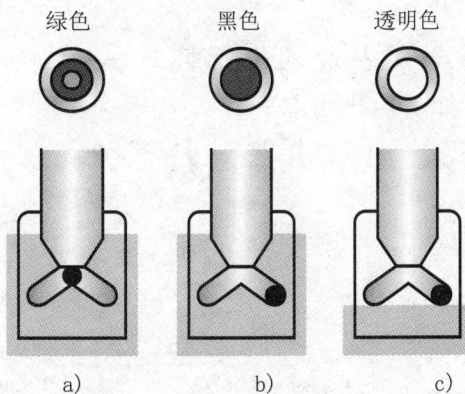

图9-5 充电指示器的作用

单元9

当蓄电池液面正常，但充电不足时，绿色浮球在球室下方，从视窗中看不到绿色圆圈，整个是黑色，如图9-5 b)所示。

当蓄电池液面过低时，视窗中看到的是透明色，表示蓄电池需换新，如图9-5 c)所示。

7 电解液

电解液为稀硫酸，其相对密度为1.26或1.28。使用相对密度计测量电解液的相对密度，如图9-6所示。

电解液高度必须保持在最高液面线与最低液面线之间，如图9-1所示。高度不足时，应添加蒸馏水。

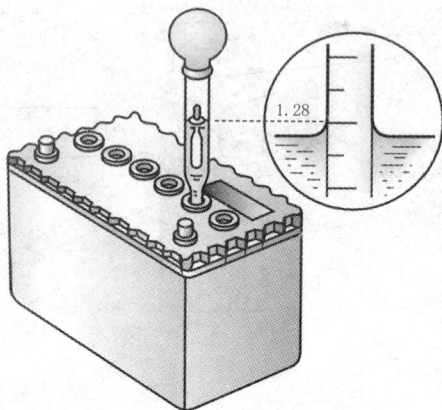

图9-6 测量电解液的相对密度

9.2 起动系统

9.2.1 概述

（1）起动发动机时，曲轴必须先转动，使活塞移动，产生吸力，将混合气吸入汽缸中，接着压缩混合气，火花塞跳火才能顺利点燃混合气并产生动力，接下来的发动机曲轴旋转力量，就完全依靠混合气的燃烧压力。这种初期的曲轴旋转力量及速度，就是由起动机来完成。

（2）起动发动机时，起动机耗用的电流很大，小型车约需150A，瞬间的最大电流甚至超过500A，因此利用约3~5A小电流，使起动机电磁开关的触点接合，以通过大电流给起动机。

（3）起动机的安装位置，如图9-7所示。

9.2.2 起动系统的组成

起动系统由蓄电池、点火开关及起动机所组成，如图9-7所示。

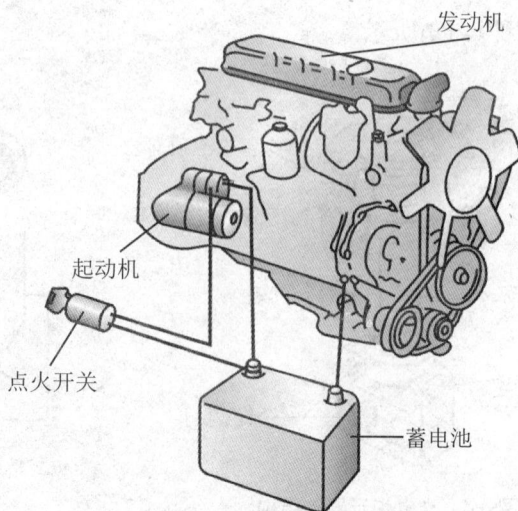

图9-7 起动机的安装位置

9.2.3 点火开关

（1）点火开关(Ignition Switch)装在转向柱上，开关有五个切换位置，如图9-8所示。

（2）点火开关五个位置的功能。

锁住(Lock)：钥匙在此位置才能拔出，也在此位置锁住转向盘轴，使转向盘无法转动。现代自动变速器汽车，换挡杆换至P挡，钥匙才能拔出。

关闭(Off)：在此位置由点火开关控制的电路均不通，但转向盘可以转动。

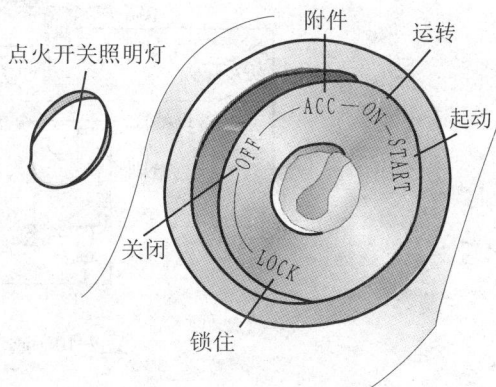

图9-8 点火开关的切换位置

附件(ACC)：在此位置汽车附属电器的电路接通，如点烟器、收音机等，但点火系统不通。不发动发动机听收音机时应开在此位置。

运转(On)：在此位置时点火系统及其他各电器均接通，汽车行驶时开关均在此位置。

起动(Start)：由运转位置顺时针方向转动钥匙，即为起动位置，手指放松时，钥匙自动回到运转位置。在起动位置时，点火系统及起动系统接通以起动发动机。

9.2.4 起动机

（1）起动机由电动机、超越离合器及电磁开关等三大部分所组成。起动机的详细结构，如图9-9所示；起动系统的电路，如图9-10所示。

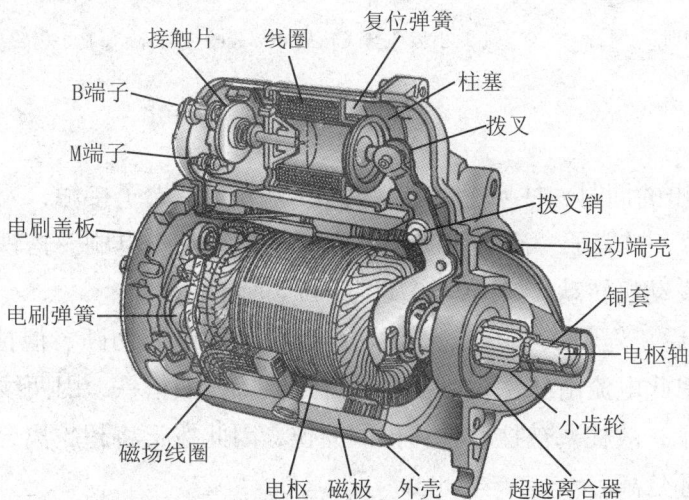

图9-9 起动机的结构

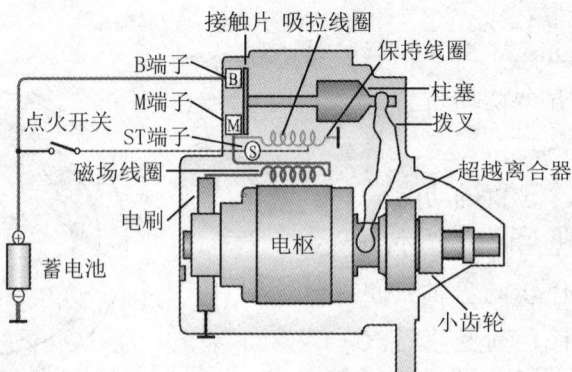

图9-10 起动系统的电路

（2）起动机的作用。

电磁开关内的柱塞，经拨叉可使超越离合器移动。当驾驶人将点火开关转到起动位置时，电流从ST端子流入保持线圈及吸拉线圈，产生的磁场将柱塞吸入，柱塞的移动经拨叉将超越离合器连同小齿轮拨出，小齿轮与飞轮齿环部啮合，如图9-11 b)所示。

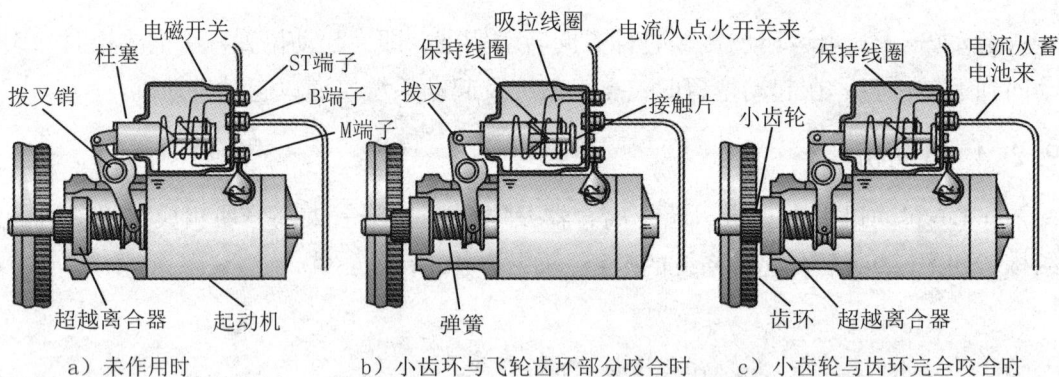

a）未作用时　　　　b）小齿环与飞轮齿环部分咬合时　　　c）小齿轮与齿环完全咬合时

图9-11 起动机的作用

在小齿轮移出的同时，柱塞上的接触片使B端子与M端子接触，大量电流从蓄电池→B端子→接触片→M端子→磁场线圈→电刷→电枢线圈→电刷→搭铁，使电动机产生强大转矩，驱动发动机转动，如图9-10及图9-11 c)所示。

发动机发动后，驾驶人放开点火开关，ST端子的电流切断，但接触片仍使B端子与M端子接通，因此电流由M端子经吸拉线圈到保持线圈搭铁，因两线圈的电流方向相反，磁力互相抵消，故柱塞被柱塞弹簧推回原位，因此拨叉将超越离合器连同小齿轮拉回，小齿环与齿环分离。

9.3 充电系统

9.3.1 发电机的基本工作原理

（1）导体在磁场内运动切割磁力线，在导体中会产生感应电压。如果将导体连成完整电路，则电路中会有电流，如图9-12所示。

（2）在导线中放置磁铁，并使磁铁旋转，则旋转的磁力线切割导线，在导线中会产生电流，如图9-13所示。导体或磁铁运动时，电流表指针都会摆动。电流表指针摆动的方向，依导体或磁铁运动方向而定。指针摆动的角度，随导体或磁铁的运动速度加快而增大。

（3）磁力线切割线圈，能在线圈中产生感应电压(电动势)，这种现象称为电磁感应。发电机由电磁感应产生感应电压，因而产生电压与电流。

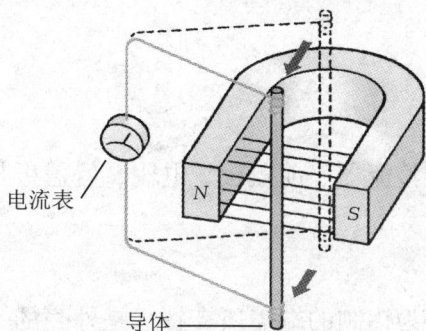

图9-12 导体在磁场内运动

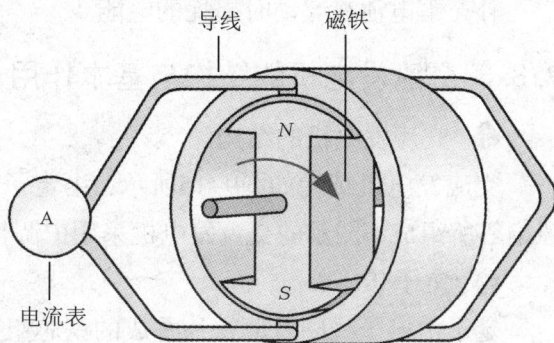

图9-13 磁铁在导线中旋转

9.3.2 交流发电机的功能

❶ 概述

起动发动机时，需利用蓄电池供应电机及点火系统等各种电器所需的电流；发动机起动后，则必须由充电装置来提供点火系统及其他电器的用电，并补充蓄电池在起动电动机时所消耗的电能。由此发动机才能持续运转，及熄火后才能再起动。

充电系统就是将发动机小部分机械能转变为电能的装置。发电机通常都是由曲轴皮带轮用皮带传动。

充电系统最重要的机件为产生电能的发电机，其次为控制发电机最高输出的调整器，另外还需有指示充电系统工作是否正常的指示灯或电流表，及连接各电器间的电线，如图9-14所示。

现代汽油发动机的充电系统，均采用IC调整器，装在交流发电机上。

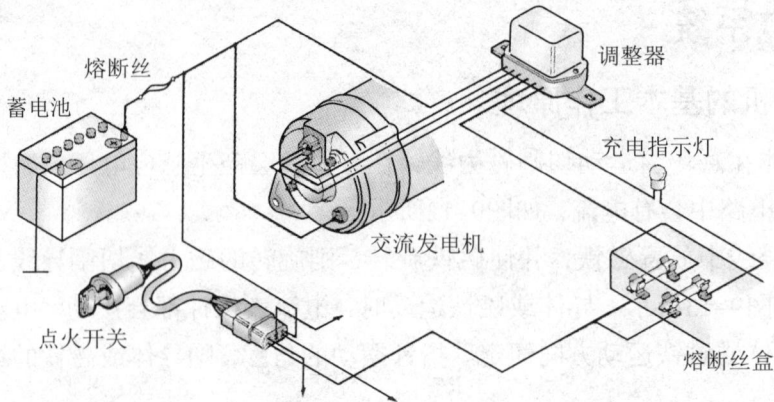

图9-14 充电系统的组成

❷ 交流发电机的功能

在车辆行驶时，供应点火系统、空调、音响及其他电器用电。

补充蓄电池在起动时损耗的电能。

9.3.3 交流发电机的结构与基本作用

❶ 交流发电机的结构

交流发电机结构如图9-15所示，由定子、转子、整流器、前盖板、电刷、后盖板与风扇等所组成。图示的交流发电机采用IC调整器。

❷ 定子(Stator)

定子由定子线圈及薄铁片叠成的铁芯组成，两端为铝制的端盖所支撑，是外壳的一部分，如图9-16所示。

铁芯由许多涂有绝缘漆的铁片叠成，内有直槽，以容放定子线圈，槽数为转子磁极数的3倍。

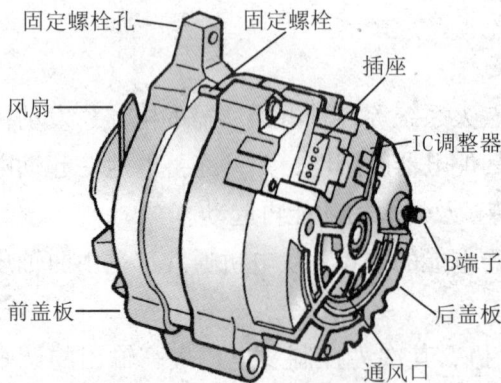

图9-15 交流发电机的结构

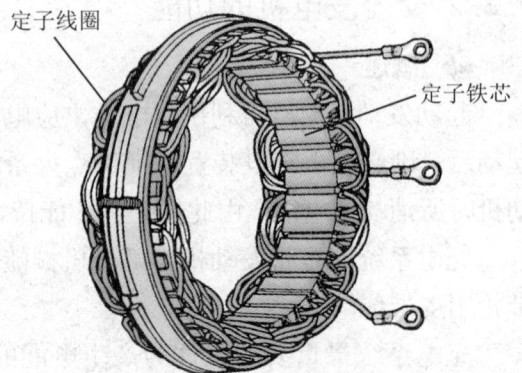

图9-16 定子的结构

定子线圈由漆包线绕成，共有三组线圈，每组由与转子磁极数相等数量的线圈串联而成。三组线圈的连接方法有Y型及△型两种。

Y型接线法，如图9-17所示，将三组定子线圈的一个端子连接在一起，此接点称为中性点(N)，另三个端子各连接于整流二极管上。Y型接线法接线简单，容易制造，各端子间的电压较高，低速时的发电特性好，中性点N可以用来做调整器控制，一般汽车的发电机均采用此式。

Δ型接线法，如图9-18所示，将各组定子线圈的两端相接串联成一个Δ型，再将三个连接点，即三角形的顶点，以线引出，接到整流二极管上。Δ型接线法输出电流较大，一般被输出量大的发电机采用。

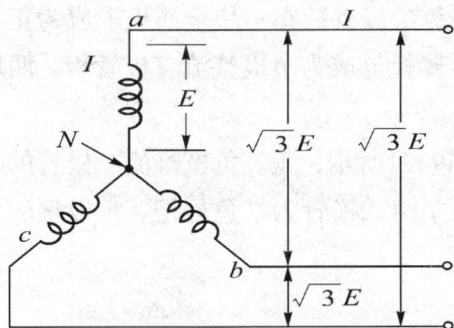

图9-17 Y型接线法

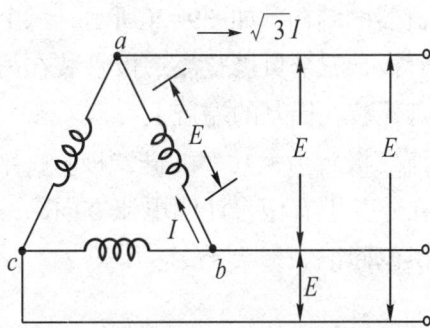

图9-18 Δ型接线法

有三组线圈的定子，一个磁铁在其内转一圈，每组线圈各产生一次电压的变化，称为三相交流电；若转子上设有6对磁极，则转子每转一圈，可以产生18次交流电波。经整流二极管全波整流后，可得平稳的输出电压。

❸ 转子

转子由磁极、磁场线圈、滑环及轴等所组成，如图9-19所示，分成两片爪型铁，交叉组合在一起，一边全为N极，另一边全为S极，N、S极相间排列，一般为8～16极。磁场线圈在内部由磁极包住。两端以轴承支撑在端壳上，前端装有皮带轮，由皮带驱动，在定子中旋转。

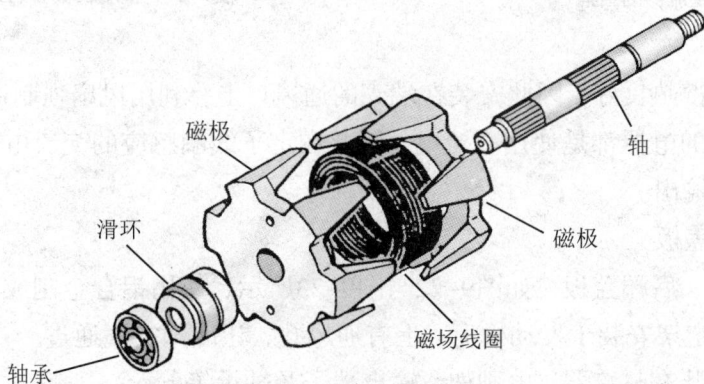

图9-19 爪型转子的结构

磁场线圈以细的漆包线绕成，线的两端各接在一个滑环上，与轴及磁极有良好绝缘。

滑环装在转子轴的一端，以黄铜或铜制成，与轴绝缘，供电流输入磁场线圈用。

磁场线圈电流的流动顺序如下：由调整器来的电流→发电机端子→电刷→滑环→磁场线圈→滑环→电刷→搭铁

流入磁场线圈的电流，是利用调整器调节电流的大小，以控制交流发电机的输出电压。

❹ 整流器

整流器的结构，如图9-20所示，三个正极整流二极管装在一块金属板上成为正极整流二极管板，三个负极整流二极管装在另一块金属板上成为负极整流二极管板。两块整流二极管板装在铝制的端盖上。

整流二极管为大功率的硅二极管，结构如图9-21所示，正、负极整流二极管的外形一样，在外壳上有记号注明电流方向，另外正极整流二极管为红色标记，负极整流二极管则以黑色标记。

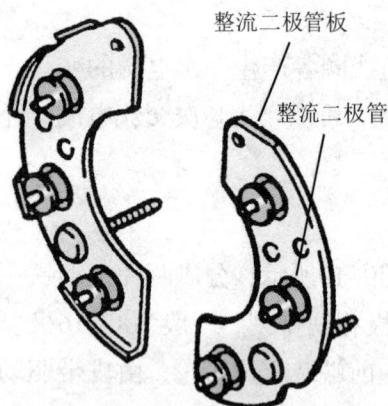

图9-20 整流器的结构

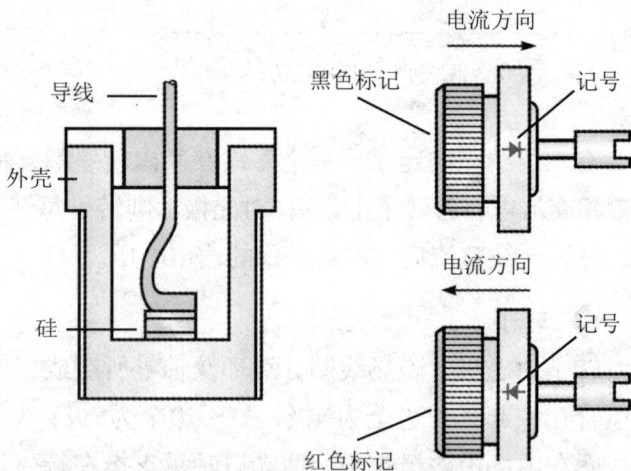

图9-21 整流二极管的结构

整流器必须散热良好，因此安装在端壳的通风口上，利用风扇强制通风冷却。

由于汽车上的电器都是使用直流电，因此在定子线圈感应的交流电，必须经过整流器整流为直流电输出。

❺ 前、后盖板

发电机的前、后端盖板，如图9-22与图9-23所示，使用铝合金制成，用以支撑转子与定子，并由固定架安装于发动机上。上有通风孔，让冷却空气通过。

后盖板上安装有整流器、电刷架、输出端子及轴承等。

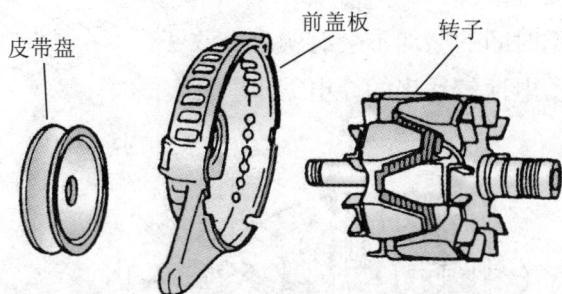

图9-22 前盖板的结构

图9-23 后盖板的结构

9.3.4 调整器

❶ 调整器的功能

交流发电机在低速时就要能发出足够的电压，以供汽车电器使用及充电，因此在低速时须以较大的电流供应磁场线圈，以产生强力磁场，使发电机能产生足够的电压；当交流发电机的转速升高后，必须降低流过磁场线圈的电流，以减弱磁场强度，来维持发电机的电压不继续升高而烧坏电器。

调整器就是用来控制磁场线圈电流的大小，以控制发电机输出电压的装置。

❷ 触点式调整器

通常由电压调整器及充电指示灯继电器所组成，如图9-24所示，两者均系采用白金触点，以控制磁场线圈的电流及充电指示灯的亮熄。

触点式调整器，由于体积大占空间，白金触点的可靠性低，以及所调节的输出电压波动幅度较大等，早已不采用。

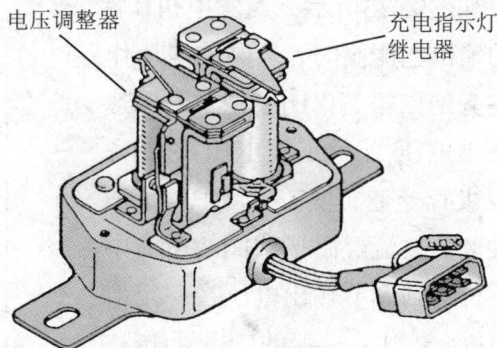

图9-24 触点式调整器的结构

❸ IC式调整器

IC调整器的外观变化很大，如图9-25 b)所示，为丰田汽车所采用的其中一种M型IC调整器的外观。M型IC调整器装在发电机皮带轮的对面。

所谓IC，是集成电路(Integrated Circuit)的简称，在电路板或硅芯片上，安装许多电阻、电容器、二极管与三极管等元件连接而成的电子电路，容纳于小壳子内，具有小型轻量化的特点。

（1）IC调整器的优点如下。

质量轻且体积小，可装在发电机上。

无活动的机械零件，故抗振性及耐久性好。

输出电压的变化范围较小，且随使用时间的增加不会有明显的改变。

温度上升时输出电压变低，能符合蓄电池较适当的充电需求。

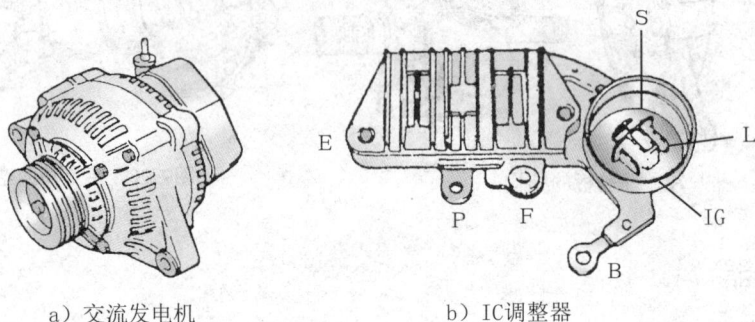

a）交流发电机   b）IC调整器

图9-25　交流发电机与IC调整器的外观

（2）IC调整器的基本工作原理。

如图9-26所示，当发电机B端子的输出电压低时，蓄电池电压流经电阻R，作用在三极管的Tr_1基极上，使Tr_1导通。故电流通过磁场线圈，其流动顺序为B端子→磁场线圈→F端子→Tr_1→搭铁，使发电机的输出电压提高。

如图9-26所示，当发电机B端子的输出电压高时，较高的电压作用在齐纳二极管(ZD)上，当电压达到齐纳电压(或称崩溃电压)时，齐纳二极管导通，使Tr_2导通，而Tr_1则关闭，故流经磁场线圈的电流中断，可达到调节输出电压在一定值的目的。（注：一般的二极管(俗称整流二极管)，电流只能单向流动；但齐纳二极管，当逆向电压达齐纳电压时，齐纳二极管逆向可导通，故常用来作为电压调整、参考电压控制及保护电路等。）

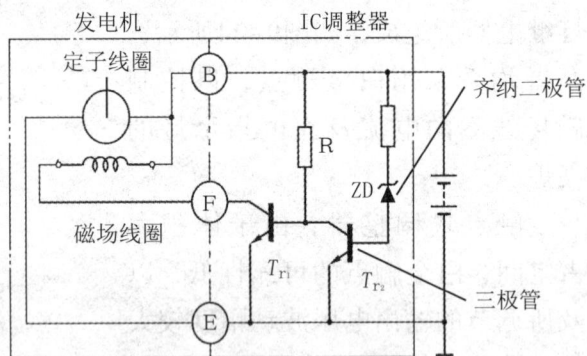

图9-26　IC调整器的基本作用原理

9.4　点火系统

9.4.1　概述

（1）内燃机除利用压缩空气的高温，使喷入的燃料自行着火燃烧的柴油发动机外，一般的发动机必须依靠高压电火花来点燃混合气，使发动机运转。

（2）点火系统产生约20kV的高压电，跳过火花塞的电极间隙产生火花，将已压缩的混合气点燃，形成一火焰核，再迅速地扩大波及整个燃烧室，产生快速的燃烧，使气体迅速膨胀，推动活塞，以产生动力。

（3）通常曲轴位置在上止点后10°左右，发动机可以得到最大动力，但从火花塞跳火至混合气大量燃烧，产生最高压力所需的时间，因发动机的压缩比、汽油辛烷值、混合气量、混合气浓度、发动机转速等因素而不同。因此发动机要获得最大动力，点火时间必须随发动机工作情况而改变，一般发动机的点火时间在怠速时约为上止点前(BTDC)5°~15°。

（4）因此点火系统有三个主要功能，产生高压电、高压电的配电及点火时间控制。

（5）汽油发动机性能好坏受点火系统的影响最大，火花微弱或点火时间不准确，立刻造成发动机无力、耗油、爆震等现象，并会排出大量污染气体。

（6）点火系统的种类很多，本单元除以白金触点式做基本说明外，分电器断续部则以最新的霍尔效应曲轴位置传感器做说明。

9.4.2 白金触点式点火系统的组成

（1）白金触点式点火系统，包括蓄电池、点火开关、点火线圈、分电器、高压线及火花塞，如图9-27所示；其电路如图9-28所示。

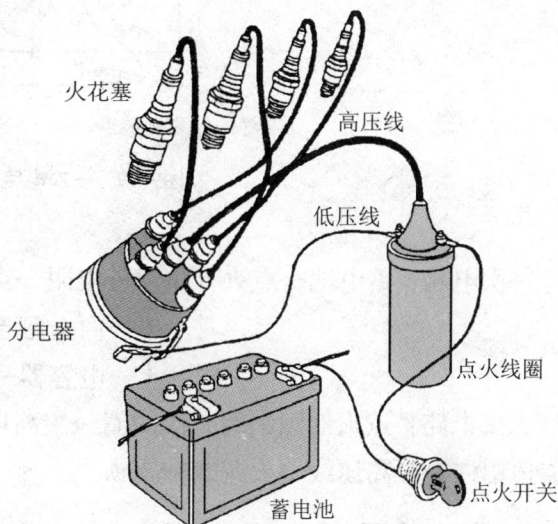

图9-27 白金触点式点火系统的组成

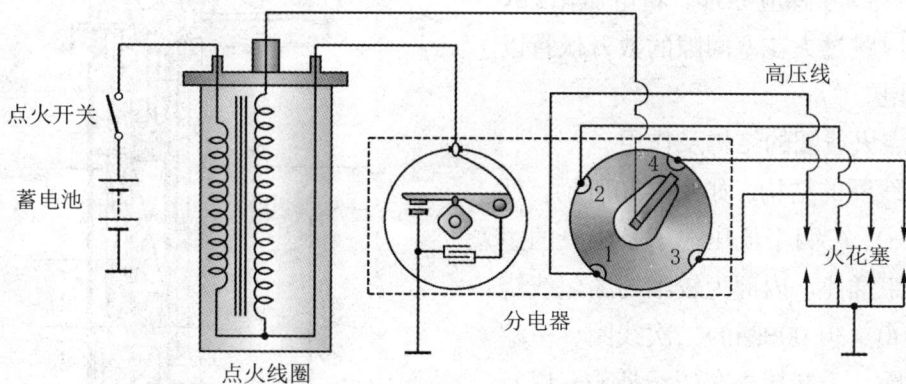

图9-28 白金触点式点火系统的电路

（2）白金触点式点火系统的电路，可分为低压电路，或称一次电路(Primary Circuit)，以及高压电路，或称二次电路两部分，如图9-29所示。

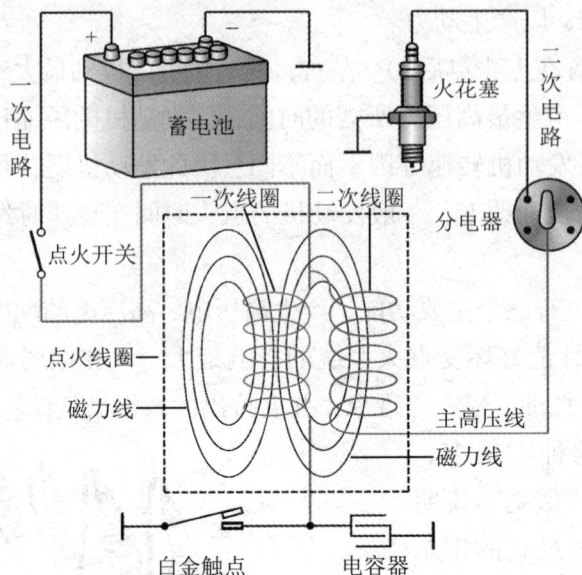

图9-29　一次电路与二次电路

一次电路：蓄电池→点火开关→外电阻→点火线圈中的一次线圈→分电器低压端子

$\begin{cases} \rightarrow 白金触点 \rightarrow 搭铁 \\ \rightarrow 电容器 \rightarrow 搭铁 \end{cases}$

二次电路：点火线圈中的二次线圈→主高压线→分电器盖中央铝柱→分火头→分电器盖边铝柱→分高压线→火花塞→搭铁

9.4.3　点火线圈

❶　点火线圈的功用

利用线圈互感应原理，将电压由12V升高到足以跳过火花塞间隙的数万伏特以上的高压电。

❷　点火线圈的结构及作用

点火线圈的结构，如图9-30所示，外部只露出⊕、⊖两个低压端子及中央的主高压线线束插座。内部为较细的漆包线绕铁芯10 000～30 000圈的二次线圈，一端接一次线圈，一端接主高压线插头；以及较粗的漆包线绕二次线圈外侧100～300圈

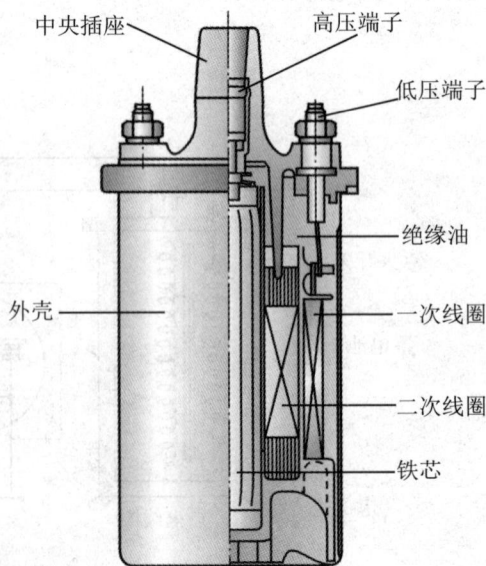

图9-30　点火线圈的结构

的一次线圈,一端接⊕低压端子,另一端接⊖低压端子。

当白金闭合时,蓄电池电流经一次线圈到白金搭铁;当白金打开时,一次线圈流动的电流中断,建立的磁场迅速消失,磁场的变化,使一次线圈自感应产生电压,由于线圈间的互感应作用,使二次线圈感应产生高压电,如图9-29所示。

9.4.4 外电阻

❶ 外电阻的功用

在点火开关ON发动机没有发动,或长时间怠速运转时,避免点火线圈温度过高,及在起动发动机与发动机运转时,都能维持强烈的高压电。

❷ 外电阻的位置及作用

白金触点式点火系统的点火线圈电路上,常附装一个外电阻,如图9-31所示。

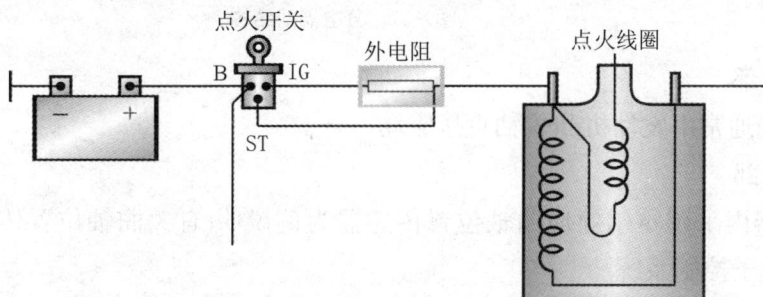

图9-31　附外电阻的点火线圈

点火线圈外面附装的电阻串联在一次线圈上,以减少一次线圈的长度,来降低诱导阻抗。无外电阻的一次线圈必须有足够长度,以产生足够电阻,否则怠速运转或发动机不转时,一次电流过大会使点火线圈发热;但电线加长后诱导阻抗增加,使线圈达到最大电流的时间延长,而使发动机在高速时的充磁不足,会使产生的高压电降低。

起动发动机时,一次电流不经外电阻,由ST线直接进入点火线圈;发动机运转时,一次电流由IG线,经外电阻,进入点火线圈。因此,起动发动机时,虽然蓄电池电压降低,但因电流不经外电阻,一次电流不会减少,能确保产生强烈的高压电,使发动机容易起动;而在发动机运转时,蓄电池电压正常,电流经外电阻,一次电流维持一定值,除可维持强烈的高压电外,还可避免点火线圈温度过高。

9.4.5 分电器

❶ 分电器的功用

用凸轮控制一次电路白金触点的开闭,或采用曲轴位置传感器,使点火线圈能感应高压电;且有点火提前装置,能依发动机状况改变点火时间;并利用分火头及分电器盖,将高压电依一定顺序送到要点火汽缸的火花塞。

❷ 分电器的结构与作用

分电器的结构,依功能可分为驱动部、断续部、点火提前部及配电部等四大部分,如图9-32所示。

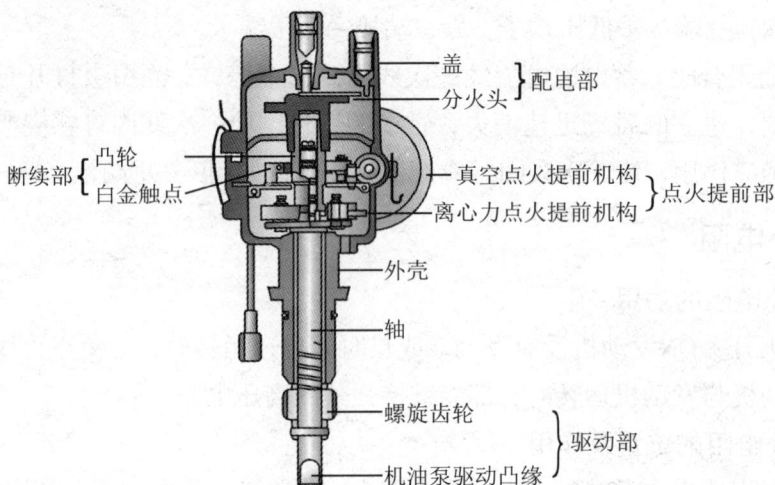

图9-32　分电器的结构

❸　驱动部

分电器轴通常由发动机凸轮轴直接驱动。

❹　断续部

以分电器内采用霍尔效应曲轴位置传感器为例说明(有关曲轴位置传感器的详细内容，请参阅电子控制系统)。

霍尔效应传感器，也常称为霍尔效应开关。用于汽油喷射系统时，常装在曲轴、凸轮轴、分电器等处，利用其信号来计算出发动机转速、控制喷射正时或控制一次电流的切断来感应高压电等。

何谓霍尔效应？

这是由名叫霍尔的人所发现的简单原理，如图9-33所示，霍尔元件(Hall Element)是一个由半导体材料所制成的扁平小薄片，由外部电路提供稳定电流通过霍尔元件，当磁力线从与电流方向成垂直的方向进入霍尔元件时，则电子流动会被扭曲，结果在霍尔元件的顶端与底端间产生一个微弱的电压。这种因磁场变化而产生电压的现象，称为霍尔效应，此电压就叫做霍尔电压。霍尔元件即霍尔IC，其内部的电路能将霍尔电压信号转为数字电压信号输出。

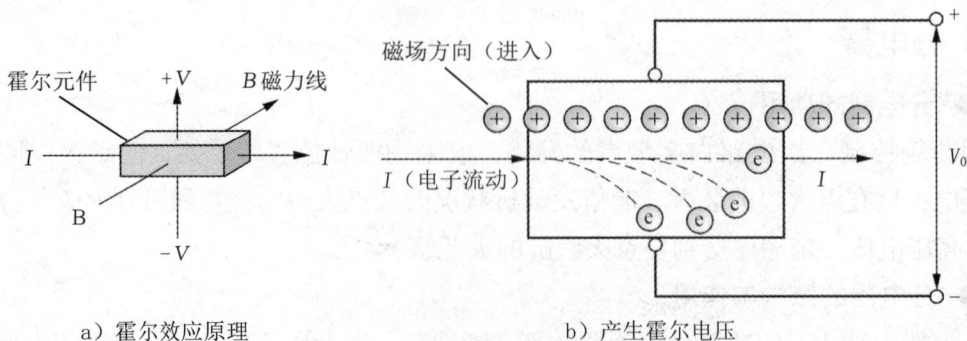

a) 霍尔效应原理　　　　　b) 产生霍尔电压

图9-33　霍尔效应的基本原理

霍尔效应曲轴位置传感器的结构及作用。

霍尔效应曲轴位置传感器由霍尔IC与永久磁铁所组成，再配合由分电器轴带动的圆盘，圆盘上有凹槽及遮片，两者均与汽缸数相同，即四缸发动机就有四个凹槽与四个遮片，如图9-34所示。遮片称为翼片，遮片的宽度即代表闭角。

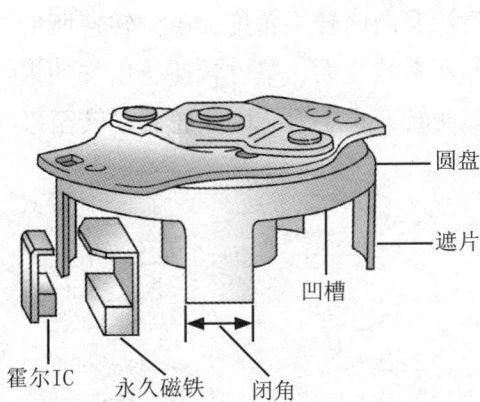

图9-34　霍尔效应曲轴位置传感器的结构

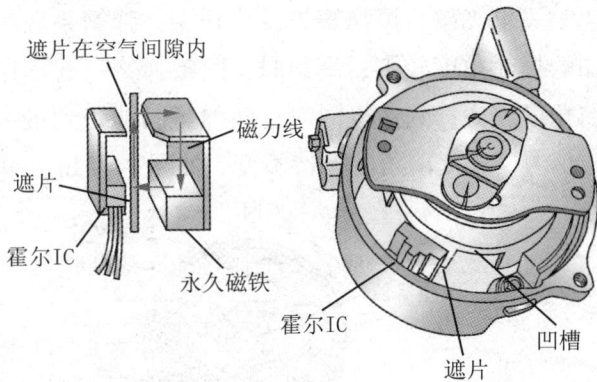

图9-35　霍尔效应曲轴位置传感器的作用

当遮片在永久磁铁与霍尔IC之间时，磁力线经遮片形成一回路，无电压输出；当遮片不在永久磁铁与霍尔IC之间时，磁力线经霍尔IC形成一回路，故有电压输出，如图9-35所示。因此当遮片离开空气间隙的瞬间，产生霍尔电压，ECM利用此信号计算正确的点火提前角度后，触发点火模块，使一次电路中断，产生高压电送给火花塞。

⑤　配电部

分电器的配电部为分火头及分电器盖，两者都是由绝缘性好的合成树脂制成，如图9-36所示。

分火头装在分配盘轴上，上有一铜片与分电器盖中央的炭棒接触，将点火线圈所感应的高压电，经各缸边铝柱、高压线，送给各缸火花塞。

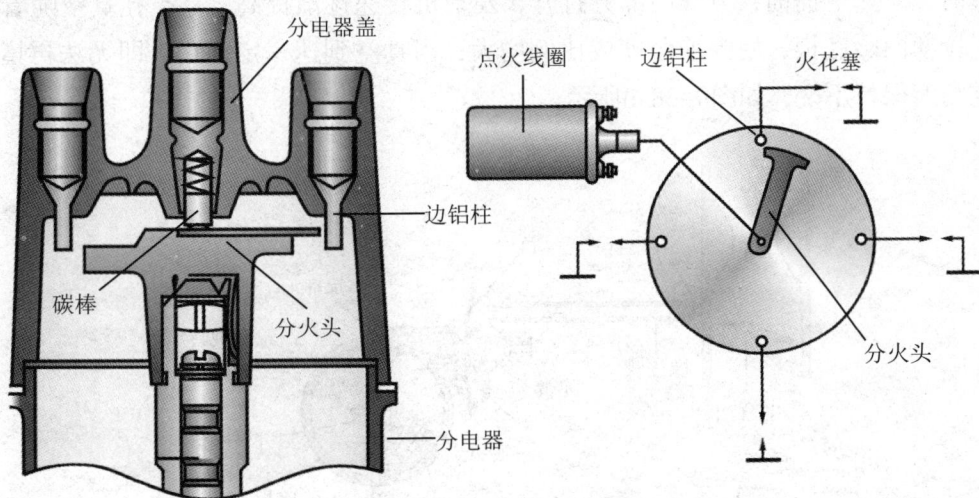

图9-36　分电器配电部的组成

6 点火提前部

分电器的点火提前装置，由与发动机转速相对应的离心力点火提前装置，及与发动机负荷相对应的真空点火提前装置所构成。

离心力点火提前装置，如图9-37 a)所示。飞重弹簧有两条，一条长，一条短，低转速时飞重飞出，短弹簧先发生作用，弹簧系数小，凸轮套向前转一角度，单位转速所增加的提前角度较多；高速时，两条弹簧一起作用，弹簧系数变大，单位转速所增加的提前角度较少；到达极限时，两弹簧已伸张到最大，即使转速再上升，因凸轮套已转至极限位置，故提前角度保持不变，如图9-37 b)、c)所示。

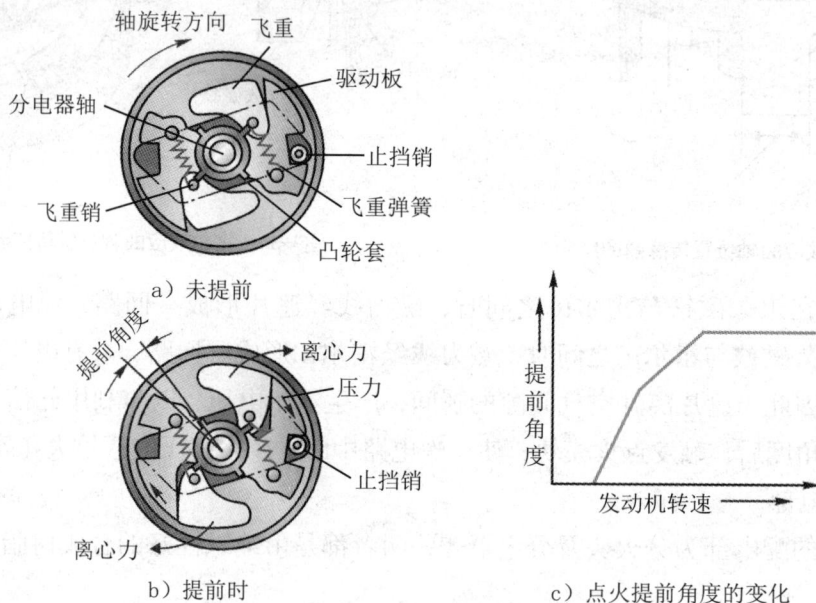

a）未提前

b）提前时   c）点火提前角度的变化

图9-37 离心力点火提前装置的结构与作用

真空点火提前装置，如图9-38 a)、b)所示，其真空孔在节气门上方。当化油器节气门全关时，无真空提前；节气门部分打开，发动机转速逐渐提高，真空孔真空随着逐渐增加，拉动白金底板，使提前角度成比例增大；当真空到达一定值后，即无法再增加，故提前角度保持不变，如图9-38 c)所示。

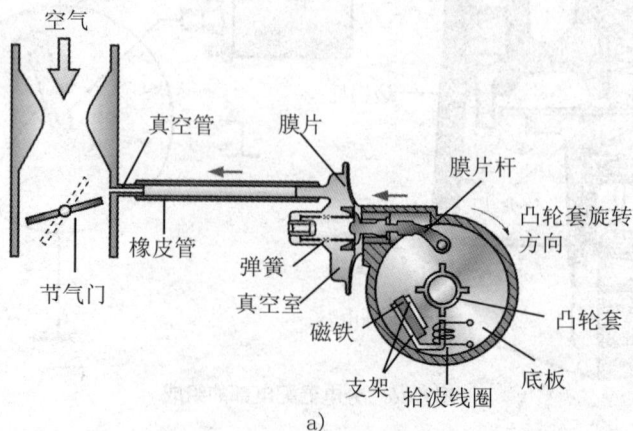

a）

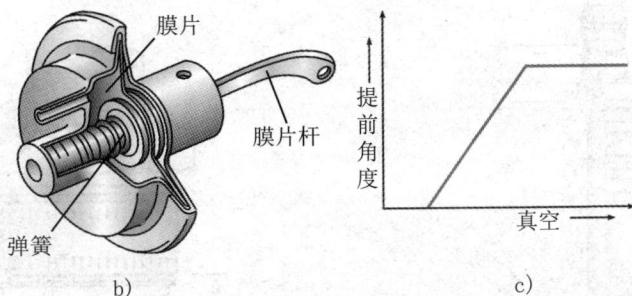

图9-38 真空点火提前装置的结构与作用

9.4.6 高压线

（1）传送从点火线圈至分电器盖，以及从分电器盖至各缸火花塞的高压电线，称为高压线。

（2）高压线必须能耐30kV以上的高压电，不发生漏电情形。现代汽车均采用灌注炭粉的亚麻线为芯线，外包数层材料而成，电阻高，对点火性能没有影响，但可防止干扰收音机，如图9-39 a)所示；而早期以铜合金为芯线式，现已不使用，如图9-39 b)所示。

9.4.7 火花塞

（1）火花塞将分电器送来的高压电，从中央电极跳到搭铁电极，产生火花，以点燃混合气。

（2）火花塞的结构，如图9-40所示，绝缘瓷体上端表面有凸出筋条，以提高绝缘性。六角部作为拆装火花塞用，早期为20.8 mm，现代汽车均采用16 mm，如图9-41所示，而绝缘体裙部外径则以14 mm采用最多。

（3）火花塞间隙，一般点火系统为0.7～0.8 mm，电子点火系统为1.0～1.5 mm。火花塞间隙用塞尺来测量。

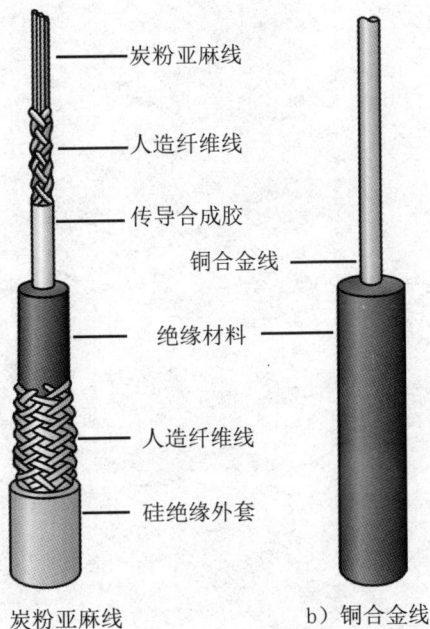

a) 炭粉亚麻线　　　　b) 铜合金线

图9-39 高压线的结构

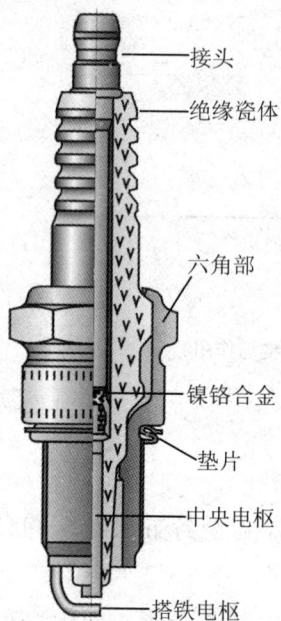

图9-40　火花塞的结构（一）

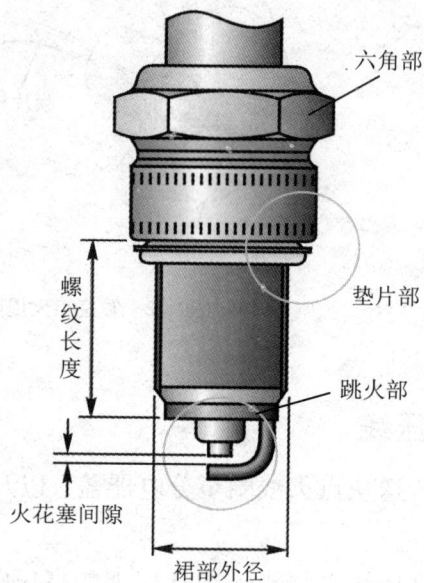

接头
绝缘瓷体
六角部
镍铬合金
垫片
中央电枢
搭铁电枢

图9-41　火花塞的结构（二）

六角部
垫片部
跳火部
螺纹长度
火花塞间隙
裙部外径

理论测试

一 填空题

1. 火花塞的功能是在燃烧室内产生_____电火花并点燃可燃混合气。

2. 断电器凸轮每转360º，各缸按点火顺序点火_____次。

3. 从火花塞发出电火花开始到活塞移到上止点之间的曲轴转角，称为_____。

4. 点火线圈是将蓄电池或发电机所供给的_____变成_____的主要部件。

5. 保证发动机顺利起动所必需的_____转速称为起动转速。

6. 电磁操纵式起动机一般由三部分组成：_____、_____和_____。

7. 直流电动机的作用是将_____能转变为_____能。

8. 按起动机的操纵方式的不同，操纵机构有_____操纵式和_____操纵式两种。

二 选择题

1. 当蓄电池液面及充电正常时，在充电指示器的中央可看到_____。　　　　（　）
(A) 绿色　　(B) 黑色　　(C) 透明色　　(D) 灰色

2. 对蓄电池的叙述哪项是正确的？　　　　　　　　　　　　　　　　（　）
(A) 正极桩头较细　　　　　　　　　　(B) 电解液相对密度约为1.220
(C) 电解液高度无上限限制　　　　　　(D) MF为免保养蓄电池

3. 切断点火系统低压电路电流的是_____。　　　　　　　　　　　　（　）
(A) 点火线圈　　(B) 白金触点　　(C) 外电阻　　(D) 电容器

4. 发电机的调整器是用来控制_____。　　　　　　　　　　　　　　（　）
(A) 定子线圈的电流量　　(B) 磁场线圈电流的大小
(C) 磁极的磁力线方向　　(D) 转子的输出电压

5. 电子点火系统的火花塞间隙通常为_____mm。　　　　　　　　　　（　）
(A) 0.5～0.6　　(B) 0.7～0.8　　(C) 1.0～1.5　　(D) 1.6～1.8

6. 装在分电器内的霍尔效应曲轴位置传感器，以下哪种零件与产生霍尔电压无关？　　　　　　　　　　　　　　　　　　　　　　　　　　　　　（　）
(A)永久磁铁　　(B)有遮片、凹槽的圆盘　　(C)分火头　　(D)霍尔IC

三 判断题

1. 蓄电池正、负极板间为隔板，隔板平滑面朝向正极板。　　　　　　（　）

2. 从蓄电池的充电指示器，可判断蓄电池是否需要更换。　　　　　　（　）

3. 电解液不足时应添加蒸馏水。 （ ）

4. 起动机是以小电流以控制大电流进入电机本体。 （ ）

5. 起动发动机时，进入点火线圈的电流先经过外电阻。 （ ）

6. 交流发电机的磁场线圈装在转子内。 （ ）

四 简答题

1. 试述蓄电池的功用。

2. 起动机是由哪三大部分所组成？

3. 试述起动机大电流进入电机本体的作用。

4. 试述充电系统的功用。

5. 试述发电机采用IC调整器的优点。

6. 点火系统有哪三个主要功能？

7. 试述点火线圈的功用。

8. 试述分电器的功用。

9. 分电器的点火提前装置有哪两种？

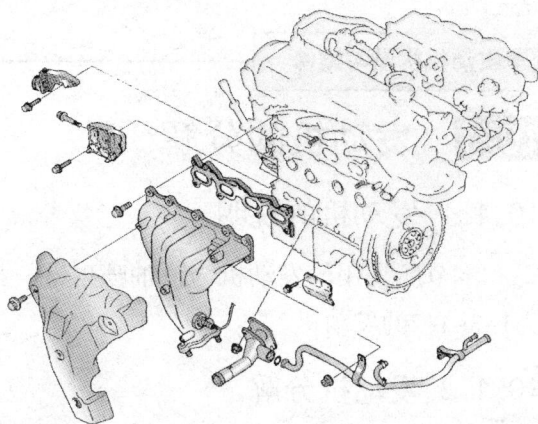

单元10

发动机的分解、清洗与装配

■ **知识目标：**

　　1. 了解发动机组装时的注意事项；

　　2. 掌握发动机分解、清洗与装配的基本理论。

■ **能力目标：**

　　1. 初步具备安全生产的能力；

　　2. 熟练掌握发动机分解、清洗与装配的工具和设备的使用方法；

　　3. 能熟练进行发动机的分解、清洗及装配。

■ **建议学时：**

　　6 学时

10.1 发动机的分解

10.1.1 发动机的说明

本节所采用的发动机为汽油喷射式，排气量1.8L，单凸轮轴四缸16气门，点火顺序为1-3-4-2的发动机。

10.1.2 发动机分解

❶ 拆开各插座及接头

（1）拆开各传感器、执行器等的电线插座，如图10-1所示。

（2）也拆开搭铁线端子、主高压线端子等。

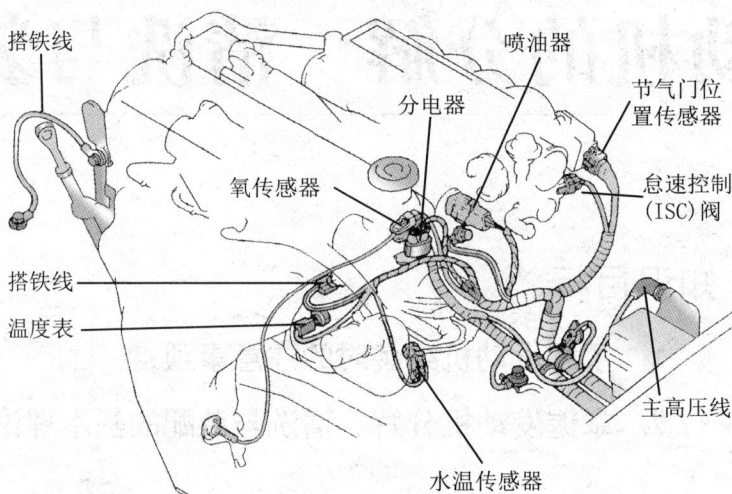

搭铁线　喷油器　分电器　节气门位置传感器　氧传感器　怠速控制(ISC)阀　搭铁线　温度表　主高压线　水温传感器

图10-1　各电线插座及接头的位置

❷ 清洁发动机外表

（1）盖住或先拆下分电器、发电机等电器零件。

（2）盖住进气歧管入口、分电器插入口及通风口等。

（3）将发动机外表的污垢清洁干净。

❸ 将发动机装在发动机分解架上

（1）发动机尚未装上发动机分解架上之前，必须先拆卸排气管侧的部分零件，拆卸的顺序及零件名称，如图10-2所示。

（2）将发动机装到发动机分解架上。

采用螺栓孔的位置，如图10-3所示箭头所指处。

发动机分解架所附零件如臂杆、安装板的组合方式，如图10-4所示。

最后将发动机装到发动机分解架上，如图10-5所示。

❹ 拆卸发动机周边的附属零件

（1）发动机周边附属零件的拆卸顺序，如图10-6所示的编号顺序。

（2）此时顺便泄放机油。

垫片换新

④冷气压缩机
托架及惰轮

⑥排气管托架

垫片换新

①排气歧管隔热板

②排气歧管

⑤进水管 O形环换新

③冷却液旁通管

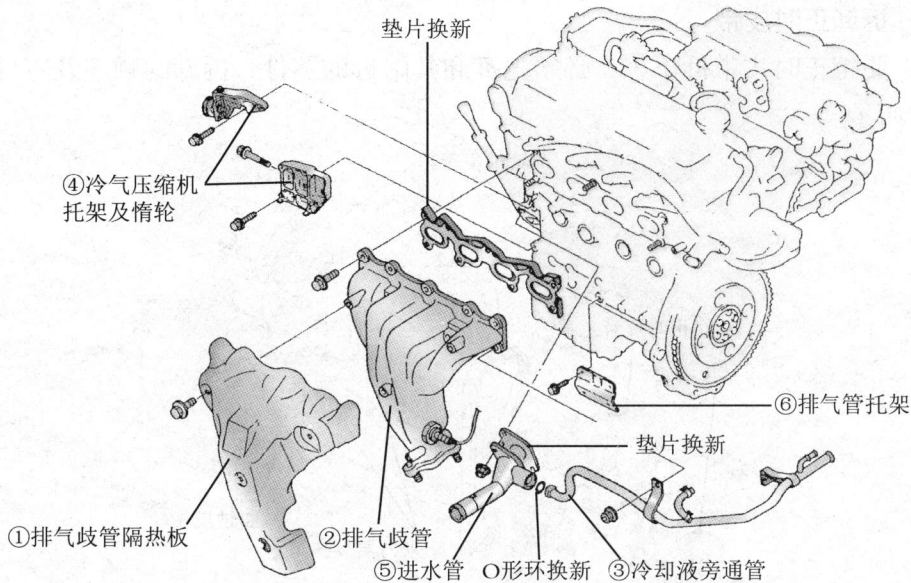

图10-2 零件拆卸的顺序及其名称

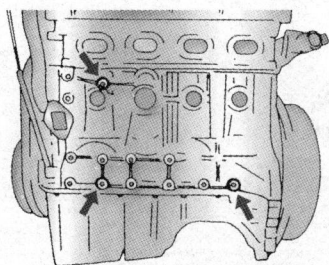

图10-3 采用螺栓孔的位置

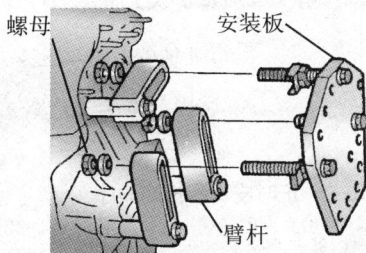

螺母

安装板

臂杆

图10-4 发动机分解架零件的组合方式

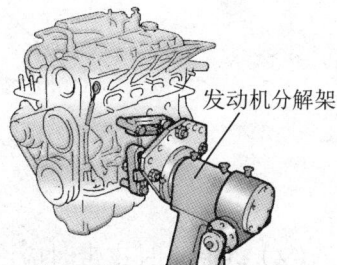

发动机分解架

图10-5 发动机装到发动机分解架上

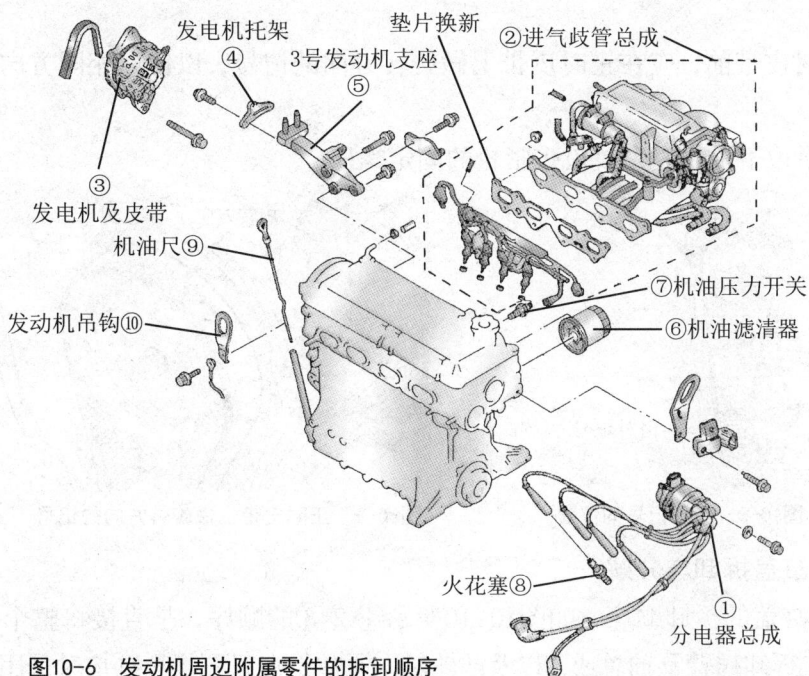

发电机托架

④

3号发动机支座

⑤

垫片换新

②进气歧管总成

③

发电机及皮带

机油尺⑨

发动机吊钩⑩

⑦机油压力开关

⑥机油滤清器

火花塞⑧

①

分电器总成

图10-6 发动机周边附属零件的拆卸顺序

⑤ 拆卸正时皮带

（1）要把正时皮带拆下来，必须先拆卸其附近的零件，拆卸的顺序及零件名称，如图10-7所示。

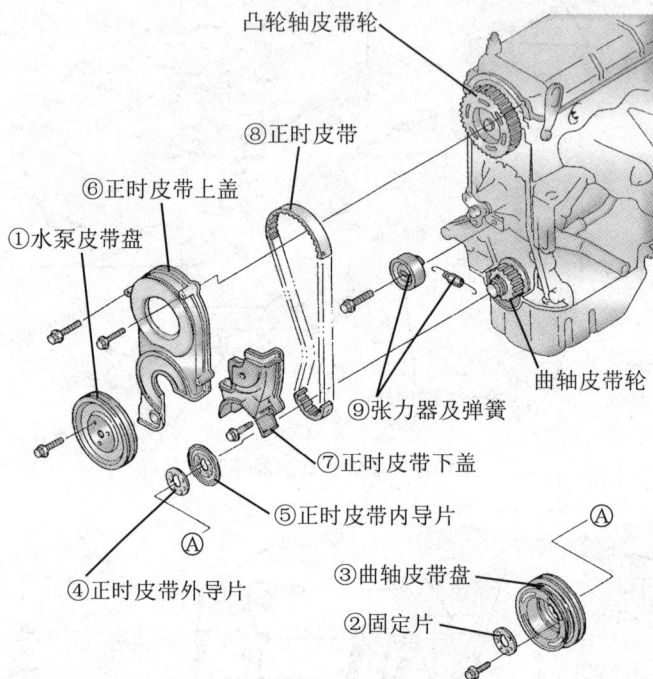

图10-7 正时皮带的拆卸顺序

（2）拆卸正时皮带时应注意事项。

拆卸正时皮带前，应先检视曲轴皮带轮及凸轮轴皮带轮处的相对记号，如图10-8所示。

拆卸正时皮带前，应在正时皮带上做旋转方向的记号，以便以相同方向装回，如图10-9所示。

正时皮带取下前，应先放松张紧轮的固定螺栓。

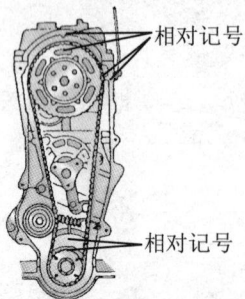

图10-8 对正记号的位置

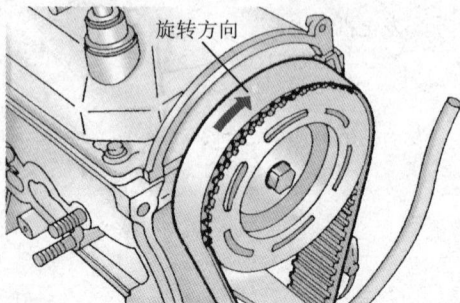

图10-9 正时皮带上做旋转方向的记号

⑥ 汽缸盖拆卸与分解

（1）汽缸盖的拆卸顺序，如图10-10所示①②③的顺序，是直接将整个汽缸盖总成拆下，不事先拆卸摇臂及轴总成，以及凸轮轴，通常是在只更换汽缸垫时采用这种方法。

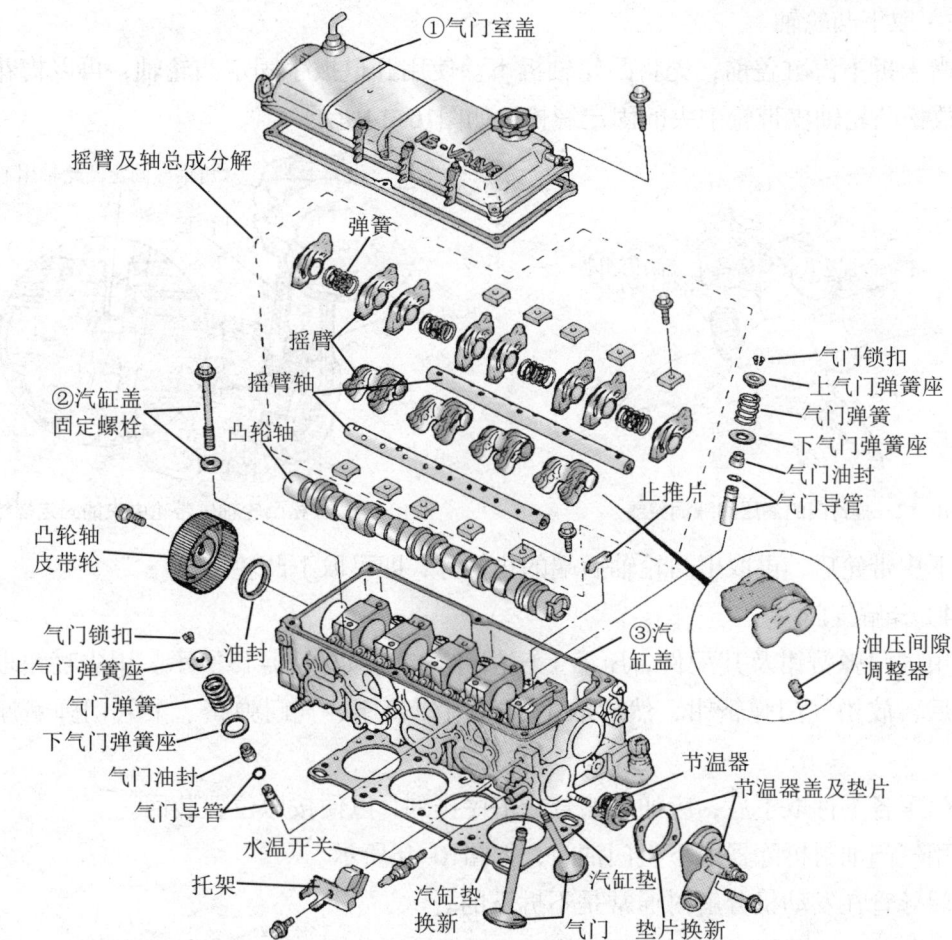

图10-10　汽缸盖的拆卸顺序与分解

分二至三次才完全放松汽缸盖的固定螺栓，螺栓的放松顺序如图10-11所示。必须等发动机冷却后才能进行拆卸的工作。

（2）分解摇臂及轴总成。

在尚未拆下汽缸盖前，先将摇臂及轴总成拆下。其固定螺栓的放松顺序，如图10-12所示，分数次放松。

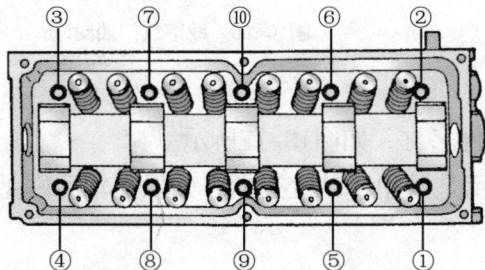

图10-11　汽缸盖固定螺栓的放松顺序

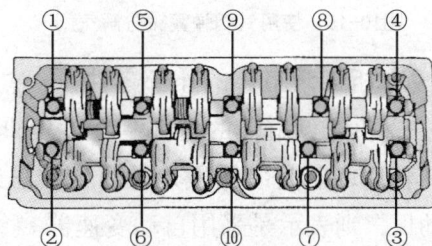

图10-12　摇臂及轴总成固定螺栓的放松顺序

摇臂及轴总成分解后，应将各零件编号或依序排列以便原位置装回。摇臂内的油压间隙调整器，非必要时不可取下，以免因O形环损坏而导致漏油，如图10-13所示。

（3）取下凸轮轴。

在尚未拆下汽缸盖前，先将凸轮轴拆下。使用开口扳手固定凸轮轴，再以梅花扳手或套筒放松凸轮轴皮带轮中央的固定螺栓，如图10-14所示。

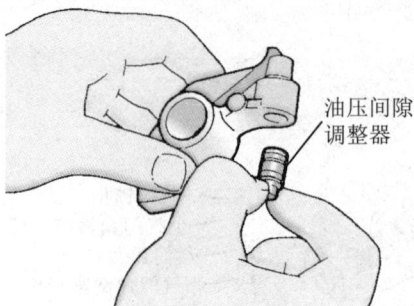

图10-13　摇臂内的油压间隙调整器

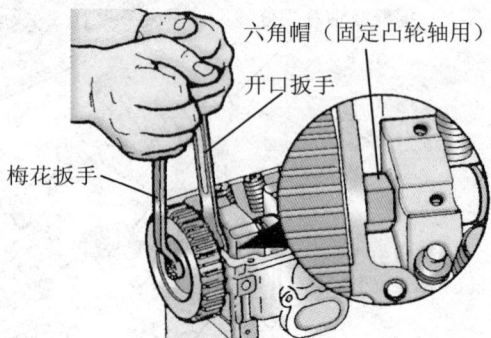

图10-14　放松凸轮轴皮带轮中央的固定螺栓

取下皮带轮后，再取出凸轮轴后端的止推片，即可取下凸轮轴。

（4）分解气门。

使用气门弹簧钳及其配件，压缩上气门弹簧座，如图10-15所示。用尖嘴钳取出气门锁夹后，放松气门弹簧钳，然后取下上气门弹簧座、气门弹簧、下气门弹簧座及气门等。

气门等各零件取下后，应加以编号或依序排列，以便按原位置装回。

使用气门油封拆除器取下气门油封，如图10-16所示。

气门导管在发动机分解时通常是不拆下的。

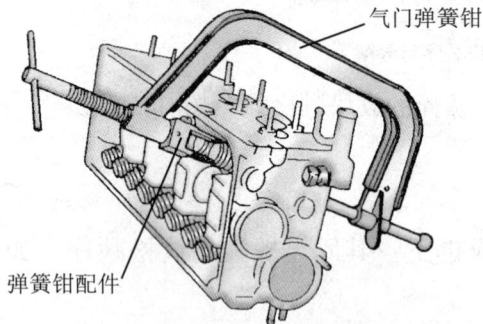

图10-15　使用气门弹簧钳分解气门

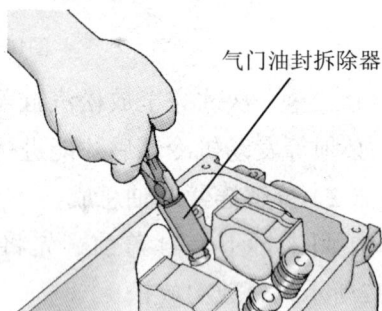

图10-16　取下气门油封

❼ 拆卸汽缸体的外部零件

（1）拆卸汽缸体的外部零件，其顺序及零件名称，如图10-17所示。

曲轴后端若是装用飞轮及离合器总成，表示是采用手动变速器；如果曲轴后端是装用驱动板，则表示是采用自动变速器。

机油泵装在前盖内，由曲轴直接驱动。

（2）拆卸汽缸体外部零件的方法及应注意事项。

拆卸曲轴皮带轮：

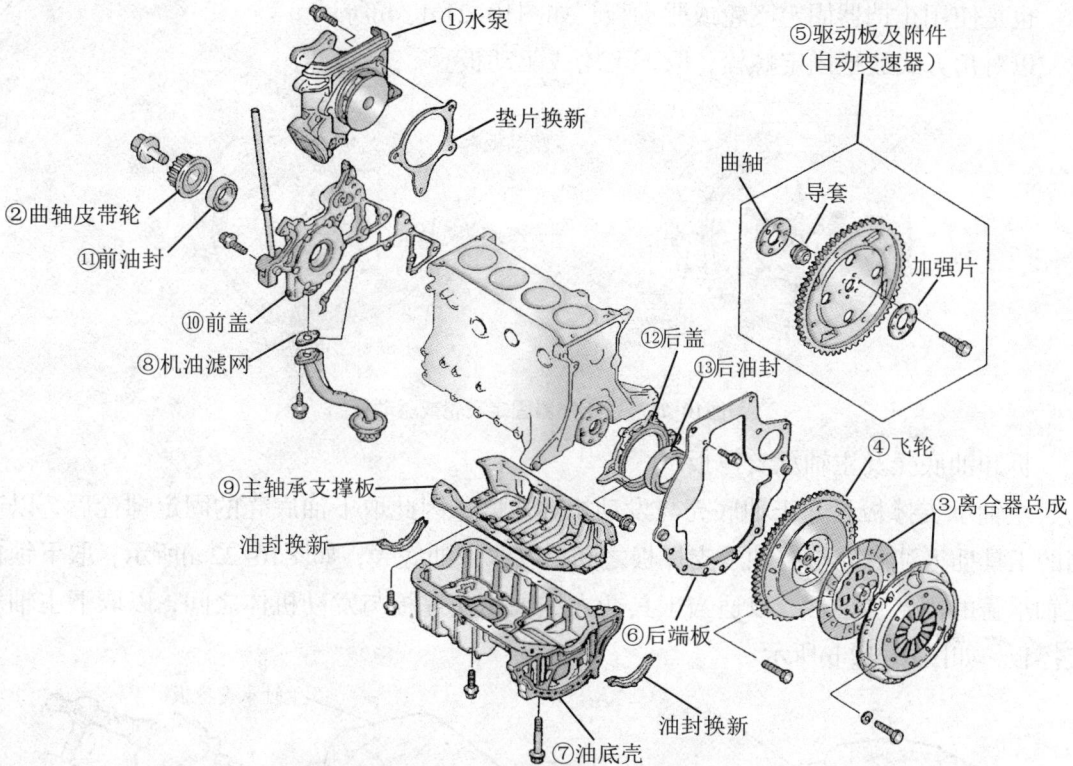

图10-17 汽缸体外部零件的拆卸顺序

①水泵
垫片换新
⑤驱动板及附件（自动变速器）
②曲轴皮带轮
⑪前油封
⑩前盖
⑧机油滤网
曲轴
导套
加强片
⑫后盖
⑬后油封
④飞轮
③离合器总成
⑨主轴承支撑板
油封换新
⑥后端板
油封换新
⑦油底壳

使用止挡器固定飞轮或驱动板，使曲轴不能转动，如图10-18所示，再拆下曲轴皮带轮的固定螺栓。

曲轴皮带轮不易取下时，可采用拉出器帮助拉出，如图10-19所示。

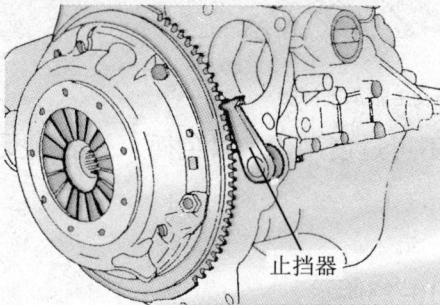

止挡器

图10-18 以止挡器固定飞轮

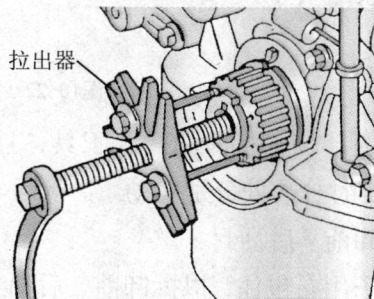

拉出器

图10-19 以拉出器拆卸曲轴皮带轮

拆卸离合器总成：

使用止挡器固定飞轮，再依对角方式，分二至三次放松离合器的固定螺栓，如图10-20所示。

取下离合器及离合器片，注意离合器压板及离合器片均不可沾到油污。

拆卸飞轮或驱动板：

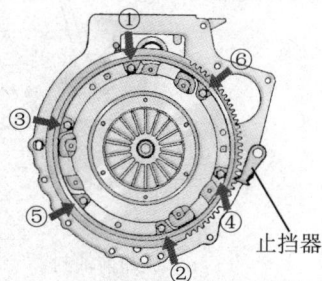

止挡器

图10-20 离合器固定螺栓的放松顺序

也是使用止挡器固定飞轮或驱动板，如图10-21a)、b)所示。

以对角方式放松固定螺栓，取下飞轮或驱动板。

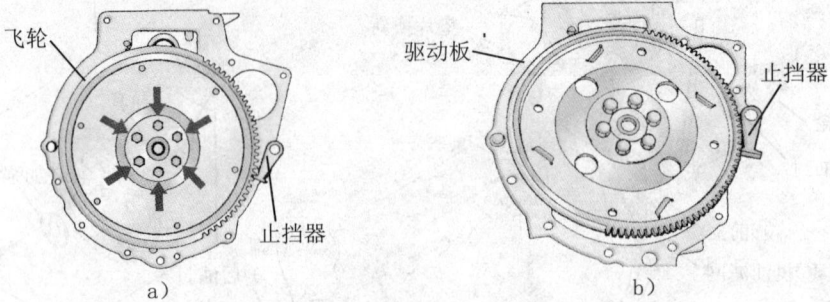

图10-21　以止挡器固定飞轮或驱动板

拆卸油底壳及主轴承支撑板：

主轴承支撑板是介于油底壳与发动机体之间，因此取下油底壳的固定螺栓后，以适当的工具插入油底壳与主轴承支撑板之间，以取下油底壳，如图10-22 a)所示；取下锁在主轴承盖的固定螺栓后，以适当工具插入主轴承支撑板与发动机体之间，以取下主轴承支撑板，如图10-22 b)所示。

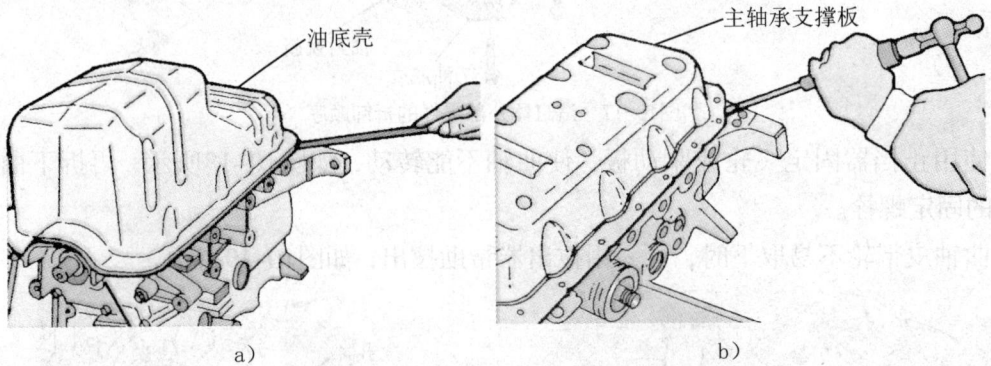

图10-22　撬开油底壳及主轴承支撑板

应选择较宽且薄的插入工具，且撬动时不可过度用力，以免插入处表面受损或变形。必要时分数处分别撬动。

拆卸前、后油封：

起子用布包住，以拆卸前、后油封，如图10-23所示。

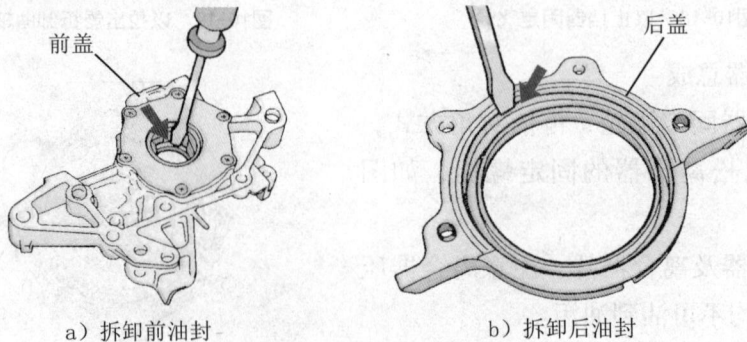

a) 拆卸前油封　　　　　b) 拆卸后油封

图10-23　拆卸前、后油封

在对角位置分别轻敲，以取下油封。

❽ 拆卸汽缸体的内部零件

（1）拆卸汽缸体的内部零件，其顺序及零件名称，如图10-24所示。不过，除非要更换活塞或连杆，否则通常活塞销是不用拆下的。

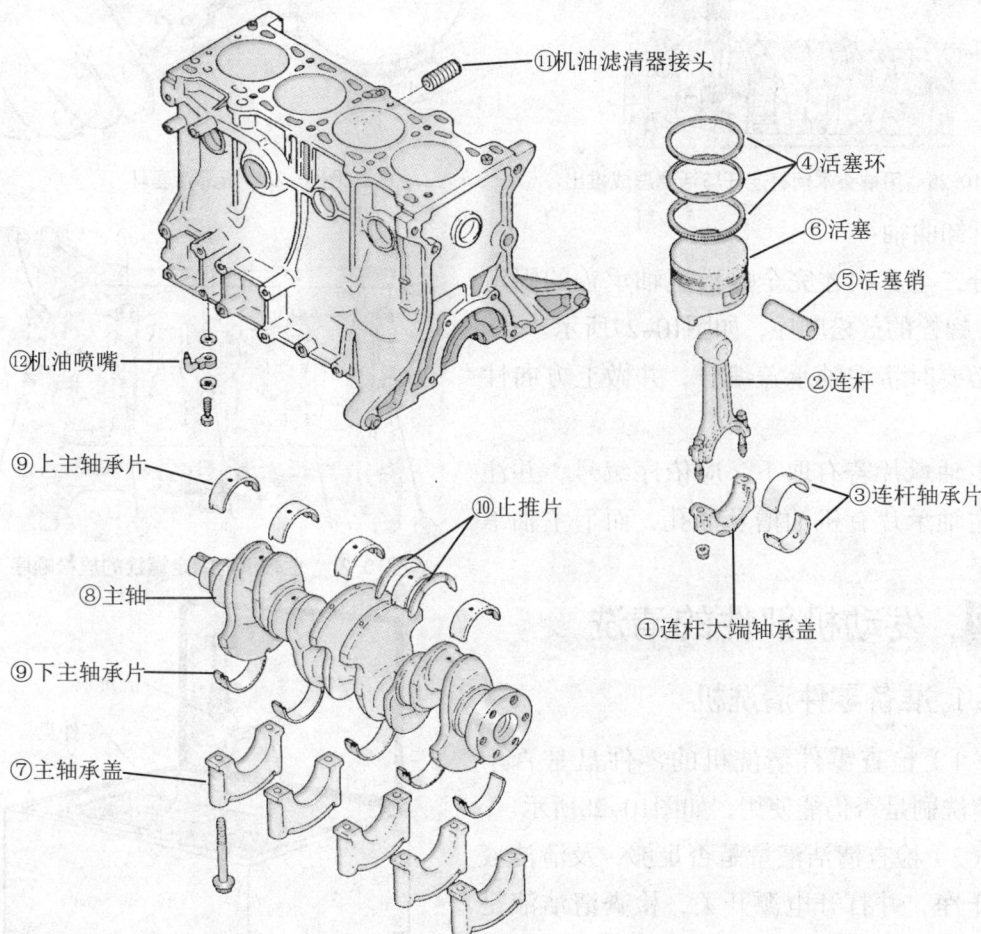

⑪机油滤清器接头
④活塞环
⑥活塞
⑤活塞销
⑫机油喷嘴
②连杆
⑨上主轴承片
⑩止推片
③连杆轴承片
⑧主轴
①连杆大端轴承盖
⑨下主轴承片
⑦主轴承盖

图10-24　汽缸体内部零件的拆卸顺序

（2）拆卸汽缸体内部零件的方法及应注意事项。

拆卸连杆与活塞总成：

拆卸前，先检查连杆大头轴承盖与连杆间的相对记号，以及连杆与活塞总成的朝向曲轴皮带轮端的记号，若没有，应先做上记号；必要时，并将各活塞依缸数编号。

放松固定螺母，取下连杆大头轴承盖，然后使用榔头木柄，将连杆与活塞总成从汽缸体顶部推出，如图10-25所示。

拆卸活塞环：

使用活塞环拆装钳拆下活塞环，如图10-26所示。

活塞环开口不可过度扩张，取下的活塞环应予编号或依缸数排列。

图10-25　用榔头木柄将连杆与活塞总成推出

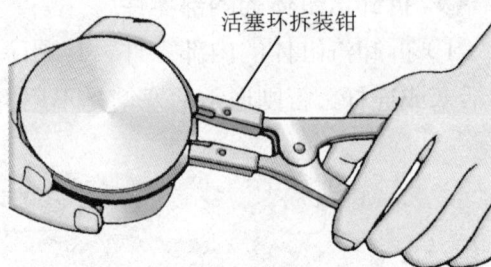

图10-26　拆卸活塞环

拆卸曲轴：

分二至三次才完全放松主轴承盖的固定螺栓，螺栓的放松顺序，如图10-27所示。

必要时将主轴承盖编号，并做上方向性记号。

主轴承片若有取下，应依序编号；并注意上主轴承片有机油槽及油孔，而下主轴承片则无。

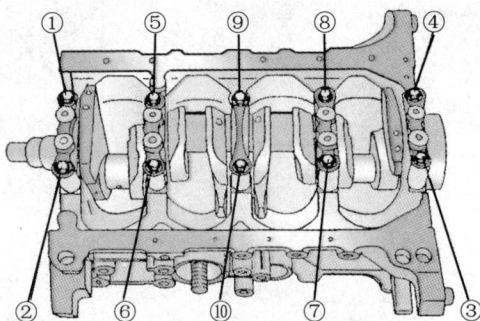

图10-27　主轴承盖固定螺栓的放松顺序

10.2　发动机部件的清洗

10.2.1　准备零件清洗机

（1）检查零件清洗机的零件盘是否干净，清洗刷是否仍能使用，如图10-28所示。

（2）检查清洁液量是否足够，及清洁液是否干净，并打开电源开关，检查清洁液是否从喷洗管喷出。

10.2.2　清洗各零件

（1）依序开始清洗零件，清洗完毕后，零件还是必须依照顺序排列整齐。

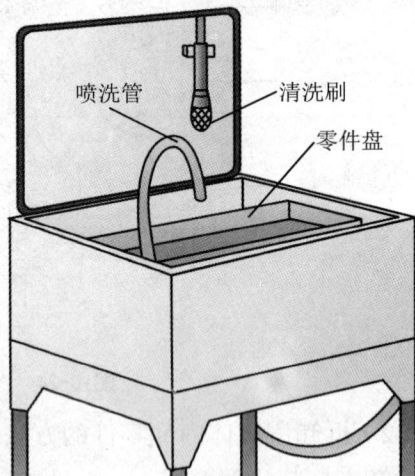

图10-28　零件清洗机的结构

（2）活塞、曲轴、凸轮轴、轴承片等为精密表面的零件，必须使用毛刷清洗表面。

（3）电器零件如分电器、发电机、起动机、高压线、火花塞及橡胶管等，不可用清洁液清洗。

（4）零件与零件间接触面上的旧垫片或密封剂必须刮除干净。

（5）清洗完毕后，关闭电源开关，并整理零件清洗机。

（6）各零件最后用压缩空气吹净。

10.3 发动机的装配和起动

10.3.1 发动机组装注意事项

（1）必须使用新的发动机大修包内的各种垫片及油封。

（2）组装前各滑动及旋转部位都应先加机油润滑。

（3）特别注意各零件的安装方向及位置的正确性。

（4）各螺栓、螺母、垫圈应按原位置装回。

（5）依规定顺序及扭力锁紧各螺栓、螺母。

10.3.2 发动机组装

一、组装汽缸体的内部零件

❶ 组装汽缸体的内部零件

依拆卸时的相反顺序组装汽缸体的内部零件。如图10-29所示，为各螺栓、螺母的锁紧扭力规格，其单位为牛·米，即N·m(千克力·米，kgf·m)；以及需要用机油润滑之处。

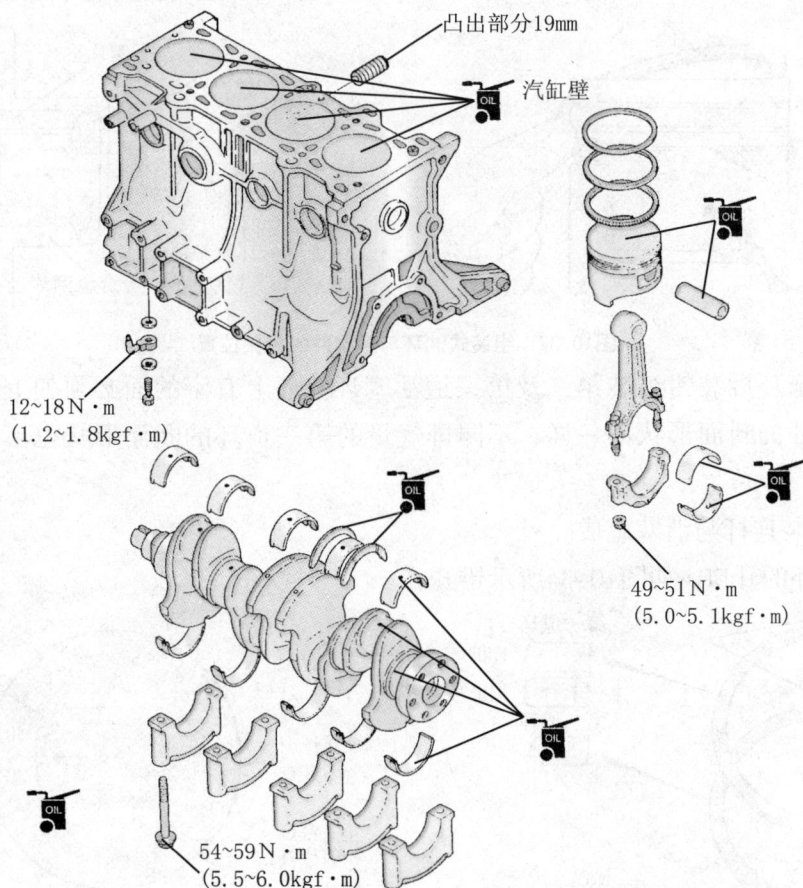

图10-29　螺栓、螺母的锁紧扭力规格与应润滑之处

❷ **组装汽缸体内部零件的顺序、方法及应注意事项**

（1）组装曲轴。

有机油槽及油孔的上主轴承片，依编号及一定方向装在汽缸体上，同时装上两片止推片，注意止推片上的油槽应向外装，如图10-30所示。

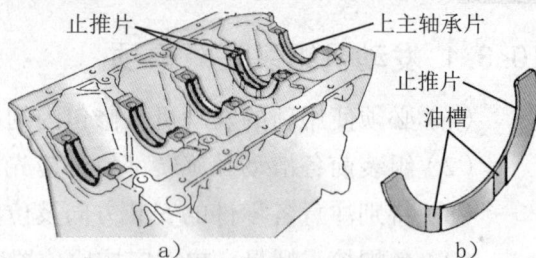

图10-30　安装上主轴承片及止推片

曲轴装上发动机体，下主轴承片也依编号及一定方向装在主轴承盖，然后将各主轴承盖依编号及记号装回发动机体，分二至三次将主轴承盖的固定螺栓锁紧，螺栓的锁紧顺序，如图10-31所示。

（2）组装活塞环。

用手组装组合式的油环，如图10-32 a)所示；其上、下合金钢片与弹性衬环的相关位置，如图10-32 b)所示。

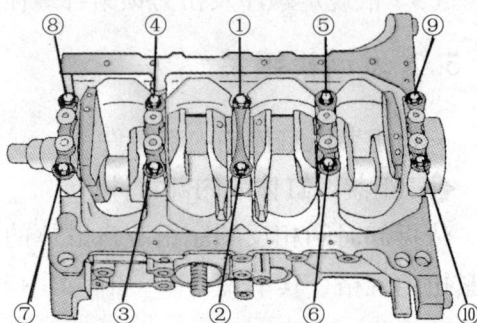

图10-31　主轴承盖固定螺栓的锁紧顺序

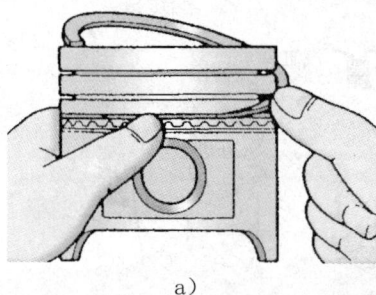

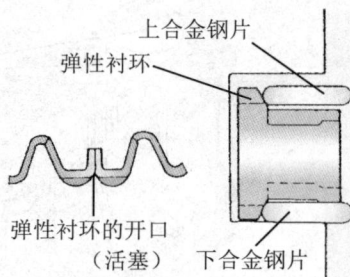

图10-32　组装式油环与各零件的相关位置

使用活塞环拆装钳组装第二及第一道活塞环，环上有字的面必须朝上，并注意第二与第一道环的断面形状不一样，不同排气量的第一道环的断面形状也不一样，如图10-33所示。

（3）组装连杆与活塞总成。

先将各环的开口，如图10-34所示错开。

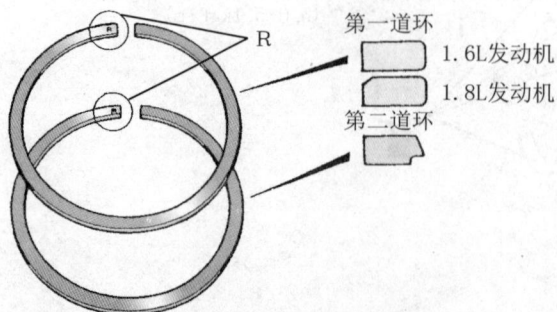

图10-33　组装第一及第二道活塞环

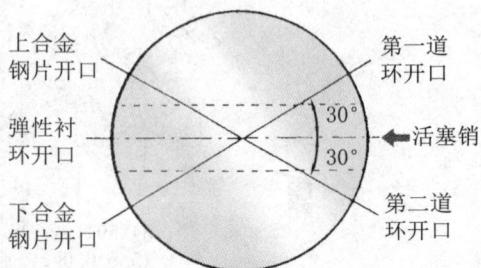

图10-34　各环的开口位置

用活塞环压缩器将环压入环槽内，然后将连杆与活塞总成从汽缸体顶部装入，如图10-35 a)所示，注意活塞上F记号应朝向曲轴皮带轮，如图10-35 b)所示。

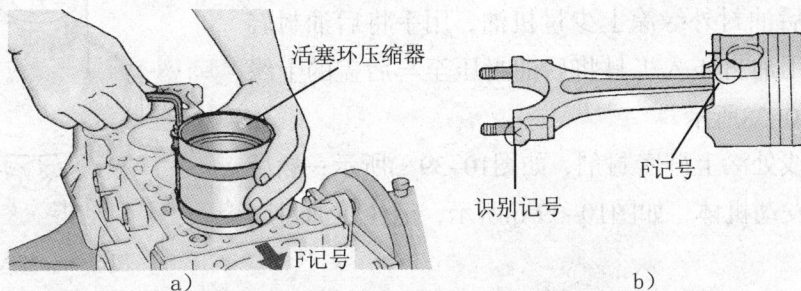

活塞环压缩器
F记号
识别记号
F记号
a)
b)

图10-35　连杆与活塞总成的安装及方向

依连杆大头轴承盖与连杆间的组装记号组装，然后将固定螺母依规定扭力锁紧，如图10-36所示。

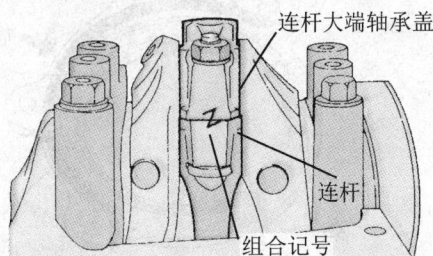

连杆大端轴承盖
连杆
组合记号

图10-36　连杆大头轴承盖与连杆的组装记号

二、组合汽缸体的外部零件

1 组合汽缸体的外部零件

依拆卸时的相反顺序组装汽缸体的外部零件。如图10-37所示，为各螺栓的锁紧扭力规格，需要用机油润滑之处；以及必须使用硅密封剂之处。注意部分位置螺栓的锁紧扭力较小，因此是以千克力·厘米(kgf·cm)折合（$1kgf·cm=9.8×10^{-2}N·m$）为单位。

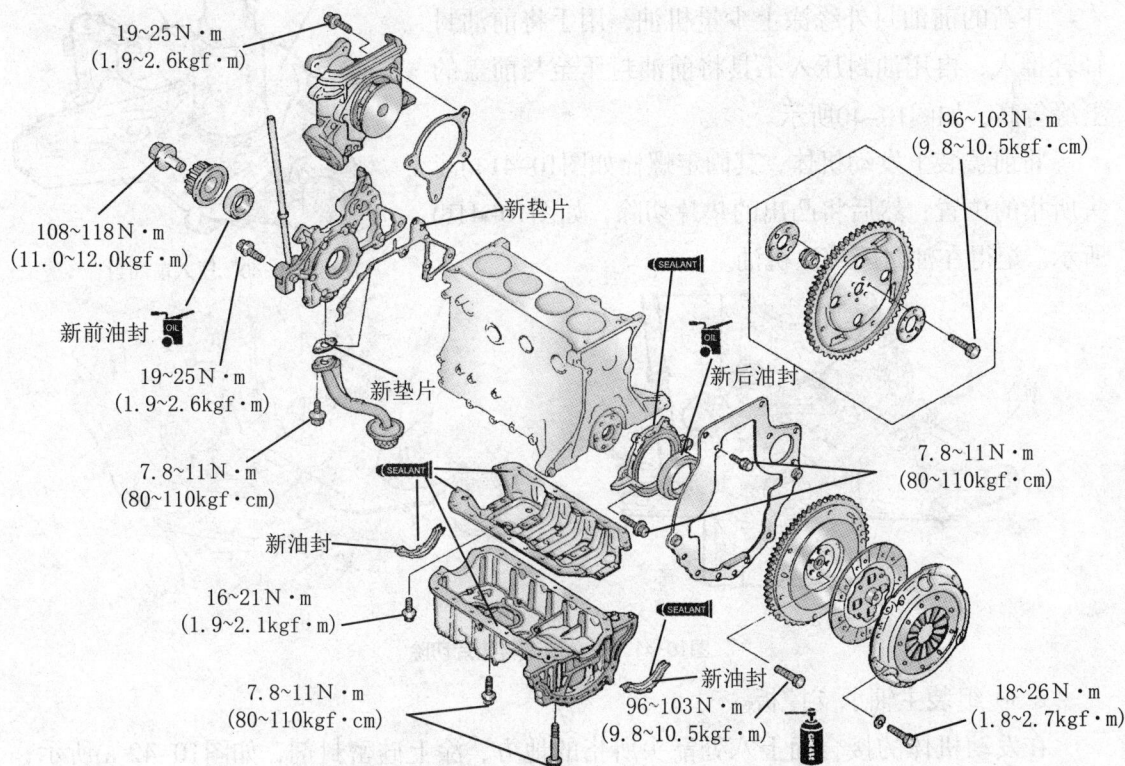

19~25N·m
(1.9~2.6kgf·m)

96~103N·m
(9.8~10.5kgf·cm)

108~118N·m
(11.0~12.0kgf·m)

新垫片

SEALANT

新前油封

19~25N·m
(1.9~2.6kgf·m)

新垫片

新后油封

7.8~11N·m
(80~110kgf·cm)

SEALANT

7.8~11N·m
(80~110kgf·cm)

新油封

16~21N·m
(1.9~2.1kgf·m)

SEALANT

7.8~11N·m
(80~110kgf·cm)

96~103N·m
(9.8~10.5kgf·m)

新油封

18~26N·m
(1.8~2.7kgf·m)

图10-37　锁紧扭力规格、应润滑及施加硅密封剂之处

❷ 组装汽缸体外部零件的顺序、方法及注意事项

（1）组装后盖。

在新的后油封外缘涂上少量机油，用手将后油封轻轻推入，再用油封压入工具将后油封压至与后盖的上缘等高，如图10-38所示。

在粗黑线处涂上硅密封剂，如图10-39 a)所示；然后将后盖装上发动机体，如图10-39 b)所示，记住在油封唇部涂泵油。

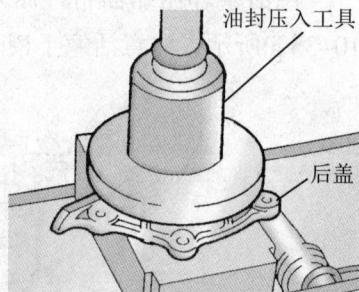

图10-38 压入后油封

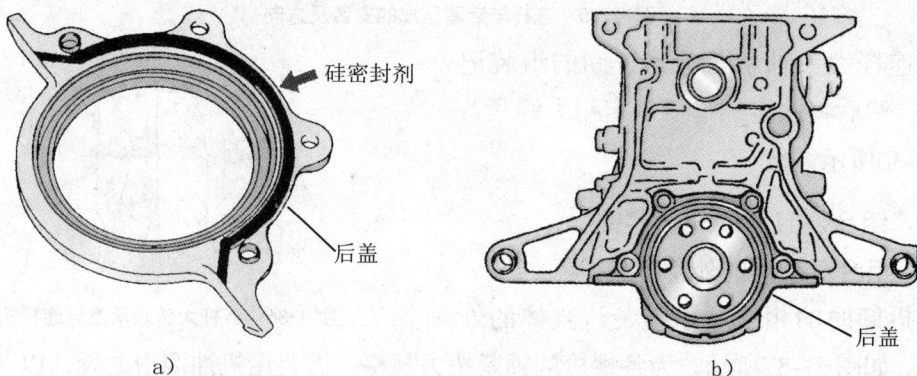

图10-39 涂上硅密封剂与安装后盖

（2）组装前盖。

在新的前油封外缘涂上少量机油，用手将前油封轻轻推入，再用油封压入工具将前油封压至与前盖的上缘等高，如图10-40所示。

将前盖装上发动机体，其固定螺栓如图10-41 a)箭头所指的位置；然后将凸出的垫片切除，如图10-41b)所示。记得在油封唇部涂机油。

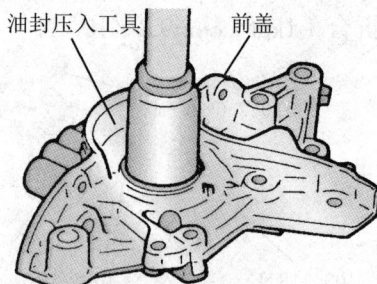

图10-40 压入前油封

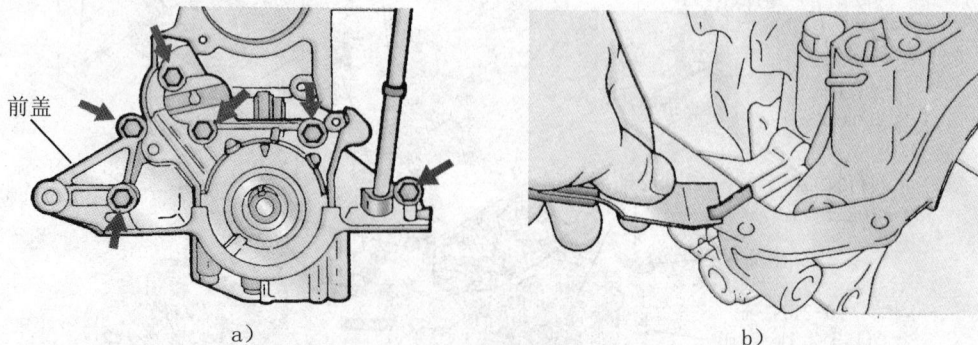

图10-41 安装前盖与垫片切除

（3）组装主轴承支撑板。

在发动机体的接合面上八处箭头所指的地方，涂上硅密封剂，如图10-42 a)所示；

然后在主轴承支撑板的接合面上，沿着螺栓孔的内侧，连续涂布珠状硅密封剂，如图10-42 b)所示的黑线。

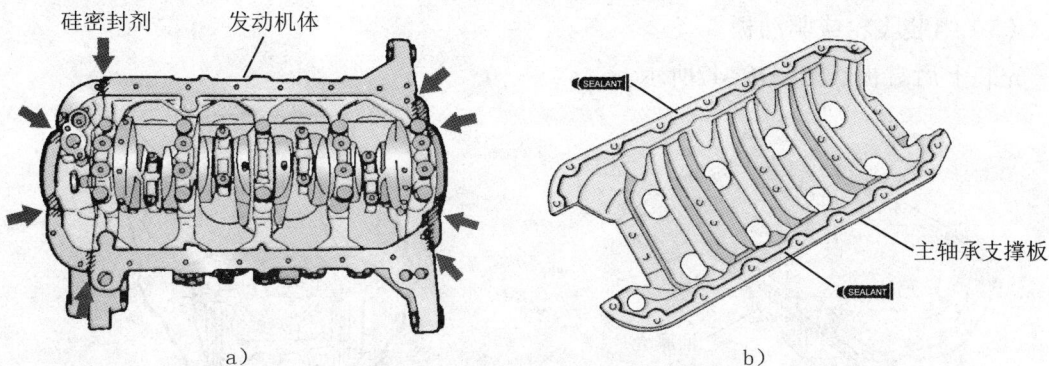

图10-42 在接合面上涂布硅密封剂

接着将主轴承支撑板装上发动机体，分二至三次锁紧固定螺栓，其锁紧顺序如图10-43所示。

（4）组装油底壳。

先装机油滤网，如图10-44所示。

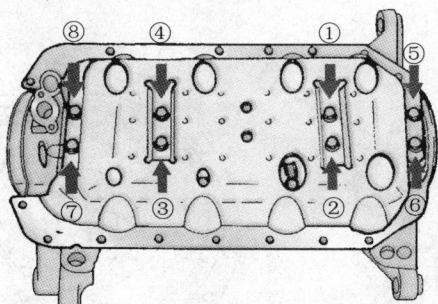

图10-43 主轴承支撑板固定螺栓的锁紧顺序

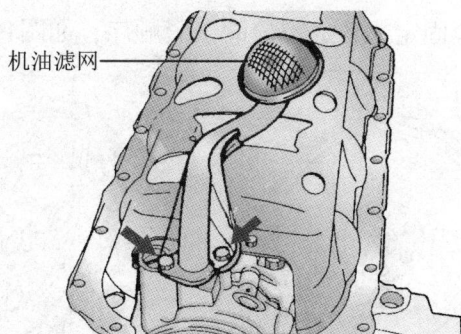

图10-44 装机油滤网

条状油封先涂上硅密封剂，再装到发动机体的前、后端，油封中央的凸出部分嵌入前盖与后盖的凹口处，并注意油封两端的摆放情形，如图10-45所示。

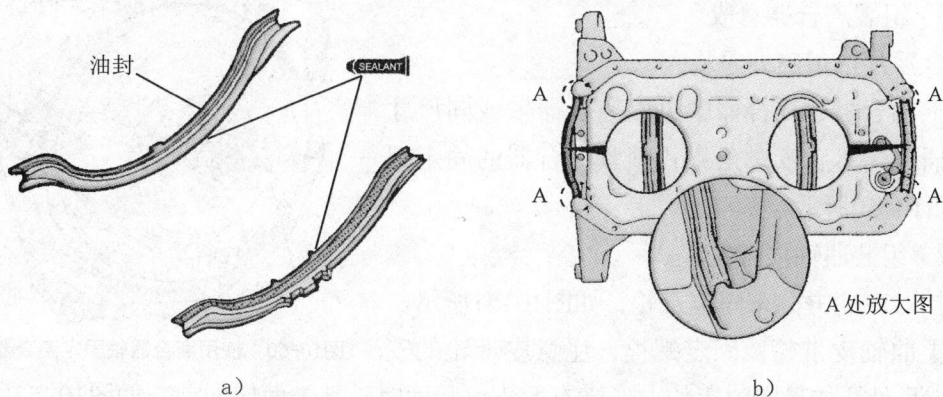

图10-45 油封涂抹硅密封剂与摆放情形

沿着螺栓孔的内侧，连续涂布珠状硅密封剂，并且密封剂两端应连接，如图10-46所示的黑线。然后将油底壳装回发动机体。

（5）组装飞轮或驱动板。

先装上后端板，如图10-47所示。

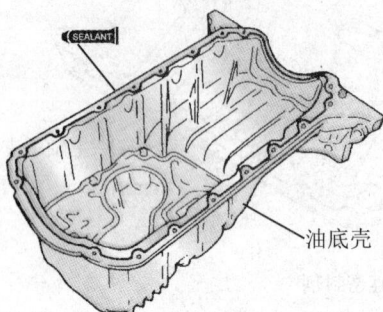

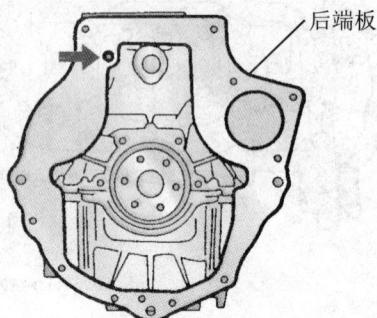

图10-46　油底壳涂布硅密封剂的方法　　　　　　　　图10-47　装上后端板

飞轮装上曲轴，使用止挡器固定飞轮，分二至三次锁紧固定螺栓，螺栓的锁紧顺序，如图10-48所示。

驱动板及其零件装上曲轴，如图10-49 a)所示；使用止挡器固定驱动板，分二至三次锁紧固定螺栓，螺栓的锁紧顺序，如图10-49 b)所示。

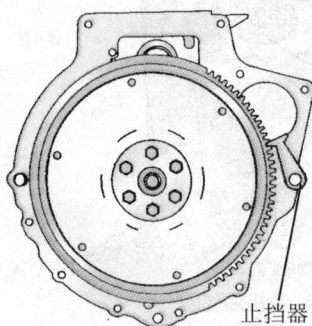

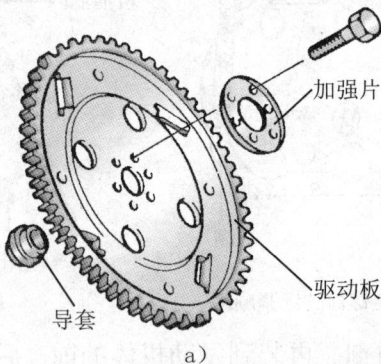

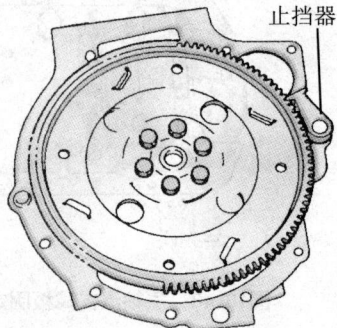

图10-48　飞轮固定螺栓的锁紧顺序　　　　图10-49　安装驱动板及其固定螺栓的锁紧顺序

（6）组装离合器总成。

离合器片依正确方向装入。

装上离合器，离合器中央以离合器轴或同尺寸的假轴插入，然后依对角方式锁紧离合器的固定螺栓，如图10-50所示。

（7）组装曲轴皮带轮。

止挡器改变方向来固定飞轮，如图10-51所示。

装上曲轴皮带轮及固定螺栓，注意皮带轮的安

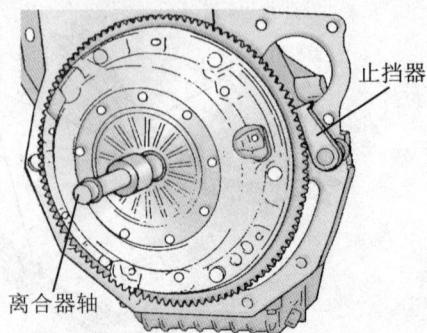

图10-50　使用离合器轴固定离合器

装方向；另外，如果定位用的方形键有取下，装回时，其锥面应向前，如图10-52所示。

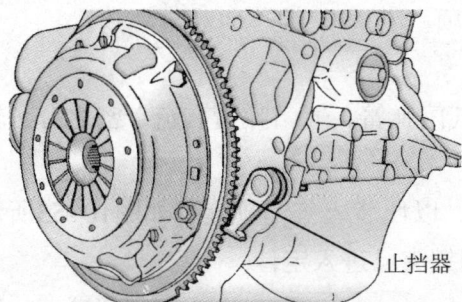

图10-51　止挡器逆向固定飞轮

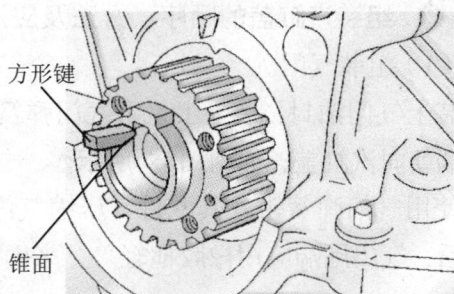

图10-52　方形键的安装方向

三、组合汽缸盖

① 组装汽缸盖

依拆卸时的相反顺序组装汽缸盖。如图10-53所示，为各螺栓的锁紧扭力规格，需要用机油润滑之处，以及必须使用硅密封剂之处。

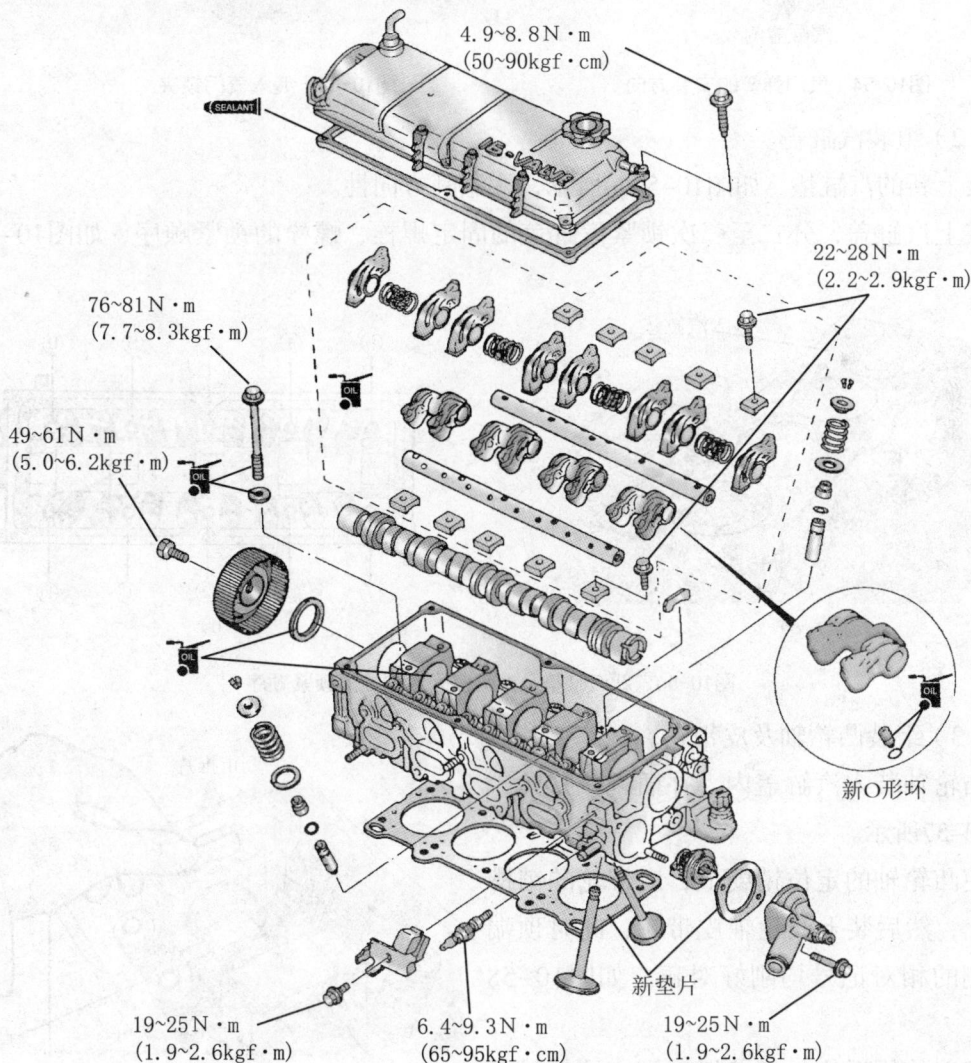

图10-53　锁紧扭力规格、应润滑及施加硅密封剂之处

❷ 组装汽缸盖的顺序、方法及应注意事项

（1）组装气门。

装上气门油封：装上上、下气门弹簧座及气门弹簧，气门弹簧有疏、密之分，较密的一端朝向汽缸盖，如图10-54所示。

使用气门弹簧钳及其配件，压缩气门弹簧，以便装入气门锁夹，如图10-55所示。装完后，气门尾端应用橡胶槌轻敲，来确定气门锁夹已进入定位。

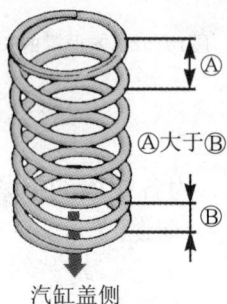

图10-54　气门弹簧的安装方向

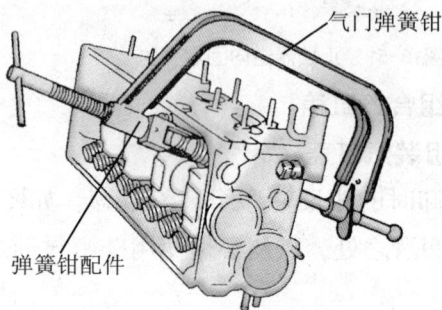

图10-55　装入气门锁夹

（2）组装汽缸盖。

装上新的汽缸垫，如图10-56 a)所示，注意其方向性。

装上汽缸盖，分二至三次锁紧汽缸盖的固定螺栓，螺栓的锁紧顺序，如图10-56 b)所示。

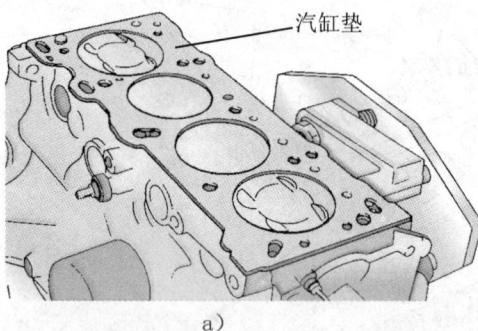

a)

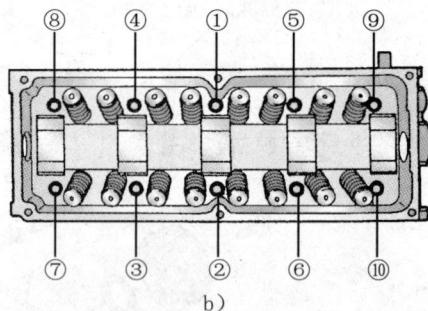

b)

图10-56　新汽缸垫及汽缸盖固定螺栓的锁紧顺序

（3）组装凸轮轴及皮带轮。

凸轮轴装入汽缸盖内，并插入止推片，如图10-57所示。

使凸轮轴的定位销朝上，皮带轮的销槽也朝上，然后装上凸轮轴皮带轮，此时顶端与右侧的相对记号均刚好对正，如图10-58所示。

接着使用适当的开口扳手固定凸轮轴，

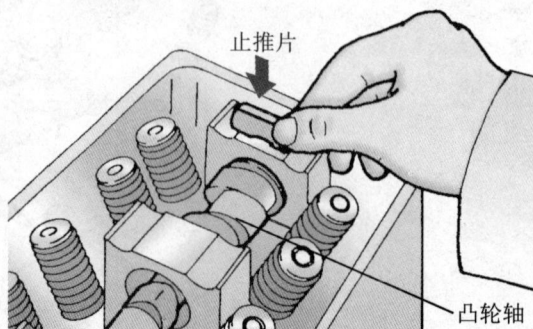

图10-57　插入凸轮轴的止推片

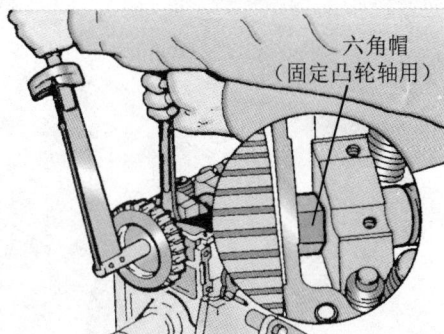

来锁紧皮带轮的固定螺栓，如图10-59所示。

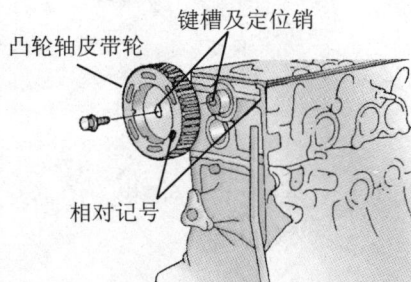

图10-58　销槽及定位销朝上时安装凸轮轴皮带轮

图10-59　锁紧凸轮轴皮带轮

（4）组装摇臂及轴总成。

依序组装进气门、排气门的摇臂及轴总成，摇臂轴的识别记号面应朝上，如图10-60所示。进、排气摇臂轴的识别记号分别是白色、蓝色。

整个总成装上汽缸盖，其固定螺栓的锁紧顺序，如图10-61所示。

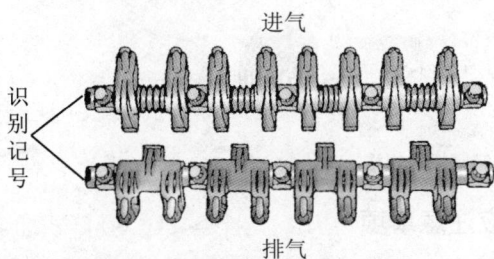

图10-60　摇臂轴上的识别记号

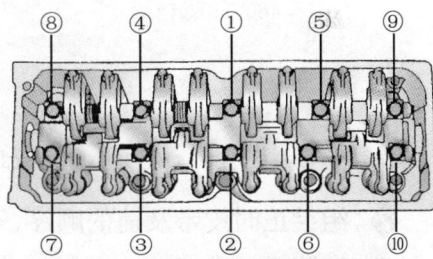

图10-61　摇臂轴固定螺栓的锁紧顺序

（5）组装节温器及盖。

节温器上排空气用的钩阀必须朝上，如图10-62 a)所示。

新垫片的印刷面朝向节温器盖，再锁紧节温器盖，如图10-62 b)所示。

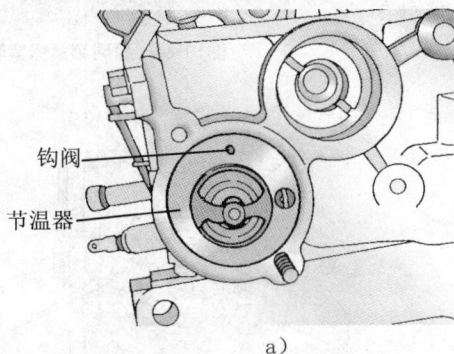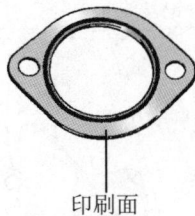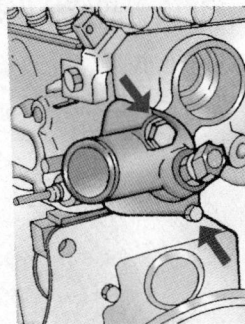

a)　　　　　　　　　　b)

图10-62　钩阀及垫片的安装方向

四、组合正时皮带及盖

◆ 1　组合正时皮带及盖

依拆卸时的相反顺序组装正时皮带及盖。如图10-63所示，为各螺栓的锁紧扭力规格。

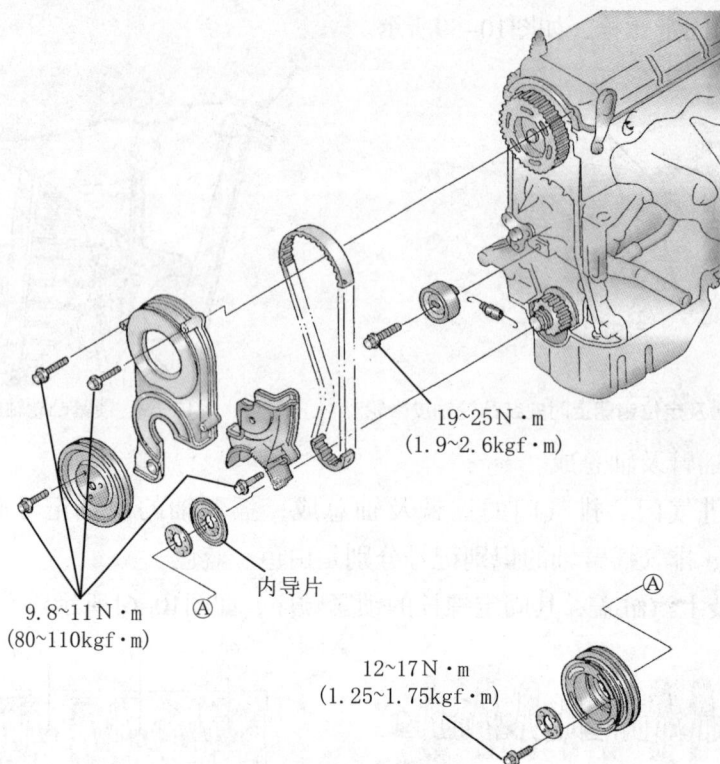

19~25 N·m
(1.9~2.6kgf·m)

内导片

9.8~11 N·m
(80~110kgf·m)

Ⓐ

Ⓐ

12~17 N·m
(1.25~1.75kgf·m)

图10-63　各螺栓的锁紧扭力规格

❷ 组装正时皮带及盖的顺序、方法及应注意事项

（1）安装正时皮带。

装上张紧轮及张紧轮弹簧，并在弹簧完全伸张的状态下，先暂时锁紧张紧轮，如图10-64所示。

使曲轴皮带轮的缺口与正时记号相对，如图10-65 a)所示；并确定凸轮轴皮带轮处的相对记号也都对正，如图10-65 b)所示。

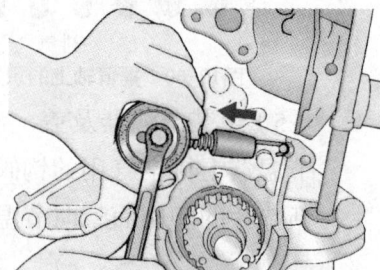

图10-64　暂时锁紧张紧轮

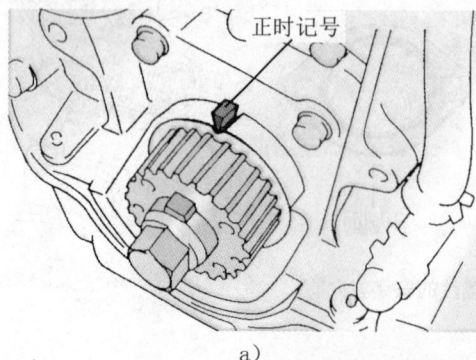

正时记号

a)

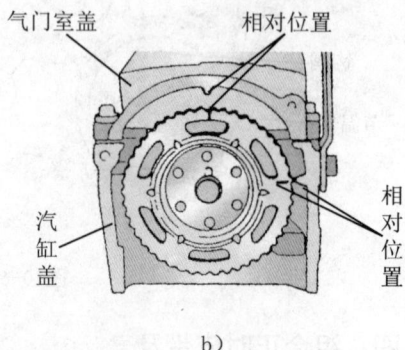

气门室盖　相对位置

汽缸盖

相对位置

b)

图10-65　使所有记号均对正

装上正时皮带，注意皮带的张力侧应无松弛情形，如图10-66所示。并注意正时皮带是否依旋转方向安装。

然后顺时针方向旋转曲轴两圈，检查相对记号是否正确，如图10-67 a)所示；若正确，则放松张紧轮的固定螺栓，使张紧轮对正时皮带加压，然后锁紧张紧轮的固定螺栓，如图10-67 b)所示。

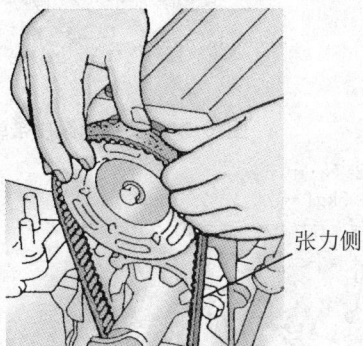

图10-66　安装正时皮带

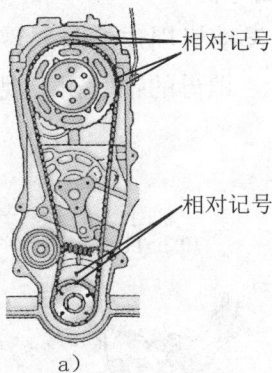

a)　　　　　　　　　　　　b)

图10-67　再检查相对记号与调整正时皮带张力

再顺时针方向旋转曲轴两圈后，正时皮带张力侧的中间，以98N(10kgf)的力量压下，皮带的偏移量应在11～13mm之间，如图10-68所示。

（2）安装正时皮带盖、曲轴皮带轮及水泵皮带轮。

装上正时皮带上盖及下盖，如图10-69所示。

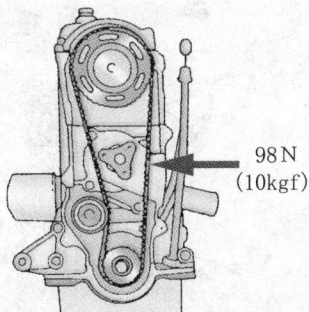

图10-68　检查正时皮带的偏移量

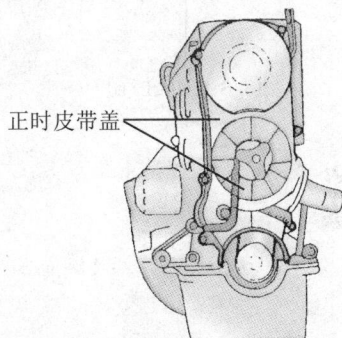

图10-69　安装正时皮带上、下盖

装上正时皮带内导片及外导片，注意内导片的安装方向，如图10-70 a)所示；接着装上曲轴皮带轮及固定片，锁紧固定螺栓，如图10-70 b)所示。

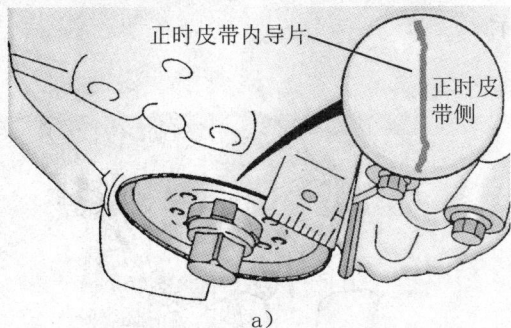

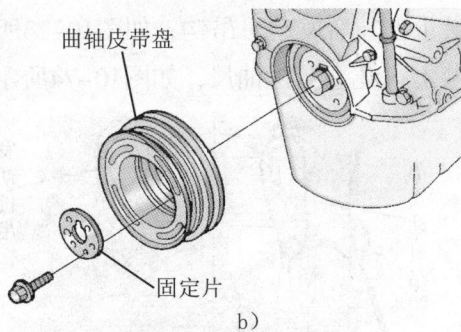

a)　　　　　　　　　　　　b)

图10-70　安装内导片、外导片、曲轴皮带轮及固定片

单元10

装上水泵皮带轮，如图10-71所示。

五、组合发动机周边的附属零件

❶ 组合发动机周边的附属零件

依拆卸时的相反顺序组装发动机周边的附属零件。如图10-72所示，为各螺栓、螺母的锁紧扭力规格，及需要润滑之处。

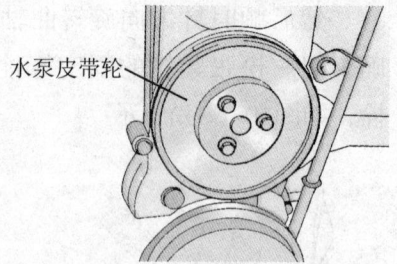

水泵皮带轮

图10-71 安装水泵皮带轮

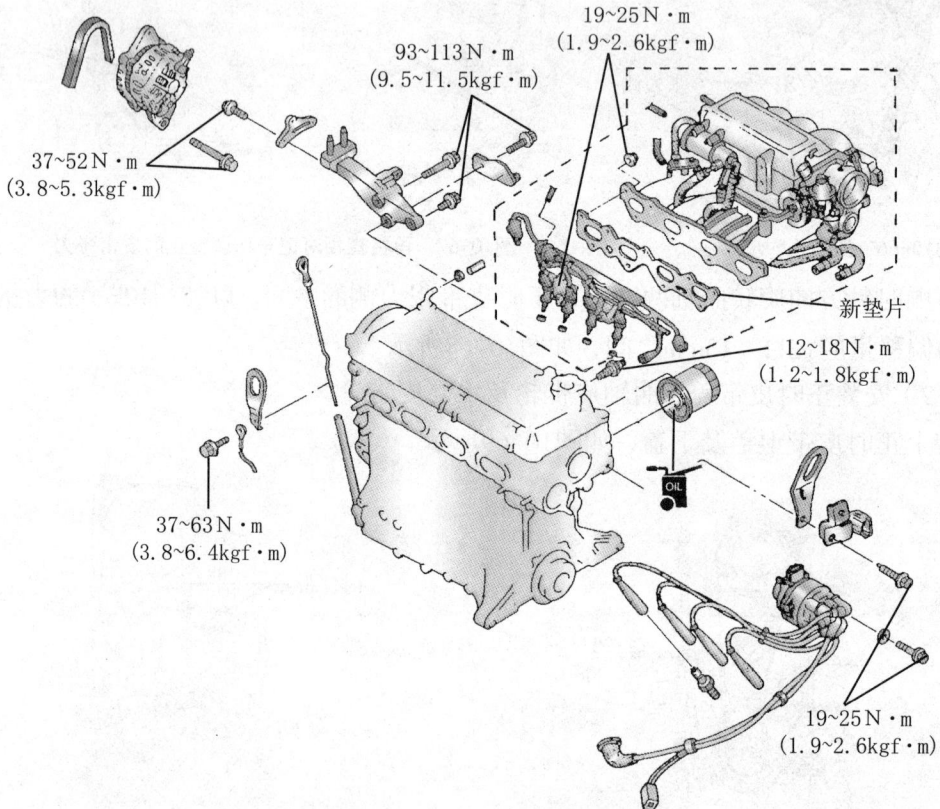

19~25 N·m
(1.9~2.6kgf·m)

93~113 N·m
(9.5~11.5kgf·m)

37~52 N·m
(3.8~5.3kgf·m)

新垫片

12~18 N·m
(1.2~1.8kgf·m)

37~63 N·m
(3.8~6.4kgf·m)

OIL

19~25 N·m
(1.9~2.6kgf·m)

图10-72 锁紧扭力规格及需要润滑之处

❷ 组装发动机周边附属零件的顺序、方法及应注意事项

（1）安装各附属零件。

装上前、后发动机吊钩，如图10-73所示。

装上火花塞及机油尺，如图10-74所示。

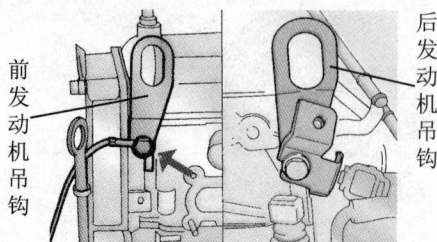

前发动机吊钩

后发动机吊钩

图10-73 装上前、后发动机吊钩

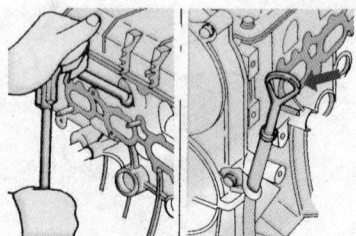

图10-74 装上火花塞及机油尺

装泵油压力开关，如图10-75所示。

在机油滤清器橡皮封环涂上机油，用手将滤清器转到与底座接触时，再用机油滤清器扳手转动7/6转，如图10-76所示。

图10-75 装上机油压力开关

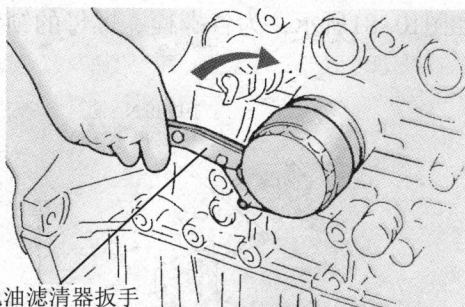

机油滤清器扳手

图10-76 使用机油滤清器扳手锁紧滤清器

装上3号发动机支座及发电机托架，如图10-77所示。

装上发电机及发电机皮带，在Ⓐ、Ⓑ两个螺栓未锁紧前，将发电机向外扳离发动机体，当Ⓒ处用98N力量下压，偏移量为8～10mm之间时，将发电机固定螺栓Ⓐ及皮带紧度调整螺栓Ⓑ锁紧，如图10-78所示。

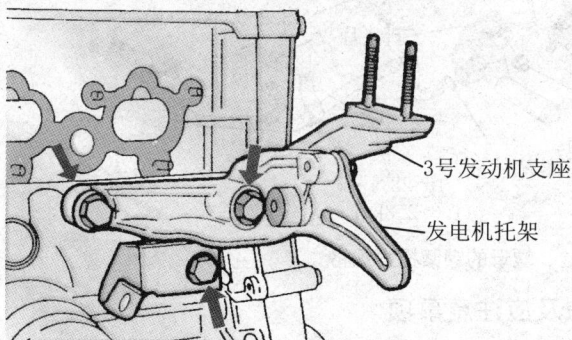

3号发动机支座

发电机托架

图10-77 装上3号发动机支座及发电机托架

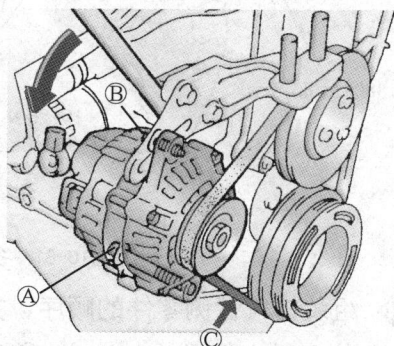

图10-78 发电机皮带紧度的调整

（2）安装进气歧管总成。

先装上喷油器、输油管及电线束组，如图10-79所示。

再装上进气歧管。

（3）最后在O形环涂上机油后，装入分电器，如图10-80所示。

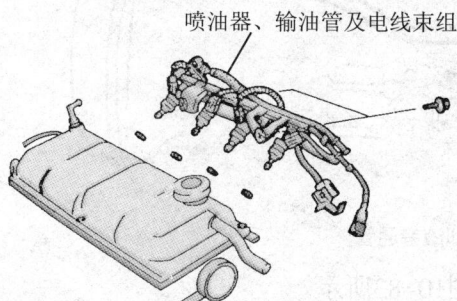

喷油器、输油管及电线束组

图10-79 安装喷油器、输油管及电线束组

图10-80 安装分电器

六、组装排气管侧的零件

1 组装排气管侧的零件

先将发动机从发动机分解架上吊下来，然后依拆卸时的相反顺序组装排气管侧的零件。如图10-81所示，为各螺栓、螺母的锁紧扭力规格。

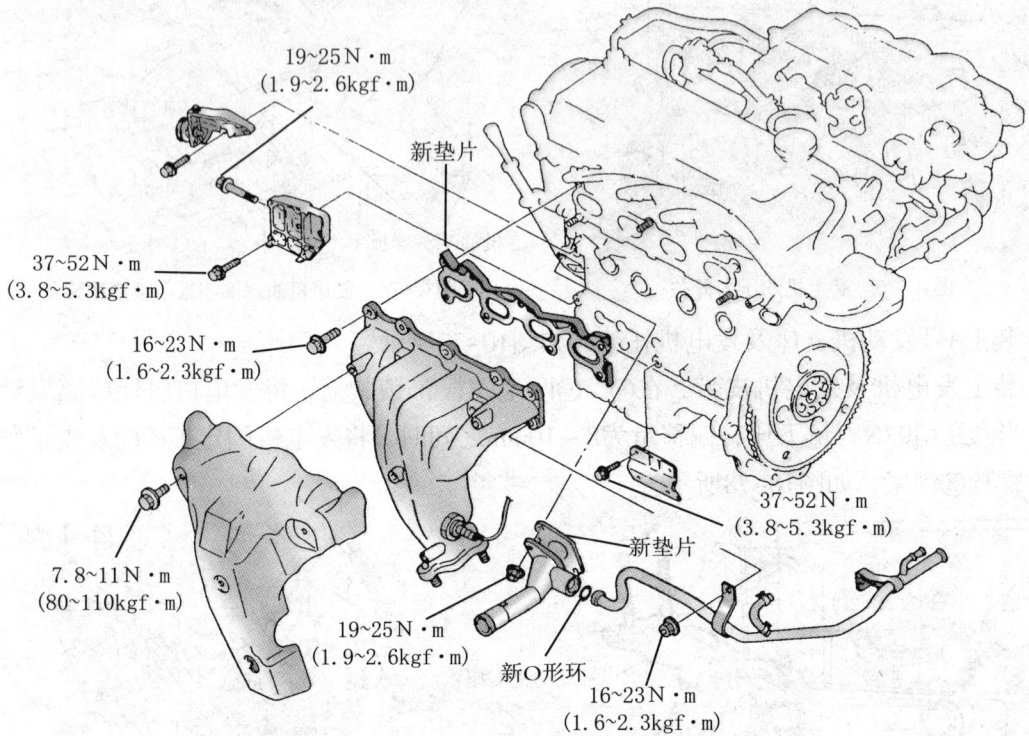

19~25N·m
(1.9~2.6kgf·m)

新垫片

37~52N·m
(3.8~5.3kgf·m)

16~23N·m
(1.6~2.3kgf·m)

37~52N·m
(3.8~5.3kgf·m)

新垫片

7.8~11N·m
(80~110kgf·m)

19~25N·m
(1.9~2.6kgf·m)

新O形环

16~23N·m
(1.6~2.3kgf·m)

图10-81　各螺栓、螺母的锁紧扭力规格

2 组装排气管侧零件的顺序、方法及应注意事项

（1）装上进水管及冷却液旁通管，旁通管上的O形环应涂上冷却液，如图10-82所示。

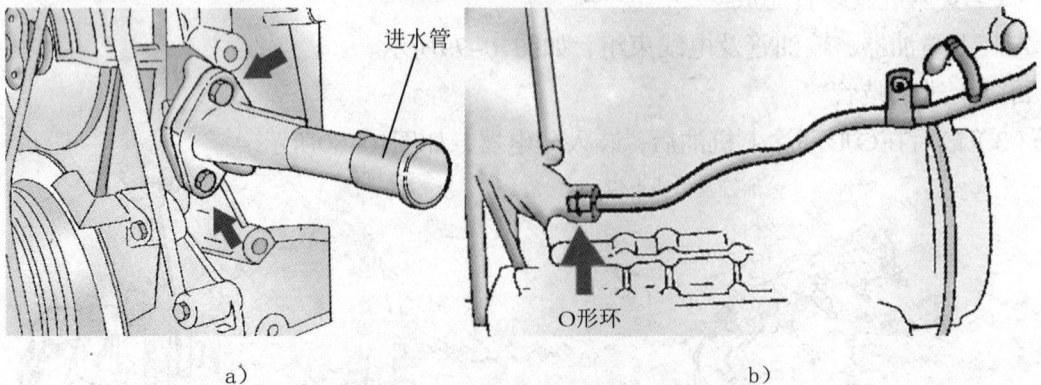

进水管

O形环

a)　　　　　　　　　　　b)

图10-82　装上进水管及冷却液旁通管

（2）装上排气管托架及空调压缩机托架，如图10-83所示。

（3）装上排气歧管及排气歧管隔热板，如图10-84所示。

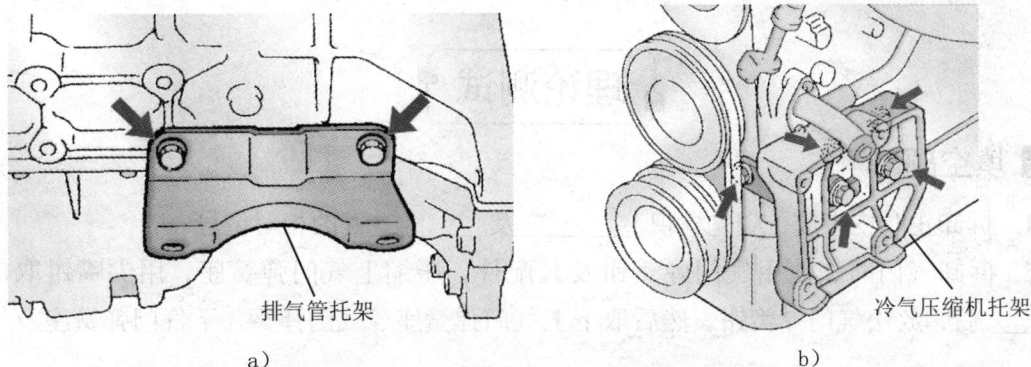

排气管托架

a)

冷气压缩机托架

b)

图10-83　装上排气管托架及空调压缩机托架

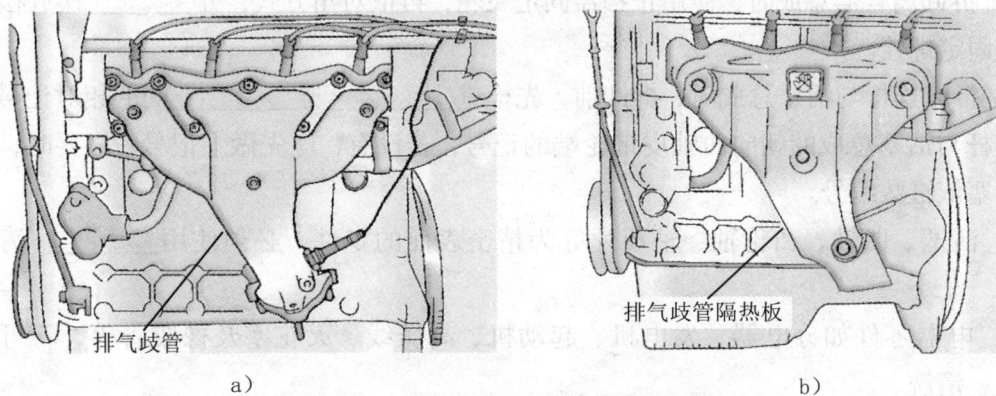

排气歧管

a)

排气歧管隔热板

b)

图10-84　装上排气歧管及排气歧管隔热板

10.3.3　发动机试动

汽油喷射式发动机试动：

（1）因摇臂内采用油压间隙调整器，故气门间隙为零，不必调整。

（2）机油容量，油底壳内为3.6L，机油滤清器内为0.17L。

（3）冷却液的容量，采用手动变速器为5.0L，采用自动变速器为6.0L。

（4）汽油箱内加入无铅汽油。

（5）接上包括起动系统、点火系统、充电系统、计算机、传感器、喷油器等所有的电线插头。

（6）接上蓄电池，起动发动机，注意有无异响。

理论测试

一 填空题

1. 拆卸正时皮带前，应先检视＿＿＿＿＿＿及＿＿＿＿＿＿处的相对记号。

2. 拆卸气门时，使用气门弹簧钳及其配件，压缩上气门弹簧座，用尖嘴钳取出＿＿＿＿＿＿后，放松气门弹簧钳，然后取下上气门弹簧座、气门弹簧、下气门弹簧座及气门等。

3. 拆卸离合器总成时，使用止挡器固定飞轮，再依对角方式，分＿＿＿＿＿＿次放松离合器的固定螺栓。

4. 拆卸连杆与活塞总成时，拆卸前，先检查＿＿＿＿＿＿与＿＿＿＿＿＿间的相对记号，以及连杆与活塞总成的朝向曲轴皮带轮端的记号，若没有，应先做上记号；必要时，并将各活塞依缸数编号。

5. 活塞、曲轴、凸轮轴、轴承片等为精密表面的零件，必须使用＿＿＿＿＿＿清洗表面。

6. 电器零件如分电器、发电机、起动机、高压线、火花塞及橡胶管等，不可用＿＿＿＿＿＿清洗。

二 选择题

1. 下列何处不必分2~3次放松固定螺栓？ （　）
(A) 摇臂及轴总成　(B) 汽缸盖　(C) 凸轮轴皮带轮　(D) 主轴承盖

2. 装配发动机时，下列哪项一定要换新？ （　）
(A) 螺栓　(B) 垫片及油封　(C) 垫圈　(D) 螺母

3. 安装活塞环时，下述哪项是错误的？ （　）
(A) 先装第一道环　　　　　　　(B) 环上有字的面向上装
(C) 组合式油环不必使用活塞环拆装钳　(D) 刮油式为第二道环

4. 安装活塞与连杆总成时，下述哪项做法错误？ （　）
(A) 各活塞环的开口均应相互错开　(B) 总成从汽缸顶部装入
(C) 活塞环开口应避免在销孔面处　(D) 活塞上F字母朝向变速器

5. 安装活塞与连杆总成时，会使用哪种工具？ （　）
(A) 气门弹簧钳　(B) 活塞环拆装钳　(C) 拉出器　(D) 活塞环压缩器

6. 正时皮带的张力应调整为10kgf力量向下压，有＿＿＿＿＿＿mm的变形量。 （　）
(A) 3~6　(B) 11~13　(C) 16~18　(D) 20~22

三 判断题

1. 分解发动机时，通常是把发动机周边的零组件先拆下。 （　　）

2. 放松摇臂及轴总成固定螺栓的顺序，是由内往外。 （　　）

3. 组合发动机时，螺栓及垫片都必须换新。 （　　）

4. 安装气门弹簧时，弹簧较疏一端向下装。 （　　）

5. 各主轴承盖有一定的位置，且有方向性。 （　　）

6. 无油槽及油孔的主轴承片，应装在汽缸体上。 （　　）

7. 如图10-85所示，为正确的主轴承盖螺栓锁紧顺序。 （　　）

8. 安装活塞与连杆总成时，活塞上的F字母应朝向飞轮端。 （　　）

9. 连杆大头轴承盖与连杆的号码或记号必须在同一侧。 （　　）

10. 安装正时皮带后，必须接着调整正时皮带的张力。 （　　）

11. 如图10-86所示，为正确的汽缸盖螺栓锁紧顺序。 （　　）

12. 安装机油滤清器前，其橡皮封环必须涂上机油。 （　　）

13. 发电机皮带紧度调整，是以20kgf的力量下压，皮带偏移量8～10mm为正常。
（　　）

技能测试

一 拆卸及安装正时皮带

姓名：＿＿＿＿＿＿　　班级：＿＿＿＿＿＿　　学号：＿＿＿＿＿＿　　得分：＿＿＿＿＿＿

测试项目		测试		备注
		满分	得分	
完成时间	（　　）分（　　）秒，限时30分钟。			
（一）工作技能	1.是否依正确的顺序先拆下正时皮带以外的周边零件。	12	（　　）	
	2.正时皮带拆下前有无做旋转方向记号。	10	（　　）	
	3.正时皮带安装方向是否正确。	10	（　　）	
	4.正时皮带安装后各相对记号是否都对正。	16	（　　）	
	5.正时皮带的张力调整是否正确。	16	（　　）	
	6.正时皮带的内导片方向是否正确。	12	（　　）	
	7.是否依正确顺序安装正时皮带以外的周边零件。	12	（　　）	
	8.正时皮带机构有无保持干净无油污。	12	（　　）	
（二）工作安全与态度(采取扣分方式)	1.有不安全或不正确动作。	扣4～12分	（　　）	
	2.损坏工作物。	扣4～12分	（　　）	
	3.工具、仪器使用后未归定位。	扣4～12分	（　　）	
	4.工作区未维持整洁。	扣4～12分	（　　）	
	5.服装仪容不整。	扣4～12分	（　　）	
合计		100	（　　）	

二 拆卸、分解、组合及安装汽缸盖

姓名：_____ 班级：_____ 学号：_____ 得分：_____

测试项目		测试		备注
		满分	得分	
完成时间	（　）分（　）秒，限时30分钟。			
（一）工作技能	1.摇臂及轴总成固定螺栓的放松顺序是否正确。	8	（　）	
	2.是否正确拆下凸轮轴及皮带轮。	8	（　）	
	3.汽缸盖固定螺栓正确分2~3次及顺序放松。	12	（　）	
	4.气门的分解方法正确(指定2个气门)。	8	（　）	
	5.气门的组合方法正确，气门弹簧的安装方向正确。	12	（　）	
	6.汽缸垫是否换新。	6	（　）	
	7.汽缸盖固定螺栓正确分2~3次及顺序锁紧，螺栓扭力值正确。	16	（　）	
	8.正确组合凸轮轴及皮带轮。	10	（　）	
	9.正确安装摇臂及轴总成，螺栓锁紧顺序及扭力正确。	8	（　）	
	10.有无清洁及润滑。	12	（　）	
（二）工作安全与态度(采取扣分方式)	1.有不安全或不正确动作。	扣4~12分	（　）	
	2.损坏工作物。	扣4~12分	（　）	
	3.工具、仪器使用后未归定位。	扣4~12分	（　）	
	4.工作区未维持整洁。	扣4~12分	（　）	
	5.服装仪容不整。	扣4~12分	（　）	
合计		100	（　）	

单元10

三 分解及组合发动机体的内部零件

姓名：_____ 班级：_____ 学号：_____ 得分：_____

测试项目		测试		备注
		满分	得分	
完成时间	（ ）分（ ）秒，限时30分钟。			
（一）工作技能	1.正确拆下连杆与活塞总成。	8	（ ）	
	2.正确取下活塞环。	6	（ ）	
	3.主轴承盖固定螺栓正确分2~3次及顺序放松。	10	（ ）	
	4.主轴承片、止推片、主轴承盖的安装位置及方向均正确。	12	（ ）	
	5.主轴承盖固定螺栓正确分2~3次及顺序锁紧，螺栓扭力值正确。	10	（ ）	
	6.正确组合活塞环。	8	（ ）	
	7.活塞环的安装方向、位置及开口位置均正确。	12	（ ）	
	8.正确安装连杆与活塞总成，螺母扭力值正确。	10	（ ）	
	9.连杆与活塞总成的安装方向、记号等均正确。	12	（ ）	
	10.有无清洁及润滑。	12	（ ）	
（二）工作安全与态度(采取扣分方式)	1.有不安全或不正确动作。	扣4~12分	（ ）	
	2.损坏工作物。	扣4~12分	（ ）	
	3.工具、仪器使用后未归定位。	扣4~12分	（ ）	
	4.工作区未维持整洁。	扣4~12分	（ ）	
	5.服装仪容不整。	扣4~12分	（ ）	
合计		100	（ ）	

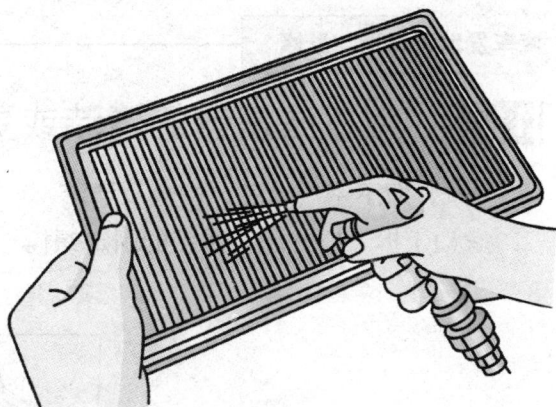

单元11

空气系统与汽油机燃料供给系统的维修

🔹 知识目标：

1. 了解空气系统和汽油机燃料供给系统维修时的注意事项；

2. 掌握空气系统和汽油机燃料供给系统维修的基本理论。

🔹 能力目标：

1. 具备安全生产的能力；

2. 能熟练进行空气滤清器、节气门体、汽油泵、喷油器清洁和更换；

3. 能熟练进行汽油滤清器的更换；

4. 能熟练进行喷油器的检查。

🔹 建议学时：

8 学时

11.1 空气滤清器的清洁或更换

一、取下空气滤芯、检查及清洁

（1）拆下空气滤清器盖的固定螺栓，打开空气滤清器盖，如图11-1所示。

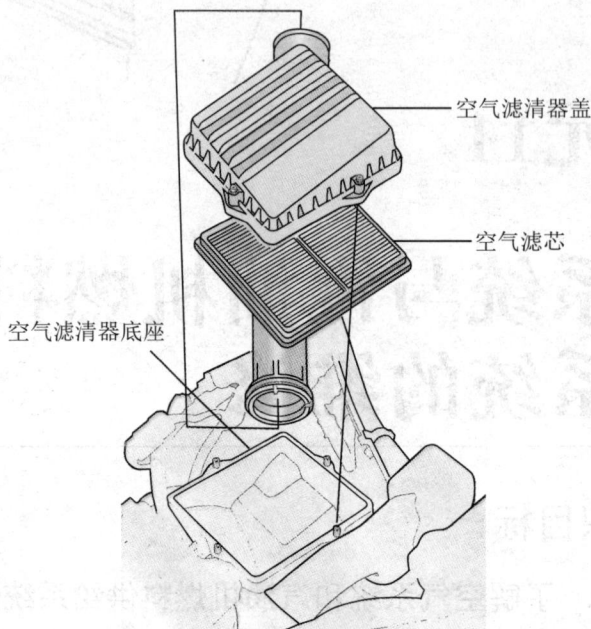

空气滤清器盖

空气滤芯

空气滤清器底座

图11-1 打开空气滤清器盖

（2）取下空气滤芯。

干纸式空气滤芯脏了可使用空气枪，用压缩空气吹净，如图11-2所示。

合成纤维布式空气滤芯，用半干性油浸过，灰尘会粘附在滤芯上，故不可以压缩空气吹净，必须换新的，如图11-3所示。

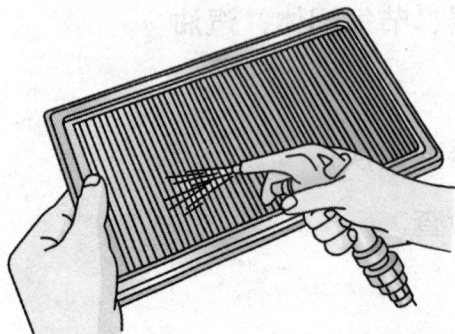

图11-2 干纸式空气滤芯用压缩空气吹净

图11-3 浸油式空气滤芯不可用压缩空气吹净

二、装上空气滤芯

（1）清洁空气滤清器底座上的灰尘及污垢。

（2）装上已清洁或换新的空气滤芯。

（3）装回空气滤清器盖子。

11.2 节气门体的清洗或更换

一、节气门体拆卸

（1）泄放发动机冷却液。

（2）拆卸节气门体周围的拉线、软管等，如图11-4所示。

与自动变速器(A/T)连接的节气拉线。

与加速踏板连接的节气门拉线。

连接空气滤清器的软管。

冷却液管、曲轴箱通风管及三条真空软管。

节气门位置传感器的接头。

（3）拆下节气门体，如图11-5所示。

二、节气门体清洗

（1）使用化油器清洗剂与软质毛刷，并压缩空气吹净，如图11-6所示。

（2）清洗部位包括节气门体内部、节气门、旁通道及空气阀的通道等；但节气门位置传感器不可用化油器清洗剂喷洗。

三、节气门体安装

（1）更换新的垫片，装回节气门体。

（2）依拆卸的相反顺序，装回节气门体周围的拉线、软管及电线接头，并添加冷却液。

（3）起动发动机，检查怠速是否正确及与节气门连动的两条拉线作用是否正常。

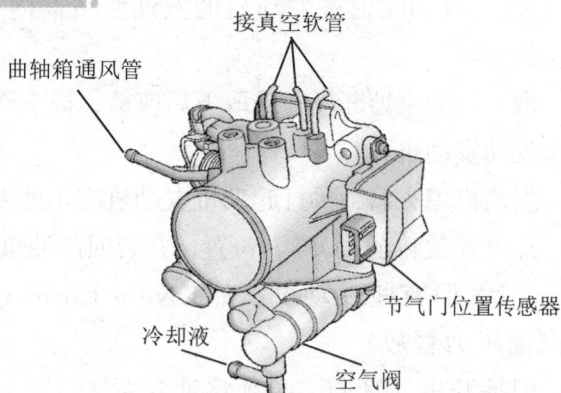

图11-4　拆卸节气门体周围的拉线、软管等

接真空软管
曲轴箱通风管
节气门位置传感器
冷却液
空气阀

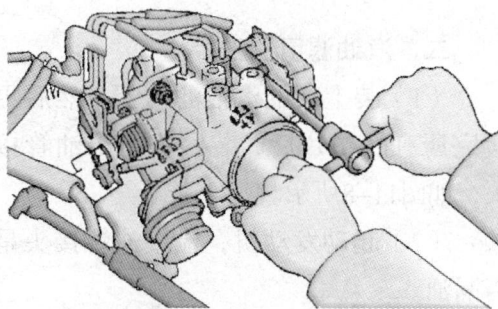

图11-5　拆下节气门体

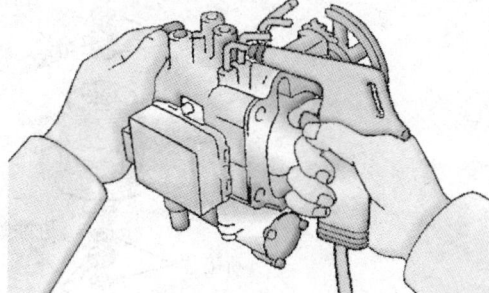

图11-6　使用压缩空气吹净

单元11

11.3 汽油滤清器的更换

一、汽油滤清器的位置

汽油滤清器装在发动机室内，位于从电动汽油泵来的油管与喷油器输油管(燃油共轨)之间。

汽油滤清器拆卸：

（1）汽油喷射式发动机的汽油滤清器内有余压，因此在拆卸前先做汽油压力释放。

取下汽油泵熔断丝；或取下后座椅，拔下汽油泵的电线束接头。

发动发动机。

发动机熄火后，再打起动机发动机应不能发动，以确定油压已完全释放。

点火开关转至"OFF"位置，并装回汽油泵熔断丝或电线束接头。

（2）但有些发动机，如Toyota Corona的4A-FE汽油喷射发动机，并未要求做汽油压力释放。

但拆开进油管前，必须将油盆置于接头底下，并将拆开的接头用橡皮塞塞住，如图11-7所示。再拆开上端的出油管接头，即可拆下汽油滤清器。

二、汽油滤清器安装

（1）装上新的汽油滤清器，然后更换完所有的垫片后，装回进、出油管接头，如图11-8所示。

（2）起动发动机，检查油管接头是否漏油。

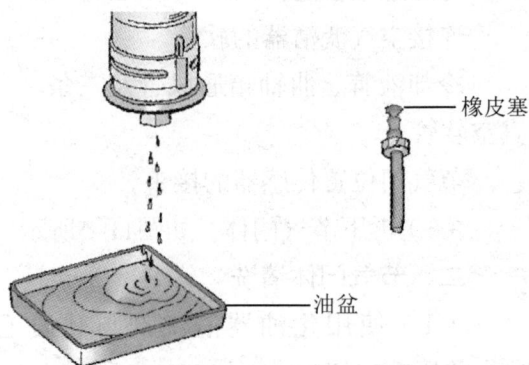

图11-7 将油盆置于汽油滤清器下方

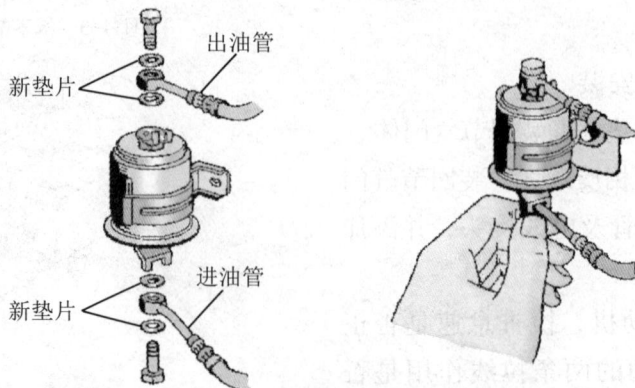

图11-8 换新垫片

11.4 喷油器的检查、清洗或更换

（1）拔下喷油器插线，用万用表测量喷油器线圈电阻值，如图11-9所示；高阻型为11~17Ω，且每个汽缸的喷油器电阻值都应相同。

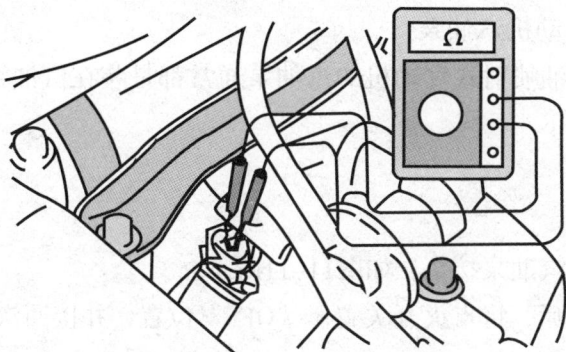

图11-9 喷油器电磁线圈电阻的测量

（2）给每个喷油器线圈通上蓄电池电压，应能听到清脆的吸合声，每次通电的时间要短，以免喷油器线圈过热而烧毁；

（3）将喷油器连同供油总管一起拆下来，并用铁丝将喷油器和供油总管进行固定，给电动燃油泵通电，在油压正常的情况下，喷油器的漏油量为1滴/min，如图11-10 a）所示；

（4）接着进行喷油量及喷油效果检查，在喷油器下方放置量杯，给喷油器通电15s，喷油量应为50~60mL，同时观察喷出来的油应该是形成一定锥度的均匀雾状,如图11-10 b）所示。

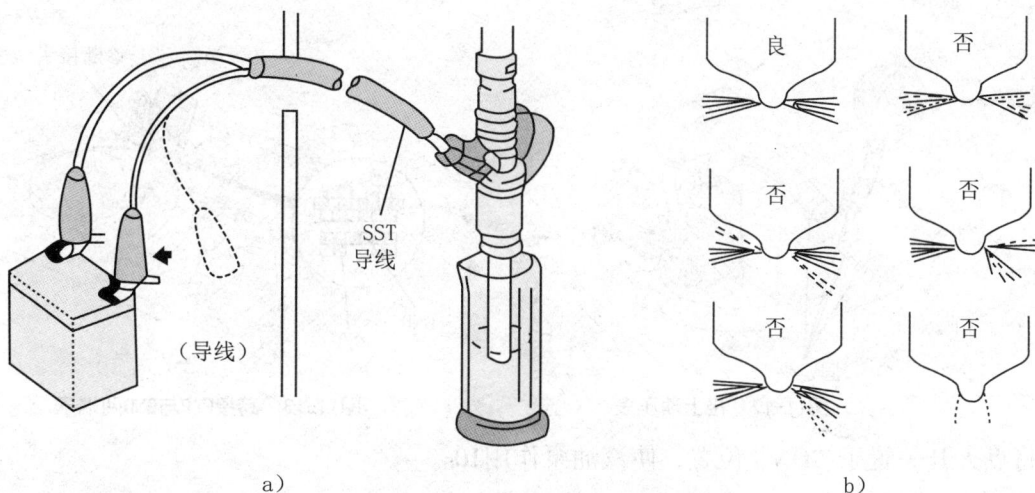

a)

b)

图11-10 喷油器喷油量的检查

如果喷油器漏油量偏多或喷油质量不佳，可对喷油器进行清洗；将喷油器从车上拆下来后，装到喷油器清洗机上清洗，然后再进行检测，如果还不能恢复正常，则需

要更换新件。

11.5 汽油泵的检查和更换

一、汽油喷射式发动机汽油泵

汽油泵的位置：汽油喷射式发动机的汽油泵通常都是装在汽油箱内。

汽油泵检查项目如下。

❶ 保持压力检查

先做汽油压力释放。

掀开后座椅，拆开汽油泵接头，如图11-11所示。

发动发动机至熄火后，将点火开关置于"OFF"位置，并接回汽油泵接头。

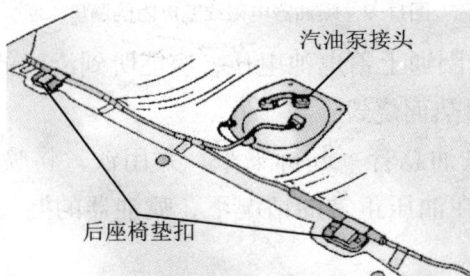

图11-11　拆开汽油泵接头

在汽油滤清器的出口端接上油压表，另一端并塞住，如图11-12所示。

在诊断接头处以跨接线跨接F/P(汽油泵)与GND(搭铁)两端子，如图11-13所示。

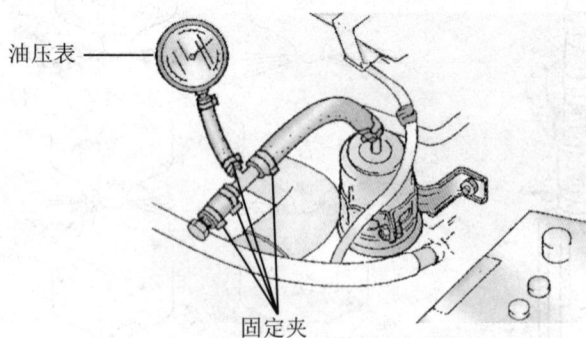

图11-12　接上油压表

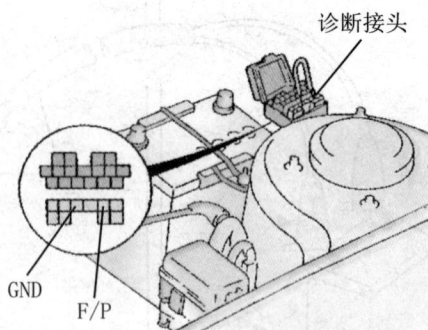

图11-13　跨接F/P与GND两端子

将点火开关置于"ON"位置，使汽油泵作用10s。

然后将点火开关置于"OFF"位置，并拆掉跨接线。

5min后，检查保持压力。若不合规定，更换汽油泵。

❷ 最大压力检查

油压表的连接方法与做保持压力检查时相同。

也是跨接F/P与GND两端子，在点火开关置于"ON"位置，汽油泵作用时，检查汽油泵的最大压力。若不符合规定，更换汽油泵。

汽油泵最大压力：441~589kPa（4.5~6.0kgf/cm²）

汽油泵更换：

（1）先释放管路内的汽油压力。

（2）汽油泵拆卸：掀开后座椅，拆开汽油泵及油面指示传感器的接头，如图11-14 a)所示；并拆开出、回油管及汽油泵总成的固定螺栓，如图11-14 b)所示。取下汽油泵总成。

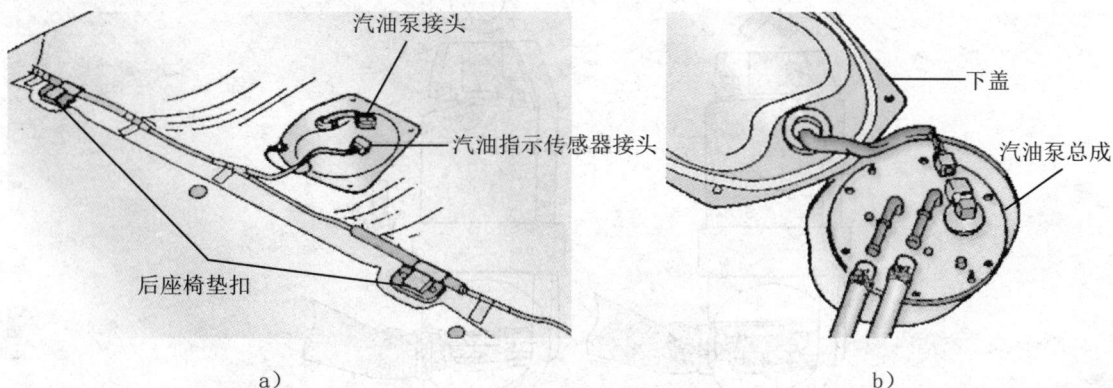

图11-14 拆开电线接头、油管等

汽油泵总成的分解图，如图11-15所示。

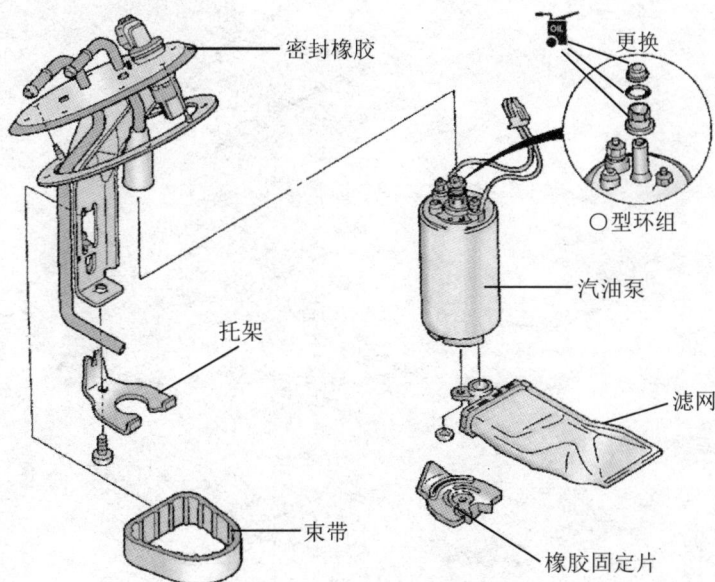

图11-15 汽油泵总成的分解图

❸ 汽油泵安装

更换汽油泵时，其O形环组与密封橡胶必须换新。

汽油泵装至托架后，将汽油泵向下拉，以确定是否定位在托架上，如图11-16所示。

装上汽油泵总成，并装回油管及电线接头。

汽油泵装好后，发动发动机，检查汽油泵作用是否正常。

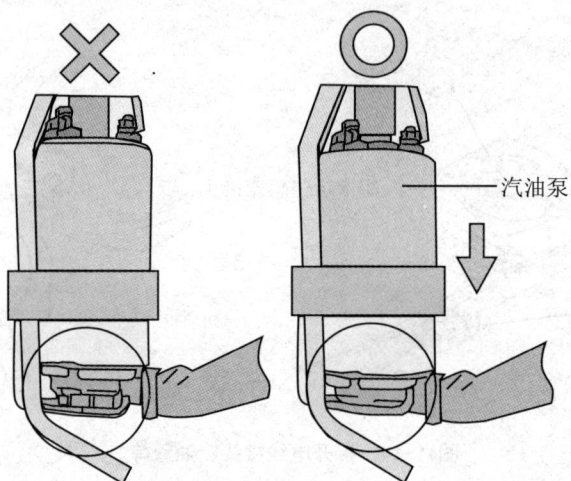

汽油泵

图11-16　确定汽油泵是否定位

理论测试

一 填空题

1. 干纸式空气滤芯脏了可使用空气枪，用_____吹净。

2. 合成纤维布式空气滤芯，用半干性油浸过，灰尘会粘附在滤芯上，故不可以压缩空气吹净，必须_____。

3. 拆下喷油器插线，用万用表测量喷油器线圈电阻值，高阻型为_____Ω，且每个汽缸的喷油器电阻值都应相同。

4. 进行喷油量及喷油效果的检查时，在喷油器下方放置量杯，给喷油器通电_____s，喷油量应为_____mL，同时观察喷出来的油应该是形成一定锥度的均匀雾状。

二 选择题

1. 当空气滤芯测试器指针指在_____范围时，表示必须注意，滤芯可能部分阻塞。 （　　）

 (A) 绿色　(B) 黄色　(C) 红色　(D) 蓝色

2. 下列哪项叙述错误？ （　　）

 (A) 干纸式空气滤芯可清洁后再用　(B) 滤纸式空气滤芯不可清洁

 (C) 空气滤芯应定期检查　(D) 以目测方式决定空气滤芯是否需要更换

3. 更换汽油喷射式发动机的汽油滤清器时，应先_____。 （　　）

 (A) 拆开压力调整器处接头　(B) 进行汽油压力释放

 (C) 抽干汽油箱内汽油　(D) 发动发动机至工作温度

三 判断题

1. 以空气滤芯测试器测试空气滤芯，指针在黄色区域表示良好。 （　　）
2. 空气滤芯以目测即可知道堵塞与否。 （　　）
3. 干纸式空气滤芯可以压缩空气吹净。 （　　）
4. 湿纸式空气滤芯脏污时必须直接换新。 （　　）
5. 汽油滤清器必须定期更换。 （　　）
6. 汽油喷射式发动机要做汽油压力释放，是拆开汽油滤清器处汽油管接头。 （　　）
7. 所谓汽油压力释放，是使汽油泵暂时不动作，然后发动发动机将输油管路内的汽油消耗至发动机不能发动为止。 （　　）

技能测试

一 空气滤清器的更换

姓名：＿＿＿＿＿＿＿　　班级：＿＿＿＿＿＿＿　　学号：＿＿＿＿＿＿＿　　得分：＿＿＿＿＿＿＿

测试项目		测试		备注
		满分	得分	
完成时间	（　　）分（　　）秒，限时30分钟。			
（一）工作技能	1.操作顺序是否正确。	10	（　　）	
	2.工具、仪器使用方法是否正确。	10	（　　）	
	3.工具、仪器选择是否正确。	20	（　　）	
	4.安装后发动机能否正常发动。	20	（　　）	
	5.空气滤芯良劣判断是否正确。	20	（　　）	
	6.空气滤芯清洁是否正确。	20	（　　）	
（二）工作安全与态度(采取扣分方式)	1.有不安全或不正确动作。	扣4~12分	（　　）	
	2.损坏工作物。	扣4~12分	（　　）	
	3.工具、仪器使用后未归定位。	扣4~12分	（　　）	
	4.工作区未维持整洁。	扣4~12分	（　　）	
	5.服装仪容不整。	扣4~12分	（　　）	
合计		100	（　　）	

二 节气门体的更换

姓名：_____ 班级：_____ 学号：_____ 得分：_____

测试项目		测试		备注
		满分	得分	
完成时间	（　）分（　）秒，限时30分钟。			
（一）工作技能	1.正确拆卸节气门体周围的零件。	28	（　）	
	2.正确拆下节气门体。	14	（　）	
	3.换新垫片，正确安装节气门体。	14	（　）	
	4.正确装回节气门体周围的零件。	28	（　）	
	5.发动机发动及运转正常。	16	（　）	
（二）工作安全与态度(采取扣分方式)	1.有不安全或不正确动作。	扣4～12分	（　）	
	2.损坏工作物。	扣4～12分	（　）	
	3.工具、仪器使用后未归定位。	扣4～12分	（　）	
	4.工作区未维持整洁。	扣4～12分	（　）	
	5.服装仪容不整。	扣4～12分	（　）	
合计		100	（　）	

三 汽油滤清器及汽油泵的更换

姓名：_____ 班级：_____ 学号：_____ 得分：_____

测试项目		测试		备注
		满分	得分	
完成时间	（　）分（　）秒，限时30分钟。			
（一）工作技能	1.是否先释放汽油压力。	20	（　）	
	2.汽油滤清器接头的垫片是否换新。	10	（　）	
	3.接头的螺栓扭力是否正确。	10	（　）	
	4.分解及组合汽油泵否正确。	20	（　）	
	5.封环是否换新。	10	（　）	
	6.发动机能否发动及持续运转。	20	（　）	
	7.汽油滤清器的接头是否漏油。	10	（　）	
（二）工作安全与态度(采取扣分方式)	1.有不安全或不正确动作。	扣4~12分	（　）	
	2.损坏工作物。	扣4~12分	（　）	
	3.工具、仪器使用后未归定位。	扣4~12分	（　）	
	4.工作区未维持整洁。	扣4~12分	（　）	
	5.服装仪容不整。	扣4~12分	（　）	
合计		100	（　）	

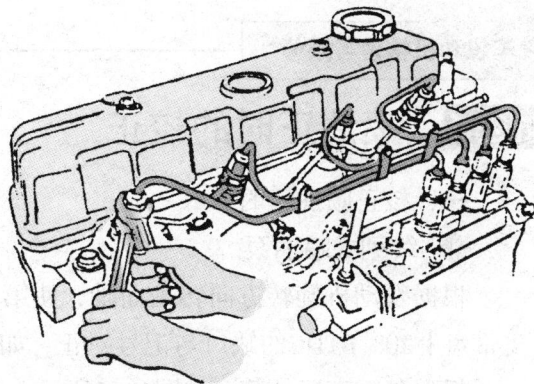

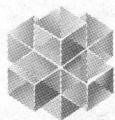

单元12

柴油机燃料供给系统的维修

■ 知识目标：

1. 了解柴油机燃料供给系统维修时的注意事项；

2. 掌握喷油正时的校正方法。

■ 能力目标：

1. 具备安全生产的能力；

2. 能熟练进行喷油正时校正；

3. 能熟练进行喷油器、喷油泵、调速器、输油泵的拆装、分解与装配。

■ 建议学时：

14 学时

12.1 喷油正时的校正

一、校正喷油正时

◆ 线列式喷油泵

根据发动机旋转方向转动曲轴，使第一缸活塞在压缩至上止点前20°的位置，曲轴皮带盘上20° BTDC的缺口与记号对正，如图12-1所示。

拆下各缸高压油管，如图12-2所示；并拆下调速器橡皮管及加速连杆等。

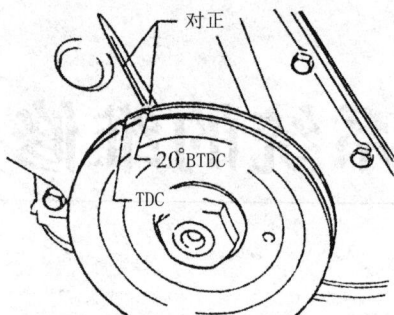

图12-1 20° BTDC的缺口与记号对正

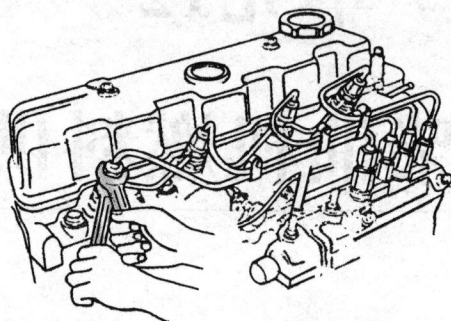

图12-2 拆下各缸高压油管

拆开喷油泵上方第一与第二缸排气阀套的固定夹，拆下第一缸排气阀套，如图12-3所示。

取下排气阀弹簧，再将第一缸排气阀套装回，如图12-4所示。

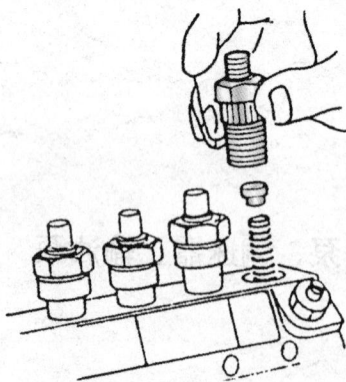

图12-3 拆下第一缸排气阀套

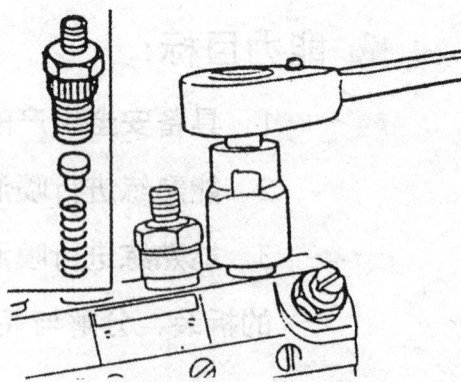

图12-4 装回第一缸排气阀套

在第一缸排气阀套上安装短的弯曲油管。

放松喷油泵固定螺母，将喷油泵向发动机体方向推到底，如图12-5所示。

然后，一边操作手动泵，一边慢慢将喷油泵向外拉，直至柴油刚停止从油管流出时，停止移动喷油泵，如图12-6所示，并将喷油泵固定螺母锁紧，此位置即为柴油喷射开始的位置。

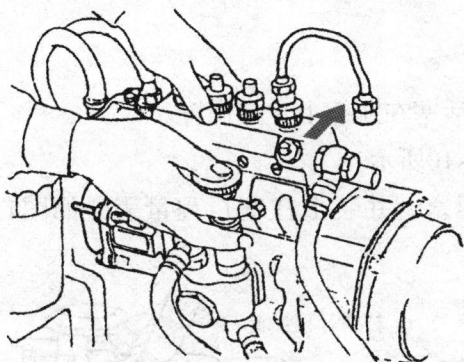

图12-5　喷油泵向发动机推到底

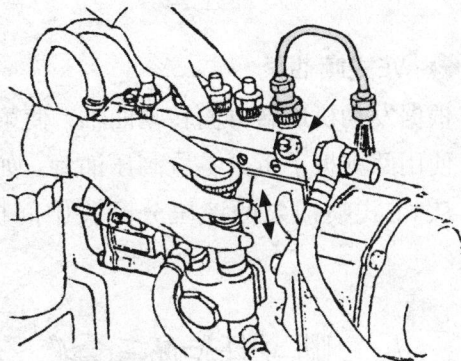

图12-6　测试柴油的喷射正时

检查喷油泵本体侧边的记号，与前盖板处的记号是否对正，若没有对正，重新做记号，如图12-7所示。

装回排气阀弹簧及排气阀套，如图12-8所示。

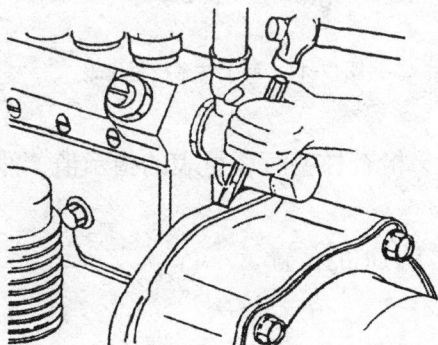

图12-7　重新做记号

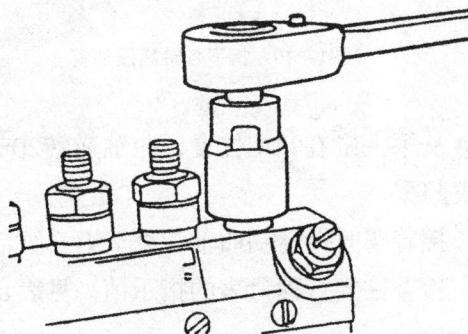

图12-8　装回排气阀弹簧及排气阀套

以上静态对正时的程序完成后，按相反顺序将各零件装回。

许多六缸以上柴油发动机，其线列式喷油泵的正时器与驱动齿轮间是用连接器(Coupling)连接，且正时记号常做在飞轮处，如图12-9所示。进行喷射正时校正的过程与上述几乎相同，差别只在于：

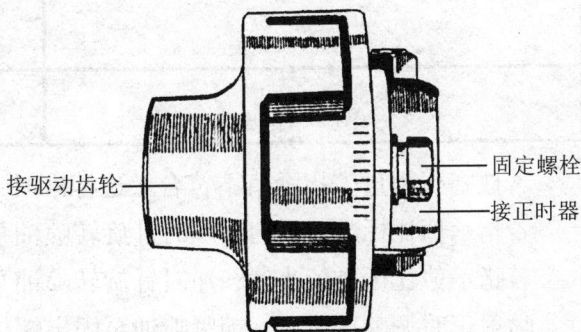

接驱动齿轮　　　　　固定螺栓

接正时器

图12-9　大型柴油发动机采用的连接器

对正飞轮处的正时记号。

喷油泵本体不动,仅需放松连接器处的两个固定螺栓,转动正时器,喷油泵内凸轮轴跟着旋转,即可找出柴油刚停止由油管流出的位置,再将连接器的固定螺栓锁紧即可。

❷ VE式喷油泵

根据发动机旋转方向转动曲轴,使第一缸活塞在压缩上止点位置。

使用两支扳手拆开各缸高压油管,如图12-10所示。

从VE式喷油泵的液压分配头中间拆下螺塞,并装上柱塞行程量表,如图12-11所示。

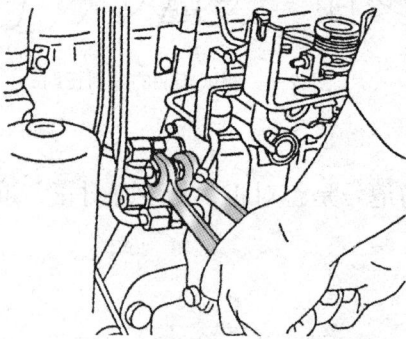

图12-10 拆下各缸高压油管

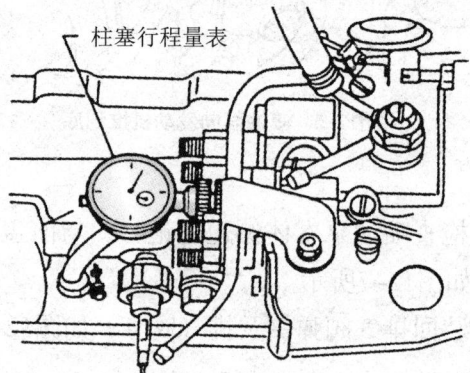

柱塞行程量表

图12-11 装上柱塞行程量表

从第一缸在TDC位置,曲轴逆转20°~25°,检查柱塞行程量表的指示值,然后将量表归零。

接着顺时针转动曲轴,直至第一缸活塞在8° BTDC的位置。

检查柱塞行程量表的指示值。见表12-1。

柱塞行程量表的指示值   表12-1

VE喷油泵号码	标准值
104749-4000 104749-4080	(0.49±0.02) mm
104749-4110 104749-4150	(0.57±0.02) mm

若柱塞行程量表指示值不符合上述标准时:

若指示值比标准值大时,顺时针旋转喷油泵体调整。

若指示值比标准值小时,逆时针旋转喷油泵体调整。

喷射正时调整正确后,锁紧喷油泵固定螺母。

检查喷油泵本体侧边的记号,与前盖板处的记号是否对正,若没有对正,应重新做记号，如图12-12所示。

拆下柱塞行程量表，装回螺塞。

依拆卸的相反顺序，装回各零件。

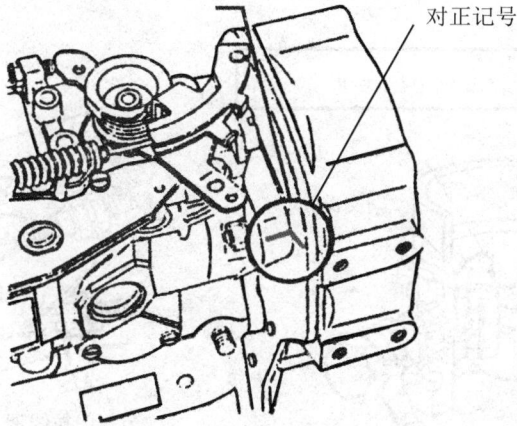

图12-12　检查记号是否对正

12.2　发动机怠速的调整

❶　线列式喷油泵

发动机若在车上时，应先检查节气门拉线操作杆与节气门轴控制杆间的间隙应为1mm，不合规定时，转动节气门拉线的调整螺母来调整。

起动发动机，暖车至正常工作温度。

第一缸高压油管接上转速表的感应接头，如图12-13所示。

为了获取更精确的转速读数，可将第一缸高泵油管的固定夹锁紧螺栓拆开，如图12-14所示。

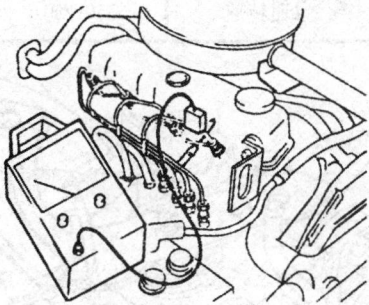

图12-13　接上转速表

图12-14　拆开高压油管固定夹怠速调整

取下空气滤芯，起动发动机，转动怠速调整螺栓，将怠速调整至规定值，如图12-15所示。

❷ VE式喷油泵

发动机若在车上时，应先检查节气门拉线操作杆销与控制杆间的间隙应在1~2mm之间，如图12-16所示。不合规定时，转动节气门拉线的调整螺母来调整。

怠速转速	750r/min

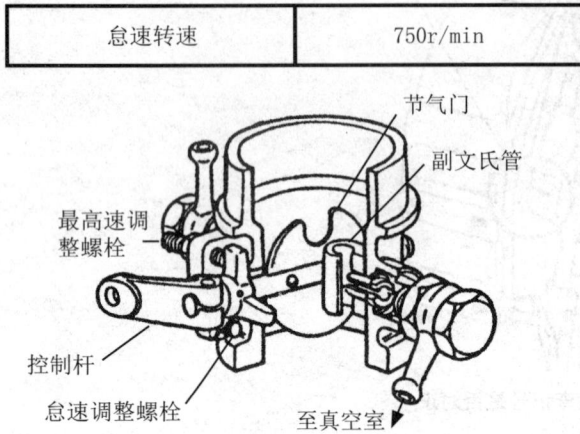

图12-15 怠速调整螺栓的位置

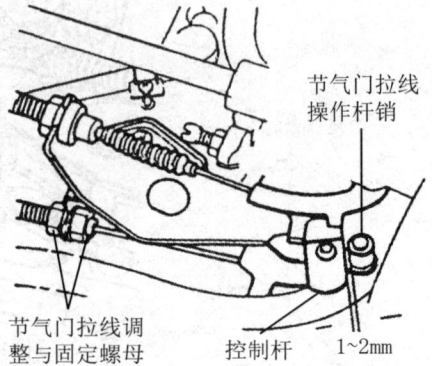

图12-16 检查及调整节气门拉线操作杆销与控制杆间的间隙

发动发动机，暖车至正常工作温度。

第一缸高压油管接上转速表的感应接头。

为了获取更精确的转速读数，可将第一缸高压油管的固定夹锁紧螺栓拆开，如图12-17所示。

取下空气滤芯，起动发动机，转动怠速调整螺栓，将怠速调整至规定值，如图12-18所示。

怠速转速	750r/min

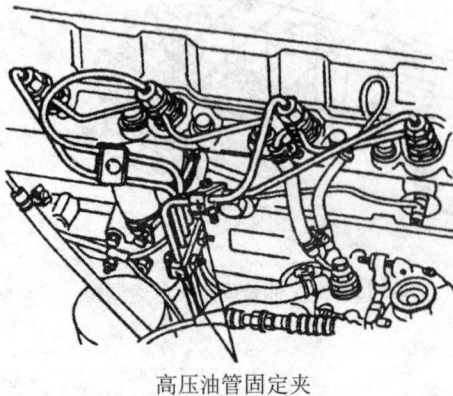

图12-17 拆开高压油管固定夹

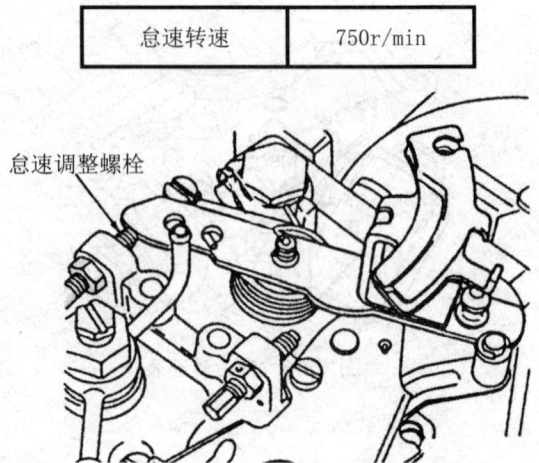

图12-18 怠速调整螺栓的位置

12.3 喷油器的拆装、分解与装配

❶ 拆卸

拆下各缸高压油管，如图12-19所示。

拆下钢制回油管，如图12-20所示。

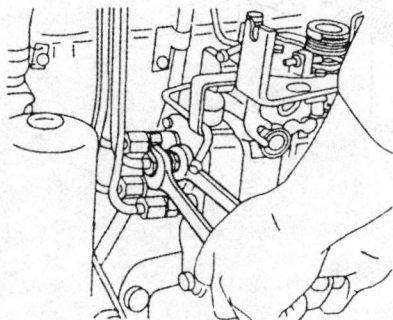

图12-19 拆下各缸高压油管

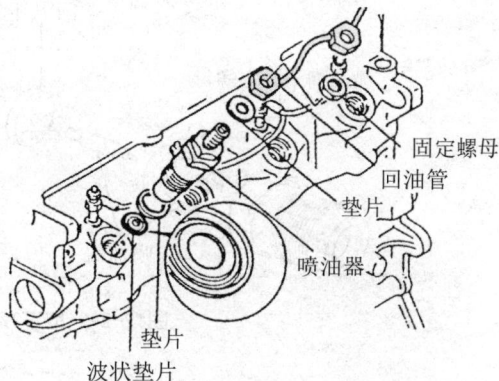

图12-20 拆下回油管

拆下喷油器总成，如图12-21所示，并用干净的布或擦拭纸盖住喷油孔。

❷ 安装

按拆卸的相反顺序安装。

垫片必须换新，脉冲整形垫片上有漆的一面朝向喷油器，如图12-22所示。

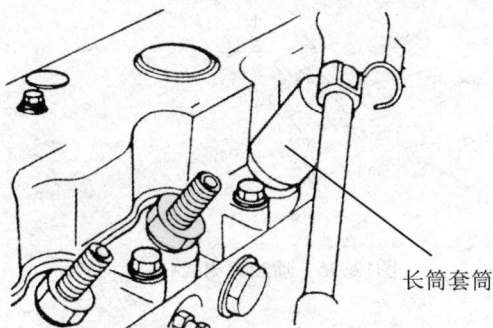

图12-21 拆下喷油器总成

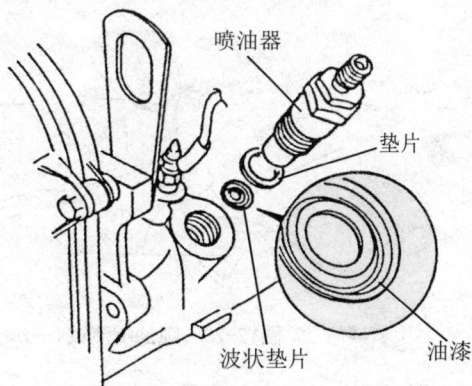

图12-22 脉冲整形垫片有漆的面向喷油器

按规定扭力将喷油器总成锁在汽缸盖上。

喷油器总成锁在汽缸盖的扭力矩	6.0~7.0 kg·m

❸ 分解

喷油器总成夹在虎钳上，放松固定螺母，如

图12-23所示。注意：虎钳钳口应放置软垫片。

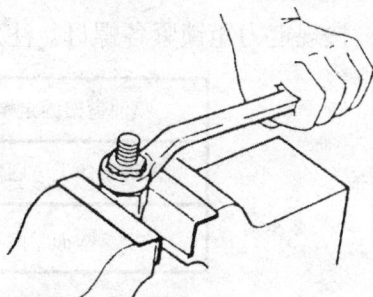

图12-23 放松固定螺母

放松喷油嘴架固定螺母，取下喷油嘴、间隔环、推杆、弹簧及调整垫片，如图 12-24所示。注意零件必须依序排列，并浸在柴油中，各缸的零件不得混淆。

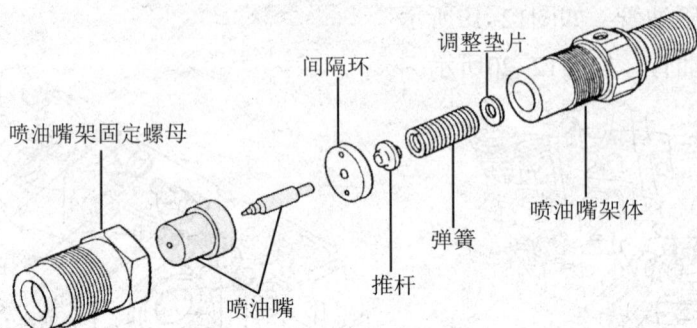

图12-24　取下喷油嘴等零件

❹　检查

使用黄铜刷将喷油嘴外表积炭清除干净，并将油针及油针座用柴油洗净。

检查油针针尖及油针座孔是否烧蚀，必要时成对换新。

将喷油嘴倾斜约60°，油针拉出约1/3，如图12-25所示，放手后，油针应以本身重量平顺地滑入本体内，如图12-26所示，将油针转至不同位置，继续测试，结果应相同。

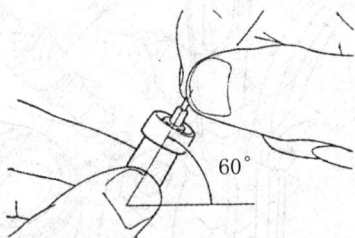

图12-25　喷油嘴测试（一）

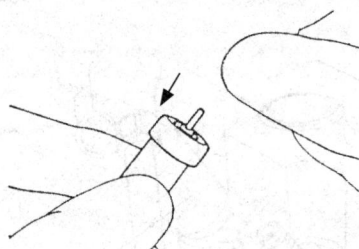

图12-26　喷油嘴测试（二）

❺　组合

按分解的相反顺序组合。

按规定力矩锁紧各螺母。注意各车型的规范略有不同，请查阅各车型维修手册。

喷油嘴架固定螺母锁紧力矩	4.0 kgf·m
喷油嘴架体上方固定螺母锁紧力矩	8.0～10.0 kgf·m
回油管固定螺母	3.0 kgf·m

12.4 喷油泵的拆装、分解与装配

12.4.1 线列式喷油泵的拆装与分解、组合

一、拆卸

使用两支扳手拆下各缸在喷油器及喷油泵的高压油管接头，如图12-27所示，并用干净的擦拭纸盖住喷油器及喷油泵的排气阀套。

从喷油泵处拆下调速器橡皮管、油管及节气门拉线等，如图12-28所示。

图12-27 拆下各缸高压油管

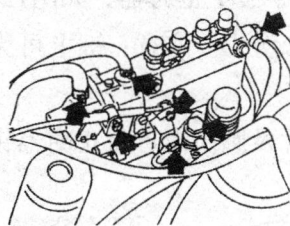

图12-28 拆下各橡皮管、油管等零件

拆下正时器驱动齿轮盖，如图12-29所示。

松开正时器圆筒螺母，如图12-30所示。

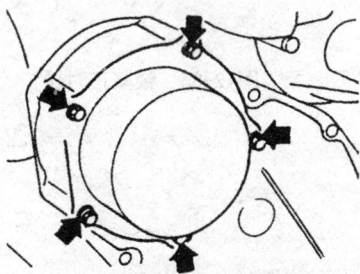

图12-29 拆下正时器驱动齿轮盖

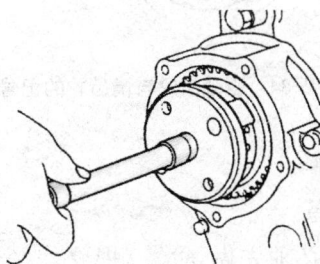

图12-30 松开正时器固定螺母

使用正时器拉出器，将正时器拆下，如图12-31所示。

拆下喷油泵的四个固定螺母，即可取下喷油泵，如图12-32所示。

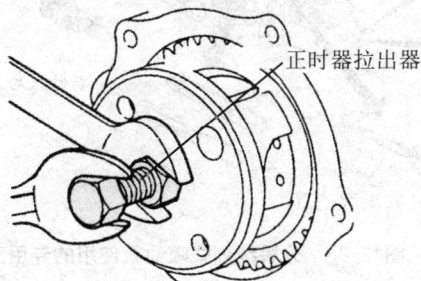

正时器拉出器

图12-31 拆下正时器

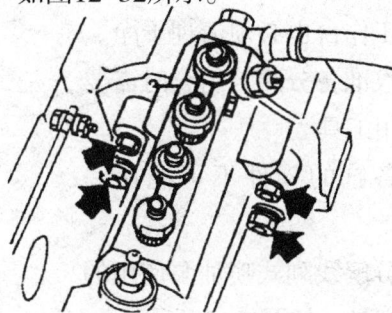

图12-32 拆下喷油泵

二、安装

使用新垫片，装上喷油泵本体。

安装正时器。

转动曲轴，使曲轴皮带盘的TDC缺口对正前盖上止点记号，此时第一缸活塞在压缩上止点位置，如图12-33所示。

正时器驱动齿轮上"Y"记号与惰齿轮

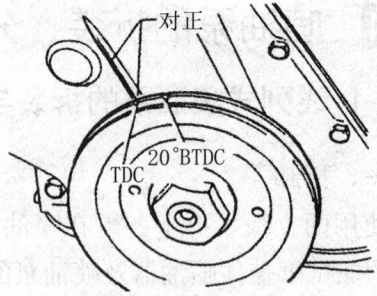

图12-33　对正上止点记号

上"Y"记号对正，装上正时器，如图12-34所示。若键槽与喷油泵凸轮轴上的键没有对正，则转动曲轴来对正。注意：键上可涂黄油以防止掉落，并在前盖板上铺布来防止键掉入内部。

使用锁定垫片及圆筒螺母将正时器锁紧，如图12-35所示。

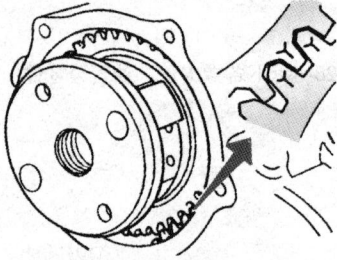

图12-34　驱动齿轮与惰齿轮的记号对正

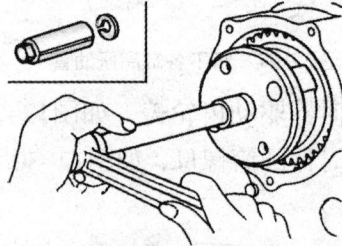

图12-35　锁紧正时器

三、分解

❶ 准备

喷油泵必须先做试验，根据试验结果来决定是否要分解及调整喷油泵。

分解喷油泵之前，喷油泵外表必须先彻底清洁干净。

工作台也必须清理干净。

仅准备分解与组合时需要的专用工具。

各缸的零件不可混在一起。

分解线列式喷油泵使用的专用工具，如图12-36所示。

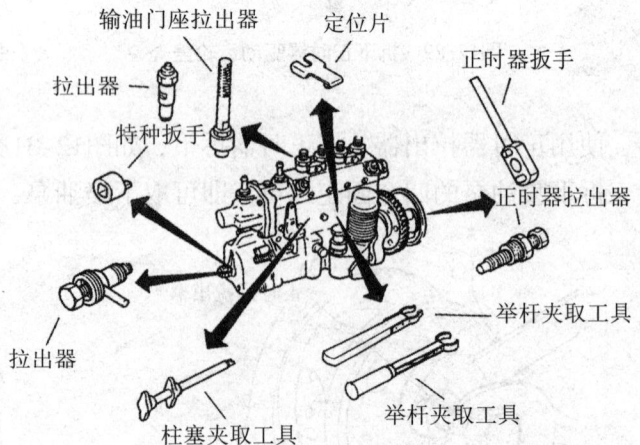

图12-36　分解线列式喷油泵使用的专用工具

❷ 分解

将喷油泵装在工作台上,如图12-37所示。

放除喷油泵底部的润滑油。

拆下燃油泵及喷油泵盖板,如图12-38所示。

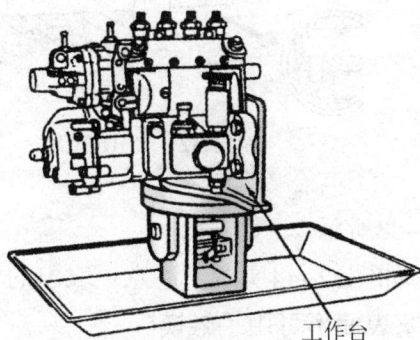

工作台

图12-37　喷油泵装在工作台上

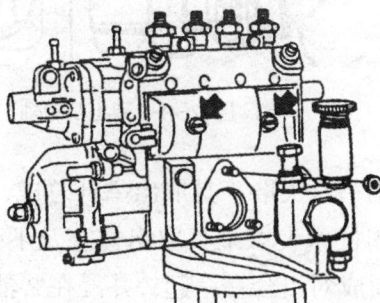

图12-38　拆下燃油泵及喷油泵盖板

检查齿杆与控制套间的背隙(参考本单元"检查"部分)。

暂时将正时器装回喷油泵,转动正时器,使每缸举杆都在上止点时,在举杆的固定螺母与调整螺栓间插入定位片,如图12-39所示。若定位片无法插入,则必须放松举杆的调整螺栓。

检查凸轮轴端间隙(参考本单元"检查"部分)。

拆下机械式调速器盖、膜片盖、膜片、飞重及调速器外壳(参考"调速器拆卸"部分)。

拆下喷油泵底部螺塞,如图12-40所示。

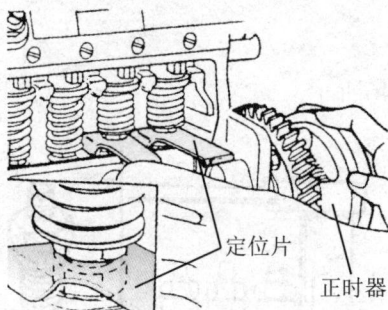

定位片

正时器

图12-39　插入定位片

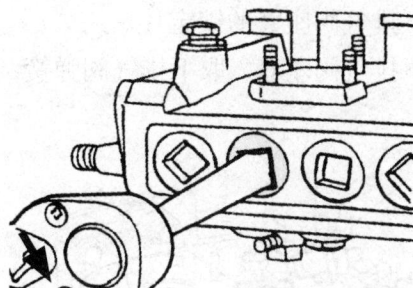

图12-40　拆下喷油泵底部螺塞

取出凸轮轴,如图12-41所示。

使用举杆顶高工具将举杆顶升，取出各缸的定位片，如图12-42所示。注意：勿伤及螺塞孔的螺纹。

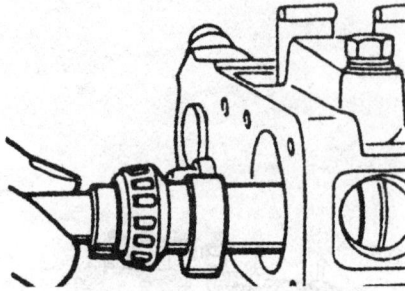

图12-41 取出凸轮轴

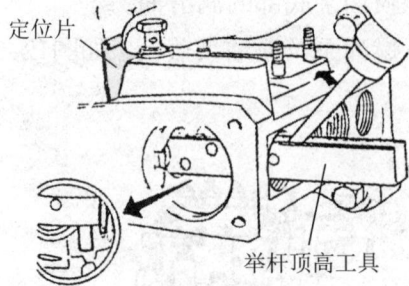

图12-42 取出定位片

使用举杆夹取工具取出举杆总成，如图12-43所示。

使用柱塞夹取工具取出柱塞及下弹簧座，如图12-44所示。注意：取出的柱塞与柱塞筒必须成对组合在一起，并浸在柴油中，柱塞表面不可用手触摸。

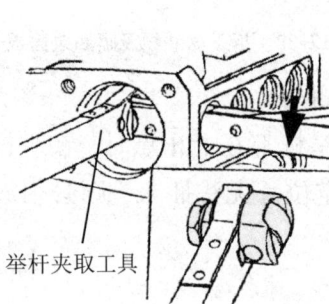

图12-43 夹出举杆总成

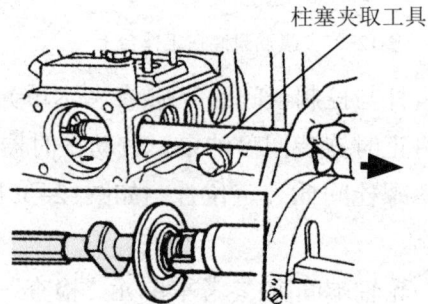

图12-44 取出柱塞

取下柱塞弹簧、上弹簧座及控制套总成，如图12-45所示。注意：分解控制套总成时，必须做相对记号。

拆下排气阀座套的锁定片。

拆下排气阀座套，取下排气阀弹簧，如图12-46所示。

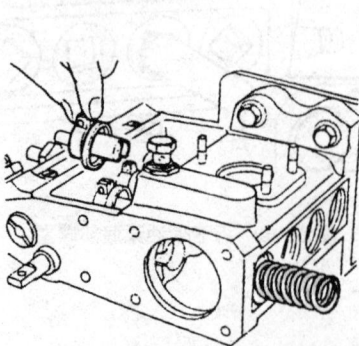

图12-45 取出柱塞弹簧等零件

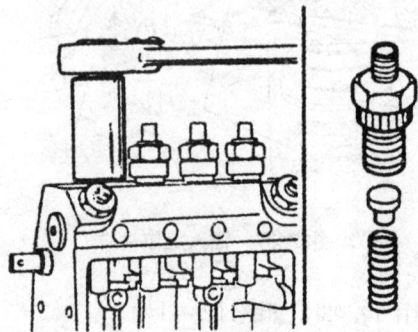

图12-46 拆下排气阀座套

使用排气阀座拉出器，将排气阀座拉出，如图12-47所示。

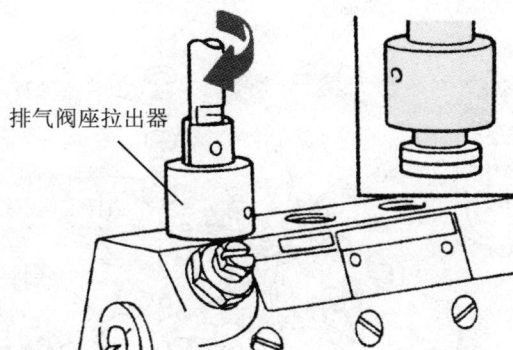

排气阀座拉出器

图12-47　拆下排气阀座

从下方将柱塞筒推出，如图12-48所示。

拆下齿杆限制套，以及齿杆上的固定螺母及调整螺栓，如图12-49所示。

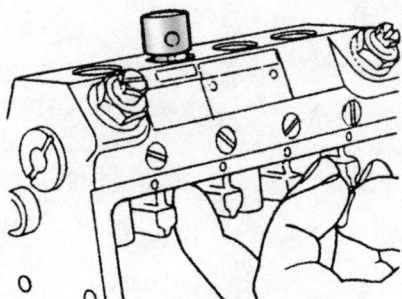

图12-48　推出柱塞筒

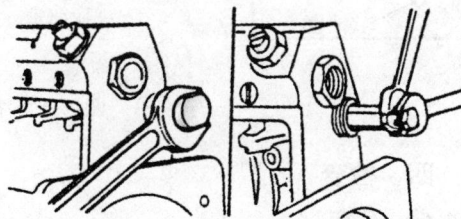

图12-49　拆下齿杆限制套等零件

拆下齿杆的定位螺栓，取下齿杆，如图12-50所示。

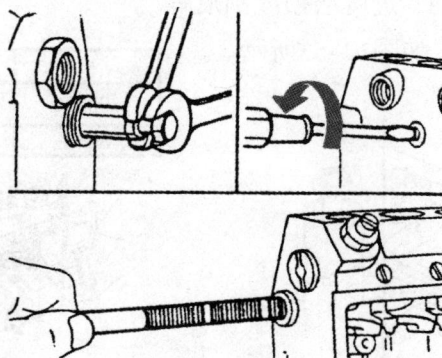

图12-50　取下齿杆

线列式喷油泵全部分解后，如图12-51所示。

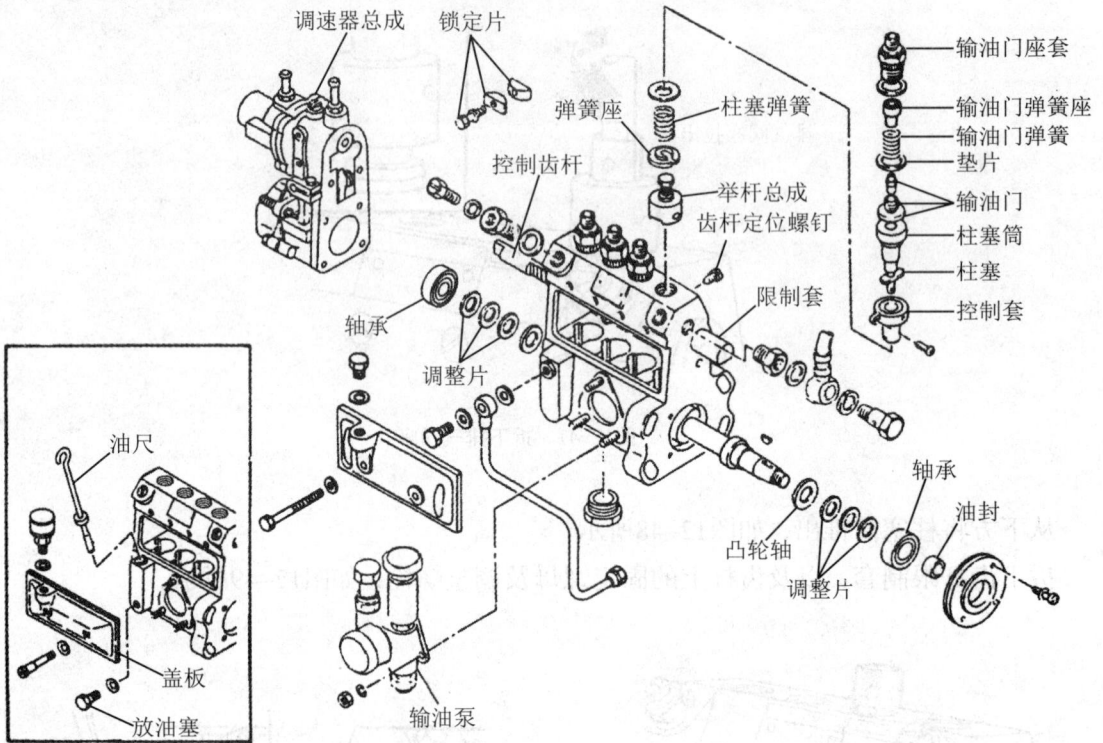

图12-51 线列式喷油泵的分解图

四、检查

❶ 泵壳

检查泵壳是否破裂或变形等，严重时泵壳应换新。

检查柱塞筒与泵壳孔间是否正确接触，及泵壳孔是否有裂痕等。

检查举杆与举杆孔间的间隙，如图12-52所示，不得超过0.2mm。

❷ 凸轮轴

检查凸轮是否磨损不均、过度磨损或刮痕等。

检查凸轮轴的端间隙，如图12-53所示。

发动机型式	端间隙	最大极限
SD22	0.02mm	0.1mm
SD33	0.03mm	

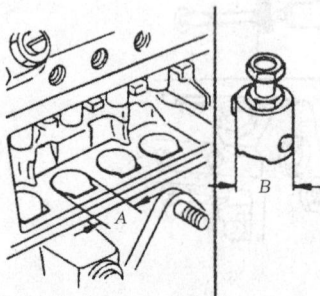

图12-52 检查举杆与举杆孔间的间隙

图12-53 检查凸轮轴端间隙

若凸轮轴的端间隙超过规定时,从凸轮轴上拆下轴承座。

根据端间隙的大小,增减调整垫片。

两端必须使用相同厚度的垫片。

轴承:

检查有无磨损或变色,必要时换新的。

❸ 柱塞及柱塞筒

根据喷油量测试结果,进行油密试验。

将柱塞及柱塞筒彻底洗净。

拉出柱塞,柱塞筒倾斜60°,放掉柱塞,使其自行滑入柱塞筒内,应圆滑滑入,如图12-54所示。转动柱塞在各不同位置时放开,同样都必须圆滑滑入,否则柱塞与柱塞筒应成对更换。

❹ 排气阀

实施油密试验。

将排气阀及座彻底洗净。

手指塞住排气阀座底部,然后将排气阀下压,放掉手指压力后,排气阀应马上回弹,表示良好,如图12-55所示。若排气阀不回弹,表示吸回活塞磨损,应整组换新。

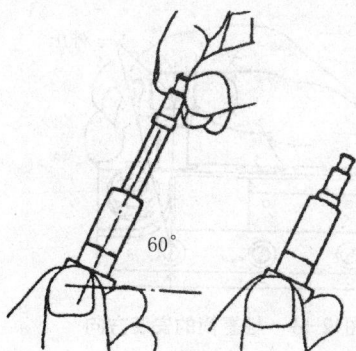

图12-54 柱塞与柱塞筒的油密试验

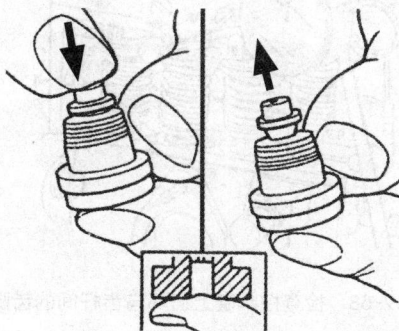

图12-55 排气阀与排气阀座的油密试验

❺ 举杆总成

调整螺栓凹陷部的磨损不可超过0.20mm,如图12-56所示。

滚柱、滚柱衬套及销之间的间隙不可超过规定值。

❻ 齿杆及控制套

检查齿杆是否弯曲或磨损。

检查控制套凹槽与柱塞凸缘间的间隙,$A-B$不可超过0.12mm,如图12-57所示。

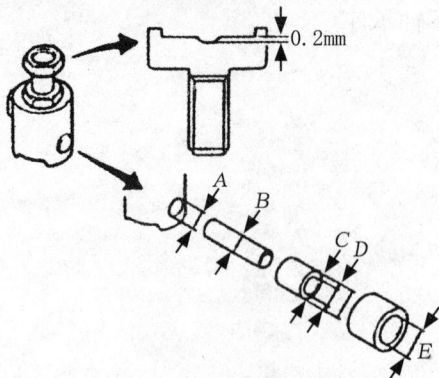

图12-56　检查调整螺栓凹陷部的磨损

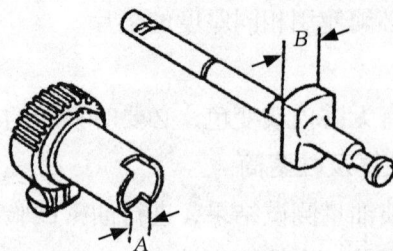

图12-57　检查控制套凹槽与柱塞凸缘间的间隙

检查控制套上齿环与齿杆间的齿隙，如图12-58所示，齿隙不得超过0.30mm。齿隙又称背隙。

五、组合

所有零件彻底清洁，在转动及滑动的零件涂上薄层的发动机机油。

按分解时的相反顺序组合。

安装柱塞筒时，必须注意对正方向，如图12-59所示。

图12-58　检查控制套上齿环与齿杆间的齿隙

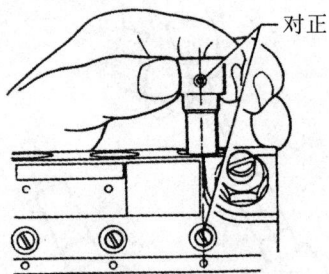

图12-59　柱塞筒的安装方向

排气阀座上使用新的垫片，再用排气阀座装入工具打入定位，如图12-60所示。

装回排气阀弹簧，再装上排气阀座套，如图12-61所示。

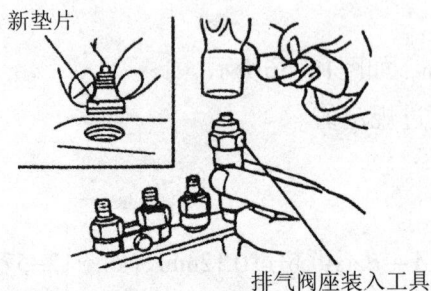

图12-60　装入排气阀座

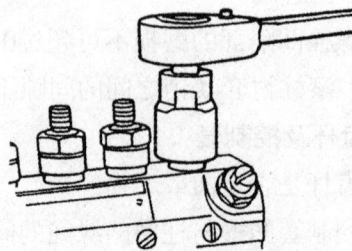

图12-61　装上排气阀座套

装上锁定片。

装上齿杆，齿杆两侧记号与两侧泵壳保持相同距离，如图12-62所示。限制套侧调整螺栓调整妥当后，装上限制套，并装上齿杆背面的定位螺栓。

控制套上齿环开口向上时装上控制套，以及上弹簧座与柱塞弹簧，如图12-63所示。

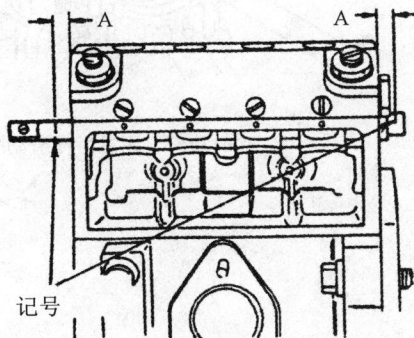

图12-62　对正齿杆两侧记号

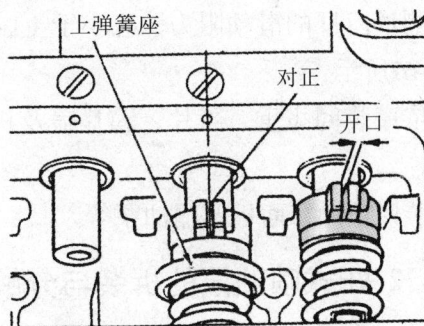

图12-63　装上控制套等零件

使用柱塞夹取工具，将柱塞及下弹簧座一起装入，注意柱塞凸缘上的记号必须向上，即向喷油泵盖板端，如图12-64所示。

举杆高度调整为34.5～35.0mm后，装上举杆总成，如图12-65所示。

装上凸轮轴，如图12-66所示。

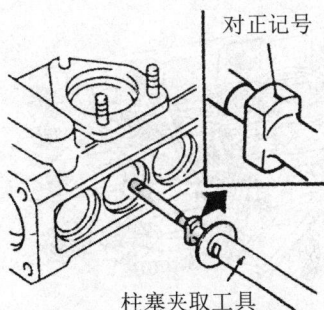

图12-64　装上柱塞等零件

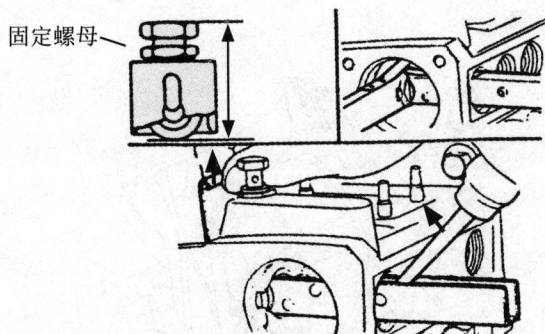

图12-65　调整后装上举杆总成

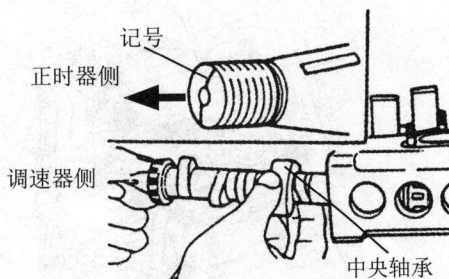

图12-66　装上凸轮轴

装上调速器壳，然后调整凸轮轴端间隙(参考本单元"检查"部分)。

装上喷油泵壳底部的螺塞。

暂时装上正时器，转动正时器，使凸轮轴转动，逐一取下各缸的定位片。

测量齿杆的滑动阻力，应小于（1.47N），如图12-67所示。

依序装回飞重、膜片、膜片盖及机械式调速器盖。

装回喷油泵面板及输油泵等。

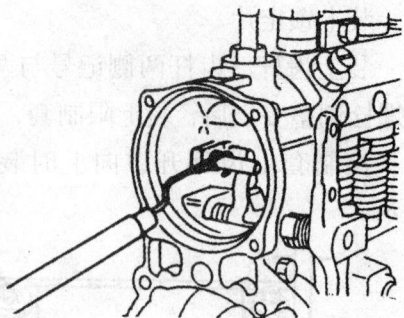

图12-67　测量齿杆滑动阻力

12.4.2 VE式喷油泵的拆装与分解、组合

一、拆卸

拆开喷油器端的高压油管接头，并用塞子塞住，以防污物进入，如图12-68所示。

拆开燃油切断电磁阀电线，如图12-69所示。

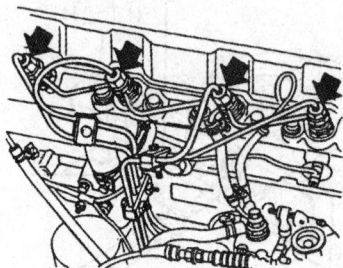

图12-68　拆开高压油管接头

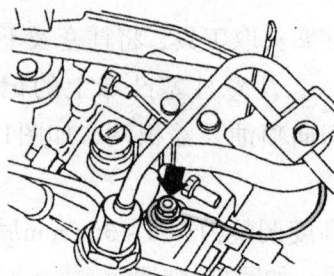

图12-69　拆开燃油切断电磁阀电线

拆开节气门拉线、溢流阀油管、进油管及回油管等，如图12-70所示。

拆下喷油泵驱动齿轮盖，如图12-71所示。

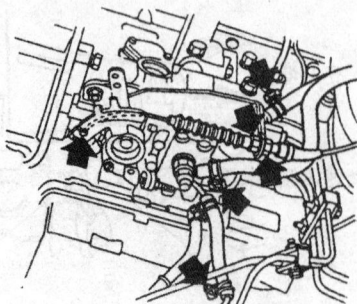

图12-70　拆开节气门拉线等零件

图12-71　拆下喷油泵驱动齿轮盖

放松喷油泵驱动齿轮固定螺母，使用拉出器，取出驱动齿轮，如图12-72所示。

拆下固定喷油泵的螺母与螺栓，如图12-73所示。

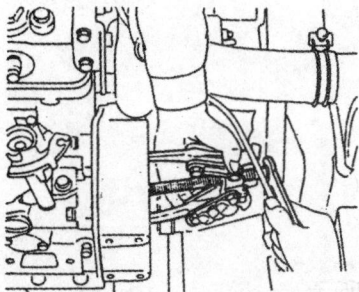

图12-72 拉出驱动齿轮

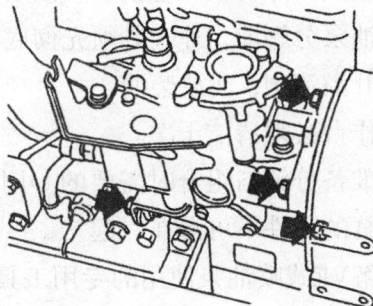

图12-73 拆下固定喷油泵的螺母与螺栓

VE喷油泵连同高泵油管一起取出，如图12-74所示。

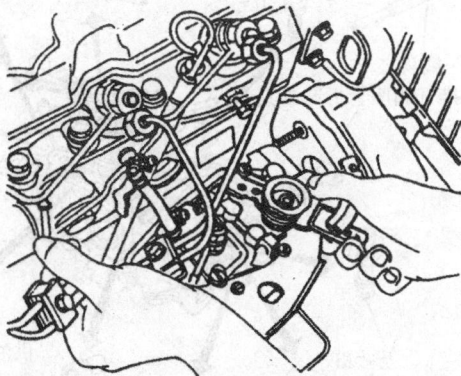

图12-74 取出喷油泵

二、安装

按拆卸的相反顺序装回。

安装时应注意事项：

曲轴皮带盘的TDC记号对正前盖记号，使第一缸活塞在上止点，如图12-75所示。

暂时调整喷油泵，使喷油泵凸缘上的记号与前盖板上的记号对正。再使驱动齿轮上的"Y"记号与惰齿轮上的"Y"记号对正，将驱动齿轮装上喷油泵凸轮轴，如图12-76所示。

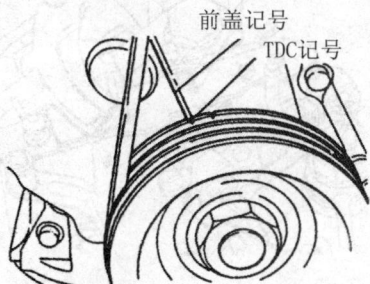

前盖记号
TDC记号

图12-75 对正上止点记号

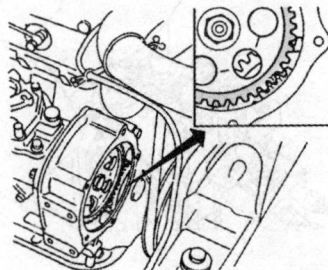

图12-76 对正驱动齿轮与惰齿轮记号

三、分解

❶ 准备

在喷油泵分解及调整前，喷油泵应先进行测试。

喷油泵分解前，外表必须先彻底清洁干净。

拆开溢流阀，泄放柴油。

工作台必须清洁干净。

仅准备分解与组合时需要的专用工具。

各缸的零件不可混在一起。

分解VE式喷油泵使用的专用工具，如图12-77所示。

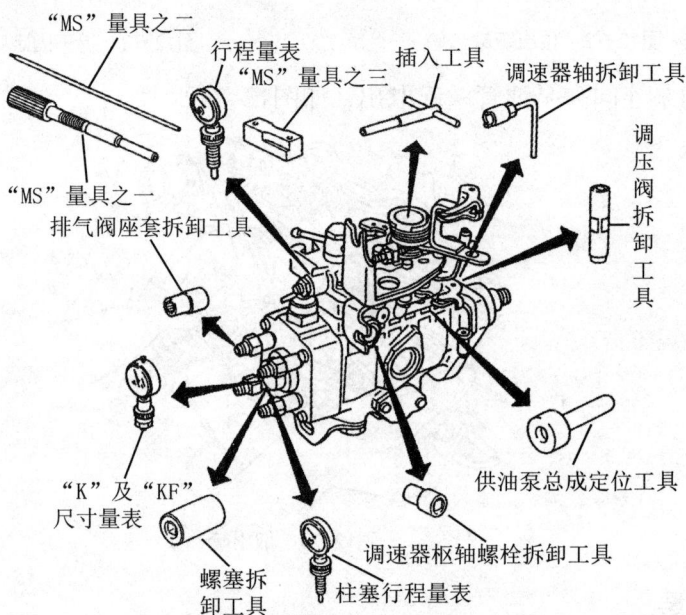

图12-77 分解VE式喷油泵使用的专用工具

❷ 分解

从节气门拉杆上拆下固定螺母、弹簧垫片、弹簧座及弹簧等，如图12-78所示。

在节气门拉杆与节气门拉杆轴上做相对记号，如图12-79所示。

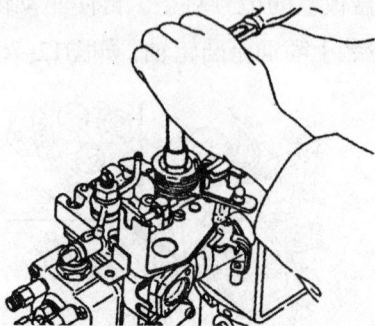

图12-78 从节气门拉杆上拆下固定螺母等零件

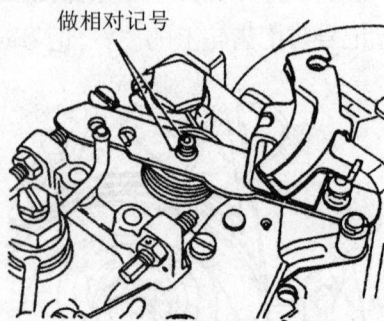

图12-79 在节气门拉杆与节气门拉杆轴上做相对记号

取下调速器盖，如图12-80所示。可用木柄轻敲轴端来取出调速器盖。

从张力杆上拆下节气门拉杆轴，如图12-81所示。

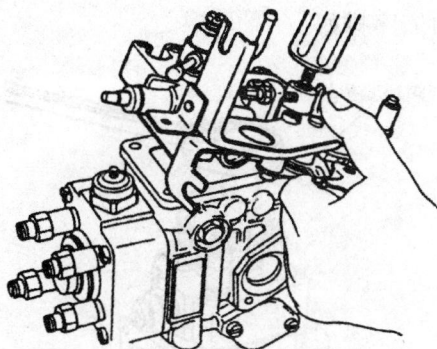

图12-80　取下调速器盖

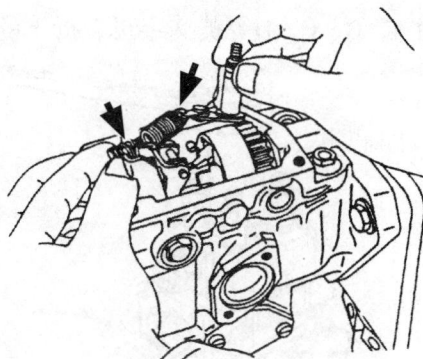

图12-81　拆下节气门拉杆轴

使用调速器轴拆卸工具拆下调速器轴，如图12-82所示，按顺时针方向转动来放松锁定螺母。

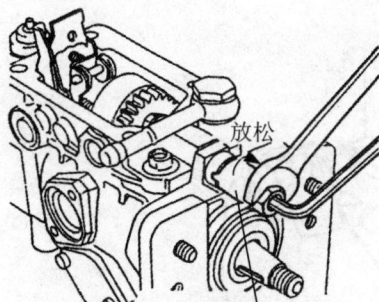

放松

调速器轴拆卸工具

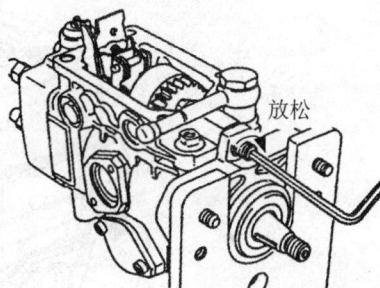

放松

图12-82　拆下调速器轴

取下调速器套、垫片及飞重等，并取下调整垫片，如图12-83所示。

放松调速器的左、右电枢螺栓，如图12-84所示。

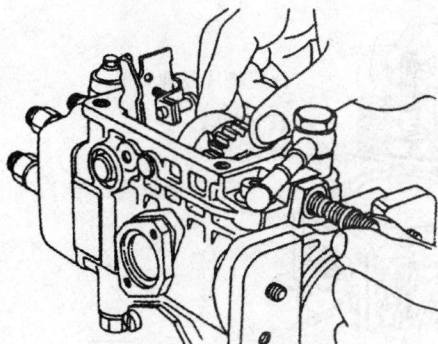

图12-83　取下调速器套等零件

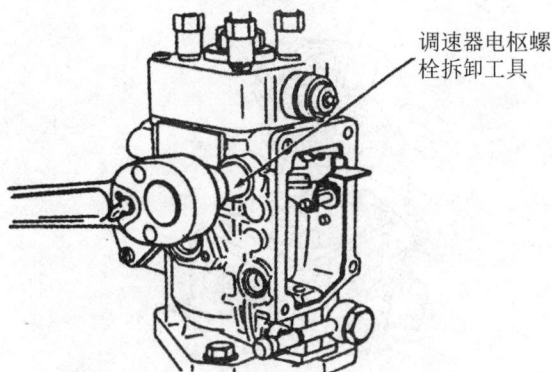

调速器电枢螺栓拆卸工具

图12-84　放松调速器的左、右电枢螺栓

拆下液压头螺塞，如图12-85所示。

拆下液压头处的排气阀座套、弹簧、排气阀及垫片等，如图12-86所示。液压头上有打注A、B、C、D等英文字母，拆下的零件必须依序排好。

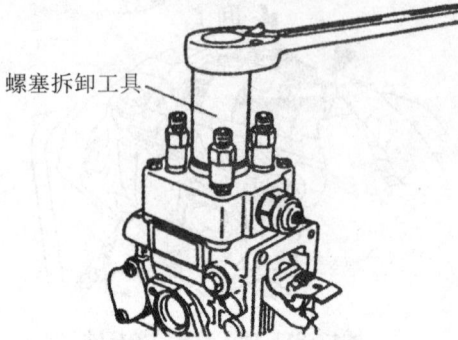

图12-85　拆下液压头螺塞

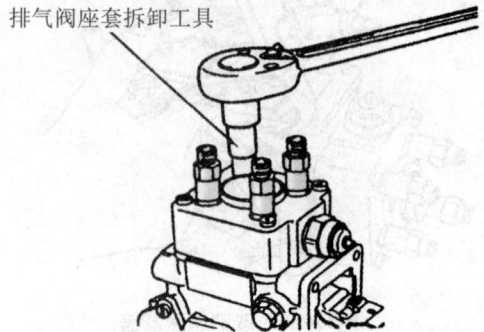

图12-86　拆下液压头处的排气阀座套等零件

拆下燃油切断电磁阀，如图12-87所示。

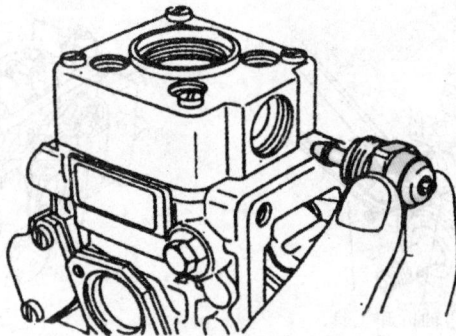

图12-87　拆下燃油切断电磁阀

取下液压头，如图12-88所示。小心两个支撑弹簧及导销勿掉落地面。

取下柱塞总成，包括控制套、调整垫片、弹簧座、柱塞弹簧等，如图12-89所示。

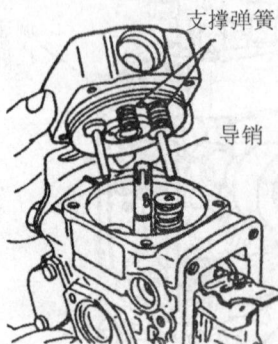

图12-88　取下液压头

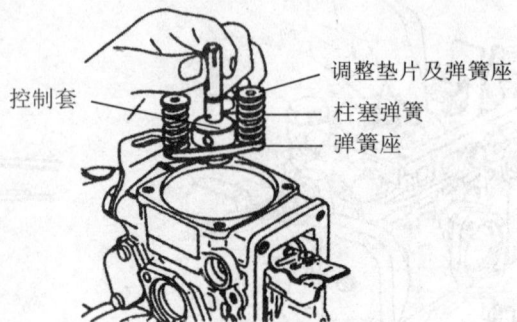

图12-89　取下柱塞总成

取下调速器杆总成，如图12-90所示。小心勿拉伸起动弹簧及怠速弹簧。

取下调整垫片、凸轮盘、弹簧及接合器等，图12-91所示。

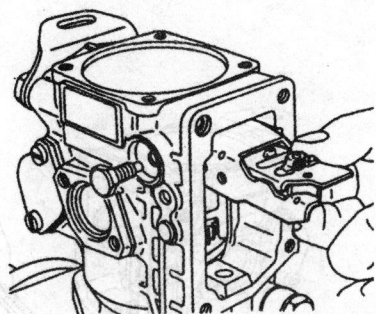

图12-90　取下调速器杆总成

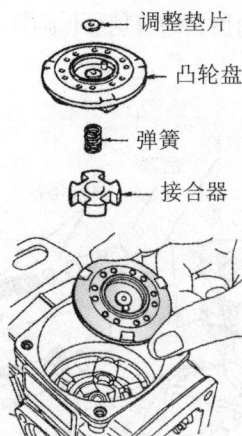

调整垫片
凸轮盘
弹簧
接合器

图12-91　取下凸轮盘等零件

取下扣夹及定位销，如图12-92所示。

将调整销移至滚轮架的中央，如图12-93所示。

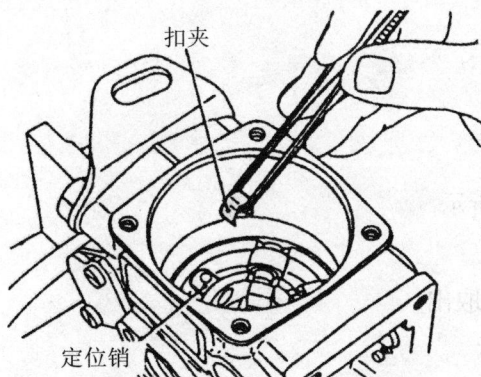

扣夹

定位销

图12-92　取下扣夹及定位销

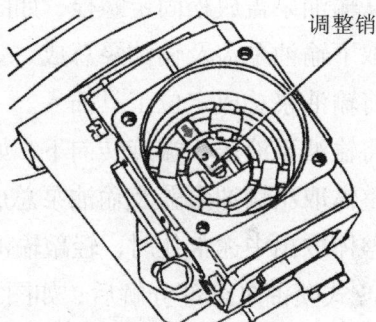

调整销

图12-93　将调整销移至滚轮架的中央

取出滚轮及滚轮架，小心不要倾斜，以免滚轮掉落，图12-94所示。

取下驱动轴，小心不要碰触喷油泵壳内壁，如图12-95所示。

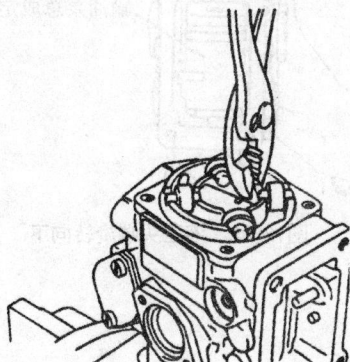

图12-94　取出滚轮及滚轮架

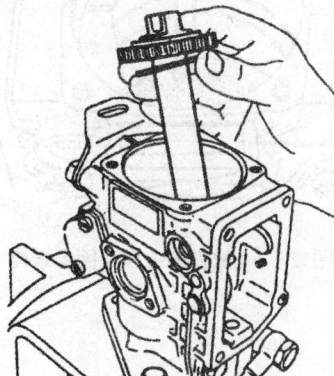

图12-95　取下驱动轴

取下正时器盖、O形环、调整垫片、正时弹簧、活塞及滑柱等，如图12-96所示。

使用调压阀拆卸工具拆下调压阀，如图12-97所示。

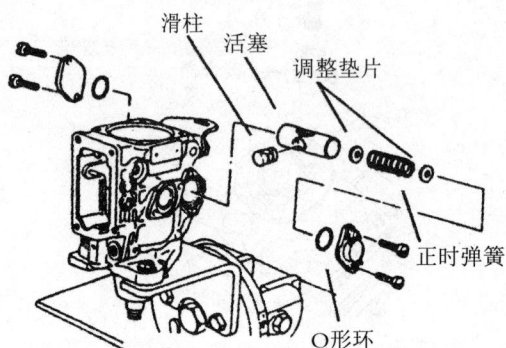

图12-96 取下正时器盖等零件

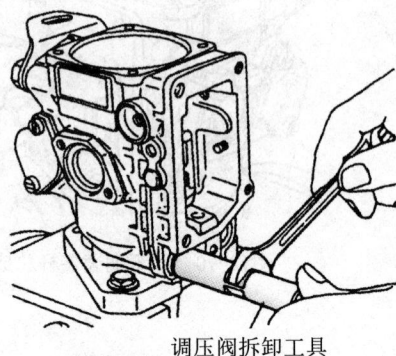

调压阀拆卸工具

图12-97 拆下调压阀

从输油泵盖放松固定螺栓，如图12-98所示。

取下输油泵盖及输油泵总成

将输油泵总成定位工具插入。

将输油泵液压头端旋转向下，如图12-99所示。

整体取出输油泵盖及输油泵总成。

整体取出中途卡住时，轻敲输油泵本体以取出。

VE式喷油泵全部分解后；如图12-100所示。

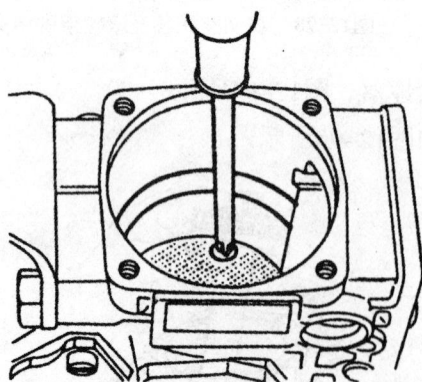

图12-98 放松输油泵盖固定螺栓

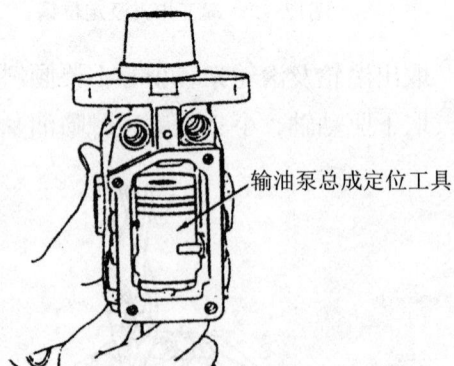

输油泵总成定位工具

图12-99 液压头端旋转向下

节气门拉杆

泵盖

最高速度调整螺栓

怠速调整螺栓

飞重总成

全负荷调整螺栓

节气门拉杆轴

调压阀

锁定螺母

调速器杆

调速器轴

燃油切断电磁阀

控制套

弹簧座

柱塞弹簧

弹簧座

调整垫片

螺塞

导销

液压头

枢轴销

排气阀总成

正时器壳

调整垫片

输油泵总成

驱动轴总成

滚轮及滚轮架

接合器

弹簧

凸轮盘

垫片

柱塞

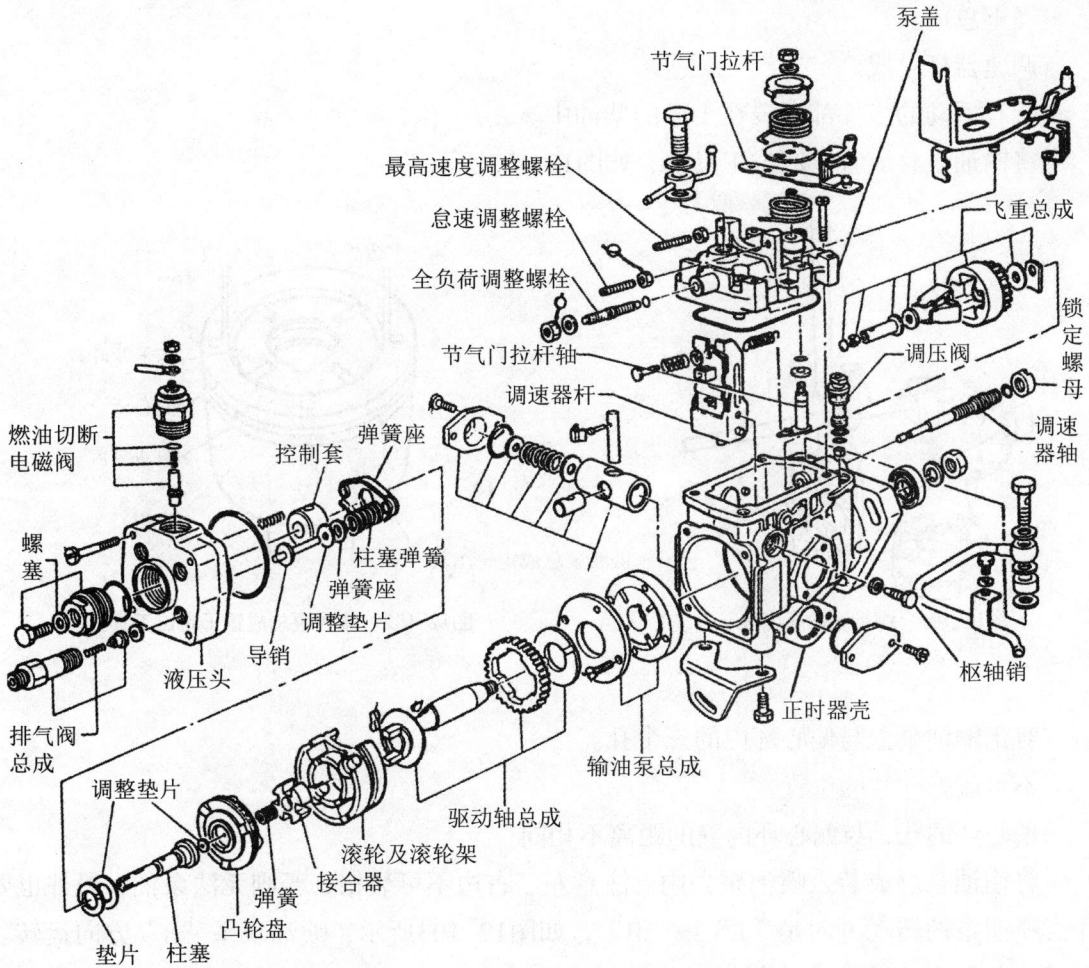

图12-100　VE式喷油泵的分解图

四、检查

彻底清洗所有零件。

更换磨损的零件。

柱塞等精密零件表面不可有刮痕，否则必须换新的。

使用千分表测量滚轮的高度，如图12-101所示，最大与最小值间相差不可超过0.02mm。

五、组合

下列各零件换新时必须整组更换。

液压头、控制套与柱塞。

输油泵总成。

柱塞弹簧组。

滚轮总成。

单元12

飞重总成。

调速器杆总成。

所有活动的零件都先浸在干净的柴油中。

将输油泵总成置于定位工具上，如图12-102所示。

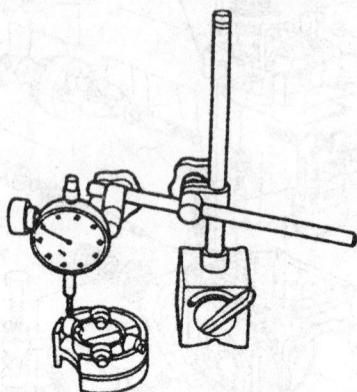

图12-101　测量滚轮高度差

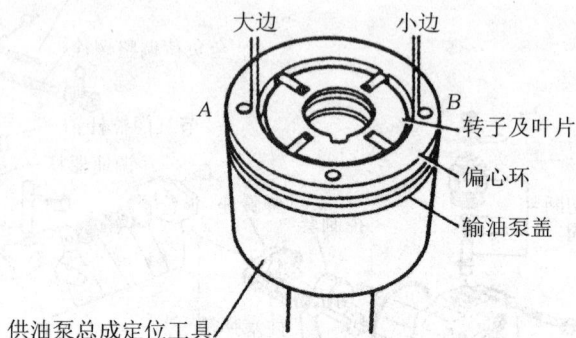

图12-102　输油泵总成置于定位工具上

对正输油泵盖与偏心环内的三个孔。

不可改换叶片的位置。

偏心环的孔，与偏心环内壁的距离不相同。

将输油泵总成装入喷油泵壳内。注意左、右边不可装错，否则无法泵油；另外也要注意喷油泵的转动方向是"L"或"R"，如图12-103所示，喷油泵系"R"方向运转。以下的说明均以"R"方向转动的喷油泵为准。

将喷油泵旋转180°，取下输油泵总成定位工具，然后锁紧输油泵盖固定螺栓。

注意不可刮伤泵壳内壁。

锁紧固定螺栓后，检查转子及叶片能否圆滑转动，如图12-104所示。

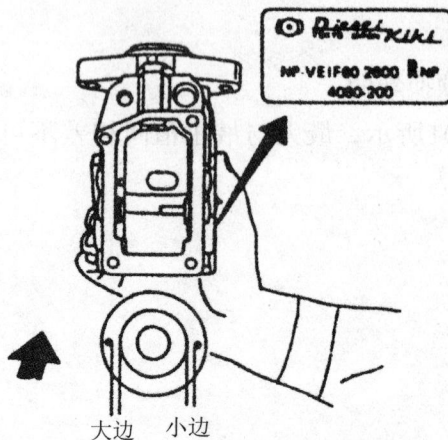

图12-103　"R"方向转动的喷油泵

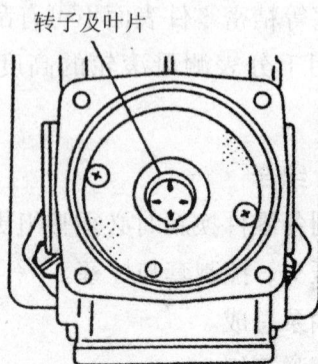

图12-104　检查转子及叶片能否圆滑转动

确定驱动轴、齿轮及键组合正确，如图12-105所示。

装上驱动轴，确定轴上的键与转子的键槽正确结合，如图12-106所示。小心不要伤及油封及泵壳内壁。

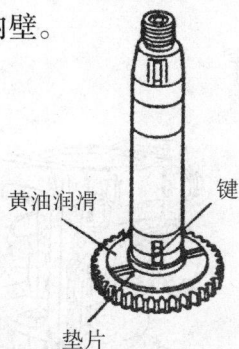

图12-105　确定驱动轴等组合正确

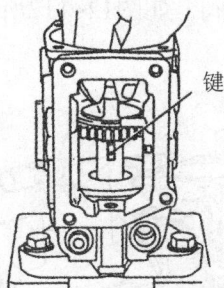

图12-106　确定键与键槽正确结合

装上滚轮及滚轮架，如图12-107所示。注意滚轮不可换位，而且垫片要装在滚轮的外侧。

对正滚轮架与正时器调整销孔，如图12-108所示。

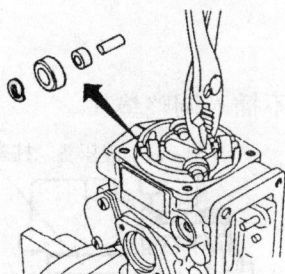

图12-107　装上滚轮及滚轮架

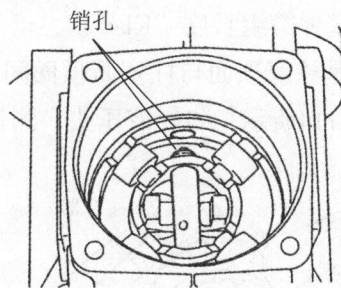

图12-108　对正滚轮架与正时器调整销孔

装上正时活塞及滑柱，如图12-109所示。注意滑柱面的孔朝向滚轮架，活塞上的凹孔与回油孔同侧。

将正时器调整销插入正时活塞滑柱内，并用定位销及扣夹固定，如图12-110所示。注意正时活塞移动是否圆滑。

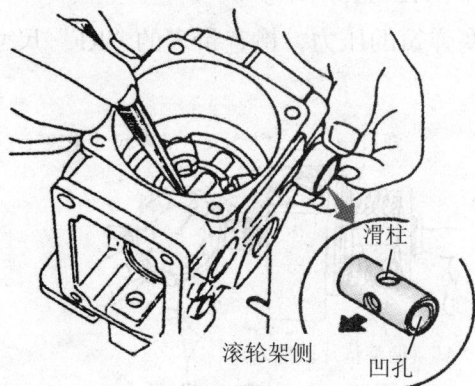

图12-109　装上正时活塞及滑柱

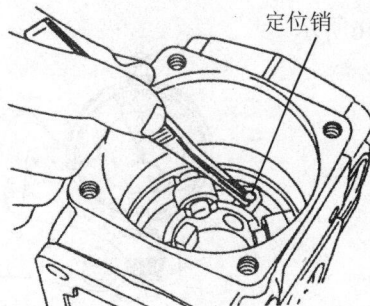

图12-110　用定位销及扣夹固定

单元12

安装正时器弹簧侧，使用0.6mm的调整垫片，依序装上正时弹簧、调整垫片、O形环及盖子，如图12-111所示。注意正时弹簧两侧都必须放垫片，且垫片厚度是喷油泵在试验器上测试所得的尺寸。

装入调压阀，如图12-112所示。注意勿刮伤O形环。

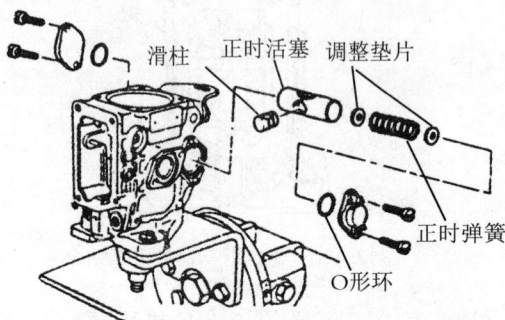

图12-111　安装正时器弹簧侧零件

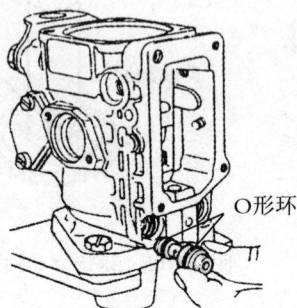

图12-112　装入调压阀

装入接合器，使其凹面向上，如图12-113所示。

测量柱塞弹簧组长度"KF"。

"KF"是柱塞顶面与柱塞筒顶面间的距离。

如图12-114所示，装好液压头。测量前"A"部位不插入调整垫片。

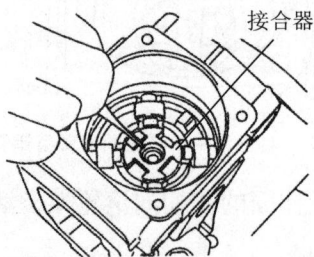

图12-113　装入接合器

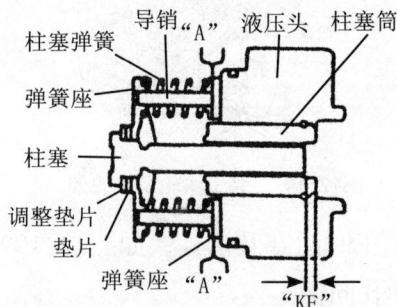

图12-114　装好液压头

安装量表，使能压缩25mm，然后归零，如图12-115所示。

在柱塞底部轴方向，施加尚无法压缩柱塞弹簧的压力，检查量表的"KF"尺寸，如图12-116所示。

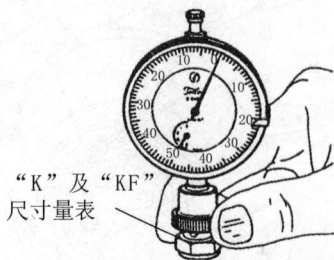

图12-115　安装"K"及"KF"尺寸量表

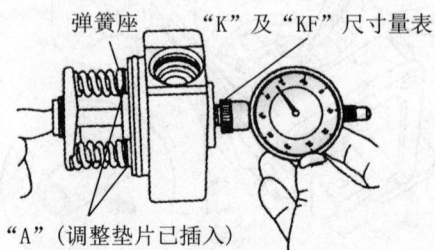

图12-116　检查"KF"尺寸

计算测量值与标准值的差异，以决定调整垫片的厚度。

"KF"标准值	5.7～5.9mm

例如量表测量值为6.2mm，则6.2mm-5.7mm＝0.5mm，为调整垫片的厚度。

若无刚好0.5mm的垫片，可换稍微厚一点的。

调整柱塞尺寸"K"

"K"是柱塞在下止点时，柱塞顶端与柱塞筒顶端间的距离。

组装各零件，如图12-117所示。

安装量表，以测量尺寸，如图12-118所示，此时柱塞应在下止点。

计算测量值与标准值的差异，以决定调整垫片的厚度，装在柱塞底部，如图12-119所示。

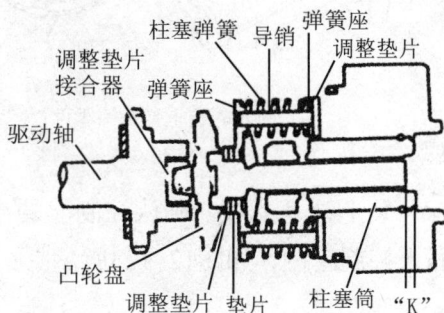

图12-117　组装各零件

"K"标准值	3.2～3.4mm

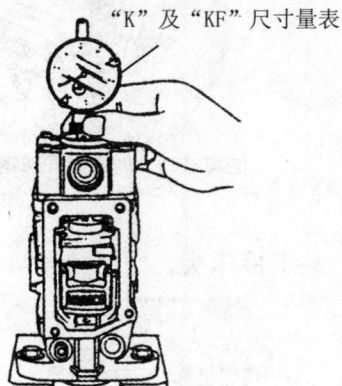

图12-118　安装"K"及"KF"尺寸量表

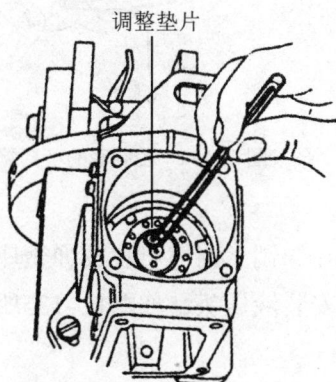

图12-119　安装调整垫片

当测量值大于标准值时，使用较厚的调整垫片。当调整垫片装好后，必须用量表再测量。

弹簧装在接合器上方，然后依序装上凸轮盘及调整垫片，如图12-120所示。确定凸轮盘驱动销及驱动轴键朝向调速器杆侧。

装上调速器杆，如图12-121所示。注意勿拉长起动弹簧及怠速弹簧。

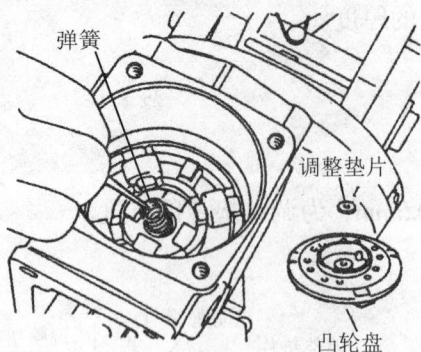

图12-120　装上弹簧等零件

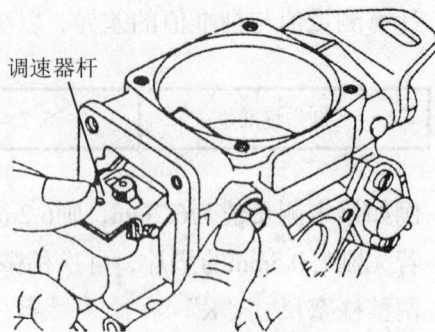

图12-121　安装调速器杠杆

装上柱塞总成。确认控制套的小孔端朝向弹簧座，如图12-122所示；调速器杆球销插入控制套内，如图12-123所示。

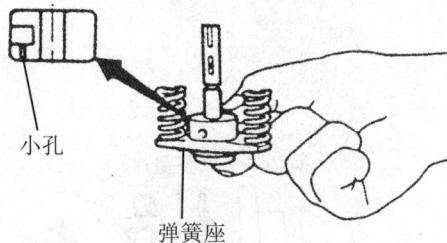

图12-122　控制套的小孔端向弹簧座

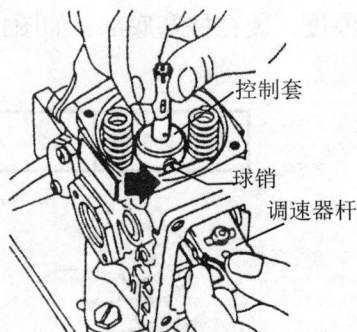

图12-123　调速器杆球销插入控制套内

在导销、调整垫片及弹簧座上涂抹黄油后，装上液压头，如图12-124所示。安装液压头，如图12-125所示。

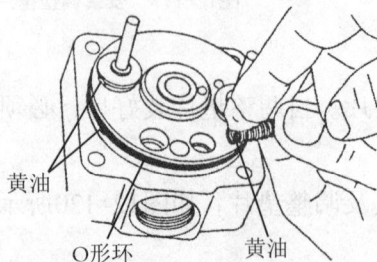

图12-124　导销等零件涂抹黄油

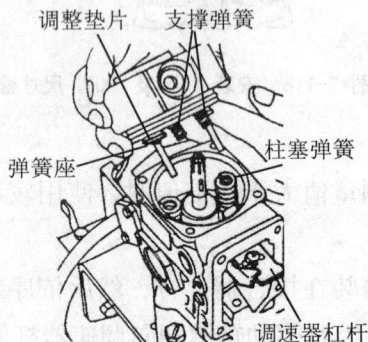

图12-125　安装液压头

支撑弹簧朝向调速器杆端。

弹簧勿掉落地面。

确定调速器杆球销正确插入控制套孔内。

液压头装妥后，确定柱塞弹簧在弹簧座的导孔内。

以规定力矩锁紧液压头，如图12-126所示。

液压头固定螺栓锁紧力矩	1.1～1.3kgf·m

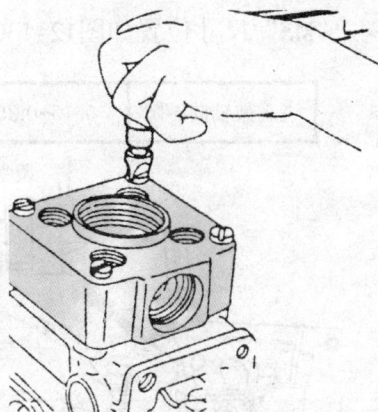

图12-126　锁紧液压头

安装飞重总成，如图12-127所示。注意调速器轴不要刮伤O形环。

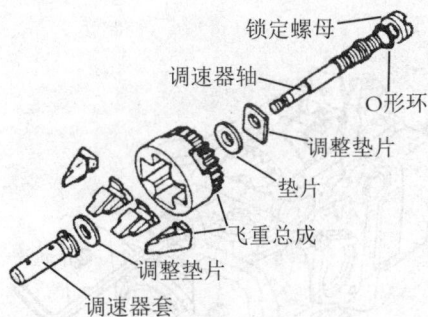

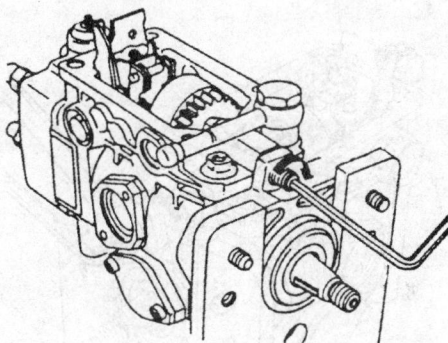

锁定螺母
调速器轴
O形环
调整垫片
垫片
飞重总成
调整垫片
调速器套

图12-127　安装飞重总成

调整"L"尺寸，如图12-128所示。

"L"尺寸	1.5～2.0 mm

调速器轴

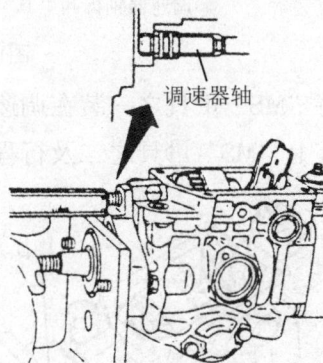

图12-128　调整"L"尺寸

将锁定螺母锁至2.5～3.0 kgf·m的规定力矩。

喷油泵设计右(R)转方向时，调速器轴为左螺纹；喷油泵设计左(L)转方向时，调速器轴为右螺纹。

单元12

263

测量飞重架轴向游隙，不合规定时，增减调整垫片以调整，如图12-129所示。

"MS"尺寸位置如图12-130所示。

飞重架轴向游隙	0.15~0.35mm

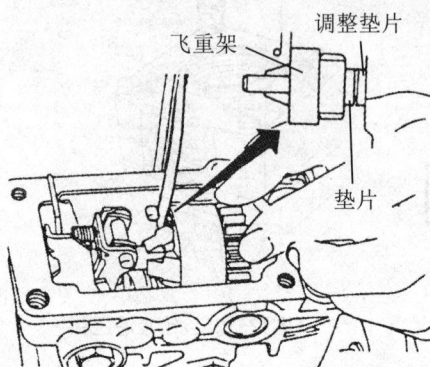

图12-129　测量飞重架轴向游隙

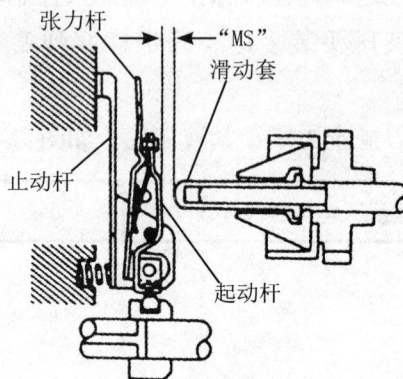

图12-130　"MS"尺寸的位置

拆下锁定螺母及调速器轴，如图12-131所示。

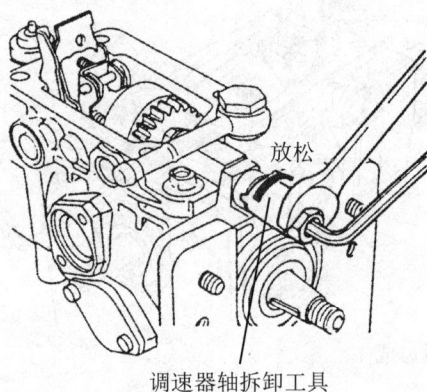

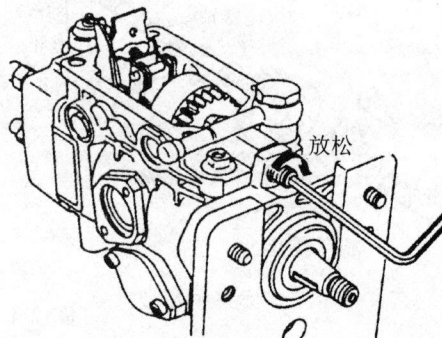

图12-131　拆下锁定螺母及调速器轴

将"MS"量具之一装在调速器轴孔上，如图12-132所示。

装上"MS"量具之二及行程量表，如图12-133所示。

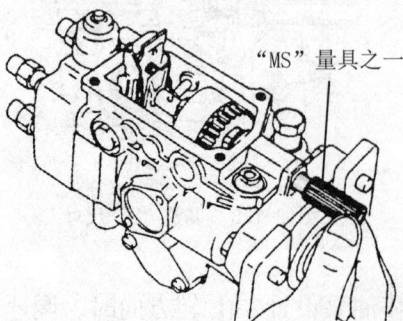

图12-132　安装"MS"量具之一

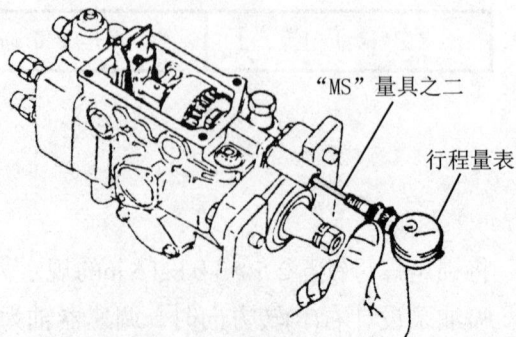

图12-133　装上量具及量表

"MS"量具之三装在泵壳上，如图12-134所示。

将调速器套推向飞重，保持调速器套在定位，然后将量表归零，如图12-135所示。

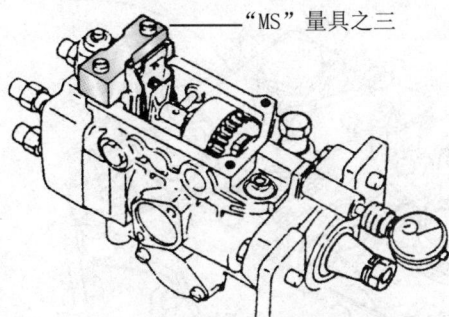

图12-134 装上"MS"量具之三

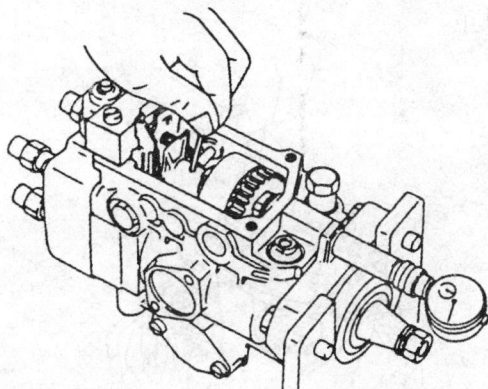

图12-135 将调速器套推向飞重

推动张力杆，至与止动销接触时，使调速器套向后，直至起动杆与张力杆接触时，读出量表读数，如图12-136所示。

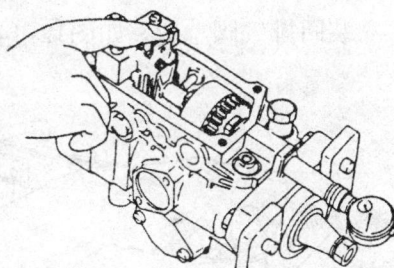

图12-136 检查"MS"尺寸

"MS"尺寸	1.4~1.6 mm

如果"MS"尺寸不正确时，更换滑动套，调整至正确值，如图12-137所示。滑动套有8种尺寸可供选择。

装上节气门拉杆轴，如图12-138所示。轴上应涂抹黄油。

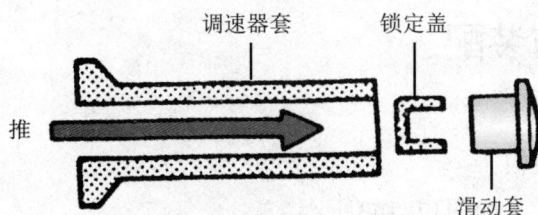

调速器套　锁定盖

推

滑动套

图12-137 更换滑动套来调整"MS"尺寸

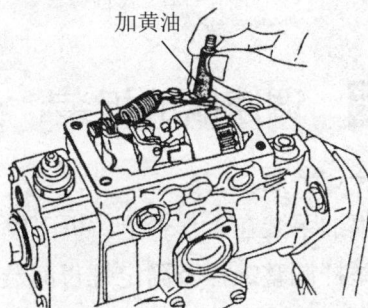

加黄油

图12-138 安装节气门拉杆轴

装回喷油泵盖，如图12-139所示。

装回节气门拉杆总成，如图12-140所示，加节气门拉杆及节气门拉杆轴记号必须对正。

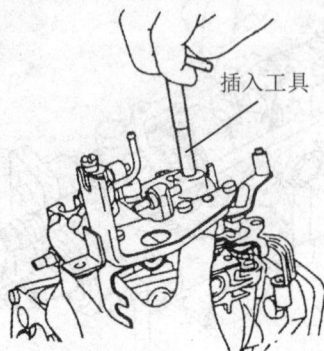

图12-139 装回喷油泵盖

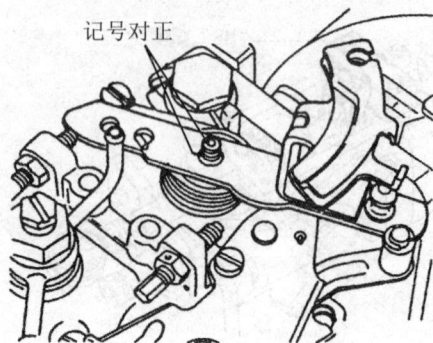

图12-140 装回节气门拉杆总成

使用新的O形环，装回螺塞，如图12-141所示。

装回燃油切断电磁阀。

装回排气阀总成，如图12-142所示，必须装用新的垫片。

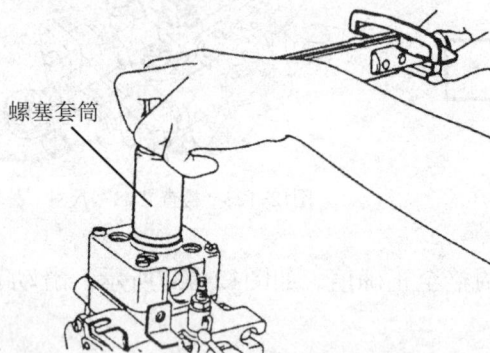

图12-141 装回螺塞

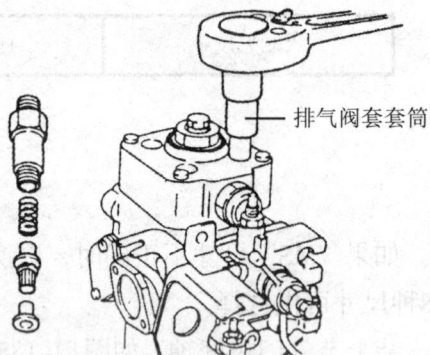

图12-142 装回排气阀总成

12.5 调速器的拆装、分解与装配

一、分解

喷油泵装在工作台上，拆下输油泵及盖板。

举杆调整螺栓及固定螺母间装入定位片，如图12-143所示。

拆下膜片盖、调速器弹簧及调整垫片，如图12-144所示。

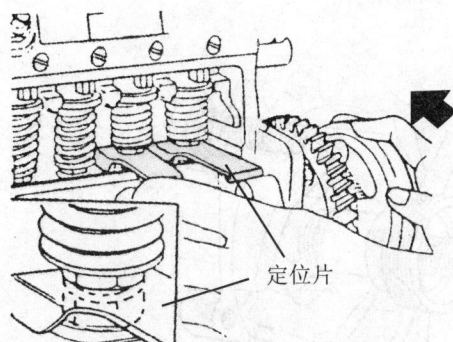

图12-143 装入定位片

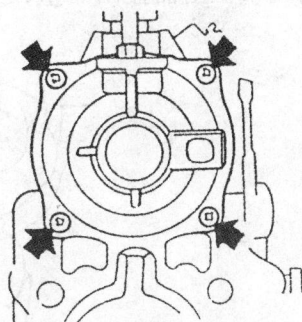

图12-144 拆下膜片盖等零件

拆下开口销，取下膜片，如图12-145所示。

分解MZ型调速器时，拆下凸轮轴盖，如图12-146所示。

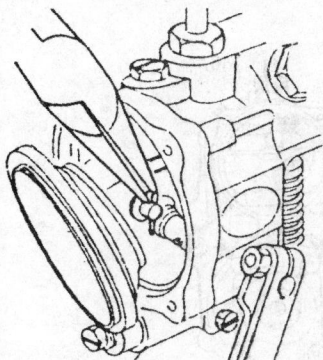

图12-145 取下膜片

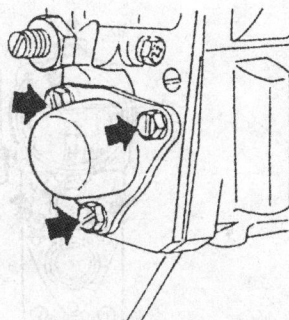

图12-146 拆下凸轮轴盖

分解RBD-MZ型调速器时，拆下机械式调速器盖，取下垫片、推杆、弹簧及调整垫片，如图12-147所示。

以正时器扳手固定正时器，使用特殊套筒放松圆筒螺母，如图12-148所示。

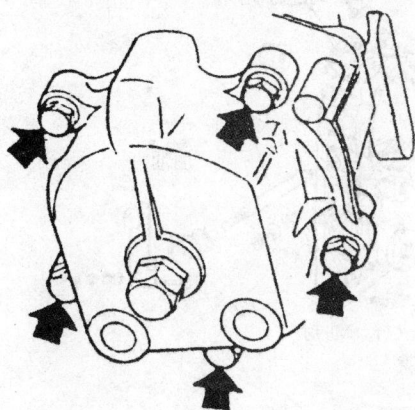

图12-147 拆下机械式调速器盖

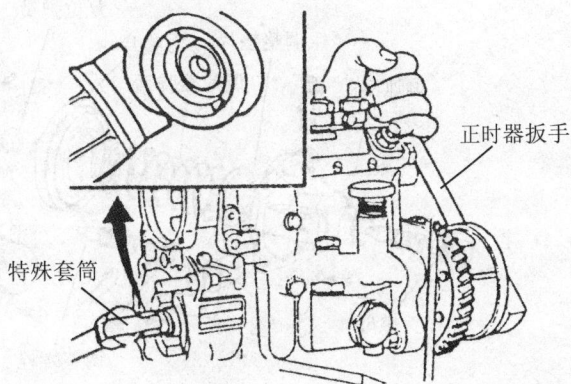

图12-148 放松圆筒螺母

使用飞重拉出器拉出飞重，如图12-149所示。

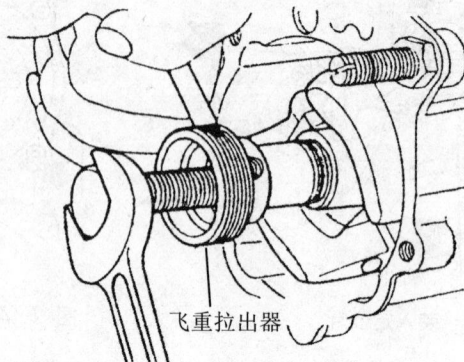

飞重拉出器

图12-149　拉出飞重

拆下调速器外壳，如图12-150所示。

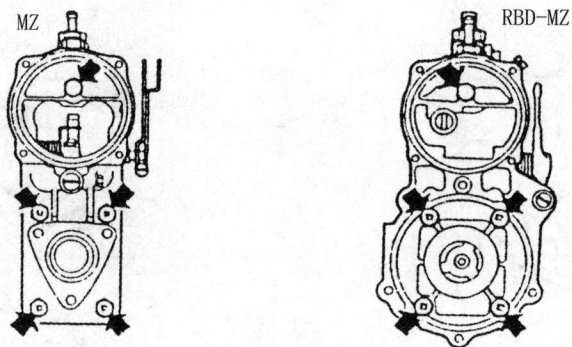

图12-150　拆下调速器外壳

MZ型与RBD-MZ型调速器分解后，如图12-151与图12-152所示。

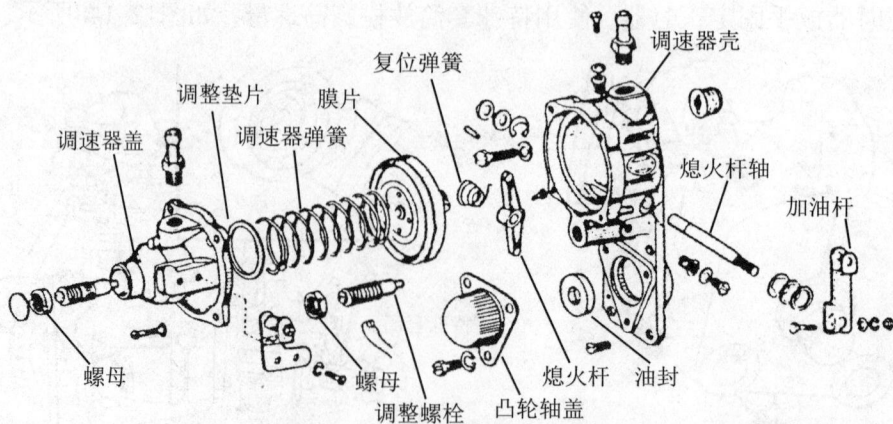

图12-151　MZ型调速器分解图

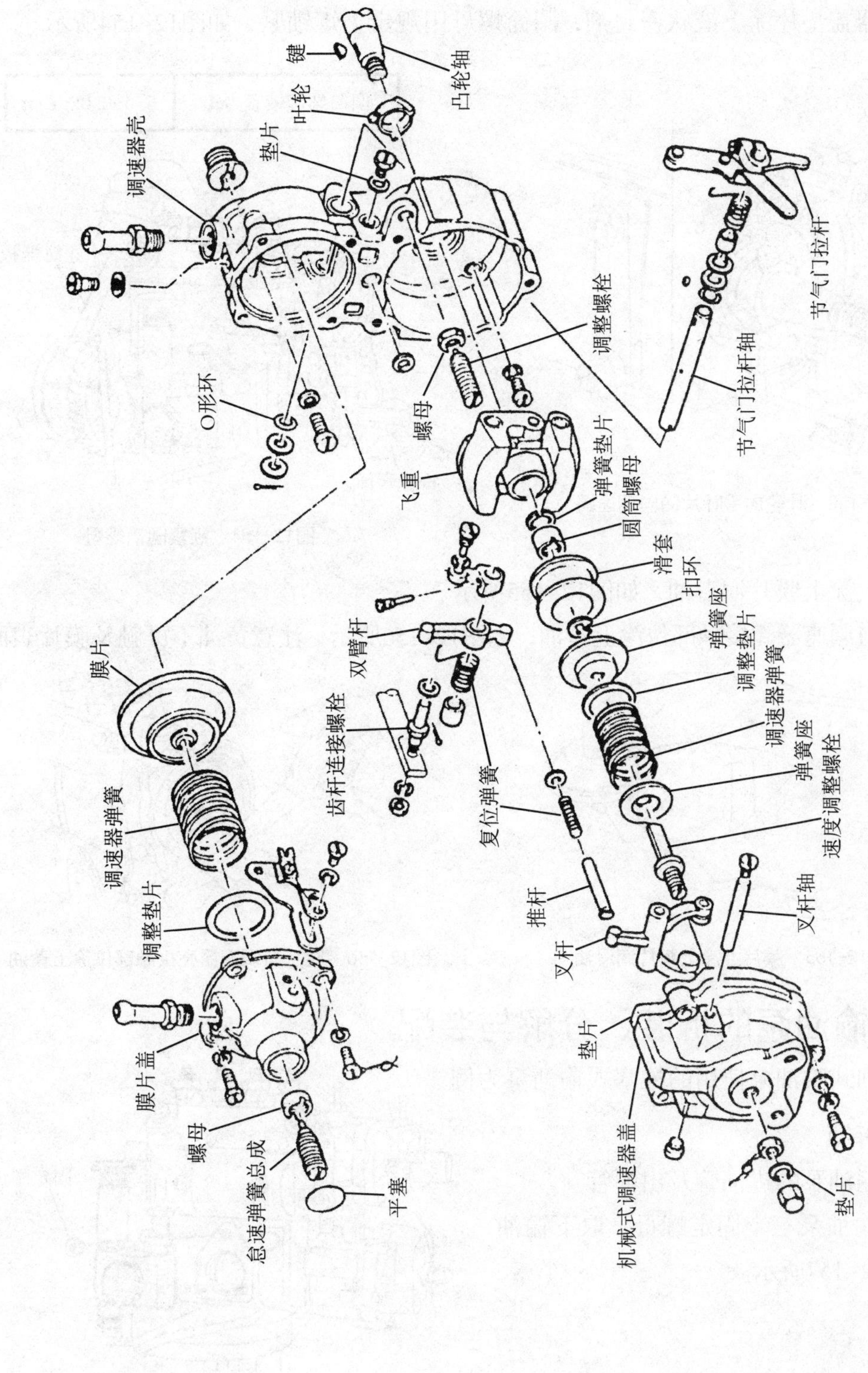

图12-152　RBD-MZ型调速器分解图

凸轮轴

键

叶轮

垫片

调速器壳

O形环

螺母

飞重

调整螺栓

弹簧垫片

圆筒螺母

滑套

扣环

弹簧座

调整垫片

调速器弹簧

弹簧座

速度调整螺栓

叉杆轴

节气门拉杆

节气门拉杆轴

节气门拉杆

膜片

调速器弹簧

调整垫片

膜片盖

螺母

怠速弹簧总成

平塞

齿杆连接螺栓

双臂杆

复位弹簧

推杆

叉杆

机械式调速器盖

垫片

垫片

二、组合

按分解的相反顺序组合。

凸轮轴上的叶轮，其平叶片侧向调速器，如图12-153所示。

调速器盖垫片涂上液状密封剂，圆筒螺母用规定力矩锁紧，如图12-154所示。

圆筒螺母锁紧力矩	5.0~6.0kgf·m

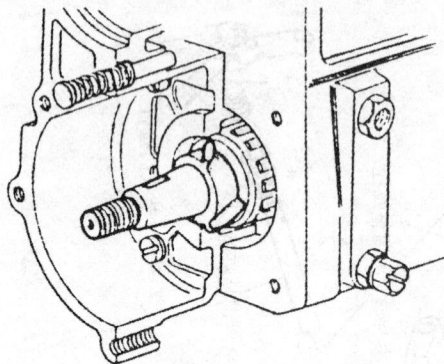

图12-153 叶轮的平叶片侧向调速器

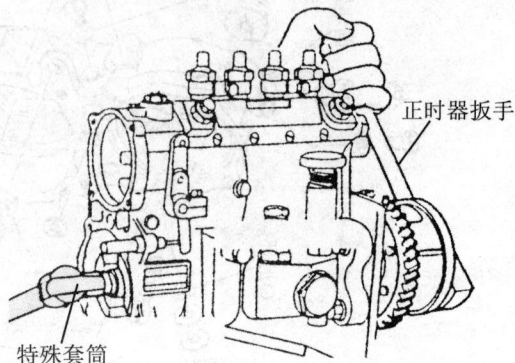

图12-154 锁紧圆筒螺母

膜片上涂上膜片润滑油，如图12-155所示。

膜片与调速器壳接触部位涂上黄油，如图12-156所示。注意黄油不可触及膜片表面。

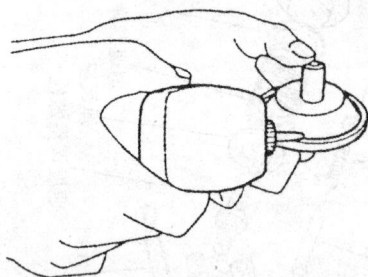

图12-155 膜片上涂上膜片润滑油

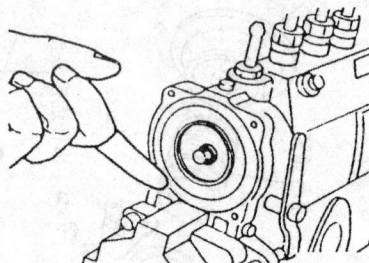

图12-156 膜片与调速器壳接触部位涂上黄油

12.6 输油泵的拆装、分解与装配

以线列式喷油泵使用的柱塞式输油泵为例。

一、拆卸

拆开输油泵的进油管及出油管。

拆开输油泵三个固定螺母，取下输油泵，如图12-157所示。

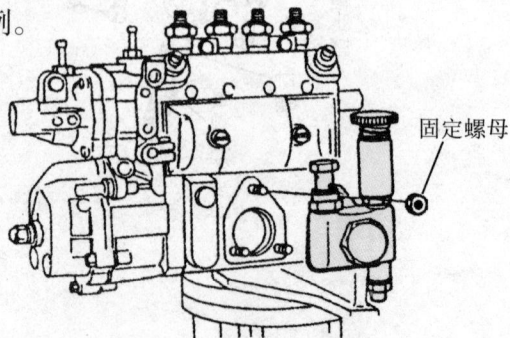

图12-157 拆下输油泵

二、安装

按拆卸的相反顺序装回。

进油管及出油管接头的垫片必须换新的。

进油接头内有滤棒时应清洗或换新的。

三、分解

拆下手动泵。

拆下扣环，取下举杆总成及推杆。

拆下进、排气阀及其弹簧。

拆开螺塞，取下柱塞弹簧及柱塞。

柱塞式输油泵的剖面图，如图12-158所示。

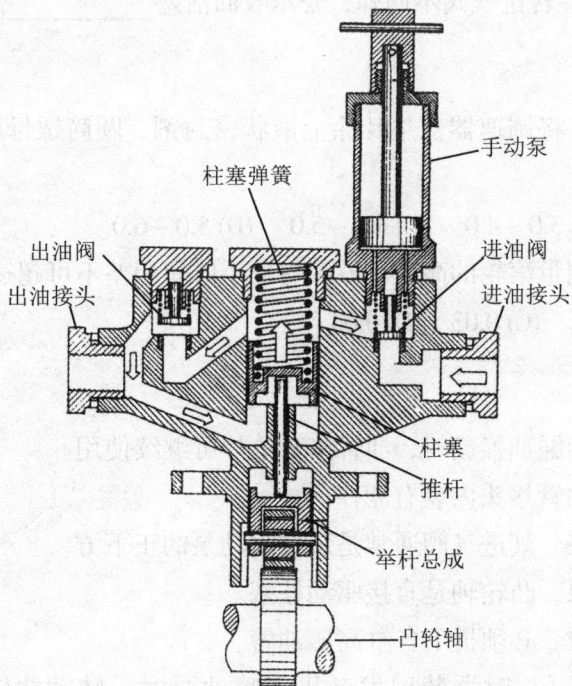

图12-158　柱塞式输油泵的剖面图

四、组合

按分解的相反顺序组合输油泵。

组合时，各部位的垫片都必须换新的。

理论测试

一 填空题

1. 使用_____刷将喷油嘴外表积炭清除干净，并将油针及油针座用柴油洗净。

2. 拆开喷油器端的高压油管接头，并用_____塞住，以防污物进入。

3. 在喷油泵分解及调整前，喷油泵应先进行_____。

4. 装回节气门拉杆总成时，节气门拉杆及_____记号必须对正。

5. 手指塞住排气阀座底部，然后将排气阀下压，放掉手指压力后，排气阀应马上回弹，表示_____，若排气阀不回弹，表示吸回活塞_____，应整组换新。

二 选择题

1. 组合调速器，将调速器盖垫片涂上液状密封剂，圆筒螺母用_____kgf·m力矩锁紧。   （ ）

(A) 2.0～3.0   (B) 3.0～4.0   (C) 4.0～5.0   (D) 5.0～6.0

2. 使用千分表测量滚轮的高度，最大与最小值间相差不可超过_____mm。   （ ）

(A) 0.01   (B) 0.02   (C) 0.03   (D) 0.04

三 判断题

1. 输油泵出油管漏油换新时，油管接头垫片可继续使用。   （ ）

2. 输油泵的出油管接头内装有滤棒。   （ ）

3. 柱塞式输油泵，其进气阀通常是装在手动泵的正下方。   （ ）

4. 柱塞式输油泵，凸轮轴是直接驱动柱塞。   （ ）

5. 拆卸喷油泵时，必须拆下各缸高压油管。   （ ）

6. 线列式喷油泵正时器装回发动机上喷油泵时，转动曲轴，先使曲轴皮带盘20°BTDC缺口对正前盖上记号。   （ ）

7. 线列式喷油泵正时器装回发动机上喷油泵时，其驱动齿轮与惰齿轮的记号必须对正。   （ ）

8. 喷油泵要先在喷油泵试验器上做测试，以决定是否要分解及调整。   （ ）

9. 线列式喷油泵分解时，插在举杆调整螺栓与固定螺母间的定位片，是为了使举杆以上的零件保持在下方。   （ ）

10. 线列式喷油泵分解时，先取下举杆处的定位片，再取出凸轮轴。   （ ）

11. 分解线列式喷油泵的齿环与控制套前，必须先做记号。   （ ）

12. 柱塞与柱塞筒倾斜60°，拉出柱塞放手后，柱塞应圆滑移入柱塞筒内。   （ ）

13. 线列式喷油泵，安装柱塞及柱塞筒时均无方向性。 （　）

14. VE式喷油泵分解前，外表必须清洁干净。 （　）

15. VE式喷油泵的液压头、控制套及柱塞有磨损时，必须成套更换。 （　）

16. VE式喷油泵正时器弹簧的调整垫片是置于弹簧的一侧。 （　）

17. VE式喷油泵的"MS"尺寸不对时，应更换调速器套。 （　）

18. 分解喷头时，内部各零件应马上浸入干净的柴油中。 （　）

19. 喷头倾斜60°，拉出油针，放手后油针应平滑移回定位。 （　）

20. 柴油滤清器更换后，可立即顺利发动发动机。 （　）

四 简答题

1. 分解线列式喷油泵主要使用哪些专用工具？

2. 如何检查喷油嘴？

技能测试

一 喷油正时的校正

姓名：_____　　班级：_____　　学号：_____　　得分：_____

测试项目		测试		备注
		满分	得分	
完成时间	（　　）分（　　）秒，限时30分钟。			
（一）工作技能	1.工具、仪器选择是否正确。	10	（　）	
	2.工具、仪器使用方法是否正确。	10	（　）	
	3.操作顺序是否正确。	20	（　）	
	4.喷油正时是否正确。	40	（　）	
	5.螺栓、螺母是否依规定力矩锁紧。	20	（　）	
（二）工作安全与态度(采取扣分方式)	1.有不安全或不正确动作。	扣4～12分	（　）	
	2.损坏工作物。	扣4～12分	（　）	
	3.工具、仪器使用后未归定位。	扣4～12分	（　）	
	4.工作区未维持整洁。	扣4～12分	（　）	
	5.服装仪容不整。	扣4～12分	（　）	
合计		100	（　）	

二 发动机怠速的调整

姓名：_____ 班级：_____ 学号：_____ 得分：_____

测试项目		测试		备注
		满分	得分	
完成时间	（ ）分（ ）秒，限时30分钟。			
（一）工作技能	1.工具、仪器选择是否正确。	10	（ ）	
	2.工具、仪器使用方法是否正确。	10	（ ）	
	3.操作顺序是否正确。	20	（ ）	
	4.正时灯及转速表安装是否正确。	15	（ ）	
	5.怠速调整是否正确。	30	（ ）	
	6.正时提前读数是否正确。	15	（ ）	
（二）工作安全与态度(采取扣分方式)	1.有不安全或不正确动作。	扣4~12分	（ ）	
	2.损坏工作物。	扣4~12分	（ ）	
	3.工具、仪器使用后未归定位。	扣4~12分	（ ）	
	4.工作区未维持整洁。	扣4~12分	（ ）	
	5.服装仪容不整。	扣4~12分	（ ）	
合计		100	（ ）	

三 喷油器的拆装、分解与装配

姓名：_____ 班级：_____ 学号：_____ 得分：_____

测试项目		测试		备注
		满分	得分	
完成时间	（　　）分（　　）秒，限时30分钟。			
（一）工作技能	1.工具、仪器选择是否正确。	10	（　）	
	2.工具、仪器使用方法是否正确。	10	（　）	
	3.操作顺序是否正确。	20	（　）	
	4.喷油嘴零件是否依序排列并浸在柴油中。	10	（　）	
	5.各部位锁紧力矩是否正确。	20	（　）	
	6.喷射开始压力读数是否正确。	30	（　）	
（二）工作安全与态度(采取扣分方式)	1.有不安全或不正确动作。	扣4~12分	（　）	
	2.损坏工作物。	扣4~12分	（　）	
	3.工具、仪器使用后未归定位。	扣4~12分	（　）	
	4.工作区未维持整洁。	扣4~12分	（　）	
	5.服装仪容不整。	扣4~12分	（　）	
合计		100	（　）	

四 喷油泵的拆装、分解与装配

姓名：_____ 班级：_____ 学号：_____ 得分：_____

测试项目		测试		备注
		满分	得分	
完成时间	（　　）分（　　）秒，限时30分钟。			
（一）工作技能	1.工具、仪器选择是否正确。	10	（　）	
	2.工具、仪器使用方法是否正确。	10	（　）	
	3.操作顺序是否正确。	20	（　）	
	4.垫片是否换新。	10	（　）	
	5.正时器安装是否正确。	15	（　）	
	6.放空气动作是否正确。	15	（　）	
	7.发动机能否顺利发动运转。	20	（　）	
（二）工作安全与态度(采取扣分方式)	1.有不安全或不正确动作。	扣4~12分	（　）	
	2.损坏工作物。	扣4~12分	（　）	
	3.工具、仪器使用后未归定位。	扣4~12分	（　）	
	4.工作区未维持整洁。	扣4~12分	（　）	
	5.服装仪容不整。	扣4~12分	（　）	
合计		100	（　）	

单元12

五 输油泵的拆装、分解与装配

姓名：＿＿＿＿＿ 班级：＿＿＿＿＿ 学号：＿＿＿＿＿ 得分：＿＿＿＿＿

测试项目		测试		备注
		满分	得分	
完成时间	（　）分（　）秒，限时30分钟。			
（一）工作技能	1.工具、仪器选择是否正确。	10	（　）	
	2.工具、仪器使用方法是否正确。	10	（　）	
	3.操作顺序是否正确。	20	（　）	
	4.垫片是否换新。	10	（　）	
	5.组合是否正确。	20	（　）	
	6.吸油能力试验是否正常。	30	（　）	
（二）工作安全与态度(采取扣分方式)	1.有不安全或不正确动作。	扣4~12分	（　）	
	2.损坏工作物。	扣4~12分	（　）	
	3.工具、仪器使用后未归定位。	扣4~12分	（　）	
	4.工作区未维持整洁。	扣4~12分	（　）	
	5.服装仪容不整。	扣4~12分	（　）	
合计		100	（　）	

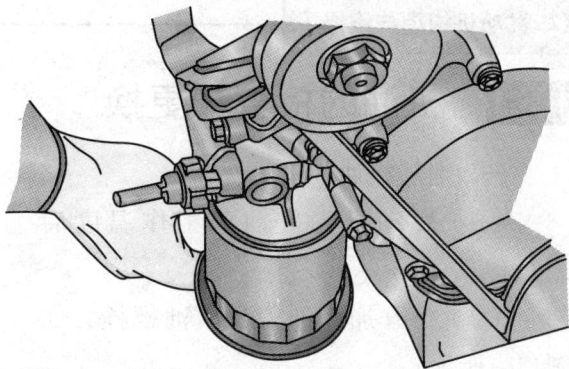

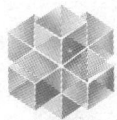

单元13

润滑系统的维修

■ **知识目标：**

1. 了解润滑系统维修时的注意事项；
2. 掌握机油的检查方法。

■ **能力目标：**

1. 具备安全生产的能力；
2. 能熟练进行机油的检查和更换；
3. 能熟练进行机油滤清器的更换。

■ **建议学时：**

4 学时

13.1 机油的检查和更换

一、泄放机油

（1）发动机先发动至工作温度后熄火。

（2）打开加机油盖及放油螺栓，如图13-1所示。

打开加机油盖，可加快机油的泄放速度。

备好机油盆或机油回收桶。

机油温度很高，小心烫伤。

手部尽量不要接触到使用过的机油。

机油颜色或黏度若有异样，应找出原因，例如乳白色机油，表示冷却液进入机油中。

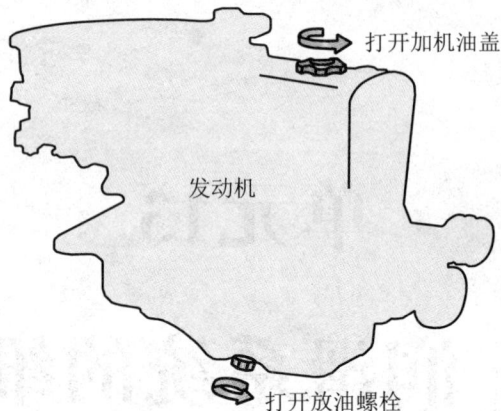

图13-1 打开加机油盖及放油螺栓

（3）机油泄放干净后，装回放油螺栓及垫片。

放油螺栓垫片每次都必须换新的。

用擦拭纸擦净放油螺栓及油底壳。

放油螺栓以规定力矩锁紧。

A12发动机放油螺栓锁紧力矩：2.0～3.0kgf·m。

二、添加机油

（1）从加机油孔加入规定等级及规定量的机油，如图13-2所示。

加机油孔上放置漏斗，可避免机油外溢。

大部分1L装塑胶制机油罐，均有防止加机油时外溢的设计，即其机油出口不是在罐子的正中央，而是偏向一边，故加机油时，罐子有一定的方向。

塑胶或铁制机油容器均可回收，应集中放置。

（2）检查机油量。

装上加机油盖，盖子及周围擦拭干净。

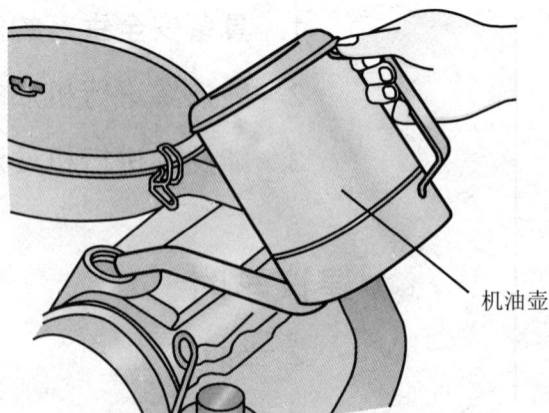

图13-2 加入规定等级及规定量的机油

起动发动机，检查放油塞周围是否漏油。

发动机熄火，等待适当时间后，拉出机油尺检查，如图13-3所示，油面不足时，补充机油至"H"线。

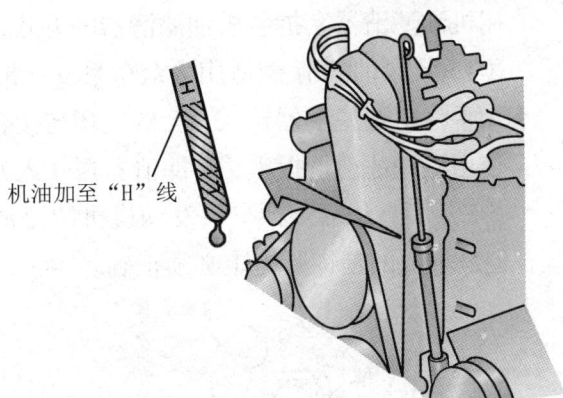

机油加至"H"线

图13-3 检查机油量

13.2 机油滤清器的更换

一、机油滤清器拆卸

（1）使用机油滤清器扳手拆下机油滤清器，如图13-4所示。

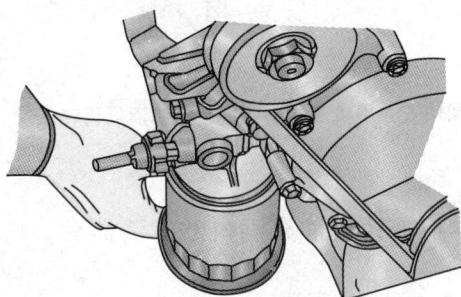

机油滤清器扳手　　　　机油滤清器扳手

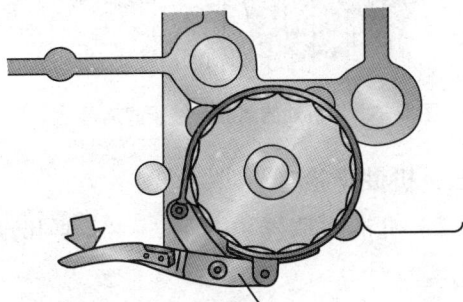

图13-4 机油滤清器拆卸

（2）将接合面的油污擦拭干净。

（3）检视螺牙及接合面表面。

二、机油滤清器安装

（1）新机油滤清器上的O形橡胶环涂抹少量机油，如图13-5所示。

橡胶环上涂机油做润滑用。

一般原厂机油滤清器橡胶环上均已事先涂好油脂。

（2）装泵油滤清器(适用A12发动机)。

用手将机油滤清器转入，用手力锁紧。

不可使用机油滤清器扳手。

（3）装泵油滤清器(适用宝马车系发动机)。

用手将机油滤清器转入。

使用机油滤清器套，以规定力矩锁紧，如图13-6所示。

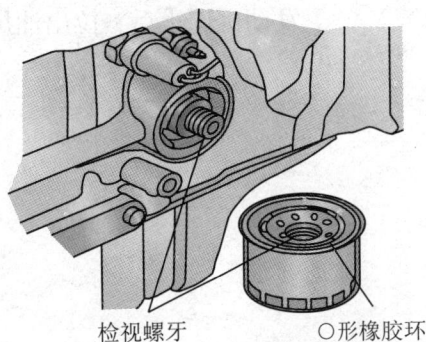

检视螺牙　　　　O形橡胶环

图13-5 O形橡胶环涂抹少量机油

单元13

用机油滤清器套拆装机油滤清器的方式，现代车用发动机采用最多。

（4）装泵油滤清器(适用大众车系发动机)。

用手将机油滤清器转入，至橡皮环与接合面接触有轻微阻力时。

使用机油滤清器扳手，将滤清器再转入7/6转，如图13-7所示。

（5）以上介绍三种车系发动机机油滤清器的锁紧方法，让大家了解，方法各有不同，但最重要的是锁紧力矩必须正确。

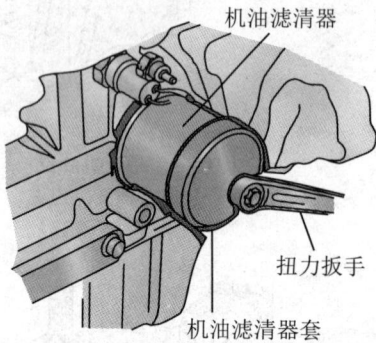

图13-6　用机油滤清器套锁紧滤清器　　　图13-7　用机油滤清器扳手将滤清器再转入

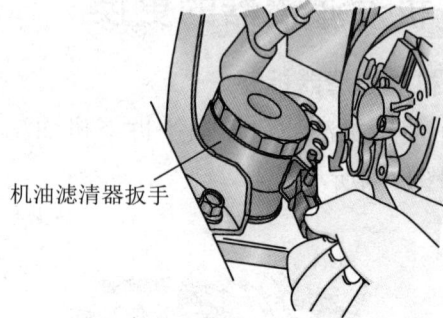

三、机油量检查

（1）机油滤清器更换后，一定要起动发动机，让机油充满机油滤清器后，再检查油面高度。

现代发动机均采用小型机油滤清器，其容量约为0.2L。

旧型如A12发动机，机油滤清器较大，其容量约为0.5L。

（2）起动发动机，同时检视机油滤清器接合面处是否漏油。

（3）发动机熄火后，拉出油尺检查油面高度是否正确。

理论测试

一 填空题

1. 在发动机_____时检查机油量。

2. 机油高度应保持在"_____"线上。

3. 发动机放油螺栓锁紧扭力矩为_____kgf·m。

4. 安装机油滤清器时，其O形环应先涂抹_____。

二 选择题

1. 泄放机油时，哪项叙述错误?　　　　　　　　　　　　　　　　(　　)

   (A) 发动机先暖车　　　　　　　(B) 乳白色机油表示机油混入冷却液

   (C) 装用原来的放油螺栓垫片　　(D) 打开加机油盖

2. 使用机油滤清器套锁紧机油滤清器时，其力矩约为_____kgf·m。(　　)

   (A) 0.5　(B) 1.6　(C) 2.8　(D) 3.6

3. 汽油发动机用机油滤清器的容量为_____L。　　　　　　　　(　　)

   (A) 0.2～0.5　(B) 0.6～0.8　(C) 0.9～1.2　(D) 1.3～1.5

三 判断题

1. 机油滤清器可用手力、机油滤清器套或机油滤清器扳手锁紧。(　　)

2. 用手力锁紧机油滤清器，是现代汽油发动机最常采用的方式。(　　)

3. 机油滤清器更换后，必须添加的机油量比未更换时多。　　　(　　)

4. 放油螺栓垫片每次都必须换新的。　　　　　　　　　　　　(　　)

5. 新型汽车已经采用机油量传感器取代了机油尺。　　　　　　(　　)

6. 每次更换完机油应该对汽车仪表进行复位。　　　　　　　　(　　)

四 简答题

1. 如何进行机油油品的检查。

2. 试述更换机油及机油滤清器的步骤。

技能测试

机油与机油滤清器更换

姓名：＿＿＿＿　　班级：＿＿＿＿　　学号：＿＿＿＿　　得分：＿＿＿＿

测试项目		测试		备注
		满分	得分	
完成时间	（　）分（　）秒，限时30分钟。			
（一）工作技能	1.发动机发动至工作温度。	6	（　）	
	2.正确泄放机油。	6	（　）	
	3.放油螺栓垫片换新。	8	（　）	
	4.放油螺栓锁紧扭力正确。	10	（　）	
	5.正确拆卸机油滤清器。	8	（　）	
	6.O形橡胶环涂油润滑。	6	（　）	
	7.正确安装机油滤清器。	8	（　）	
	8.机油滤清器锁紧扭力正确。	24	（　）	
	9.机油添加量正确。	14	（　）	
	10.发动机运转时无漏油情形。	10	（　）	
（二）工作安全与态度(采取扣分方式)	1.有不安全或不正确动作。	扣4～12分	（　）	
	2.损坏工作物。	扣4～12分	（　）	
	3.工具、仪器使用后未归定位。	扣4～12分	（　）	
	4.工作区未维持整洁。	扣4～12分	（　）	
	5.服装仪容不整。	扣4～12分	（　）	
合计		100	（　）	

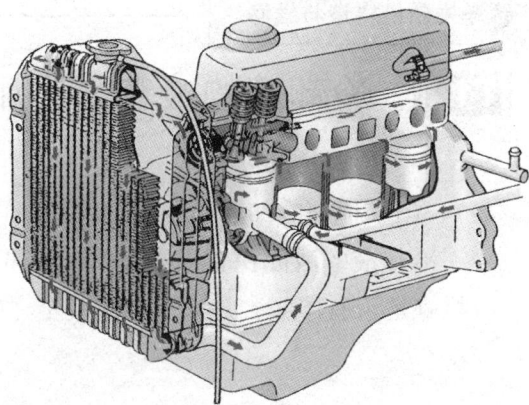

单元14

冷却系统的维修

🔷 **知识目标：**

　　1. 了解冷却系统维修时的注意事项；

　　2. 掌握冷却液、节温器的检查方法。

🔷 **能力目标：**

　　1. 具备安全生产的能力；

　　2. 能熟练进行冷却液的添加和更换；

　　3. 能熟练进行节温器更换；

　　4. 能熟练进行冷却液温度传感器、水泵的检查和更换。

🔷 **建议学时：**

　　8 学时

14.1 冷却液的检查、添加或更换

一、检查冷却液

（1）检查冷却液的液面位置。

冷却液的液面位置应在低(LOW)和满(FULL)两条标记线之间。如果液面位置低，则应检查是否有渗漏，并添加冷却液至"FULL"线位置，如图14-1所示。

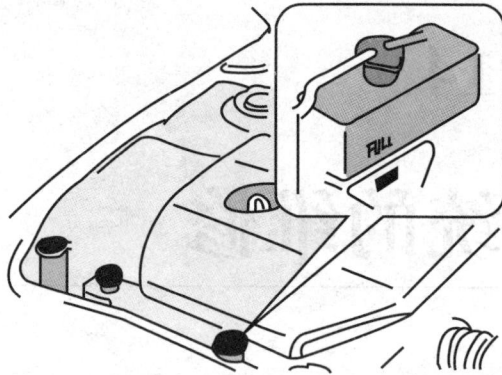

图14-1 检查冷却液的液面位置

（2）检查冷却液质量。

在散热器盖或散热器注水口的周围应没有任何锈迹或积垢。如果过脏，则应更换冷却液。

二、更换发动机冷却液

其步骤为：

（1）拆下散热器盖。

（2）从散热器和发动机的泄放开关排出冷却液。

（3）关闭泄放开关，

（4）向系统内注入冷却液。（如图14-2所示）

（5）装上散热器盖。

（6）起动发动机，检查是否有渗漏现象。

图14-2 向系统内注入冷却液

（7）再检查冷却液液面位置，如有必要再次加注冷却液。

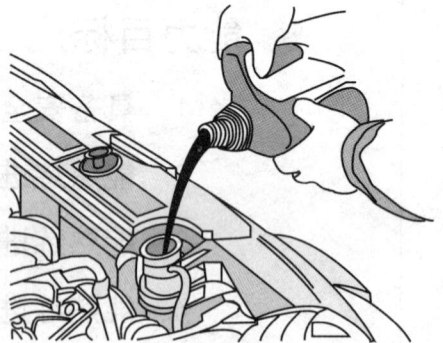

14.2 节温器的检查和更换

一、节温器拆卸

（1）先放出部分冷却液。

（2）拆开汽缸盖端的水箱进水管，如图14-3所示。

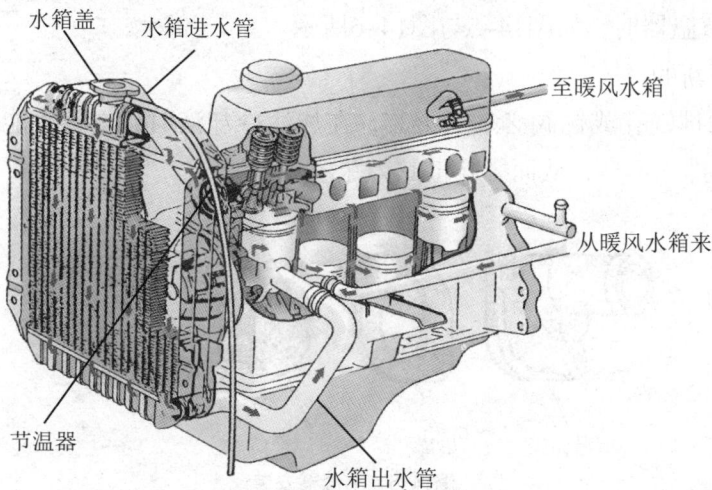

图14-3　拆开水箱进水管

（3）拆开节温器盖，取下节温器。

二、节温器试验

（1）将拆下的节温器放入透明玻璃容器中加热，并用温度计测量水温，如图14-4所示。注意温度计应与节温器的蜡室等高。

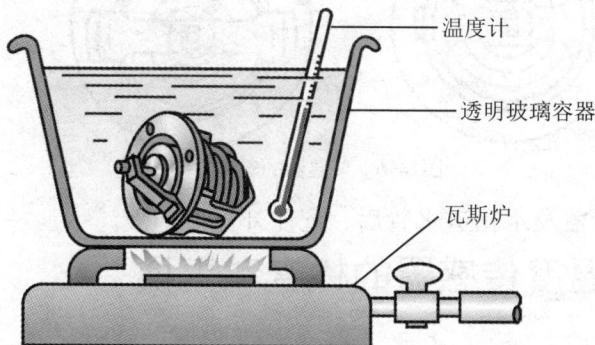

图14-4　节温器试验

（2）如表14-1所示，检查阀的初开温度、全开温度及其开启量。不符合规定时，节温器应换新的。

节温器试验数据　　　　　　　　　　　　表 14-1

发动机	寒带型	标准型	热带型
阀初开温度（˚C）	88	82	76.5
阀全开温度及开启量（mm/˚C）	8/100	8/95	8/90

（3）节温器上标示的数字，即为阀的初开温度。

三、节温器安装

（1）装回节温器时，如图14-5与图14-6所示。

垫片必须换新的。

节温器上的排气孔或钩阀必须向上装，在加注冷却液时，空气才能排出；若安装方向错误，会造成排气不良，从而影响散热效果。

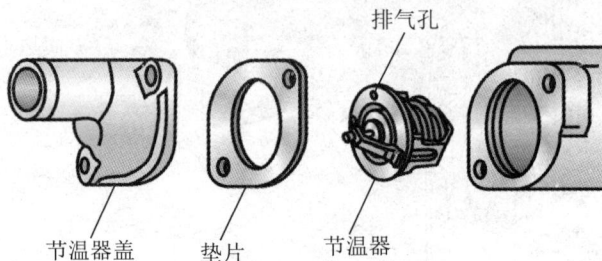

图14-5　节温器安装

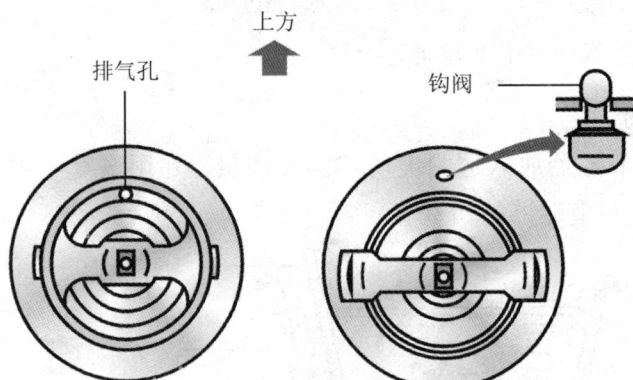

图14-6　节温器的安装方向

（2）装上节温器盖及水箱进水管后，记住补充冷却液。

14.3　冷却液温度传感器的检查和更换

一、线束检查

步骤	操作	是	否
1（见图14-7）	1）将点火开关旋至"OFF"位置，拆下接发动机冷却液温度传感器的接插件； 2）将点火开关旋至"ON"位置，检测发动机冷却液温度传感器接插件"Lg/R"线搭铁电压； 3）检测电压是否为4-5V	进入第2步	"Lg/R"线短路或开路；C02-8端子连接不良
2（见图14-8）	1）用短接线短接发动机冷却液温度传感器接插件的两个端子； 2）点火开关处于"ON"位置时，检测发动机冷却液温度传感器接插件"Lg/R"线对地电压； 3）检测电压是否≤0.15V	进入下一步：传感器检查	"G/R"线短路或开路或C02-9端子连接不良；如果未发现上述不良，更换一个已知完好的ECM重新进行检查

第一步

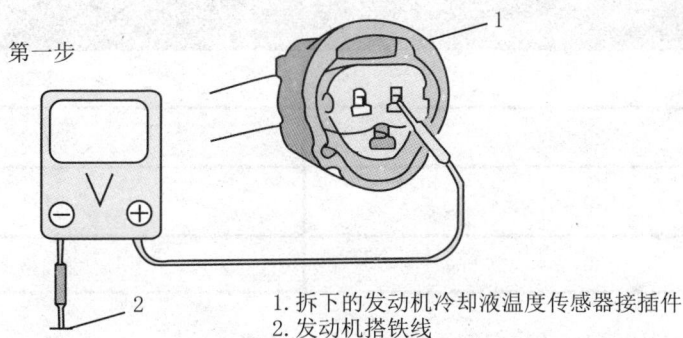

1. 拆下的发动机冷却液温度传感器接插件
2. 发动机搭铁线

图14-7　温度传感器电压的检查

第二步

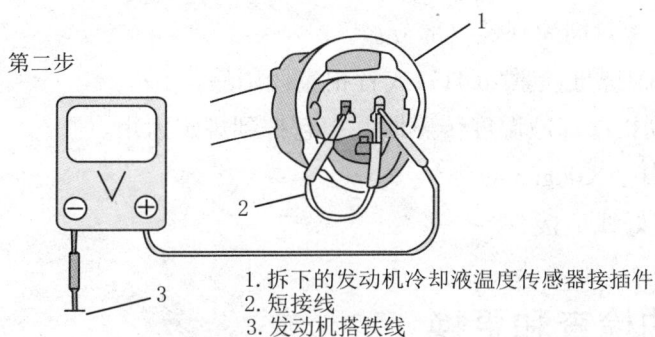

1. 拆下的发动机冷却液温度传感器接插件
2. 短接线
3. 发动机搭铁线

图14-8　短接温度传感器电压的检查

二、传感器检查

（1）拆下进气歧管上的发动机冷却液温度传感器。

（2）用浸入热水中的冷却液温度传感器温度传感部分检查电阻，如图14-9所示。

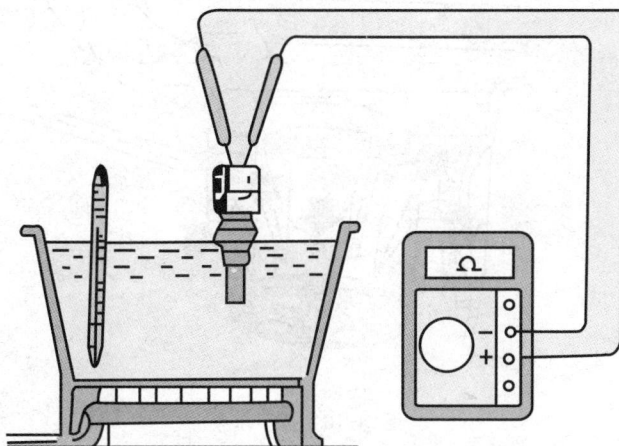

图14-9　冷却液温度传感器温度—电阻

单元14

温度（℃）	电阻（kΩ）
0	5.8
20	2.4
40	1.1
80	0.3

（3）如果电阻明显地偏离标准值，更换传感器。

三、安装

（1）把规定的密封剂涂到螺纹部分。

规定密封剂：3M螺母锁紧No.4171或者相应代用品。

（2）安装发动机冷却液温度传感器并把它拧到规定力矩。

传感器拧紧力矩：3.0kgf·m

（3）牢固地接好线束接头。

14.4 水泵的检查和更换

（1）准备。

水泵由发动机上拆下，如图14-10所示。

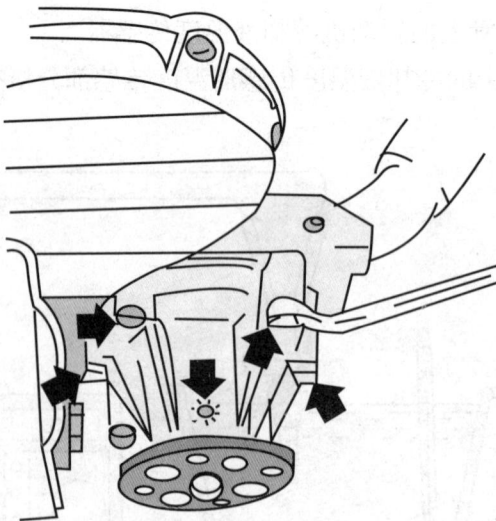

图14-10 拆下水泵

（2）水泵检验。

检查泵体平面及叶轮等有无锈蚀，如图14-11所示。

（3）旋转水泵轴。

检查轴承状况，并检查轴的端隙是否过大，如图14-12所示。

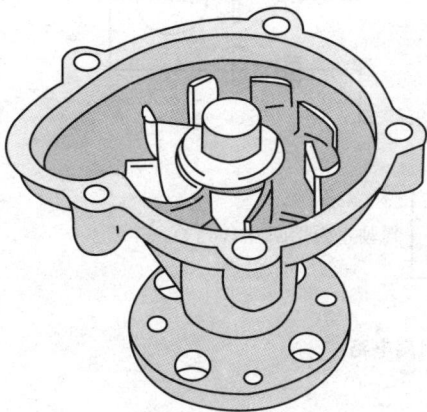

图14-11　检查有无锈蚀

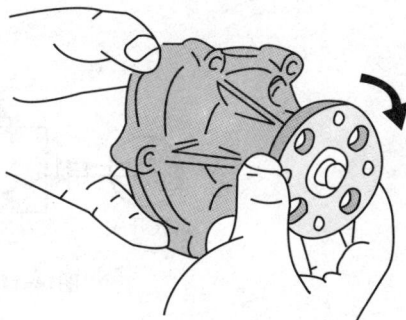

图14-12　检查轴承状况

14.5　电动风扇的检查

一、水温开关检修

（1）水温开关不拆的检查方法。

拆开水温开关接头，将两端子跨接，如果电动风扇转动，表示水温开关损坏，如图14-13所示，其电路如图14-14所示。

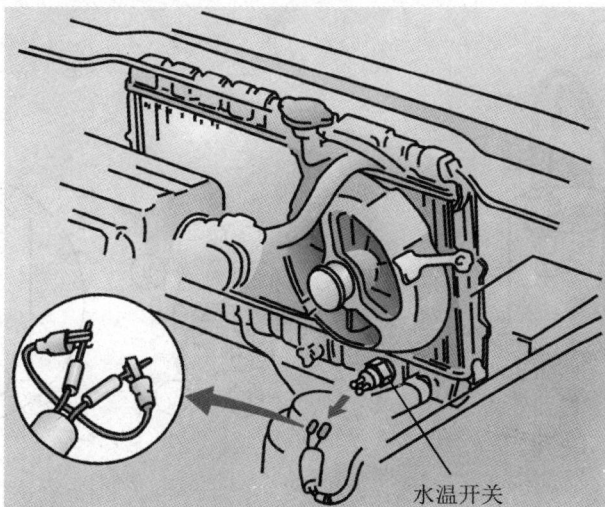

水温开关

图14-13　水温开关检查

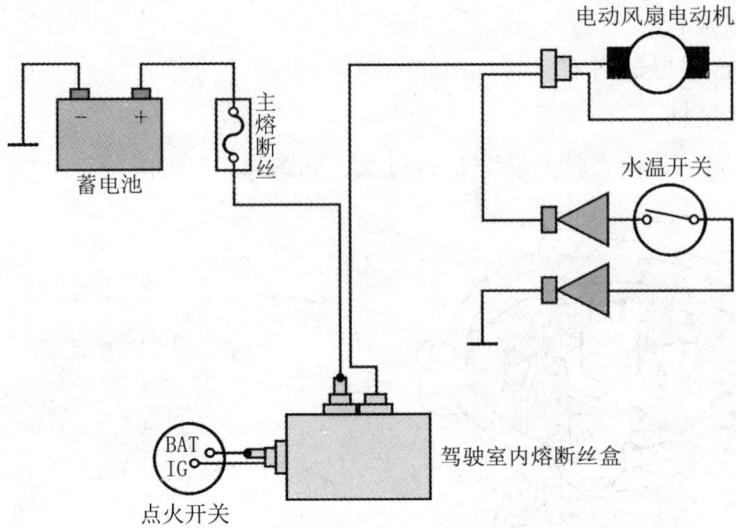

图14-14　电动风扇电路

（2）水温开关拆下的检查方法。

拆下的水温开关放入容器内加热，两端子与欧姆表连接，并用温度计测量水温，如图14-15所示。

以A12发动机水温开关为例，水温低于90℃时，开关应不导通；水温高于90℃时，开关应导通才属正常。

二、继电器检修

（1）通常继电器有四支插脚，如图14-16 a)所示，内部电路如图14-16 b)所示。

（2）用欧姆表测量，AC间不通，BD间导通；然后在BD间接上12V电压时，AC间应导通为正常。

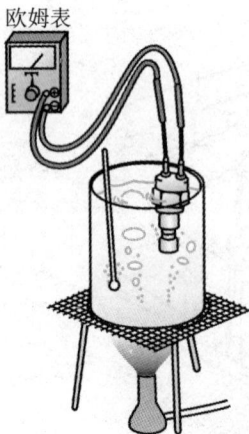

图14-15　水温开关作用温度检查

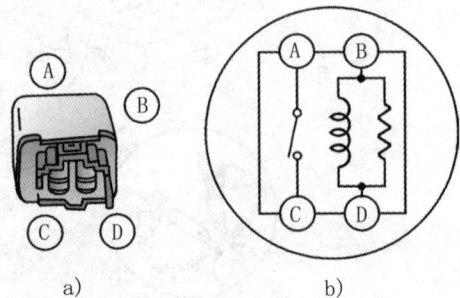

图14-16　继电器的结构

三、电动机检修

（1）在电动机与蓄电池间串联安培表，如图14–17所示。

（2）一般电流值在6～8A之间，若超过10A以上或不转动，则电动机必须换新的。

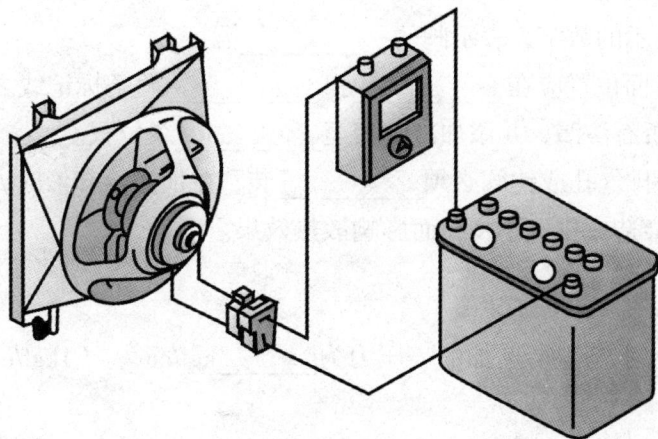

图14-17　电动机测试

理论测试

一 填空题

1. 节温器上标示的数字，表示阀的_____温度。

2. 冷却液的液面位置应在_____和_____两条标记线之间。如果液面位置低，则应检查是否有渗漏，并添加冷却液至_____线位置。

3. 节温器上的排气孔或钩阀必须_____装，在加注冷却液时，空气才能排出；若安装方向错误，会造成排气不良，而影响散热效果。

二 选择题

1. 一般压力式水箱盖所增加的表压力为_____kgf/cm^2。（1kgf/cm^2=0.098066MPa)
（   ）

(A) 0.2～0.4   (B) 0.5～0.9   (C) 1.0～1.2   (D) 1.5～2.0

2. 可控制发动机水温在一定值的是_____。   （   ）

(A) 节温器   (B) 水箱   (C) 水箱盖   (D) 储液箱

3. 对水箱施加_____kgf/cm^{2}的压力来测试水箱是否漏水。   （   ）

(A) 0.5   (B) 0.9   (C) 1.6   (D) 2.5

4. 对水箱盖的检验，下述哪项是错误的？   （   ）

(A) 压力阀用水箱压力试验器检验   (B) 水箱盖换新时，必须查看盖上的标示数字

(C) 真空阀用手指拉开检查   (D) 真空阀上无弹簧的设计

5. 节温器试验时，下列哪项工具不必使用？   （   ）

(A) 加热装置   (B) 万用表   (C) 温度计   (D) 玻璃容器

三 判断题

1. 水箱压力试验器可对水箱及水箱盖施加压力做测试。   （   ）

2. 对水箱盖施加规定压力后，此压力必须保持永久一定才正常。   （   ）

3. 节温器上的排气孔或钩阀在安装时必须向上。   （   ）

4. 水温开关接头直接跨接，电动风扇就会转动，表示水温开关损坏。   （   ）

四 简答题

1. 如何检查冷却液温度传感器？

2. 水温开关检修方法及步骤？

技能测试

节温器的拆装

姓名：_____　　班级：_____　　学号：_____　　得分：_____

测试项目	测试		备注
	满分	得分	
完成时间　（　）分（　）秒，限时30分钟。			
（一）工作技能　1.正确拆下节温器。	10分	（　）	
2.正确装回节温器。	15分	（　）	
3.节温器盖垫片换新。	20分	（　）	
4.节温器安装方向正确。	40分	（　）	
5.冷却液量正确。	15分	（　）	
（二）工作安全　1.有不安全或不正确动作。	扣4~12分	（　）	
与态度(采取扣　2.损坏工作物。	扣4~12分	（　）	
分方式)　　　　3.工具、仪器使用后未归定位。	扣4~12分	（　）	
4.工作区未维持整洁。	扣4~12分	（　）	
5.服装仪容不整。	扣4~12分	（　）	
合计	100	（　）	

单元14

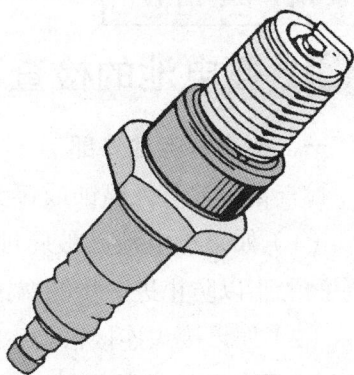

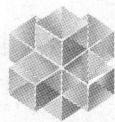

单元15

发动机电气设备的维修

🔲 **知识目标：**

1. 了解发动机电气设备维修时的注意事项；

2. 掌握蓄电池、发电机、起动机、火花塞、点火高压线的检查方法。

🔲 **能力目标：**

1. 具备安全生产的能力；

2. 能熟练进行火花塞的清洁；

3. 能熟练进行蓄电池、发电机、起动机、火花塞、点火高压线的更换。

🔲 **建议学时：**

10 学时

15.1 蓄电池的检查和更换

一、检查蓄电池外部

检查蓄电池有无腐蚀或接头松弛、裂纹或压具松弛。

（1）如果蓄电池已被腐蚀，须用温水和小苏打水的混合溶液进行清洗。在接头外部涂润滑脂以防止进一步的腐蚀。

（2）如果接头连接松弛，须拧紧夹子的螺母——但不要太紧。

（3）将压具拧紧至能够保持蓄电池固定在其位置上即可，过度拧紧将损坏蓄电池箱。

注意：进行保养之前，须确认发动机和所有附属设备都已关闭。检查蓄电池时，须首先取下负接头（"—"标记)上的搭铁电缆并在最后将它安装。须注意，使用工具时不要引起短路。清洗蓄电池时，注意不要让液体进入蓄电池中。

二、检查蓄电池内部

根据指示器进行检查(见表15–1)。再充电时，蓄电池将会放出氢气。因此，再充电之前：

（1）取下孔口塞。

（2）如果利用安装在车辆上的蓄电池进行再充电时，须确认解开搭铁电缆。

（3）连接和解开蓄电池充电电缆时，须确认再充电电池上的电源开关处于关闭状态。

注意：须在宽敞的地点进行充电，不要在车库或封闭的室内充电，因为那些地点的通风不够充分。再充电之前，须确认取下孔口塞。在发动机运转中，不要对蓄电池充电，同时也必须确认所有附属设备都被关闭。

安全隐患：蓄电池产生可燃性和爆炸性的氢气。使用工具时，不要让蓄电池产生火花。不要在蓄电池附近抽烟和有明火。电解液中含有毒性和腐蚀性强的硫。防止电解液接触到眼睛、皮肤或衣服。不要误饮电解液。在蓄电池附近工作时，需带安全护目镜。根据指示器的颜色检查蓄电池状况。

指示器颜色 　　　　　　　　　　　　　　　　　　　表 15-1

A型	B型	状况
绿色	蓝色	良好
浅黑色	白色	需要充电
无色或淡黄色红色		液不足，蓄电池损坏，需要更换

15.2　发电机的检查和更换

当仪表板上的充电指示灯亮或怀疑发电机有故障时，应检查发电机。检查中确认发电机故障时,可更换新的发电机。

（1）检查发电机工作状态，可以使用电压表或汽车电气故障检查用的多用试验器.电压表可测端子电压，多用试验器还能检查输出电流。拿万用表测发电机的"B＋"接线柱，看其电压是不是超12.48 V，如果电压低于此值，可能是由于皮带松动导致转速不够。或者拿一把螺丝刀放在发电机的皮带盘上观察有没有吸力；

（2）发电机电压很高时，超过15V可能导致电子元件或用电器故障，应检查电压调节器；

（3）发电机电压为0V时，为电压调节器损坏，可更换电压调节器；

检查中确认发电机故障时，可更换新的发电机。

注意事项：

（1）检查发电机不能用试火法，当用导线或螺丝刀将发电机输出端搭铁短路时，等于发电机负载为零，产生一个瞬时大电流会使发电机内的整流二极管烧穿。

（2）检查发电机时不能用导线或螺丝刀将发电机的"B＋"接线柱和"D＋"接线柱连接，这样会使发电机电压迅速升高，使发电机内的电压调节器损坏。

（3）注意发电机的极性不能接反；更换蓄电池时蓄电池极柱不能接反，否则会使发电机内二极管烧穿。

15.3　起动机的检查和更换

当汽车起动不成功或怀疑是起动系统出现故障时，应检查起动机。检查中确认起动机故障时，可更换新起动机。

（1）接通起动开关后，起动机高速旋转而发动机曲轴无反应。这种现象表明故障发生在起动机的传动机构上，这有可能是由传动齿轮或单向离合器磨损造成的。

（2）起动机无法正常工作，驱动齿轮不转。引发这种现象的原因很多，例如电源线出现问题、起动开关接触盘烧蚀以及发动机阻力过大等。

（3）起动机动力输出不足，无法带动曲轴。励磁线圈短路和蓄电池亏电均可引发起动机动力不足。

（4）起动机运转声音刺耳。这有可能是单向离合器卡死或起动机安装不当造成的。

（5）起动机开关时有"嗒嗒"的声音，但是不工作。保持线圈断线或蓄电池严重亏电会导致这种现象。

注意事项：

起动机在汽车中属于贵重部件，轻易不会损坏，但是，为了尽可能地延长起动机的使用寿命，恰当地使用方法也是必需的。起动机在起动发动机的过程中，要从蓄电池引入300~400Ah的电量，因此为了防止蓄电池出现过流或损坏的现象，起动时间不应超过5s；冬季容易出现起动困难的现象，多次起动时每次起动时间不宜过长，各次起动中也应留有适当间隔。

15.4 火花塞的检查、清洁或更换

一、拆卸

将火花塞上的高压分线依次拆下，并在原始位置做上标记，以免安装错位。在拆卸中注意事先清除火花塞孔处的灰尘及杂物，以防止杂物落入汽缸。拆卸时用火花塞套筒套牢火花塞，转动套筒将其卸下，并依次排好。

二、检查

火花塞的电极正常颜色为灰白色，如电极烧黑并附有积炭，则说明存在故障。检查时可将火花塞与缸体导通，用中央高压线触接火花塞的接线柱，然后打开点火开关，观察高压电跳位置。如电跳位置在火花塞间隙，则说明火花塞作用良好，否则，即需换新。

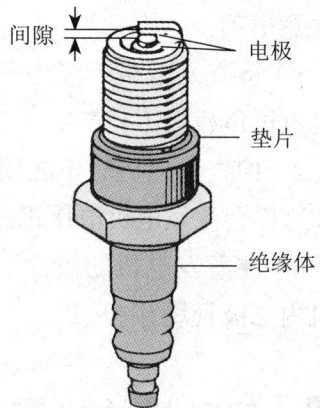

图15-1　检查火花塞电极的间隙

❶ 电极间隙检查

使用丝规，检查火花塞电极的间隙，如图15-1所示。

火花塞电极间隙的调整：各种车型的火花塞间隙均有差异，一般应在0.7~0.9mm之间，检查间隙大小，可用火花塞量规或薄的金属片进行。如间隙过大，可用螺丝刀柄轻轻敲打外电极，使其间隙正常；间隙过小时，则可利用螺丝刀或金属片插入电极向外扳动。

❷ 跳火情形检查

拆下火花塞，接上高压线。

如图15-2所示，绝缘钳夹住高压线，火花塞离搭铁约5~10mm。

起动发动机，检查是否为强烈的蓝色火花。

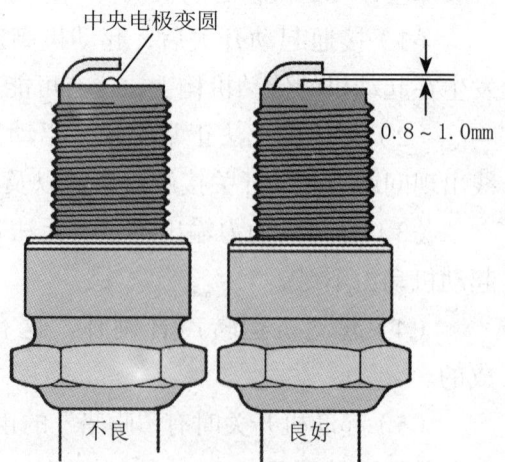

图15-2　检查火花塞跳火情形

三、更换

火花塞属易消耗件，一般行驶20 000~30 000km即应更换。火花塞更换的标志是不跳火，或电极放电部分因烧蚀而成圆形。另外，如在使用中发现火花塞经常积炭、断火，一般是因为火花塞太冷，需换用热型火花塞；若有炽热点火现象或汽缸中发出冲击声，则需选用冷型火花塞。

四、清洁

火花塞存有油污或积炭应及时予以清洗，但不要用火焰烧烤。如果瓷芯损坏、破裂，则应进行更换。

15.5 点火高压线的检查和更换

一、高压线电阻检查

此项检查的目的在于测试高压线的良好与否。当发动机在高速运转时，若高压线不良，将会使跳火电压降低。

波形选择键选择"25kV并列波形"位置。

发动机保持大约1000r/min运转。

调整波形长度及水平控制转按钮，使波形整体显示在示波器屏幕上。

将所观察的波形与图15-3所示的波形做一比较。

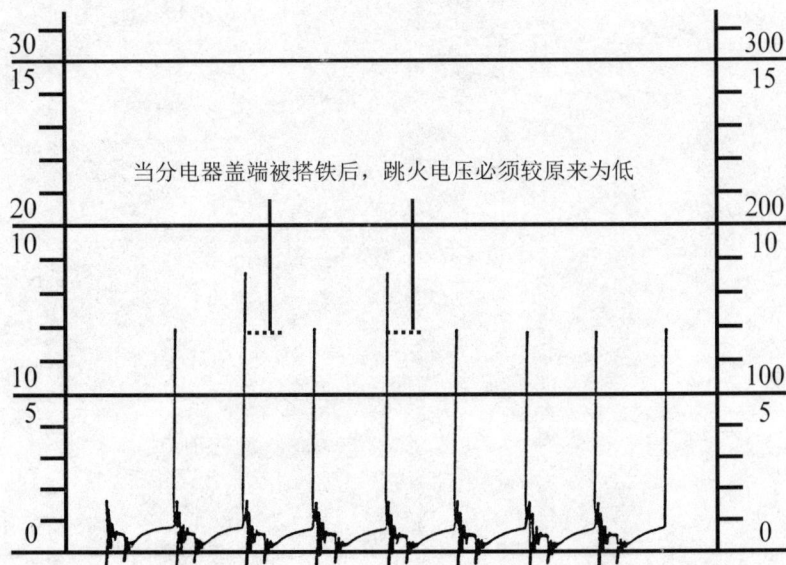

图15-3　高压线电阻正常时的波形

二、二次电路检查

反时针方向转动水平控制旋钮，检查每一缸的波形。

火花延续线成高角度倾斜，表示高压线产生高电阻的结果，将会减弱火花的强度及缩短火花延续的时间，如图15-4所示。

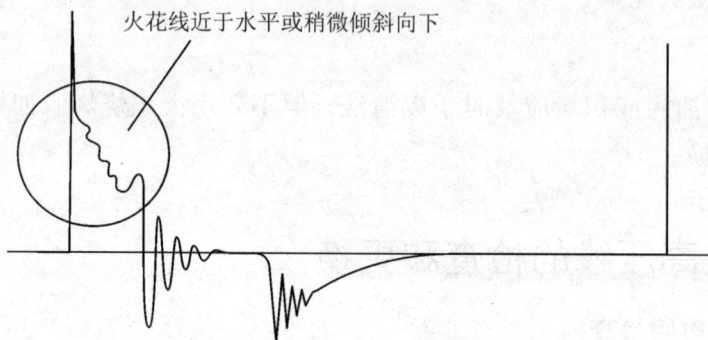

火花线近于水平或稍微倾斜向下

图15-4　高压线电阻太大时的波形

若所有的高压线都显示出相同情况，可能是主高压线产生高电阻现象，请查阅厂家产品规范手册判断主高压线是否正常。

若一缸或一缸以上，而非所有高压线显示出相同情况，表示该高压线电阻太大。

理论测试

一 填空题

1. 火花塞的间隙一般应在 _____ mm之间。
2. 蓄电池指示器颜色为_____时，表示蓄电池状态良好。
3. 拆卸蓄电池时，应先拆_____极。

二 选择题

1. 火花塞的电极正常颜色为_____。　　　　　　　　　　　　　　（　）
 (A) 黑色　 (B) 灰白色　 (C) 黑白色　 (D) 白色
2. 起动机起动时间不应超过_____。　　　　　　　　　　　　　　（　）
 (A) 15 s　 (B) 5s　 (C) 20s　 (D) 10 s
3. 发电机的输出电压_____。　　　　　　　　　　　　　　　　　（　）
 (A) 变化范围大　　 (B) 越高越好　　 (C) 变化范围较小　　 (D) 越低越好

三 判断题

1. 现代发动机燃烧室的温度较高，故火花塞的跳火电压较高。　　（　）
2. 点火线圈及电容器正常时，其波形应有几个振荡，然后振幅逐渐缩小。（　）
3. 火花塞跳火时正常的颜色为蓝色。　　　　　　　　　　　　　（　）
4. 励磁线圈短路和蓄电池亏电均可引发起动机动力不足。　　　（　）

四 简答题

1. 发电机的检查方法及步骤是什么？
2. 如何检查和清洁火花塞？

技能测试

点火高压线的检查和更换

姓名：_____　　班级：_____　　学号：_____　　得分：_____

测试项目		测试		备注
		满分	得分	
完成时间	（　　）分（　　）秒，限时30分钟。			
（一）工作技能	1.工具、仪器选择是否正确。	10分	（　）	
	2.工具、仪器使用方法是否正确。	10分	（　）	
	3.操作顺序是否正确。	20分	（　）	
	4.一次线圈电阻的检查。	20分	（　）	
	5.二次线圈电阻的检查。	20分	（　）	
	6.一次线圈与外壳间绝缘电阻的检查。	20分	（　）	
（二）工作安全与态度(采取扣分方式)	1.有不安全或不正确动作。	扣4～12分	（　）	
	2.损坏工作物。	扣4～12分	（　）	
	3.工具、仪器使用后未归定位。	扣4～12分	（　）	
	4.工作区未维持整洁。	扣4～12分	（　）	
	5.服装仪容不整。	扣4～12分	（　）	
合计		100	（　）	

单元16

发动机的调整与检测

知识目标：

1. 了解发动机调整与检测时的注意事项；

2. 掌握点火正时的调整方法。

能力目标：

1. 具备安全生产的能力；

2. 能熟练进行发动机怠速的调整；

3. 能熟练进行汽缸压缩压力的检测；

4. 能熟练进行发动机真空度的检测。

建议学时：

10 学时

16.1 点火正时的调整

一、正时灯

（1）正时灯用以检查发动机运转时的点火正时提前角度。

（2）正时灯的接线方法。

正时灯的电源线夹在蓄电池的正、负极，电源线两夹头无正负之分；感应夹则夹在第一缸高压线上，箭头朝向火花塞，如图16-1所示。

若正时灯本体内有干电池时，则正时灯不需要电源线，因此只有一条感应夹线。

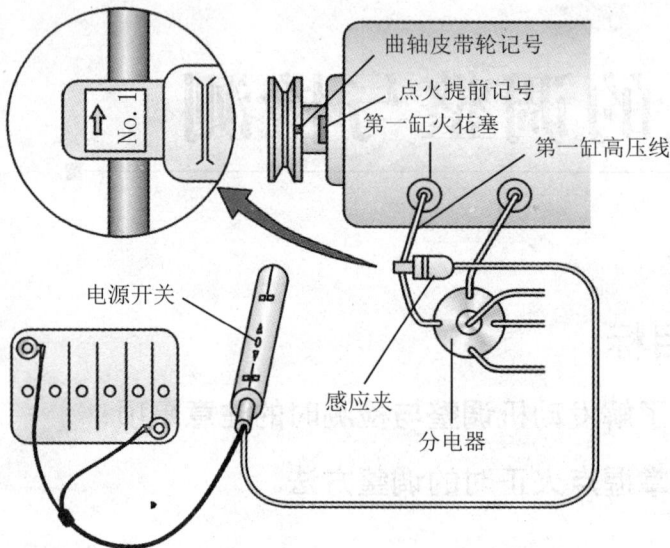

图16-1 正时灯的接线方法

（3）正时灯可测量：

怠速点火正时。

加速点火正时：怠速点火正时正确后，将发动机加速，点火提前角度必须平顺增加。若有异常时，应检查真空及离心力点火提前机构。

（4）使用正时灯应注意事项：

某些120Ah蓄电池的正、负极相距很近，夹正时灯的端子夹时应注意分开，以免露出绝缘套的金属部位接触造成短路。

正时灯照射时勿太靠近水箱风扇，同时注意正时灯电线应远离发电机风扇及水箱风扇。

正时灯勿放置在不平稳处，以免因发动机振动而掉落。

二、转速闭角表

（1）转速闭角表的接线方法。

一般的转速闭角表有三条线，其中两条线为电源线，红色及黑色夹头分别夹在蓄电池的正、负极；另一条为信号线，绿色夹头夹在点火线圈的"⊖"极低压端子或分电器处低压线的接头。

（2）转速闭角表可测量以下各项指标。

转速：可测量4-2(CYC-CYL，行程-缸数)、4-3、4-4(含2-2)、4-6(含2-3)及4-8等发动机的转速，如图16-2所示。低转速可测量至1800r/min；高转速可测量至7000r/min左右，由旋钮转换。

白金闭角：可测量2缸、3缸、4缸、6缸及8缸等的白金闭角，如图16-2所示。

蓄电池电压：本闭角转速表是使用蓄电池电荷，当旋钮转至"VOLT"处时，表面最上方即可显示电压值。

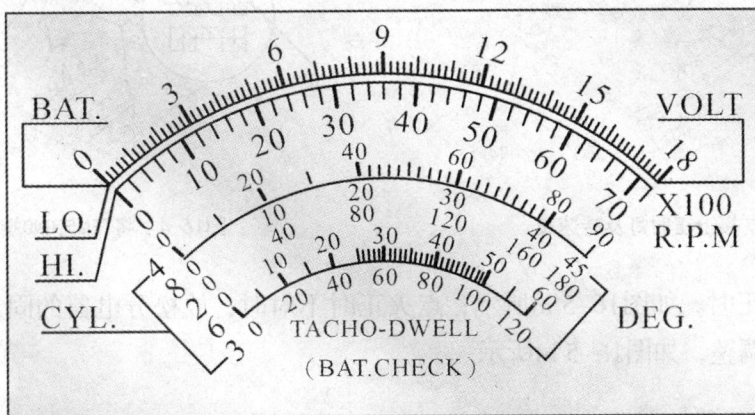

图16-2　指针式转速闭角表的表面结构

（3）使用转速闭角表时应注意事项：

蓄电池正、负极不可接反，以免指针因反向摆动受损而失准。

某些120Ah蓄电池的正、负极相距很近，夹转速闭角表的端子夹时应注意分开，以免露出绝缘套的金属部位接触造成短路。

起动发动机及发动机加速时，应先将旋钮转至"HI."位置。

转速闭角表勿放置在不平稳处，以免因发动机振动而掉落。有的转速闭角表背部有挂钩，可钩悬在适当位置。

转速闭角表使用后，必须将表体擦干净，并将电源线收好。

三、基本点火正时调整

❶ 汽油喷射式发动机基本点火正时调整

（1）准备：

发动机温热至工作温度。

切断所有电器负载。

采用手动变速器时，换挡杆置于N挡；采用自动变速器时，换挡杆置于N或P挡。

（2）检查及调整：

接上正时灯及转速表，转速表接在诊断接头的IG端子，如图16-3所示。

发动机起动后，将诊断接头的TEN与GND端子跨接，解除计算机控制，如图16-4所示。

单凸轮轴发动机(1.6L、1.8L)点火正时	5°±1°/怠速时

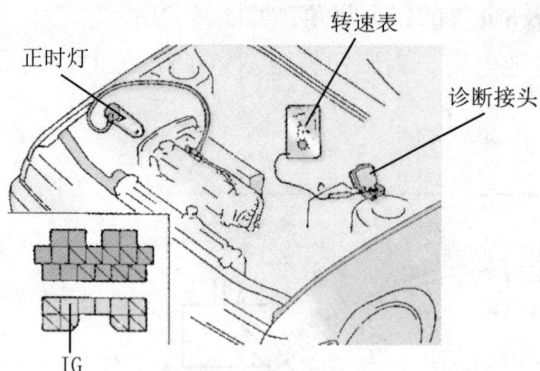

图16-3 接上正时灯及转速表

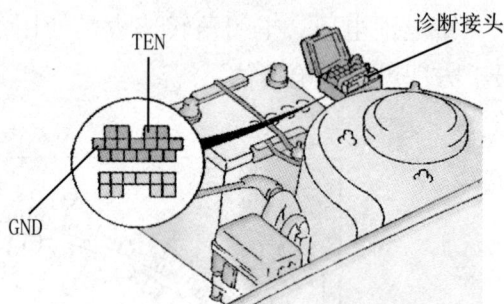

图16-4 将TEN与GND端子跨接

检查点火正时，如图16-5 a)所示；点火正时不对时，放松分电器的固定螺栓，左右旋转分电器来调整，如图16-5 b)所示。

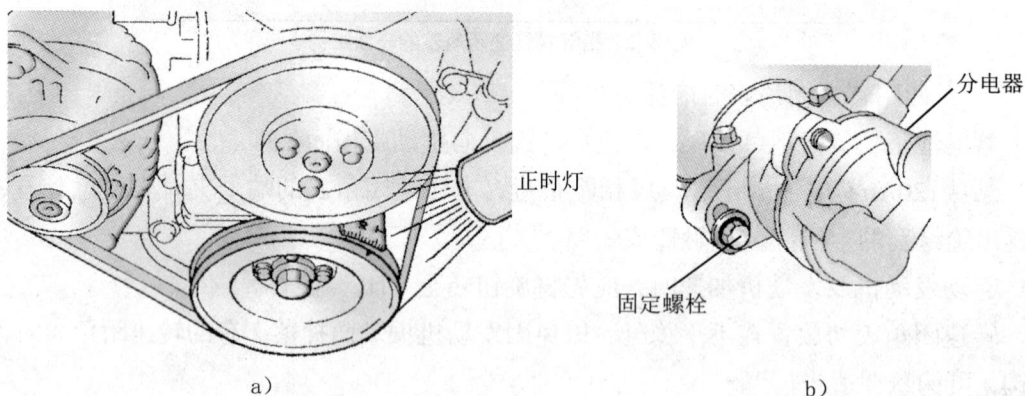

a)

b)

图16-5 检查及调整点火正时

❷ 化油器式发动机基本点火正时调整

（1）白金间隙检查与调整：

打开分电器盖，必要时转动曲轴，使白金触点在被分电器凸轮最高点顶开的状态。

用厚薄规检查白金间隙，不合规定时，放松白金触点的固定螺栓，然后转动调整螺栓，使白金间隙合于规定，如图16-6所示。

锁紧固定螺钉后,白金间隙应再检查一遍。

若使用其他型号发动机时,请查阅该发动机维修手册的规格。

(2)白金闭角检查与调整:

从分电器真空点火提前膜片处拉开真空管,并用塞子塞住,如图16-7所示。

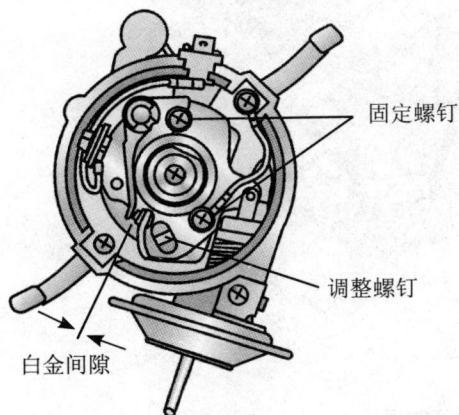

图16-6 调整白金间隙

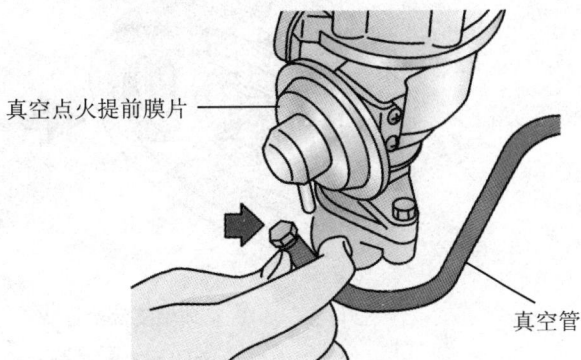

图16-7 塞住通往化油器的真空管

起动发动机,接上转速闭角表。

在发动机怠速运转状态下检查白金闭角。

若白金闭角不合规定,将发动机熄火,调整白金间隙。

白金间隙调小,则白金闭角变大,如图16-8所示。

白金间隙调大,则白金闭角变小。

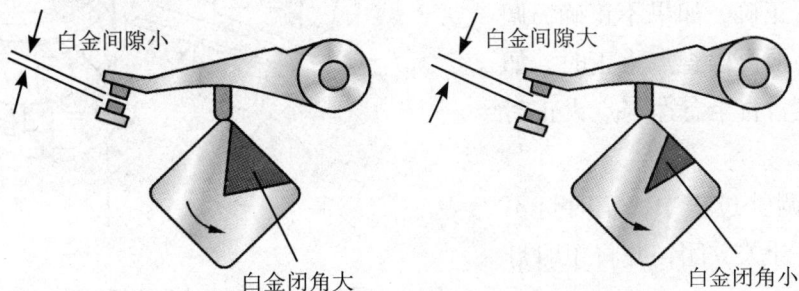

图16-8 白金间隙与白金闭角的关系

若白金间隙已达规定,但白金闭角无法达到规定范围时,这是由于分电器内凸轮磨损或白金臂胶木磨损造成的,应先更换凸轮或白金组。

❸ 基本点火正时调整

分电器真空点火提前膜片的真空管仍塞住。

起动发动机,在无负荷状况下加油二至三次,然后让发动机怠速运转一分钟左右。

接上转速表,先检查怠速。

接上正时灯，检查点火正时，如图16-9所示，用正时灯照射曲轴皮带轮处的点火正时记号。

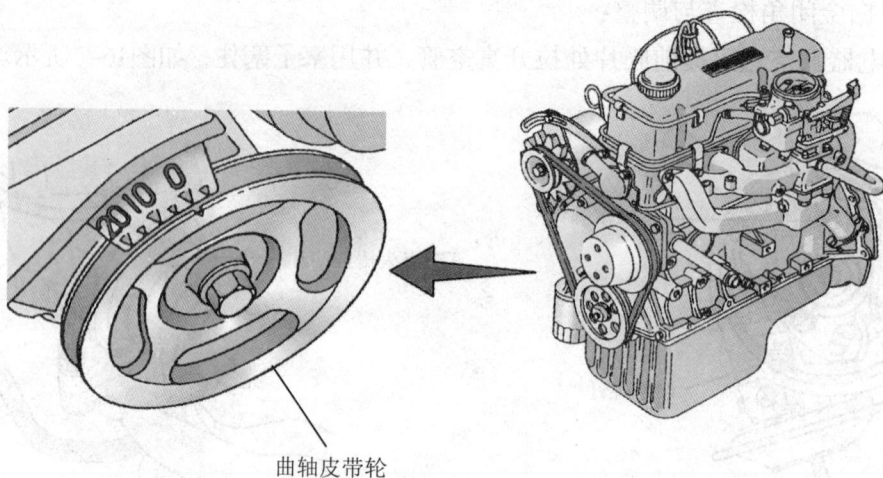

曲轴皮带轮

图16-9 曲轴皮带轮处的点火正时记号

点火正时不对时，旋松分电器固定螺栓，转动分电器来调整点火正时，如图16-10所示。因分火头是逆时针旋转，故有下列情形发生：

点火太晚时，分电器向顺时针方向转动；

点火太早时，分电器向逆时针方向转动。

点火正时对正后，将分电器固定螺栓锁紧，必须再确认一次点火正时；然后检查怠速是否正确，如果不正确，调回标准值后，必须再检查点火正时。如此交互检查调整，直至怠速与点火正时均正确为止。

点火正时调整过程中，正时灯不必照射时，应将开关关闭，并将正时灯放在稳固处。

接回分电器真空点火提前橡皮管。

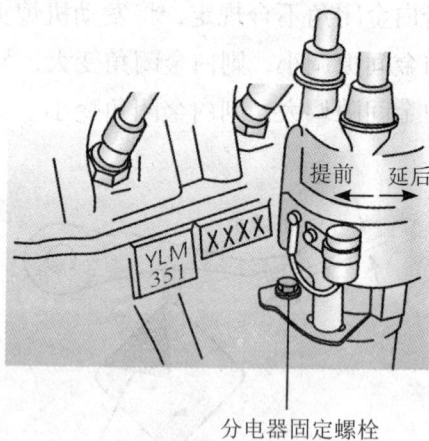

分电器固定螺栓

图16-10 旋转分电器来调整点火正时

❹ 完毕后的工作

工具、仪器擦拭干净，并收好仪器的电线。

擦拭发动机、发动机架及地面油污。

地面清扫干净。

16.2 汽油喷射式发动机怠速的调整

❶ 准备

发动机预热至工作温度。

切断所有电器负载。

采用手动变速器时，换挡杆置于N挡；采用自动变速器时，选择杆置于N或P挡。

❷ 检查及调整

接上转速表，转速表接在诊断接头的IG端子，如图16-3所示。

发动机发动后，将诊断接头的TEN与GND端子跨接，解除计算机控制，如图16-4所示。

检查及调整怠速转速。

不合规定时，旋转怠速调整螺钉调整，如图16-11所示。怠速调整螺钉转入，怠速转速会降低；怠速调整螺钉转出，怠速转速会升高。

应在冷却风扇不转时检查或调整怠速。

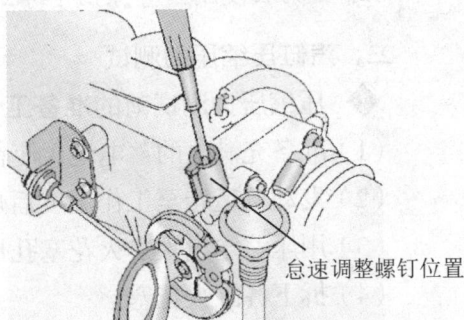

怠速调整螺钉位置

图16-11 调整怠速转速

16.3 汽缸压缩压力的检测

一、汽缸压缩压力表

（1）汽缸压缩压力表用来检查各缸的压缩压力是否符合规定，并根据压力值判定如何修理。

（2）汽缸压缩压力表的种类有以下两种。

手压式：用手力将压力表紧压在火花塞孔上，使用方便，但易漏气，如图16-12所示。

螺牙锁紧式：压力表接头上有螺牙锁在火花塞孔上，不易漏气，且可个人操作，如图16-13所示。

汽缸压缩压力表

图16-12 手压式汽缸压缩压力表

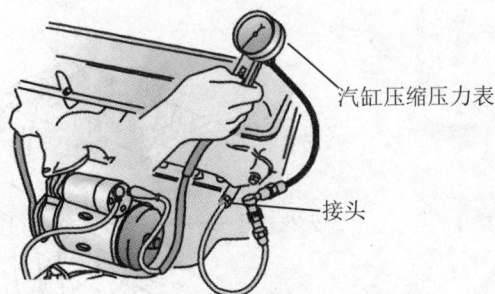

汽缸压缩压力表

接头

图16-13 螺牙锁紧式汽缸压缩压力表

单元16

（3）汽缸压缩压力测试有以下两种方法。

干压缩测试(Dry Compression Test)：即不加机油测试。

湿压缩测试(Wet Compression Test)：即加机油测试，可确认活塞环及汽缸壁是否漏气。

（4）使用汽缸压缩压力表时应注意的事项：

使用前先检查表针是否归零。

手压式必须用双手压紧，以免漏气。

不同型号发动机的标准压缩压力、最低压缩压力及各缸间压力差均不相同，应查阅各厂产品维修手册。

压缩压力表使用后应擦拭干净。

二、汽缸压缩压力测试

❶ 压缩压力测试前的准备工作

（1）准备充满电的蓄电池，使在点火起动时，发动机转速可达250r/min。

（2）发动机运转至工作温度后熄火。

（3）用压缩空气吹去火花塞孔周围的灰尘。

（4）拆下各缸火花塞。

（5）拆开点火开关的IG端子，使点火系统不产生高压电。

（6）拆开化油器上燃油切断电磁阀(又称熄火电磁阀)的端子，如图16-14所示。

（7）装上汽缸压缩压力表，如图16-15所示。

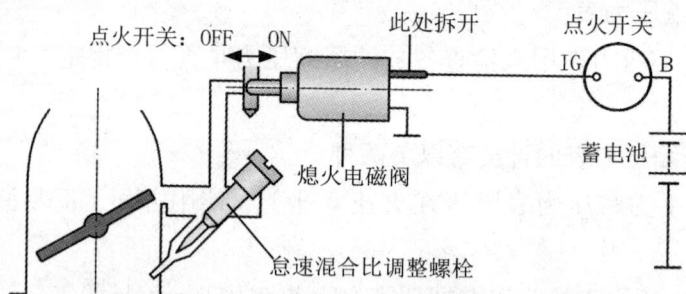

图16-14　熄火电磁阀电路

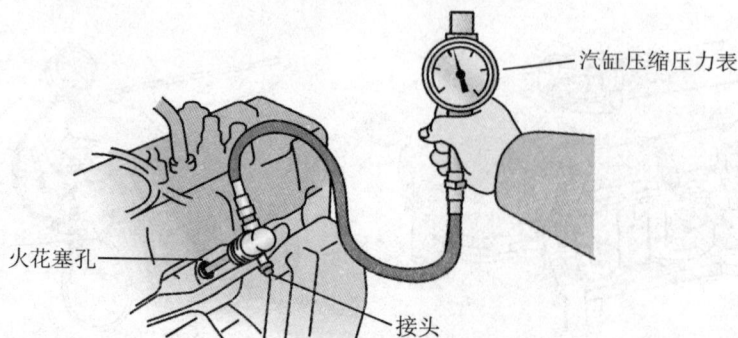

图16-15　装上汽缸压缩压力表

❷ 干压缩测试

（1）阻风门及节气门全开。

（2）运转起动机使每缸压缩四至五个压缩行程，记下压缩压力值。

	标准值	最低值
A12发动机压缩压力（在350r/min时）	13.5kgf/cm²	12.5kgf/cm²

（3）一般汽缸压缩压力若在标准值的70%以下，或各缸间的压力相差超过10%时，发动机必须修理。

❸ 湿压缩测试

（1）压力偏低的汽缸，从火花塞孔加入约15mL机油，继续测试压缩压力。

（2）测试结果分析如下：

测试结果	可能原因
压缩压力明显升高	活塞环或汽缸壁磨损
压缩压力还是偏低	（1）气门咬死无法开闭 （2）气门与气门座密合不良
相对两缸压缩压力偏低	汽缸垫破损

压缩压力测试完毕后：

（1）装回拆下的火花塞及电线。

（2）起动发动机，检查运转是否正常。

16.4 汽缸漏气的检测

一、漏气试验前的准备工作

（1）发动机保持在正常工作温度。

（2）拆下各缸火花塞。

（3）取下空气滤清器、加机油盖或机油尺及水箱盖，并加冷却液至规定高度。

（4）使节气门全开。

（5）将汽缸漏气试验器的接头装在火花塞孔处，先接上响笛，如图16-16所示。

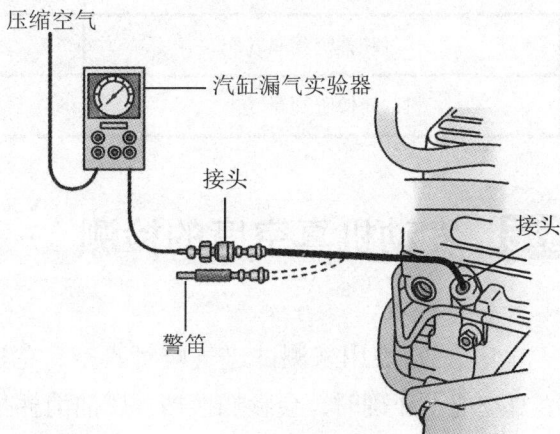

图16-16 装上汽缸漏气试验器

（6）旋转曲轴，当响笛发出声音时，表示第一缸活塞接近压缩上止点。

（7）继续转动曲轴，至对正TDC记号，然后取下响笛，装上漏气试验器；也就是漏气试验汽缸的活塞，必须在压缩上止点位置，在进、排气门均关闭的状态下进行测试。

二、漏气试验

（1）将空气压力送入各汽缸，注意表的读数变化，表示从汽缸漏气的百分比；例如读数降低超过20%时，表示过度漏气。

（2）如图16-17所示，注意听各处的漏气声。漏气现象及可能原因，如表16-1所示。

（3）汽缸漏气试验可更明确知道是哪一零件在漏气，造成汽缸压缩压力偏低。

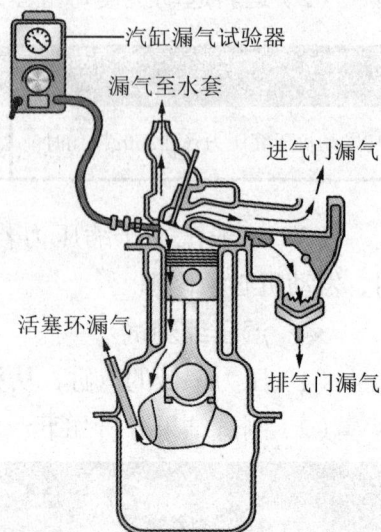

图16-17 各漏气位置

漏气现象及可能原因 表16-1

现象	可能原因
空气从相邻汽缸火花塞漏出	汽缸床烧损
水箱加水口看到气泡	（1）汽缸床烧损 （2）汽缸盖或汽缸体有裂纹
进气歧管听到漏气声	进气门及座磨损或烧蚀
排气歧管听到漏气声	进气门及座磨损或烧蚀
机油尺口听到漏气声	活塞、活塞环或汽缸壁磨损

16.5 发动机真空度的检测

一、真空表

（1）真空表用来测试进气歧管真空，急速时其值约在43~56cmHg(57~74kPa)之间。真空值不正确时，会影响换挡、燃油消耗与排气污染等。

（2）真空表由表体、软管及各式接头所组成，如图16-18所示。

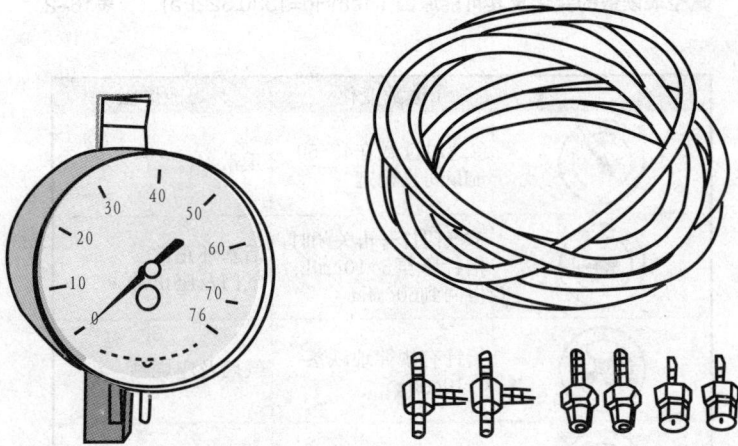

图16-18　真空表的组成

（3）真空测试方法分为两种。

一般运转真空测试(Running Vacuum Test)：测试发动机平时运转状态下的真空。

起动运转真空测试(Cranking Vacuum Test)：测试发动机在起动时的真空。

二、发动机真空测试

❶　真空测试前的准备工作

（1）检查真空软管是否龟裂。

（2）将真空表接在进气歧管上。

（3）发动机在热车状态。

❷　一般运转真空测试

（1）在怠速及加速时，查看真空表指针的移动。

（2）真空表读数的变化及其可能原因，见表16-2。

❸　起动运转真空测试

（1）发动机在热车状态。

（2）节气门全关。

（3）拆开点火开关IG端子。

（4）点火起动时，真空表指针应在稳定状态；若指针摆动不稳定，表示一缸或多缸漏气。

真空表读数的变化及其可能原因（1cmHg=1330.322Pa）　　表16-2

	读数变化	可能原因
	怠速时读数在45~50cmHg间且稳定	正常
	节气门打开再关闭时，指针降至5~10cmHg，再回到60cmHg	活塞环正常 气门及座正常
	指针有规律地跌落5~10cmHg	气门及座烧触
	指针指在20~40cmHg	气门正时不正确
	指针掉落约5cmHg	气门与座密封不良
	指针频繁地在35~50cmHg间摆动	气门导管磨损
	指针在15cmHg以下	进气歧管垫片破漏 化油器垫片破漏
	指针刚开始指示值高，接着逐渐降低至零	消声器堵塞

理论测试

一 填空题

1. 正时灯感应夹上的箭头应指向_____。

2. 白金间隙的大小用_____测量。

3. 点火正时不对时，转动_____来调整。

4. 测量的汽缸压缩压力若比标准值低_____%，表示该汽缸必须修理。

5. 进行汽缸漏气试验时，该缸必须在_____的位置。

二 选择题

1. 点火开关上的S端子，是接往_____。　　　　　　　　　　（　）

   (A) 收音机　　(B) 外电阻　　(C) 起动机电磁开关　　(D) 点火线圈⊕端低压端子

2. 皮带紧度，是用10kgf力量下压，皮带的下沉量约为_____mm。　（　）

   (A) 3～5　　(B) 8～12　　(C) 14～18　　(D) 20～25

3. 点火起动时，送电给点火线圈⊕端子的是点火开关的_____端子。　（　）

   (A) B　　(B) IG　　(C) S　　(D) R

4. 用来检查发动机运转时点火正时提前角度的是_____。　　　（　）

   (A) 正时灯　　(B) 转速表　　(C) 闭角表　　(D) 电压表

5. 转速闭角表无法测量下列哪项？　　　　　　　　　　　　（　）

   (A) 蓄电池电压　　(B) 白金闭角　　(C) 发动机转速　　(D) 白金间隙

6. 一般四缸发动机的白金间隙约在_____mm之间。　　　　　（　）

   (A) 0.25～0.35　　(B) 0.45～0.55　　(C) 0.65～0.75　　(D) 0.85～0.95

7. 对白金闭角的检查与调整的叙述，哪项是错误的？　　　　　（　）

   (A) 白金闭角不对时，应调整白金间隙

   (B) 四缸发动机白金闭角约49°～55°

   (C) 检查白金闭角时，离心力点火提前机构的真空管应拉开并塞住

   (D) 白金间隙小时白金闭角大

8. 以下的叙述哪项是正确的？　　　　　　　　　　　　　　（　）

   (A)混合比过浓时，发动机会排黑烟

   (B)急速混合比调整螺钉转入时，混合比变浓

   (C)混合比过稀时，发动机会排出大量的CO

   (D)急速混合比调整螺钉转出时，发动机转速降低

9. 湿压缩测试，若汽缸压缩压力明显升高，表示_____漏气。　（　）

   (A)活塞环或汽缸壁　　(B)气门座　　(C)气门　　(D)汽缸垫

10. 对汽缸压缩压力测试前的叙述，哪项是错误的？　　　（　　）

(A)拆开熄火电磁阀的端子　　(B)拆下各缸火花塞

(C)发动机在冷车时　　　　　(D)拆开点火开关的IG端子

11. 相邻两缸的压缩压力均偏低时，可能是_____。　　　（　　）

(A)活塞环漏气　(B)汽缸垫破损　(C)进气门漏气　(D)排气门漏气

12. 汽缸漏气试验时，若在水箱加水口看到气泡，表示_____。　（　　）

(A)进气门及座烧蚀　(B)排气门及座烧蚀　(C)汽缸垫烧损　(D)汽缸壁磨损

三 判断题

1. 起动发动机前，应先检查机油液面高度及冷却液面高度等。　　（　　）

2. 起动发动机时，每次通电时间不可超过15s。　　　　　　　（　　）

3. 当发动机转速在2000r/min时，转速闭角表的旋钮应切换在"LO"位置。　（　　）

4. 白金间隙正常，但白金闭角不合规定时，表示白金触点磨损。　（　　）

5. 通常自动变速器汽车发动机的怠速转速比采用手动变速器的高。　（　　）

6. 汽缸压缩压力测试时，发动机转速必须在150r/min以上。　　（　　）

7. 实施汽缸压缩压力测试时，化油器的阻风门及节气门必须全开。　（　　）

8. 各汽缸间的压缩压力相差超过10%时，表示发动机必须修理。　（　　）

9. 漏气试验器的响笛，是为了判定该缸是否漏气。　　　　　　（　　）

10. 发动机在怠速时的真空值在43～56cmHg之间。(1cmHg=1330Pa)　（　　）

四 简答题

1. 如何检测汽缸的压缩压力？

2. 检查汽缸漏气的方法及步骤是什么？

技能测试

基本点火正时与怠速调整

姓名：＿＿＿＿＿＿＿　班级：＿＿＿＿＿＿＿　学号：＿＿＿＿＿＿＿　得分：＿＿＿＿＿＿＿

测试项目		测试		备注
		满分	得分	
完成时间	（　　　）分（　　　）秒，限时30分钟。			
（一）工作技能	1.发动机在热车状态。	8分	（　　）	
	2.白金闭角检查方法正确。	10分	（　　）	
	3.白金闭角正确(±2° 以内)。	14分	（　　）	
	4.点火正时检查方法正确。	10分	（　　）	
	5.点火正时正确(±2° 以内)。	18分	（　　）	
	6.怠速调整方法正确。	10分	（　　）	
	7.怠速正确(±50r/min以内)。	18分	（　　）	
	8.怠速运转时发动机稳定。	12分	（　　）	
（二）工作安全与态度(采取扣分方式)	1.有不安全或不正确动作。	扣4～12分	（　　）	
	2.损坏工作物。	扣4～12分	（　　）	
	3.工具、仪器使用后未归定位。	扣4～12分	（　　）	
	4.工作区未维持整洁。	扣4～12分	（　　）	
	5.服装仪容不整。	扣4～12分	（　　）	
合计		100	（　　）	

单元16

参 考 文 献

[1] 中国汽车维修行业协会.汽车发动机常见维修项目实训教材[M].北京：人民交通出版社，2009.

[2] 赖瑞海.引擎原理及实习[M].台北：全华图书股份有限公司，2008.

[3] 陈家瑞.汽车构造[M].北京：机械工业出版社，2007.

[4] 吉林大学汽车工程系.汽车构造[M].北京：人民交通出版社，2006.

[5] 人民交通出版社汽车图书出版中心.汽车典型结构图册[M].北京：人民交通出版社，2008.